Reinhard Müller
Jahwe als Wettergott

Beihefte zur Zeitschrift für die alttestamentliche Wissenschaft

Herausgegeben von
John Barton · Reinhard G. Kratz
Choon-Leong Seow · Markus Witte

Band 387

W
DE
G

Walter de Gruyter · Berlin · New York

Reinhard Müller

Jahwe als Wettergott

Studien zur althebräischen Kultlyrik
anhand ausgewählter Psalmen

W DE G

Walter de Gruyter · Berlin · New York

∞ Gedruckt auf säurefreiem Papier,
das die US-ANSI-Norm über Haltbarkeit erfüllt.

ISBN 978-3-11-020731-6
ISSN 0934-2575

Bibliografische Information der Deutschen Nationalbibliothek

Die Deutsche Nationalbibliothek verzeichnet diese Publikation in der Deutschen
Nationalbibliografie; detaillierte bibliografische Daten sind im Internet
über http://dnb.d-nb.de abrufbar.

Printed in Germany
Einbandgestaltung: Christopher Schneider, Berlin

Meiner Frau

Vorwort

Das vorliegende Buch ist die erweiterte Fassung meiner Habilitations-schrift, die im Sommersemester 2008 von der Evangelisch-Theologi-schen Fakultät der Ludwigs-Maximilians-Universität München ange-nommen wurde. An erster Stelle danke ich Herrn Prof. Dr. Christoph Levin, der das Erstgutachten erstellt hat. Ohne ihn wäre weder mein Weg in die alttestamentliche Wissenschaft noch die vorliegende Studie möglich gewesen. Für das Zweitgutachten gilt Herrn Prof. Dr. Dr. h.c. Eckart Otto mein herzlicher Dank. Allen Mitgliedern der Münchner alt-testamentlichen Sozietät danke ich dafür, dass ich einzelne Kapitel der Arbeit in ihrem Kreis vorstellen durfte. Aus den lebhaften Diskussi-onen habe ich viel gelernt. Herrn Prof. Dr. John Barton, Herrn Prof. Dr. Reinhard G. Kratz, Herrn Prof. Dr. Choon-Leong Seow und Herrn Prof. Dr. Markus Witte danke ich für die Aufnahme des Buches in die Reihe BZAW.

Pfaffenhofen a.d. Ilm,
im September 2008
                                            Reinhard Müller

Inhalt

Einleitung

Τίς ἄρα οὗτός ἐστιν
ὅτι καὶ ὁ ἄνεμος
καὶ ἡ θάλασσα ὑπακούει αὐτῷ;

Von den zahllosen Göttern und Göttinnen des Alten Orients hat nur ein einziger Gott den Untergang seiner Welt überlebt: Jahwe, der Gott Israels. Als Schöpfer und Herrscher von Himmel und Erde offenbarte er sich „im Gesetz des Mose, in den Propheten und in den Psalmen". Indem sich ein Volk erwählte, mit ihm einen Bund schloss und seinen Willen in einem Corpus heiliger Schriften kundgab, erwies er sich als unabhängig von den beiden eisenzeitlichen Königtümern in Palästina, in denen er als Staatsgott verehrt worden war: Noch heute sprechen Judenheit und Christenheit manches Gebet, das im Israel der Königszeit entstanden ist.

Woher kommt dieser Gott? Sicher ist, dass die Verehrung Jahwes tief im Alten Orient wurzelt; ihre genauen Ursprünge liegen im Dunkeln. Im religionsgeschichtlichen Vergleich ist dies nichts Außergewöhnliches. Zum einen ist nur zu erwarten, dass Gottesvorstellungen erst geraume Zeit nach ihrer Ausbildung in Bildern oder Texten festgehalten werden. Zum anderen haben die Zeitläufte Tribut gefordert: Etliche Quellen sind unwiederbringlich verloren; manches harrt noch seiner Entdeckung, und was wiedergefunden wurde, ist Fragment. Die historische Rekonstruktion der Verehrung altorientalischer Götter sieht sich immer wieder vor das Problem nicht greifbarer Anfänge gestellt. Umso wichtiger ist, zu sichten und zu beschreiben, was sich an ältesten Urkunden einer Religion erhalten hat.

Die Erforschung der althebräischen Jahwereligion ist mit besonderen Schwierigkeiten behaftet: Inschriftliche Bezeugungen des Namens „Jahwe" sind im Übergang von der späten Bronzezeit zur frühen Eisenzeit fast überhaupt nicht greifbar. Die wenigen diskutierten Belege sind zudem für den Charakter der Gottesvorstellung kaum aussagekräftig. Das bildliche Material fließt unvergleichlich reicher, ist aber schwer zu interpretieren: Es ist nicht eindeutig auszumachen, welche Figuren oder Symbole auf den Gott Jahwe zu beziehen sind.

Der Religionshistoriker sieht sich an das Alte Testament als wichtigste Quelle gewiesen. Einer unmittelbaren Auswertung für die Rekonstruktion der ältesten Jahwereligion stellen sich jedoch erhebliche

Hindernisse in den Weg: Denn die Bücher des Alten Testaments verdanken sich im Ganzen der theologischen Reflexion des frühen Juden-
tums in Perserzeit und Hellenismus. Zwar ist sich die Forschung weitgehend darin einig, dass einzelne Teile älter sein müssen und aus der
Zeit der Königtümer Israel und Juda stammen: Einige poetische Texte
gelten heute fast unbestritten als frühe Zeugnisse der Jahwereligion, so
etwa Ex 15,21; Ps 29 oder Ps 93. In anderen Fällen werden in der jüngsten Diskussion lang geltende Datierungen hinterfragt, wie bei Ex 15,1–
20 und Jdc 5 oder Ps 47 und Ps 104. Vor allem aber herrscht Uneinigkeit
darüber, wie sich die im Alten Testament enthaltenen Reste der ältesten
Jahwereligion zu ihrer Umwelt verhalten: Welchen Charakter des Gottes Jahwe lassen Texte wie Ps 29 oder Ps 93 erkennen, welche Gemeinsamkeiten und welche Unterschiede bestehen zu den Religionen von
Israels Umwelt?

1. Zur älteren Forschungsgeschichte

Die ästhetische Betrachtung der hebräischen Dichtung, die von der
heutigen poetologischen Analyse vorausgesetzt wird, wurzelt im 18.
Jahrhundert. Robert Lowths Untersuchung der poetischen Formen
(1753)[1] und Johann Gottfried Herders Gedanken zum „Geist der Ebräischen Poesie" (1787)[2] zeitigten aber noch keine unmittelbaren Folgen
für das historische Verständnis der Religion Israels. Bis weit ins 19.
Jahrhundert blieb die heilsgeschichtliche Erzählung bestimmend.

Einen tiefgreifenden Einschnitt brachte die von Eduard Reuss, Leo-
pold George, Wilhelm Vatke und Karl Heinrich Graf angestoßene Neu-
ordnung der Pentateuchquellen, die von Julius Wellhausen zu einer
umfassenden Analyse der alttestamentlichen Erzählwerke ausgebaut
und zur Grundlage einer kritischen Gesamtdarstellung der Geschichte
Israels und Judas gemacht wurde[3]. Damit fiel der Pentateuch für die
Rekonstruktion der frühen Religion Israels weitgehend aus[4]. An seine
Stelle trat das Deboralied, das „früheste[n] Denkmal der hebräischen
Literatur"[5], womit Wellhausen der Forschung für lange Zeit den Weg
wies. Die Psalmen hatten in Wellhausens Sicht keinen Quellenwert für

---

1   De sacra poesi hebraeorum praelectiones.
2   Dazu SMEND, in: HERDER, Schriften 1424–1426.
3   Cf. SMEND, Epochen 39.
4   Zwar vermutet Wellhausen eine ursprüngliche Verbindung Jahwes mit dem Sinai,
    aber dieser war „der heilige Berg nicht bloß für die Israeliten, sondern für alle
    Stämme der Umgegend." (Geschichte 11)
5   Geschichte 37.

die frühe Religion Israels, da er sie für Zeugnisse aus der exilisch-nachexilischen Zeit hielt[6].

Das Deboralied zeige eine unzertrennliche Verbindung zwischen Jahwe und der „Blutsgemeinschaft"[7] des Volkes Israel. Mittelpunkt dieser Verbindung sei der Krieg gewesen: „Israel bedeutet El streitet, und Jahwe war der streitende El, nach dem die Nation sich benannte. In dem selben Verhältnis wie Israel stand auch Jahwe zu den Nachbarvölkern und zu ihren Göttern."[8] Zwar nahm Wellhausen an, dass Jahwe „schon früher existierte"[9], und äußerte in Anlehnung an Heinrich Ewald eine Vermutung zur Etymologie, die in der jüngeren Forschungsgeschichte an Gewicht gewonnen hat: „Der Name Jahwe scheint zu bedeuten: er fährt durch die Lüfte, er weht."[10] Der eigentliche Charakter Jahwes habe sich aber erst ausgeprägt, als er der Kriegsgott der Israeliten wurde, dessen „Wirksamkeit ... etwas Gewitterhaftes" hatte[11].

Die Lage änderte sich, als die im 19. Jahrhundert einsetzende Erforschung des Alten Orients im frühen 20. Jahrhundert in die alttestamentliche Wissenschaft hineinzuwirken begann. Spektakuläre Textfunde hatten den Anstoß gegeben: Berühmt wurden George Smiths Editionen „Chaldean Account of the Deluge" (1872) und „The Chaldean Account of Genesis" (1876)[12]; 1884 wurde der Große Sonnenhymnus des Echnaton veröffentlicht[13], 1902 der Codex Hammurapi[14]. Die Entdeckung der altorientalischen Geschichte, Kultur und Religion stieß Entwicklungen an, für die im Blick auf die Frage nach der frühen Jahwereligion besonders Hermann Gunkel und Sigmund Mowinckel stehen.

Gunkel machte es sich zur Aufgabe, über Wellhausen zurückgreifend, „Herders Testament" zu vollziehen[15]: Er beobachtete die „eigentümliche Formelhaftigkeit"[16] der Psalmen und arbeitete unter Heran-

---

6   Cf. Geschichte 196, 198–200, 204, 208 etc. Zur Spätdatierung der Psalmen cf. v.a. DUHM, KHC XIV, XVIII–XXIII.

7   WELLHAUSEN, Geschichte 22.

8   AaO 23f.

9   AaO 23.

10   Ebd. 23, Anm. 1.

11   AaO 25. Im Anschluss an Ewald und Wellhausen vermutete auch Rudolf Smend: „Jahve erscheint so regelmässig im Gewitter, dass man ihn für einen ursprünglichen Gewittergott halten möchte." (Religionsgeschichte 21); allerdings zieht Smend dabei die von Ewald und Wellhausen vorgeschlagene Etymologie für den Namen Jahwe in Zweifel und folgert: „... zu beweisen ist es am Ende nicht, dass Jahve wirklich ein Gewittergott war." (Ebd.)

12   Cf. SMEND, Epochen 43.

13   BOURIANT, Jours.

14   SCHEIL, Mémoires IV (1902).

15   Literatur 49.

16   Einleitung 10.

ziehung des religionsgeschichtlichen Vergleichsmaterials verschiedene Gattungen heraus (v.a. Hymnen, Thronbesteigungslieder, Klagelieder des Volkes und des Einzelnen, Königspsalmen und Danklieder des Einzelnen). Als ihren ursprünglichen „Sitz im Leben"[17] bestimmte Gunkel den „ältesten Gottesdienst" Israels[18]. Allerdings schränkte er diese Annahme sogleich ein, indem er die erhaltenen Psalmen zu großen Teilen als vom kultischen Sitz im Leben bereits abgelöste und spiritualisierte Dichtungen verstand[19]. Das betraf besonders die Gruppe von Psalmen, die Gunkel als Lieder von Jahwes Thronbesteigung zusammenfasste: Bei ihnen handele es sich um späte, bereits von Deuterojesaja abhängige Nachdichtungen mit eschatologischem Sinn, die indirekt vom babylonischen Neujahrsfest beeinflusst seien[20].

An diesem Punkt widersprach Gunkels Schüler Sigmund Mowinckel und verwies auf den *gottesdienstlichen* Charakter der Psalmen"[21]. Im Zusammenhang grundsätzlicher Überlegungen zum Wesen des Kultes als Fest rekonstruierte Mowinckel für die Thronbesteigungspsalmen einen Sitz im Leben, der sich von Gunkels Annahmen erheblich unterschied: „... wenn unsere Psalmen Kultlieder sind, so muß die Thronbesteigung Jahwä's nicht in der eschatologischen Zukunft oder in den Wünschen und Phantasien der Gläubigen, sondern im Kulte, als eine im Kulte religiös erlebte Wirklichkeit stattgefunden haben. Das heißt aber, daß der Thronbesteigungstag Jahwä's als ein nach gewisser Zeit wiederkehrender Festtag im Kulte gefeiert worden sein muß; und da nun der kultische Festzyklus der Jahreszyklus war, so wird man den *Thronbesteigungstag Jahwä's alljährlich zu einer gewissen Zeit gefeiert haben.*"[22] Dieser Termin sei das Neujahrsfest im Herbst gewesen[23]. Hier habe die Festgemeinde den Anbruch der göttlichen Königsherrschaft unmittelbar erleben können[24]. Anlass des Festes sei ein „Kultmythus"[25] gewesen, der sich aus Mythen, die es auch in Israels Umwelt gab, und den Geschichtsmythen Israels zusammengesetzt habe[26].

---

17 Ebd.
18 AaO 12.
19 So bereits in: Ausgewählte Psalmen, z.B. zu Ps 95 (133) und 97 (138f).
20 Einleitung 94–100, sowie die ausführliche Widerlegung von MOWINCKELs These aaO 94–116.
21 Psalmenstudien II, 16 (Hervorhebung im Orig. gesperrt).
22 AaO 38 (Hervorhebung im Orig. gesperrt).
23 AaO 81–89.
24 AaO 146–188.
25 AaO 45.
26 Zu dem zur Geschichte offenen Mythosbegriff Mowinckels cf. bes. aaO 45, Anm. 1.

Mowinckel stützte seine These auf eine Vielzahl von Psalmen[27]. Bei den eigentlichen Thronbesteigungspsalmen 47; 93–100 kehrte er gegenüber Gunkel das Verhältnis zu Deuterojesaja um: Deuterojesaja sei seinerseits von den Thronbesteigungspsalmen beeinflusst[28]. Ebenso sei die Eschatologie aus dem Festmythos entstanden: Die Unheilspropheten hätten seine Botschaft ins Gegenteil verkehrt, während die Heilsprophetie im Gefolge Deuterojesajas an den alten Sinn angeknüpft habe[29].

Die Kritik an Mowinckels phantasievollem Gemälde fiel – wiederum im Gefolge Gunkels[30] – nicht schwer: Das Fest von derart vielen und in ihrer Form unterschiedlichen Psalmen herzuleiten, musste den Verdacht einer petitio principii erwecken. Die sich auf Mowinckel berufenden Auswüchse der Hypothese im skandinavischen und angelsächsischen Raum taten ein Übriges[31]: Die deutschsprachige Forschung war sich lange in der Ablehnung von Mowinckels Idee einig.

2. Die Entdeckung der ugaritischen Texte

Einen unvermuteten Anlass zur Neuorientierung, dessen Verarbeitung in der alttestamentlichen Wissenschaft längst nicht abgeschlossen ist, brachte die Entdeckung der spätbronzezeitlichen nordsyrischen Metropole Ugarit 1928/29[32]. Die schon 1930 entzifferten Textfunde ließen eine frappierende Nähe zum Alten Testament erkennen: Das Ugaritische erwies sich als dem Hebräischen verhältnismäßig ähnlich, und die reiche poetische Literatur zeigte auffallende formale und motivische Gemeinsamkeiten mit den poetischen Texten des Alten Testaments. Sofort war zu sehen, dass Kanaan und Israel viel näher miteinander verwandt waren, als es die biblische Darstellung will. Ins Zentrum der Aufmerksamkeit rückte die epische Baal-Dichtung: Sie zeigte, wie der im Alten Testament heftig bekämpfte Gott in der kanaanäischen Religion dargestellt wurde. Die Texte bewiesen, dass Jahwe nicht wenige Züge mit dem ugaritischen Wetter- und Königsgott Baal geteilt hat[33].

---

27 Bes. 8; 24; 29; 33; 46–48; 65–67; 75f; 81; 84f; 93–100; 114; 118; 120–134; 149 (aaO 190–193).
28 AaO 195–201.
29 AaO 228ff.
30 Einleitung 94–116; dazu SMEND, Licht 167–171. Es ist bezeichnend, dass Gunkel Mowinckels Art. „Thronbesteigungsfest im Alten Testament" für die RGG ablehnte (jetzt hg. und kommentiert von JANOWSKI, „Thronbesteigungsfest").
31 Cf. dazu NOTH, Gott, bes. 225–229.
32 Dazu z.B. CORNELIUS/NIEHR, Götter 5ff.
33 Forschungsgeschichtlich bedeutsam wurde GINSBERG, Hymn, der bereits 1935 aufgrund der ugaritischen Parallelen die – später oft wiederholte – These aufstellte, in

Vor diesem Hintergrund versuchte die amerikanische Forschung im Gefolge William Foxwell Albrights, die Literargeschichte des Alten Testaments auf neue Grundlagen zu stellen: Im Vergleich mit den in der ugaritischen Poesie enthaltenen Formen wurde aus den alttestamentlichen Texten ein corpus von „Early Poetry" (v.a. Gen 49; Ex 15; Dtn 33; Jdc 5; Hab 3; Ps 68) zusammengestellt[34]. Seine Anfänge seien beim Auszug aus Ägypten im 13. Jahrhundert zu suchen, als Ugarit noch in Blüte stand[35]. In den Gedichten habe sich trotz der Verwandtschaft mit der kanaanäischen Dichtung Israels einzigartige Gotteserfahrung ausgeprägt[36]. Um die frühe Entstehung zu erweisen, wurden große Teile der alttestamentlichen Literatur auf Parallelen zu den ugaritischen Texten hin untersucht[37].

Die deutsche Forschung reagierte zurückhaltender. Hier erwies sich das von Albrecht Alt und Martin Noth begründete Geschichtsbild als wirksam, das von der Hypothese einer in Israels Frühzeit entstandenen Amphiktyonie der Stämme ausging, deren Mitte die Verkündigung des israelitischen Gottesrechts gewesen sei[38]. Damit galt der tiefgreifende Unterschied zwischen Israel und Kanaan als von den Anfängen her institutionsgeschichtlich fassbar. Dem Vergleich zwischen alttestamentlichen und ugaritischen Texten konnte in diesem Horizont zunächst nur geringe Bedeutung zukommen[39].

3. Das Königtum Jahwes im Horizont der Umwelt Israels

Eine Schlüsselfrage zum Königtum Jahwes ist, ob die von Mowinckel und Gunkel ausgesonderte Gruppe der Thronbesteigungspsalmen tatsächlich die Vorstellung einer Thronbesteigung Jahwes voraussetzt. Auf der Grundlage grammatischer Erwägungen zum Satzbau wurde diese Frage von Diethelm Michel verneint[40]: Die berühmte Eröffnung der Psalmen 93, 97 und 99 bedeute nicht „Jahwe ist König geworden",

---

Ps 29 sei ein ursprünglicher kanaanäischer Baalhymnus zitiert und auf Jahwe übertragen worden.

34   Cf. z.B. MILLER, Warrior 74ff; O'CONNOR, Structure 164–169.
35   Dazu LORETZ, Ugarit 25f.
36   Cf. z.B. CROSS, Myth, bes. 145ff.
37   Cf. RSP I–III; DAHOOD, AB 16, I–III.
38   Cf. bes. NOTH, System, bes. 60–121; DERS. Geschichte 83–104; ALT, Ursprünge, bes. 203–332.
39   Cf. z.B. ALT, Königtum.
40   Studien zu den sogenannten Thronbesteigungspsalmen (1956). Cf. Michels Dissertation: Tempora und Satzstellung in den Psalmen (1960), bes. 215–221; dazu MOWINCKELs Rezension von 1962, bes. 35.

was auf eine Inthronisation Jahwes bezogen wäre, sondern „Jahwe ist es, der Königsherrschaft ausübt"[41]. Die betreffenden Psalmen zeigten „nicht, wie Jahwe König geworden ist, sondern wie er als König wirkt."[42] Das bedeutete einen tiefgreifenden Gegensatz zwischen der Jahwereligion und ihrer Umwelt. Das Geschichtsbild von Michels Lehrer Noth schien sich in einem wichtigen Punkt zu bestätigen[43].

Einen neuen Anstoß zur Wahrnehmung der Gemeinsamkeiten zwischen Israel und seiner Umwelt gab Otto Kaisers Studie über die „mythische Bedeutung des Meeres in Ägypten, Ugarit und Israel" (1958; ²1961): Kaiser erschloss ein Motiv, das im Mythos vom Königtum des ugaritischen Wettergottes entscheidendes Gewicht hat, auf das aber auch das Alte Testament mehrfach anspielt. Nach Kaiser hat Israel das Mythologem vom Kampf gegen das Meer auf Jahwe übertragen, um „die überlegene Größe und Schöpfermacht des eigenen Gottes" im Gegensatz zu den Göttern Kanaans zum Ausdruck zu bringen[44].

Wenig später machte Werner H. Schmidt das göttliche Königtum selbst zum Gegenstand des Vergleichs zwischen Ugarit und Israel (1961)[45]. Auch Schmidt folgte dem herrschenden Geschichtsbild: Israel habe den Königstitel für Jahwe aus der kanaanäischen Umwelt übernommen, „[u]m die fremden Götter ihrer Vorherrschaft im Lande zu berauben"[46]. Dabei sei der Titel auf Jahwes Bund mit Israel bezogen worden, was zu seiner „Entmythisierung"[47] geführt habe.

Ein ähnlicher Vorbehalt zeigt sich in Jörg Jeremias' Untersuchung der alttestamentlichen Theophanietexte von 1965 (²1977[48]): Der Kern der Gattung bestehe aus zwei Gliedern; das erste benenne „das Kommen Jahwes", während das zweite den begleitenden „Aufruhr in der Natur" schildere[49]. Diese – etwa im Deboralied (sc. in Jdc 5,4f) enthaltene[50] – Grundform sei mit weiteren Motiven angereichert worden, wie etwa Ps 77,17–20[51]; Ps 29,3–9*[52] oder Ps 18,8–16*[53] lehrten. Zum zweiten

41 Studien 150, cf. 136f.
42 Ebd.
43 Noth ermöglichte sogleich den Druck der Arbeit in Vetus Testamentum (cf. SMEND, Diethelm Michel 1931–1999, 7f).
44 158.
45 Königtum Gottes in Ugarit und Israel (²1966).
46 AaO 85f.
47 AaO 97.
48 Theophanie. Die Geschichte einer alttestamentlichen Gattung.
49 AaO 16.
50 AaO 7.
51 AaO 26.
52 AaO 30.
53 AaO 34f.

Glied finde sich eine Fülle von altorientalischen Parallelen, besonders in Darstellungen von Wettergöttern[54]; auch Einflüsse von Chaoskampf-mythen seien zu beobachten[55]: „Freilich sprach Israel ... nicht mehr von der Wirkung der Wettergötter, sondern es wandte die Bilder auf das Schrecken verbreitende Kommen Jahwes an."[56] Für dieses Motiv gibt es nach Jeremias keine Parallelen: Es stamme aus der Sinaitradition[57]. Zur Frage nach dem Sitz im Leben bestritt Jeremias die von Mowinckel behauptete Verortung der Theophanien im Kult des Neujahrsfestes: Die Theophanien seien vielmehr bei den „Siegesfeiern des israelitischen Heerbannes" gesungen worden[58].

Zeitgleich mit Jeremias legte Edward Lipiński eine umfangreiche Studie zum Königtum Jahwes vor (1965)[59], in der er der Verwandt-schaft der Jahwereligion mit ihrer Umwelt höheres Gewicht zumaß. Ausgehend von Ps 93, 97 und 99 und dem Vergleich mit einer Fülle von altorientalischen Texten gelangte Lipiński erneut zur Annahme einer Inthronisation Jahwes: Aus sprachlichen und formgeschichtlichen Gründen sei Ps 93,1; 97,1; 99,1 und 96,10 gegen Ridderbos, van der Ploeg, Koehler und Michel als „Jahwe ist König geworden!" zu verste-hen[60]. Dieser Proklamationsruf beziehe sich ursprünglich auf den göttlichen „roi de combat" des heiligen Krieges[61], der kein Proprium Israels war[62]. Vielmehr habe der Gott vom Sinai Züge des Wettergottes Baal angenommen, wobei dessen mythischer Sieg auf irdische Kämpfe bezogen worden sei[63]. Daneben sei Jahwe mit El als dem Schöpfer oder Besitzer von Erde und Land gleichgesetzt worden; die Beziehung zu seinem Volk habe man mit dem altorientalischen Bild der Vasallität ausgedrückt[64]. Im Jerusalemer Kult sei Jahwes Thronbesteigung jedes Jahr mit der Prozession der Lade gefeiert worden[65]. Nach Lipiński ge-hört Jahwes Königtum zu den Wurzeln der Religion Israels, wobei die Gemeinsamkeiten mit den altorientalischen Religionen überwiegen[66].

---

54   AaO 71–90.
55   AaO 90–97.
56   AaO 88.
57   AaO 154f.
58   Ebd.
59   La royauté de Yahwé dans la poésie et la culte de l'ancien Israël.
60   336–391, bes. 381–389.
61   AaO 392ff.
62   AaO 407–409.
63   AaO 457.
64   AaO 424f.
65   AaO 432–451.
66   AaO 457.

Auch der Ugaritologe Oswald Loretz erneuerte in seinen Studien zu den „Thronbesteigungspsalmen" von 1984 und 1988[67] Mowinckels These. Loretz erschloss mit der für die ugaritischen Texte entwickelten Kolometrie[68] und mit literarkritischen Erwägungen eine mehrstufige religionsgeschichtliche Entwicklung. Sie lasse sich an der Literargeschichte der fraglichen Psalmen ablesen[69]: Am Anfang habe sowohl in Ugarit als auch in Israel das Fest der „Thronbesteigung des Regenspenders Baal-Jahwe" gestanden, der „ohne Unterschied sowohl auf Kanaanäer als auch auf Israeliten-Juden regnen" ließ[70]. Die darauf bezogenen alten poetischen Texte seien in nachexilischer Zeit „unter dem Druck der geschichtlichen Ereignisse und im Licht des monotheistischen Jahwismus weiterentwickelt"[71] worden.

John Day legte 1985 eine Monographie zum Motiv des göttlichen Kampfes gegen den Drachen und das Meer vor[72], in der er ebenfalls ein Fest der Thronbesteigung Jahwes voraussetzte. Die in den Psalmen enthaltenen Anspielungen auf den Kampf gegen Meer und Drachen, deren Vorbild in der kanaanäischen Mythologie, nicht im babylonischen Enūma eliš zu suchen sei, gingen auf Hymnen dieses Festes zurück[73]. Der Motivkreis sei aber auch in exilischer und nachexilischer Zeit lebendig geblieben, wenn auch in entmythologisierter, historisierter oder eschatologisierter Form[74].

Eine ähnliche Richtung schlug Carola Kloos in ihrer Studie zu Ps 29 und Ex 15 (1986) ein[75]. Darin bestritt sie die oft geäußerte These, dass Ps 29 auf eine kanaanäische Vorlage zurückgehe und Jahwe erst sekundär mit Baal gleichgesetzt habe[76]: Vielmehr belege der Psalm, dass Jahwe von Anfang an dieselben Züge gehabt habe wie der ugaritische Wetter- und Königsgott; Jahwe sei der Baal der Israeliten gewesen[77]. Ex 15 biete die israelitische Parallele zum Mythos des Baal: Der Kampf gegen das Meer führe zum Königtum Jahwes und zum Bau seines Palastes auf

---

67 Psalm 29 (1984); Ugarit-Texte (1988).
68 Cf. LORETZ/KOTTSIEPER, Colometry.
69 Cf. LORETZ ausführliche Auseinandersetzung mit Mowinckel und Gunkel: Ugarit-Texte 471ff.
70 AaO 501.
71 AaO 502.
72 God's conflict with the dragon and the sea. Echoes of a Canaanite myth in the Old testament.
73 AaO 179f.
74 AaO 180–186.
75 Yhwh's Combat with the Sea. A Canaanite Tradition in the Religion of Ancient Israel.
76 So zuerst GINSBERG, Hymn (s. Anm. 33, S. 5).
77 AaO 123f.

dem heiligen Berg. Durch die Einfügung von Israeliten und Ägyptern sei der Mythos vom Schilfmeer historisiert worden[78].

Jeremias stellte hingegen in seiner Studie über das Königtum Jahwes in den Psalmen[79] (1987) erneut die Differenz in den Vordergrund. Israel habe den Königstitel für Jahwe gegenüber seinem kanaanäischen Ursprung neu gefasst: Anknüpfend an Michel sah Jeremias in dem „Themapsalm" 93 sowie in dem in Anlehnung an einen Baal-Hymnus verfassten Ps 29 eine „Umprägung" der mythischen Inhalte „zur Zustandsschilderung"[80]. Der Mythos sei „in Satzformen überführt" worden, „die ausschließlich Zuständliches, bleibend Gültiges, Unveränderliches" ausgesagt hätten[81]. In einem zweiten Schritt seien verbale Aussagen über Israels Geschichtserfahrungen hinzugefügt worden, was sich besonders in Ps 47 und Ps 68 sowie im Rahmenpsalm des Mosesegens (Dtn 33) greifen lasse. Beide Textgruppen seien beim Herbstfest verwendet worden, bei dem man Jahwes universale Königsherrschaft und die partikularen Geschichtserfahrungen der Frühzeit gefeiert habe[82]. In Ps 95–99 sei zu erkennen, wie sich die Auffassung von Jahwes Königtum nach dem Untergang von Nord- und Südreich verändert habe[83].

Jeremias' These einer Nominalisierung des Mythos wurde bald widersprochen. Nach Eckart Otto (1988) sind Ps 93,1 und 29,10 keine Aussagen über „zeitlose Wahrheit", sondern nur durch das Motiv der Thronbesteigung zu erklären; auch Ps 47 biete die kultische Vergegenwärtigung eines urzeitlichen Geschehens[84]. Die Besonderheit von Jahwes Königtum sah Otto auf einer anderen Ebene: „JHWH ist Herr über das Chaos, weil er Königsgott ist und ist nicht Königsgott, weil er sich als Sieger über das Chaos erwiesen hat."[85] Im Unterschied zur Welt der „mythischen Götter", in der der „siegreiche[n] Überwinder[s] der negativen ‚Gottheiten'"[86] König werde und Leben ermögliche, gehe Jahwes Königtum nicht in der Entgegensetzung zum Chaos auf: Es sei

---

78 171–190.
79 Das Königtum Gottes in den Psalmen. Israels Begegnung mit dem kanaanäischen Mythos in den Jahwe-König-Psalmen.
80 AaO 15.
81 AaO 151.
82 AaO 156f.
83 AaO 154f.
84 AaO 99f.
85 AaO 98.
86 AaO 100.

„unableitbar"[87]. Die Umformung des göttlichen Königtums sei durch die „monolatrische Religion Israels"[88] bedingt.

In Anknüpfung an Otto wandte sich auch Bernd Janowski (1989) gegen Jeremias: יהוה מלך sei auf eine uranfängliche Thronbesteigung zu beziehen; der Satz bezeichne „die Relation von *vergangenem Sachverhalt* und *dadurch erreichtem Zustand*"[89], um „die im Tempelkult erfahrene und hymnisch vergegenwärtigte Präsenz des Weltkönigs"[90] in den Vordergrund zu stellen. Jahwes Königtum könne nicht als „*Folge* seines Kampfes gegen das Chaos" gelten, sondern als „*Voraussetzung* für den Bestand der Welt, die immer wieder vom Chaos bedroht wird ..."[91]. Die Vorstellung einer Thronbesteigung Jahwes bedeute nicht, dass Jahwe vorher nicht König war[92]. Vielmehr entfalteten Ps 93; 29,10 und 47 die Unableitbarkeit seiner Herrschaft.

Nachhaltige Anstöße für die Frage nach dem Verhältnis der frühen Jahweverehrung zu ihrer Umwelt gab die großangelegte Untersuchung zur „Theologie der Psalmen", die Hermann Spieckermann 1989 vorlegte[93]. Ausgehend von der Exegese ausgewählter Psalmen zu den Themen Schöpfung, Heilsgeschichte, Tempel und Mensch gelangte Spieckermann zu dem Ergebnis, dass das „Zentrum der Psalmtheologie"[94] nicht in Heilsgeschichte, Schöpfung oder Weltordnung[95] gelegen habe, sondern in der Tempeltheologie des gegenwärtigen Gottes. Die innere Mitte dieser Theologie sei der Name Jahwes gewesen. Er habe sich als Kriterium der Differenz gegenüber dem „faszinierend hohen mythisch-theologischen Niveau Kanaans"[96] erwiesen: „Tempeltheologen hatten in vorgefundene, vorwiegend kanaanäische Traditionen selbstsicher, ohne allen religiös-polemischen Eifer, aber auch ohne falsche Scheu den Jahwenamen eingetragen und ihm allein die Durchsetzung der in diesem Namen zu Wort kommenden Wirklichkeit zugetraut."[97] Dieses Proprium erklärte Spieckermann als eine „die Tempeltheologie auszeichnende Dialektik von Präsenz und Kontingenz der Gottesgegenwart"[98]. Sie zeige sich besonders am Motiv der Königsherrschaft Jah-

---

87 AaO 100f.
88 AaO 100.
89 Königtum 165 (Hervorhebungen im Orig.).
90 AaO 166 (im Orig. kursiv).
91 AaO 170 (Hervorhebungen dort).
92 AaO 186f. So v.a. KRAUS, BK XV/2, 817; cf. JEREMIAS, Königtum 18.
93 Heilsgegenwart. Eine Theologie der Psalmen.
94 Heilsgegenwart 21.
95 AaO 12–18.
96 AaO 285.
97 AaO 286.
98 AaO 223.

wes: Einerseits erscheine diese als „stets bedrohte Herrschaft, die ihren Anspruch immer wieder durchsetzen" müsse[99]. Andererseits habe „Jahwes Kämpfen und Siegen jedesmal endgültigen Charakter, weil es *sein* Kämpfen und Siegen" sei[100].

Spieckermanns Untersuchung trug den Gemeinsamkeiten zwischen Israel und seiner Umwelt in hohem Maß Rechnung: „Tempeltheologie" habe „Israel bei den Kanaanäern studiert"[101]. Gleichzeitig setzte Spieckermann erneut einen tiefgreifenden Gegensatz zwischen Israels Gott und seiner kanaanäischen Umwelt voraus: „Der königliche Tempelthroner Jahwe kann und will seine Herkunft aus der Wüste nicht verleugnen. Er bedarf dazu ... nur seines Realität setzenden Namens, der sich freimütig Tempel und Mythen zu eigen zu machen versteht, ohne sich selbst zu verlieren."[102]

Friedhelm Hartenstein suchte in seiner Studie zu Jes 6 (1997)[103] die Eigenart der Jerusalemer Tempeltheologie auf andere Weise zu erfassen. Er erschloss das in Jesajas Berufungsvision enthaltene „Heiligtumskonzept" im Horizont alttestamentlicher und außeralttestamentlicher Vergleichstexte, wobei Ps 24; 29 und 93 besonderes Gewicht erhielten[104]: Das „mythische[n] Raumverständnis"[105] der Jerusalemer Überlieferungen finde sich auch in Israels Umwelt[106] und sei nicht einfach als unterschiedsloses Ineinanderfließen von himmlischer und irdischer Sphäre zu deuten[107], sondern als differenziertes „Entsprechungsverhältnis zwischen Heiligtum und hintergründiger Sphäre der Gottheit"[108]. Im Horizont dieser Gemeinsamkeit präge sich der individuelle Charakter der jeweiligen Gottheit aus: In Jerusalem habe man es „mit einem souverän seit fernster Zeit siegreich thronenden Weltenkönig zu tun ..., dessen kosmischer Herrschaftsbereich ... die ‚Gesamtwirklichkeit' umfaßte."[109] Die Szenerie von Jes 6 biete dessen „negative Umformung": Indem sie Jahwes „Unzugänglichkeit" im Heiligtum zeichne, nehme sie das Gericht vorweg[110].

---

99   AaO 221.
100 AaO 222 (Hervorhebung dort).
101 AaO 167.
102 AaO 179.
103 Unzugänglichkeit.
104 AaO 46–48, 59–62, 80, 95ff.
105 AaO 12 (im Orig. kursiv).
106 AaO 17.
107 AaO 12–14.
108 AaO 17.
109 Ebd.
110 AaO 221 (im Orig. kursiv).

Sowohl für die ursprüngliche Konzeption als auch für die prophetische Verkehrung nannte Hartenstein altorientalische Parallelen[111]. In diesem Horizont sei die Eigenart der Jerusalemer Theologie zu erkennen: Sie bestehe in der „Handlungsrolle des *thronenden Herrschers*, der von ‚ureinst' her die Stabilität der Weltordnung garantiert"[112].

Insgesamt bewegen sich die Studien zum Königtum Jahwes also zwischen zwei Polen: Einerseits werden die Gemeinsamkeiten immer genauer in den Blick genommen. Andererseits wird versucht, die Besonderheit der frühen Jahwereligion zu erfassen: Zeigt sie einen grundsätzlichen Gegensatz zu ihrer Umwelt, oder lässt sie sich als kontingent geprägtes System von Symbolen beschreiben, die in anderer Verbindung auch andernorts im Alten Orient begegnen?

4. Der Wettergott Jahwe

Seit einiger Zeit mehren sich die Aussagen, dass Jahwe ursprünglich ein Wettergott von der Art des syrischen Baal-Hadad gewesen sei[113]. Neben den genannten Studien von Loretz und Kloos ist zunächst auf Manfred Weippert zu verweisen, der bereits 1977 diese Vermutung geäußert hat[114]. In einem Beitrag zu „Synkretismus und Monotheismus" (1990) führte Weippert seine Andeutung aus, indem er sich nachdrücklich gegen die oft vertretene These einer „'Baalisierung' des ursprünglich reinen Jahwismus nach der Seßhaftwerdung der Israeliten in Kanaan" wandte und darauf verwies, daß „einige der Hadad-Züge wie der Gottesberg und die Gewittertheophanie unlöslich mit Jahwe verbunden" seien[115]. Ernst Axel Knauf untermauerte die These vom Wettergott Jahwe mit neuen etymologischen Argumenten für Ewalds und Wellhausens Deutung des Jahwenamens als „Er weht" (1984)[116] und verknüpfte dies aufgrund von Jdc 5,4f; Hab 3,3.7 und Dtn 33,2 mit der Herkunft Jahwes aus dem nordwestarabischen und an Edom gren-

---

111 AaO 41–109; 150–161; 205–214.
112 AaO 218 (Hervorhebungen dort), unter Verweis auf Jer 17,12 und Ps 93,1f.
113 Dem steht die jüngst seltener vertretene Annahme entgegen, Jahwe sei ursprünglich einer kriegerischen Erscheinungsform des Gottes El zuzuordnen, cf. bes. CROSS, Yahweh (1962); MILLER, Warrior (1973), 60f, 153f, 162f; FREEDMAN/O'CONNOR, Art. יהוה (ThWAT III), 546f (1982), und DE MOOR, Rise (1990); GREEN, Storm-God 231f, 246; cf. SMITH, History (1991), 7–12, der mit einer sehr frühen Annäherung von Jahwe an El als den ursprünglichen Gott Israels rechnete; cf. DERS., Origins (2001) 145–148.
114 Art. Jahwe (RLA 5), 252.
115 Synkretismus 17.
116 Yahwe 469; zu Wellhausen und Ewald s.o. S. 3.

zenden Midian (1988): In dieser Landschaft sei der Berg zu suchen, auf den sich der Kern der Sinaitheophanie (Ex 19,24*) beziehe[117]. Dass Jahwe ursprünglich ein Wettergott gewesen sei, wird seither wiederholt vertreten: Äußerungen in dieser Richtung finden sich etwa bei Lemche (1989)[118], Mettinger (1990)[119], Albertz (1992)[120], Kaiser (1993)[121], Keel und Uehlinger (1993)[122], Niehr (1993)[123], Smith (1993)[124], van der Toorn (1995)[125], Levin (1998)[126], Lang (2002)[127], Müller (2003)[128], Kratz (2003)[129], Köckert (2005)[130], Berlejung (2006)[131] und Hartenstein (2006)[132]. Wie bei Knauf wird die Annahme mehrfach mit der These von Jahwes Herkunft aus dem Süden verknüpft, wobei Jdc 5,4f; Ps 68,8f; Hab 3,3 und Dtn 33,2 eine Schlüsselrolle erhalten[133]. Das hohe Alter dieser Texte wurde allerdings jüngst von Henrik Pfeiffer in einer Untersuchung von Jdc 5; Hab 3; Dtn 33 und Ps 68 (2005) bestritten[134]. Für den Wettergott Jahwe[135] sei vielmehr eine Herkunft aus dem Norden zu vermuten[136].

An exegetischen Untersuchungen ist daneben besonders auf die Studie zu verweisen, die Sebastian Grätz 1998 zur alttestamentlichen Vorstellung des strafenden Gottes vorlegte[137]: Nach Grätz war der Wet-

---

117 Midian 48–60; cf. DERS., Yahwe 470.
118 Development, bes. 113–115.
119 Essence 407–410.
120 Religionsgeschichte I, 85.
121 Gott I, 115.
122 Jahwe 287f. In seinem jüngsten Beitrag ordnet KEEL allerdings den ursprünglichen Vulkangott Jahwe nicht dem syrischen Wettergott, sondern dem ägyptischen Sturm- und Kriegsgott Seth zu, der auch in Südpalästina nicht mit Regen und Fruchtbarkeit verbunden war (Geschichte I [2007], 203ff); dazu s.u. Ergebnis, Anm. 17, S. 239).
123 JHWH 307; cf. DERS., Rise (1995), 52. Niehr verbindet dies mit der Annahme, Jahwe sei in der Königszeit zum Himmelsherrn nach dem Vorbild des phönizischen Baalšamem aufgestiegen.
124 Yahweh 206f; cf. DERS., ORIGINS (2001), 146, und Memoirs (2004) 106f.
125 Art. YAHWEH (²DDD [1999]) 916.
126 Rechtfertigung 13f; cf. jüngst DERS., Theologie (2008) 134.
127 Jahwe 181ff; cf. DERS., Gott 53–55.
128 Religion 233.
129 Mythos 153f, 156f; cf. DERS., Reste, bes. 33f.
130 Wandlungen 20f.
131 Geschichte (in: GERTZ [Hg.], Grundinformation) 122f.
132 Wettergott 1ff.
133 Cf. Lemche, Mettinger, Kaiser, Smith, Keel/Uehlinger, van der Toorn und Berlejung.
134 Jahwes Kommen von Süden. Jdc 5; Hab 3; Dtn 33 und Ps 68 in ihrem literatur- und theologiegeschichtlichen Umfeld, zusammenfassend 258–260.
135 AaO, bes. 86–90, 172f.
136 AaO 261f; 268; cf. LANG, Jahwe 181ff; KÖCKERT, Wandlungen 20f, mit Anm. 43.
137 Der strafende Wettergott. Erwägungen zur Traditionsgeschichte des Adad-Fluchs im Alten Orient und im Alten Testament.

tergott Jahwe ursprünglich mit westsemitischen Strafvorstellungen des verschwindenden oder sich verbergenden Gottes verbunden; die Vorstellung des aktiv strafenden Wettergottes, die aus Mesopotamien stamme, sei erst später auf Jahwe übertragen worden, wie sich zuerst in Dtn 28,20ff erkennen lasse[138].

Von ganz anderer Seite beleuchtete Martin Klingbeil die Motive des Wettergottes im Bild Jahwes (1999)[139]: In Anknüpfung an die bahnbrechenden ikonographischen Studien von Othmar Keel und Christoph Uehlinger[140] stellte Klingbeil die wichtigsten Psalmen zusammen, die Jahwe als himmlischen Kämpfer zeichnen, um das Bild mit entsprechenden Darstellungen der altorientalischen Ikonographie zu vergleichen: Dabei zeige sich, dass Jahwe Züge verschiedener Göttertypoi übernommen habe. Allerdings sei er nicht im Bild dieser Götter aufgegangen, sondern sei „the *totaliter aliter*" geblieben[141].

Einen neuen Anstoß für den religionsgeschichtlichen Vergleich bringt die 2001 erschienene Monographie des Assyriologen Daniel Schwemer über die „Wettergottgestalten Mesopotamiens und Nordsyriens"[142], die eine Fülle textlicher Zeugnisse aus dem dritten, zweiten und ersten Jahrtausend zusammenstellt und dem Nichtassyriologen den Zugang zu dem verstreuten und schwer erschließbaren Material ermöglicht. In vielen Einzelheiten weist Schwemer komplizierte Entwicklungen und Querbezüge auf; einerseits zeigen sich gemeinsame Motive, andererseits Besonderheiten einzelner Wettergötter[143].

Eine Studie von Alberto R. W. Green zu demselben Thema (2003) versucht eine entwicklungsgeschichtliche Synthese[144]. Green vergleicht die Wettergötter Mesopotamiens und Syriens und ordnet auch Jahwe in diesen Horizont ein: Dieser sei zwar ursprünglich als El-Figur verehrt worden, habe im kanaanäischen Milieu aber auch Züge des syrischen Wettergottes übernommen; in seinem Kampf gegen Baal habe er

---

138 AaO 284–290.
139 Yahweh Fighting from Heaven. God as Warrior and as God of Heaven in the Hebrew Psalter and Ancient Near Eastern Iconography.
140 V.a. KEEL/UEHLINGER, GGG.
141 AaO 308 (Hervorhebung vom Vf.).
142 Die Wettergottgestalten Mesopotamiens und Nordsyriens im Zeitalter der Keilschriftkulturen. Materialien und Studien nach den schriftlichen Quellen.
143 Bei seiner Behandlung der verschiedenen Belege vom Kampf des Wettergottes gegen das Meer geht Schwemer auch kurz auf das Alte Testament ein: „Die Königsherrschaft des Gottes Yahwe verbinden verschiedene alttestamentliche Texte eng mit seinem Sieg über die im Meer wohnenden Chaosmächte." Schwemer verweist dazu v.a. auf Jes 51,9–16; Ps 74,12–14; 89,10f (Wettergottgestalten 236, mit Anm. 1626).
144 The Storm-God in the Ancient Near East.

jedoch bald sein Wesen als Gott, der in Schöpfung und Geschichte handelt und keine anderen Götter neben sich hat, ausgeprägt[145].

Dass die Motive des Wettergottes für die althebräische Gottesvorstellung hohe Bedeutung hatten, kann vor diesem Hintergrund als weithin anerkannt gelten. Es bleibt jedoch umstritten, wie die Züge des Wettergottes im Bild Jahwes zu bewerten sind: Besonders Reinhard Gregor Kratz hat jüngst betont, dass sich der königliche Wettergott Jahwe in keinem grundsätzlichen Gegensatz zu seiner religiösen Umwelt befinde[146]. Die Veränderungen, die in den ältesten Psalmen gegenüber den ugaritischen Texten zu beobachten seien, bewegten sich vielmehr „im Verstehenshorizont des kanaanäischen Mythos"[147]. Die „interpretatio israelitica" verdanke sich hingegen Bearbeitungen, die frühestens in exilischer Zeit in die Texte eingetragen worden seien[148].

Andere verleihen nach wie vor einem grundsätzlichen Vorbehalt Ausdruck: Erich Zenger etwa knüpft bei seiner Auslegung von Ps 29 an den Gedanken der Unableitbarkeit von Jahwes Königtum an[149] und betont die seit Jahwes urzeitlicher Thronbesteigung „ein für allemal" begründete und „immerfort"[150] wirkende Herrschaft Jahwes[151]. Die mythischen Züge des Gottesbildes können durch das ἐφ' ἅπαξ als erheblich eingeschränkt erscheinen[152].

5. Das Problem: Der Wettergott in den Psalmen

Eine umfassende Untersuchung der Motive des Wettergottes im Alten Testament fehlt bisher. Das vorliegende Buch soll beitragen, die Lücke zu schließen: Die wichtigsten Texte zum Wettergott finden sich im Psalter, womit sich ein Ansatzpunkt für eine exegetische Arbeit bietet.

Die Texte sind von den beiden Motivkreisen her ausgewählt, die sich in der Geschichte der Forschung als auffälligste Züge des ältesten greifbaren Bildes Jahwes erwiesen haben: Einerseits ist von den mehrfach besungenen Gotteserscheinungen im Gewitter auszugehen. Neben den Theophanieschilderungen in Ps 18 und Ps 77 sind die wichtigsten Texte dazu in Ps 29 und Ps 97 enthalten. Andererseits ist das Bild des

145 AaO 231f (im Anschluss an Cross [s. Anm. 113, S. 13]), 246, 258–280.
146 Mythos (2003) 154; cf. DERS., Reste (2003), bes. 32–34.
147 Mythos 161.
148 Z.B. Mythos 156 u.ö. (im Original kursiv).
149 S.o. S. 6ff.
150 Theophanien 410.
151 AaO 409–415.
152 Ähnlich LEUENBERGER, Konzeptionen 225f.

Wettergottes Jahwe immer wieder mit Jahwes Königsherrschaft verschränkt: Das zeigt sich neben dem für das frühe Gottesbild stets genannten Ps 93 besonders in Ps 24, aber auch in dem Jahwe-Königs-
Hymnus Ps 98. Zur Verbindung des königlichen Jahwe mit dem Zion
soll exemplarisch Ps 48 untersucht werden, da dieser Text traditionsgeschichtliche Bezüge zum königlichen Wettergott aus Ugarit aufweist.
Überraschende Parallelen zu dessen poetischer Darstellung sind auch
in dem bislang wenig beachteten Ps 36 enthalten. Ein weiterer Text mit
zahlreichen Motiven des Wettergottes ist Ps 65, der im Blick auf die
frühe Jahwereligion ebenfalls kaum Aufmerksamkeit gefunden hat.
Am Schluss der Untersuchung steht Ps 104: Obwohl dieses große Gedicht gemeinhin als Schöpfungspsalm gilt, sind nicht wenige seiner
Motive durch die Vorstellung des königlichen Wettergottes geprägt.
Der Kreis der Psalmen, die in ihrer Grundform Jahwe als Wettergott
zeichnen, ist damit weitgehend vollständig abgeschritten[153].

6. Jahwe als königlicher Wettergott

Die vorliegende Untersuchung der genannten elf Psalmen stellt die
Vermutung, dass Jahwe im königszeitlichen Jerusalem als königlicher
Wettergott verehrt wurde, auf eine exegetische Grundlage: Die ausge-
wählten Psalmen enthalten Reste der althebräischen Kultlyrik, die dieses Gottesbild zeigen. Die Motivgeschichte führt auf eine Fülle von
Parallelen zu anderen Wettergöttern. Der Vergleich lässt Eigenheiten
im Bild Jahwes hervortreten, die wahrscheinlich durch lokalpalästini-
sche Entwicklungen der frühen Eisenzeit bedingt sind. Eine differentia
specifica ist erst in Bearbeitungen zu erkennen, die den Untergang des
Königtums voraussetzen.

   Die ursprünglichen Hymnen und Gebete deuten hingegen an, dass
es einen Jahwemythos gegeben hat, der beim Neujahrsfest gefeiert
wurde. Er ist wahrscheinlich in zwei Stufen entstanden: Die älteste
Schicht zeichnet Jahwe als kämpfenden und triumphierenden Wettergott, während verschiedene Weiterdichtungen die weltumspannenden
Dimensionen von Jahwes Königsherrschaft entfalten.

---

153 Bruchstücke eines alten Hymnus auf den Wettergott Jahwe könnten sich außerdem
   in Ps 68 finden, der wegen seines komplizierten anthologischen Charakters hier
   nicht berücksichtigt wurde. Hinzuweisen ist auch auf Ps 74,13–17 und 89,9–15, die
   auf den Mythos des göttlichen Kampfes gegen das Meer und den Drachen anspielen.
   Abgesehen davon stehen in beiden Psalmen aber nicht die Züge des Wettergottes im
   Vordergrund: Jahwe wird hier vielmehr bereits als Schöpfer von Himmel und Erde
   gezeichnet, was sich vom älteren Bild des königlichen Wettergottes deutlich abhebt.

A. Triumph und Inthronisation Jahwes

1. Der Wettergott als Retter vor dem Tod: Ps 18,4–20

Das große königliche Danklied Ps 18 enthält einen längeren Abschnitt, der die Erscheinung eines Wettergottes schildert (V.8–16): Ein zorniger Bogenschütze reitet auf einem Kerub, schleudert Blitze aus den Wolken, lässt die Berge erzittern und vertreibt das Meer von den Grundfesten der Erde. Die Theophanie wird von einem Lied gerahmt, das die Rettung eines Einzelnen vor dem Tod besingt (V.4–20). Beide Stücke geben Einblicke in Gottesvorstellung und Kosmologie der Königszeit.

(4)   Den Gepriesenen rufe ich, Jahwe,
       dass ich errettet werde vor meinen Feinden.

(5)   Umfangen haben mich des Todes Schlingen,
       und des Verderbens Bäche überfallen mich.

(6)   Der Unterwelt Schlingen haben mich umzingelt,
       begegnet sind mir des Todes Fallen.

(7)   In meiner Bedrängnis rufe ich Jahwe
       und schreie zu meinem Gott.

       Er hört von seinem Tempel aus meine Stimme,
       und mein Schreien kommt ◇[1] in seine Ohren.

(8)   **Und es schwankte und bebte die Erde,
       dass der Berge Grundfesten erzitterten**
       und schwankten, denn es war ihm entbrannt.

(9)   **Rauch stieg auf in seiner Nase,
       und Feuer fraß aus seinem Mund,**
       Kohlen brannten von ihm her.

(10)   **Und er spannte Himmel[2] aus und kam herab,
       und Wolkendunkel war unter seinen Füßen.**

(11)   **Und er ritt auf einem Kerub und flog
       und schoss einher auf Sturmesflügeln.**

(12)   **Er machte[3] Finsternis zu seinem Versteck,
       rings um sich her** als seine Hütte Wasserfinsternis, **Wolkendickicht.**

---

1   Die lectio brevior II Sam 22,7 erweist לפני als Glosse (cf. z.B. GUNKEL, Psalmen 69).

2   Sc. Wolkenhimmel, s.u. A.1.5, S. 29ff.

3   ישת ist gegenüber LXX, Targum, zwei hebräischen Handschriften und II Sam 22,12 lectio difficilior. Die PK-Kurzform ist präterital zu verstehen (cf. GROSS, Verbform 144, 146, 163; WALTKE/O'CONNOR, Introduction 498), wohl mit iterativem oder durativem Aspekt (cf. ADAM, Held 45).

(13)   Aus dem Glanz heraus **vor ihm zogen seine Wolken vorüber,
Hagel und feurige Kohlen.**

(14)   Und Jahwe ließ in den Himmeln donnern,
und der Höchste ließ seine Stimme erschallen,
Hagel und feurige Kohlen.

(15)   **Und er sandte seine Pfeile und zerstreute sie,
und Blitze in großer Menge und verwirrte sie.**

(16)   **Und es wurden sichtbar <des Meeres>[4] Betten,
<>[5] entblößt wurden des Erdkreises Grundfesten**
vor deinem Schelten, Jahwe,
vor dem Schnauben von deines Zornes Atem.

(17)   Er langt herab aus der Höhe, er nimmt mich,
er zieht mich aus großen Wassern.

(18)   Er rettet mich vor meinem mächtigen Feind
und vor meinen Hassern, denn sie sind stärker als ich.

(19)   Sie begegnen mir am Tag meines Unglücks,
aber Jahwe wurde mir zum Stab.

(20)   Und er führte mich hinaus ins Weite,
er reißt mich heraus, denn er hat Gefallen an mir.

Theophanieschilderung: V.8a.9a.10f.12a*.bβ.13*.15.16a*.
Lied über die Rettung vor dem Tod: V.4–7.17–20.
Nachträge: V.8b.9b.12a*.bα.13*.14.16aβ*.b.

Für die Textgeschichte ist die Parallelüberlieferung in II Sam 22 zu berücksichtigen. Das Verhältnis zwischen beiden Textzeugen lässt sich nicht einseitig bestimmen: II Sam 22 bietet mehrfach Varianten, die nach inneren Kriterien lectio potior sind[6]; an anderen Stellen erweist sich der Text von II Sam 22 gegenüber Ps 18 als geglättet[7]. Der Urtext des Psalms muss von Fall zu Fall aus dem Vergleich von Ps 18MT/17LXX und II Sam 22MT/LXX erschlossen werden[8].

1.1 Zum Gesamtgefüge des Psalms

Aus dem umfangreichen Psalm heben sich abgesehen von der Überschrift in V.1.2(ויאמר) und der messianischen Unterschrift in V.51[9] zwei längere Abschnitte heraus, die sich als ursprünglich selbständig erwei-

---

4   Mit einigen hebräischen Handschriften und II Sam 22,16 als lectio difficilior (cf. z.B.
OLSHAUSEN, Psalmen 102f; DUHM, KHC XIV, 54; GUNKEL, Psalmen 70; SCHMUT-
TERMAYR, Psalm 18, 81f; JEREMIAS, Theophanie 35, Anm. 2): אפיקי מים (L; LXX) begeg-
net auch in Joel 1,20; 4,18; Ps 42,2; Cant 5,12.

5   Mit einer Genizahandschrift und II Sam 22,16. Die Narrativform ויגלו dürfte als
Angleichung an die Narrative im Kontext entstanden sein.

6   S. Anm. 1, 4 und 5, S. 18f.

7   S. A.1.3 (S. 22ff) zu V.14 sowie Anm. 31 (S. 23) und 41 (S. 24).

8   Cf. die grundsätzlichen Überlegungen bei SCHMUTTERMAYR, Psalm 18, 17–30.

9   Cf. dazu Ps 29,11 (s.u. A.5.2, S. 104ff).

sen: ein gern als Danklied bezeichnetes Gebet eines Einzelnen (V.4–20)[10] über die Rettung aus einer tödlichen Gefahr, und ein weiteres Danklied (V.33–50)[11], das wegen seiner militärischen Motive (v.a. V.33a. 35.36a.38–41) als Lied eines Königs gelten kann[12]. Das Zwischenstück (V.21–32) lässt sich vom Schluss des ersten Dankliedes (V.20) und dem Beginn des zweiten (V.33) abgrenzen[13]. Es hat die beiden Teile nachträglich miteinander verbunden[14]. Die Eröffnung in V.2(ohne ויאמר).3 weist Bezüge zu dem königlichen Danklied von V.33–50 auf[15] und dürfte bereits die Gesamtkomposition des Psalms im Blick haben[16].

1.2 Die Theophanieschilderung in ihrem Kontext

Die Theophanieschilderung von V.8–16 steht in der Mitte des ersten Danklieds (V.4–20). Sie hebt sich jedoch syntaktisch, stilistisch und inhaltlich aus ihrer Umgebung heraus: Auffällig sind die in V.8–16 fast durchgehend begegnenden Narrative[17], die von den Imperfekten in V.7 und V.17 (cf. auch V.4.18a.19a.20b) gerahmt werden. Das Präteritum[18]

---

10 Cf. ADAM, Held 36; HOSSFELD, in: HOSSFELD/ZENGER, NEB I, 126, nimmt hingegen V.3 hinzu, SAUR, Königspsalmen 56, auch die Einleitung in V.2*, die in II Sam 22,2 fehlt. V.4 setzt jedoch nach der Anrede Jahwes in V.2*.3 eindeutig neu an.

11 Cf. HOSSFELD, in: HOSSFELD/ZENGER, NEB I, 120; SAUR, Königspsalmen 72–74, trennt am Ende auch V.46–49 als nachträglich hinzugefügten hymnischen Schluss ab.

12 Cf. z.B. GUNKEL, Psalmen 65, 67.

13 V.21 setzt mit dem Wunsch „Jahwe vergelte mir nach meiner Gerechtigkeit" (יגמלני יהוה כצדקי) nach dem statuierenden V.20 (יחלצני למרחב / יחלצני כי חפץ בי) „Und er führte mich hinaus ins Weite, / indem er mich herausriss, denn er hat Gefallen an mir"), der Jahwes Gefallen am Beter voraussetzt, neu an (cf. HOSSFELD, in: HOSSFELD/ZENGER, NEB I, 119). Die folgenden Begründungen in V.22ff, die jeweils V.21 voraussetzen, erinnern bereits an deuteronomistisches Gedankengut (cf. schon DUHM, KHK XIV, 73; daneben bes. VEIJOLA, Dynastie 122f; jüngst SAUR, Königspsalmen 66–70). Auch die allgemeineren Aussagen von V.26–32 setzen V.20 nicht nahtlos fort, sondern erweisen sich als verschiedene, wahrscheinlich gestaffelte Kommentare zu den Erweiterungen von V.21.22–25. Das ursprüngliche Ende des ersten Danklieds ist daher in V.20 zu suchen. V.33 ist seinerseits wegen des hymnischen Partizipialstils, der sich in V.34f fortsetzt, Beginn eines neuen Stückes und hebt sich von den Reflexionen über Jahwes Einzigartigkeit in V.32, die mit der 1. pl. (אלהינו) verbunden sind, ab. V.31aα nimmt V.33 vorweg.

14 Cf. HOSSFELD, in: HOSSFELD/ZENGER, NEB I, 119f; ADAM, Held 37; SAUR, Königspsalmen 57, 66–72.

15 Cf. ADAM, Held 36f.

16 Am deutlichsten sind die Bezüge zu V.31f und zu V.47.

17 Dazu kommen vereinzelte Perfekta in V.8b.9aα.b.13 und Imperfekta in V.12(LXX, Targum und II Sam 22,12 bieten hier וישת).14aβ.

18 Mit GROSS, Verbform 164: „wayyiqtol bezeichnet vornehmlich individuelle vergangene Sachverhalte"; cf. JOÜON/MURAOKA, Grammar III, 395; für die präteritale Deutung entscheiden sich auch ADAM, Held 42–47, und SAUR, Königspsalmen 47f,

trennt V.8–16 vom Kontext. Dazu kommt eine inhaltliche Differenz: Der Beter und seine Bedrängnis, um die es in den Rahmenversen geht, werden in V.8–16 nicht erwähnt.

Meist nimmt man daher an, dass die Theophanieschilderung einem anderen Zusammenhang entnommen wurde, um die Grundform von V.4–7.17–20 zu erweitern[19]. Umgekehrt könnten V.4–7.17–20 aber auch als Rahmen für die ältere Theophanie gedichtet worden sein[20]. Eine dritte Möglichkeit wäre, dass V.8–16 keine ursprünglich selbständige und alte Überlieferung darstellen, sondern unter Verwendung verschiedener Zitate und Anspielungen nachträglich in ihren Kontext (V.4–7.17–20) hineingeschrieben wurden[21].

Die Entscheidung hängt daran, wie die Eigenprägung von V.8–16 gewichtet wird. Mit der älteren Exegese[22] wurde jüngst darauf hingewiesen, dass die Theophanieschilderung durchaus als syntaktisch und motivisch mit V.4–7.17–20 verknüpft erscheinen kann[23]: V.8–13 enthalten kein Bezugswort für die Verbformen der 3. Ps. sg. m. und die entsprechenden Suffixe; erst V.14 nennt Jahwe bzw. den „Höchsten" (עליון) als Subjekt der Handlung. V.8ff scheinen auf die Erwähnung Jahwes in V.7 zurückzugreifen[24]. Außerdem sieht es so aus, als ob der in V.8f geschilderte Zorn Jahwes durch den Notschrei des Beters nach V.7 hervorgerufen wurde. Jahwes kriegerische Erscheinung im Gewitter (cf. bes. V.15) könnte sich gegen die Feinde des Beters (V.18f) richten. Manche Begriffe der Theophanieschilderung scheinen auf den Tempel anzuspielen, der im Rahmen erwähnt wird (V.7)[25]. Die mythische Motivik, mit der die Rahmenverse die Not des Beters zeichnen, könnte auf eine weitere Verbindung verweisen: Der Beter spricht von der Bedrohung durch chaotische Fluten (V.5b: נחלי בליעל; V.17b: מים רבים), von

---

51f; anders MICHEL, Tempora 46f, der u.a. anhand von Ps 18,4–20 bestreitet, dass in der Poesie „hinsichtlich Zeitstufe oder Aktionsart" zwischen Imperfekt und Imperfectum consecutivum ein Unterschied besteht.

19 Cf. bes. JEREMIAS, Theophanie 35: „Die Verse 8–16 dürften ... kaum für den Zusammenhang, in dem sie jetzt stehen, gedichtet worden sein"; ähnlich CRÜSEMANN, Studien 255; SEYBOLD, HAT I/15, 81. SAUR, Königspsalmen 57–60, rechnet mit der Aufnahme einer alten Tradition, deren textlicher Bestand sich allerdings nicht mehr literarkritisch rekonstruieren lässt.

20 Cf. ADAM, Held 205.

21 So v.a. KÖCKERT, Theophanie, bes. 212–214 (dazu auch A.1.4, S. 27ff).

22 Cf. z.B. DELITZSCH, BC IV/1, 154–157.

23 Cf. HOSSFELD, in: HOSSFELD/ZENGER, NEB I, 119; ADAM, Held 51; KÖCKERT, Theophanie 212–214.

24 Cf. SAUR, Königspsalmen 58.

25 Cf. z.B. HOSSFELD, in: HOSSFELD/ZENGER, NEB I, 119: „Kerub 11, Höchster 14", sowie „ezechielische[n] Anklänge[n]" (Sturm, Glanz, Glühkohlen vgl. Ez 14.13 10 2.4)"; ähnlich ADAM, Held 61f; KÖCKERT, Theophanie 215–225; HARTENSTEIN, Wolkendunkel 132ff.

denen indirekt auch in V.16 (ים[26]) die Rede ist. Die unterschiedlichen Vorstellungen, dass Jahwe herabsteigt (V.10: וירד) und aus der Höhe herablangt (V.17: ישלח ממרום), scheinen einander zu ergänzen[27].

Auf der anderen Seite bleiben Theophanie und Rahmen motivisch voneinander getrennt: Nirgends in V.8–16 wird ausdrücklich gesagt, dass Jahwe im Gewitter erscheint, um einen in Todesgefahr schwebenden Beter zu retten. Die Theophanie hebt sich von den Ereignissen, die im Rahmen geschildert werden, eindeutig ab. Diese Differenz spricht dagegen, dass V.8–16 im Blick auf ihren Rahmen verfasst wurden.

1.3 Literarkritische Beobachtungen zu V.8–16

Die Theophanieschilderung enthält zudem Spuren, die auf eine nachträgliche Verknüpfung mit dem Rahmen deuten. Auffällig sind besonders die unterschiedliche Länge und Gruppierung der Einzelkola: Nach masoretischer Verseinteilung bilden V.10–13.15 Bikola, V.8f.14 Trikola, V.16 sogar ein Tetrakolon. V.12 und V.13a fallen durch Überlänge auf.

In V.8 hebt sich das letzte Kolon von den beiden anderen Kola ab:

(8aα)	ותגעש ותרעש הארץ	Und es schwankte und bebte die Erde,
(8aβ)	ומוסדי הרים ירגזו	dass der Berge Grundfesten erzitterten
(8b)	ויתגעשו כי חרה לו	und schwankten, denn es war ihm entbrannt.

V.8b sagt, warum Erde und Berge erbebt sind (כי חרה לו „denn es war ihm entbrannt"). Nach dem Zusammenhang erscheint der göttliche Zorn als unmittelbare Folge davon, dass der Schrei des Beters zum Tempel gelangt ist (V.7). V.8b nimmt jedoch V.9aα (עלה עשן באפו „Rauch stieg auf in seiner Nase") und V.16b (מנשמת רוח אפך „vor dem Schnauben von deines Zornes Atem") vorweg[28]. Die Erweiterung der überwiegenden bikolischen Struktur, die Wiederholung von געש und der punktual-präteritale Narrativ ויתגעשו nach dem durativen oder iterativen ירגזו deuten darauf, dass V.8b das Motiv des göttlichen Zorns nachträglich hervorhebt, was wohl im Blick auf V.7 geschehen ist[29].

Auch V.9 zieht das Augenmerk auf sich:

(9aα)	עלה עשן באפו	Rauch stieg auf in seiner Nase,
(9aβ)	ואש מפיו תאכל	und Feuer fraß aus seinem Mund,
(9b)	גחלים בערו ממנו	Kohlen brannten von ihm her.

---

26   S. Anm. 4, S. 19.
27   Cf. KÖCKERT, Theophanie 212.
28   Cf. ADAM, Held 45, Anm. 5.
29   Cf. GUNKEL, Psalmen 69; SCHMIDT, HAT I/15, 27; JEREMIAS, Theophanie 34, Anm. 4; SEYBOLD, HAT I/15, 81.

Das letzte Kolon bietet zwar einen synthetischen Parallelismus zu den anderen beiden Kola; es nimmt aber V.13b.14 begrifflich (גחלים „Kohlen") und motivisch vorweg. In V.8–16 ungewöhnlich ist zudem die asyndetische Anfügung eines geschlossenen Syntagmas. Im Blick auf die Reihe der Bikola in V.10–13 erweist sich V.9b wahrscheinlich als Glosse, die das Motiv der brennenden Kohlen im Rahmen der Theophanie unterstreicht[30]. Im Hintergrund könnte die Thronvision Ezechiels stehen (1,13: כגחלי אש בערות „wie brennende feurige Kohlen").

Komplizierter liegen die Verhältnisse in V.12[31]:

ישת חשך סתרו	Er machte[32] Finsternis zu seinem Versteck,
סביבותיו סכתו חשכת מים עבי	rings um sich her als seine Hütte Wasserfinsternis,
שחקים	Wolkendickicht.

Das Adverbiale „rings um sich her" (סביבותיו) entspricht offenbar – in chiastischer Wortstellung – dem accusativus adverbialis סתרו („als seine Hütte"); die asyndetisch gereihten Nomina und Constructus-Verbindungen סכתו חשכת מים עבי שחקים („seine Hütte, Wasserfinsternis, Wolkendickicht") stehen als Objekte von ישת parallel zu חשך. Als solche sprengen sie aber die metrische und poetische Form[33]. Der Text lässt

---

30 Cf. GUNKEL, ebd.; SCHMIDT, ebd.; JEREMIAS, ebd., Anm. 5.

31 Der Vergleich mit II Sam 22MT/LXX beweist hier in allen Fällen die Priorität von Ps 18MT/17LXX:

(II Sam	וישת חשך סביבותיו סכות	(Ps	ישת חשך סתרו סביבותיו סכתו
22)	חשרת מים עבי שחקים	18/17)	חשכת מים עבי שחקים

καὶ ἔθετο σκότος ἀποκρυφὴν αὐτοῦ   καὶ ἔθετο σκότος ἀποκρυφὴν αὐτοῦ
κύκλῳ αὐτοῦ ἡ σκηνὴ αὐτοῦ   κύκλῳ αὐτοῦ ἡ σκηνὴ αὐτοῦ
σκότος ὑδάτων ἐπάχυνεν ἐν νεφέλαις ἀέρος   σκοτεινὸν ὕδωρ ἐν νεφέλαις ἀέρων

Die Kopula vor ישת ist trotz der Bezeugung durch Ps 17LXX, II Sam 22MT/LXX lectio facilior. – סתרו wird auch von Ps 17LXX und II Sam 22LXX bezeugt; die lectio brevior von II Sam 22MT dürfte metrische Gründe (Doppelvierer) haben. – סכתו wird ebenfalls auch von Ps 17LXX und II Sam 22LXX bezeugt, während II Sam 22MT den ungewöhnlichen Singular durch Buchstabenvertauschung in סכות ändert, was auf das gleichnamige Fest anspielen könnte. – Die Lesart חשכת wird von Ps 18MT/17LXX und II Sam 22LXX bezeugt; das hapax חשרת in II Sam 22MT kommt durch Variation eines Buchstabens zustande („Sieb" [HALAT 348f]; nach FEIGIN, Sieve 40, „the heavenly sieve", aus dem der Regen fällt; cf. ugaritisch ḫtr [DEL OLMO LETE/SANMARTÍN, DULA I, 416; TROPPER, Wörterbuch 54] sowie Midrasch Tehillim z.St. [WÜNSCHE, Midrasch 152f]); SCHMUTTERMAYR, Psalm 18, 71f, hält hier allerdings gegen die äußere Bezeugung die lectio difficilior von II Sam 22MT für ursprünglich. – Das ἐπάχυνεν von II Sam 22LXX ist von עבי entlehnt, das mit עבה* in Verbindung gebracht wird (cf. Dtn 32,15).

32 S. Anm. 3, S. 18.

33 Die Masoreten verteilen die asyndetisch gereihten Appositionen zu סכתו auf zwei weitere verkürzte Kola und lesen ein Tetrakolon: ישת חשך סתרו / סביבותיו סכתו / חשכת מים / עבי שחקים.

sich nur durch Glossierung erklären[34]: Gern streicht man das geläufige Adverbiale סביבותיו, um סכתו parallel zu סתרו zu setzen[35]. Am Inhalt gemessen ist jedoch eher סכתו eingefügt: Die „Hütte" (סכה) ist ein Bild für den Schutz, den Jahwe dem Beter gewährt (27,5K; 31,21; cf. Jes 4,6), was offenbar auf den Tempel bezogen ist[36]; wahrscheinlich stellt סכתו eine nachträgliche Verbindung zu היכלו in V.7 her[37]. Des weiteren ist der Ausdruck חשכת מים („Wasserfinsternis") singulär, weshalb man mehrfach „Wolkendickicht" (עבי שחקים) für hinzugesetzt hält[38]. חשכה ist aber begriffliche Dublette zu חשך, das fest im Text verankert ist. Gegenüber עבי שחקים hebt חשכת מים den Aspekt der Dunkelheit und damit die Nähe zum Motivkreis des eschatologischen Gottesgerichts hervor[39]. Auch חשכת מים dürfte also hinzugesetzt sein[40]. Die Glossierung stellt eine Verbindung zu dem in V.7 genannten Tempel (היכלו) her und wertet das Wolkendunkel gleichzeitig als Zeichen des Gerichts.

Auffällig ist auch die Gestalt des ersten Kolons von V.13[41]:

(13a)   מנגה נגדו עביו עברו   Aus dem Glanz vor ihm zogen seine Wolken vorüber,
(13b)   ברד וגחלי אש   Hagel und feurige Kohlen.

Die Überlänge, die Wiederholung von עב aus V.12bβ und das Nebeneinander der Adverbialia מנגה und נגדו lassen auch hier Erweiterung vermuten. Unwahrscheinlich ist ein Nachtrag von עביו („seine Wolken"), da sich dafür kein inhaltlicher Grund benennen lässt. Wenn עביו nicht aus Dittographie entstanden ist[42], kann die Wiederholung des Begriffes aus V.12bβ als poetische Absicht erklärt werden: „Vor ihm zogen seine Wolken vorüber" (נגדו עביו עברו) knüpft an die eher statische Aussage von V.12* an und führt sie in einem dynamischen Bild fort. Viel deutlicher ist die Spannung zwischen מנגה („aus dem Glanz heraus") und נגדו

---

34   Cf. GUNKEL, Psalmen 69; SCHMIDT, HAT I/15, 27; KRAUS, BK XV/1, 283; JEREMIAS, Theophanie 34, Anm. 7.

35   So z.B. GUNKEL, Psalmen 69; KRAUS, BK XV/1, 283; JEREMIAS, Theophanie 34, Anm. 7; SCHMUTTERMAYR, Psalm 18, 70f, erwägt hingegen in Anlehnung an II Sam 22,12 eine Streichung von סתרו.

36   Cf. סך in 27,5Q; 42,5(txt. emd.); 76,3; Thr 2,6. Dazu ADAM, Held 61, mit Anm. 76; HARTENSTEIN, Wolkendunkel 130; DERS., Angesicht 167–169.

37   In Hi 36,29 wird diese Verbindung bereits vorausgesetzt, cf. DUHM, KHC XVI, 175: „Die Hütte v. 29ᵇ ist offenbar aus Ps 18,12 entlehnt, ohne den der Ausdruck gar nicht verständlich wäre."

38   KRAUS, BK XV/1, 283; JEREMIAS, Theophanie 34, Anm. 7.

39   Cf. חשכה in Jes 8,22; Ps 82,5 und חשך in Joel 2,2; Am 5,18.20; Zeph 1,15.

40   Cf. GUNKEL, Psalmen 69.

41   MT wird hier von der LXX gestützt. II Sam 22,13 bietet eine viel kürzere Version: מנגה נגדו / בערו גחלי אש. Sie dürfte sich jedoch als sekundäre Lesart erweisen, die vielleicht von Ez 1,13 her beeinflusst ist.

42   So JEREMIAS, Theophanie 35, Anm. 1; nach SCHMUTTERMAYR, Psalm 18, 73f, könnte hingegen מנגה aus Dittographie von שחקים / נֶגְדּוֹ entstanden sein.

(„vor ihm")[43]. Zwar scheint sich das Motiv des Glanzes, der vom Feuer ausgeht[44], in die Gewittertheophanie einzufügen[45]. מנגה lässt sich aber auch als exegetische Glosse erklären, die die Motivik mit der Thronvision Ezechiels assoziiert, in der neben den „feurigen Kohlen" (גחלי אש) vom „Glanz des Feuers" (נגה לאש) die Rede ist (Ez 1,13)[46]. Dabei könnte der Glanz – ähnlich wie das in V.12bα hervorgehobene Dunkel – als Zeichen des Gerichts gedacht sein[47].

V.14 fällt im Kontext von V.8–16 nicht nur als Trikolon auf. Hier wird der erscheinende Gott zum erstenmal mit dem Namen Jahwe genannt und gleichzeitig mit dem Titel עליון („Höchster") belegt. Merkwürdig ist zudem die Wiederholung von ברד וגחלי אש („Hagel und feurige Kohlen") aus V.13b in V.14b. LXX und II Sam 22,14MT/LXX bieten einen glatteren Text ohne V.14b. Wenig wahrscheinlich ist, dass V.14b durch das Versehen eines Schreibers in den Text gekommen ist[48]. V.14b ist vielmehr Wiederaufnahme zur Einfügung von V.14a, der den in V.8–13 noch nicht benannten Gott mit Jahwe identifiziert und zugleich unterstreicht, dass er der Höchste ist (cf. Ps 47,3; 97,9[49]). Gleichzeitig trägt V.14a mit dem Motiv des Donners einen neuen Aspekt ein: וירעם בשמים יהוה / ועליון יתן קלו („Jahwe ließ in den Himmeln donnern, / und der Höchste ließ seine Stimme erschallen") erinnert einerseits an Ps 29,3aβ (אל הכבוד הרעים „der Gott der Ehre ließ es donnern") und damit an die Vorstellung des in seinem Heiligtum thronenden Wettergottes Jahwe[50]; andererseits wird dieses Motiv – im Unterschied zu Ps 29 – in den Himmel verlagert. V.14 erweitert damit die kosmologische Vorstellung des älteren Kontextes[51].

---

43   Cf. DUHM, KHC XIV, 53, der im Anschluss an BICKELL, Metrices 14, מנגה zu V.12bβ zieht und die Wendung parallel zu חשך als „ohne Glanz" interpretiert.

44   Cf. Jes 4,5; 62,1.

45   Cf. נגה in dem Theophaniegedicht Hab 3 (V.4.11), für das die Verbindung von Lichtmotivik mit Gewittermotivik charakteristisch ist (cf. PFEIFFER, Kommen 159f).

46   Cf. נגה in Ez 1,4.27f; 10,4.

47   Cf. ADAM, Held 64.

48   Cf. z.B. DUHM, KHC XIV, 54; JEREMIAS, Theophanie 35, Anm. 2; SEYBOLD, HAT I/15, 79.

49   S.u. A.4.4, S. 90ff.

50   S.u. A.5.7, S. 122ff; cf. ADAM, Held 59.

51   HARTENSTEIN, Wolkendunkel 132ff, zeigt, dass sich in II Sam 22 der kosmologische Vorstellungshorizont der Theophanie gegenüber Ps 18,8–16 dahingehend erweitert, dass dort die Sphäre des Himmels breiten Raum einnimmt und zum Ort des göttlichen Palastes wird. Diese Entwicklung könnte nicht nur in der textlichen Rezeption von Ps 18 in II Sam 22 zu greifen sein, sondern sich bereits in der Literargeschichte von Ps 18,8–16 angebahnt haben: Auf diese Weise erklärt sich die Breite der Interpolation von V.14 sowie die ausdrückliche Anknüpfung an den Grundbestand durch die Wiederholung von V.13b in V.14b.

Ungewöhnlich ist schließlich auch die Gestalt von V.16:

(16aα)	<ים> ויראו אפיקי	Und es wurden sichtbar <des Meeres>[52] Betten,
(16aβ)	<יגלו> מוסדות תבל	<>[53] entblösst wurden des Erdkreises Grundfesten,
(16aγ)	מגערתך יהוה	vor deinem Schelten, Jahwe,
(16b)	מנשמת רוח אפך	vor dem Schnauben von deines Zornes Atem.

Das Tetrakolon hebt sich von den vorausgehenden Bikola ab. Außerdem nennt V.16aγ.b Jahwe nicht nur erneut beim Namen, sondern wechselt auch in die Anrede Jahwes, was sich nicht nur von V.4ff, sondern auch von V.17–20 unterscheidet. Die Anrede Jahwes begegnet danach erst wieder in V.26ff. In II Sam 22,16 wird die Unebenheit geglättet, indem die Anrede durch die Rede über Jahwe ersetzt wird.

V.16aγ.b gibt sich als verdeutlichender Zusatz zu erkennen[54]. Zwar fügt sich die zweite Hälfte des Tetrakolons motivisch durchaus in die Szenerie ein, und V.16b greift auf die Begriffe רוח aus V.11b und אף aus V.9aα zurück. Die Verstärkung des Zornesmotivs und die Identifikation des erscheinenden Gottes mit Jahwe zeigen aber eine interpretierende Absicht: Jahwes „Schelten" (גערה) deutet auf jüngere Ausformungen der Vorstellung vom Meereskampf (Jes 50,2; Ps 104,7; Hi 26,11; cf. גער q. in Nah 1,4)[55], und die Wendung „deines Zornes Atem" (רוח אפך) findet sich auch im Schilfmeerlied (Ex 15,8). Außerdem hat die Wendung „vor dem Schnauben von deines Zornes Atem" (מנשמת רוח אפך) eine überraschende Parallele in Hi 4,9, wo von den Frevlern gesagt wird: „Vor Gottes Schnauben gehen sie zugrunde, / und vor dem Atem seines Zorns werden sie vernichtet" (מנשמת אלוה יאבדו / ומרוח אפו יכלו)[56]. Das spricht dafür, dass V.16aγ.b das in V.16aα angedeutete Motiv des Kampfes gegen das Meer[57] in den Zusammenhang des eschatologischen Gottesgerichts stellt.

Verschiedene Stellen in V.8–16, die sich auf den Rahmen beziehen, sind also sekundär. Die Grundschicht der Theophanie lässt hingegen keine eindeutigen Verknüpfungen mit dem Rahmen erkennen[58].

---

52 S.o. Anm. 4 (S. 19).
53 S.o. Anm. 5. (S. 19).
54 Cf. SAUR, Königspsalmen 58f.
55 Cf. daneben גערה in Jes 51,20; 66,15; Ps 76,7; 80,17; גער q. in Jes 17,13; 54,9; Sach 3,2; Mal 2,3; 3,11; Ps 9,6; 68,31; 106,9; 119,21.
56 נשמת רוח sonst nur in Gen 7,22.
57 S.u. A.1.5, S. 35.
58 S.u. A.1.5, S. 29ff.

1.4 Zu Form und Gattung von V.8–16*

Die Grundform der Theophanieschilderung erweist sich als sorgfältig gestaltetes Gedicht. Die etwa gleich langen Einzelkola, für die sich ein durchgehendes Dreiermetrum nahelegt[59], sind durch syntaktische Verbindungen und synthetische Parallelismen als acht Bikola angeordnet. Die Dynamik der Handlung wird besonders von der überwiegend verbal gebildeten Syntax erzeugt:

(8aα)	ותגעש ותרעש הארץ	Und es schwankte und bebte die Erde,
(8aβ)	ומוסדי הרים ירגזו	dass der Berge Grundfesten erzitterten.
(9aα)	עלה עשן באפו	Rauch stieg auf in seiner Nase
(9aβ)	ואש מפיו תאכל	und Feuer fraß aus seinem Mund.
(10a)	ויט שמים וירד	Und er spannte Himmel aus und kam herab,
(10b)	וערפל תחת רגליו	und Wolkendunkel war unter seinen Füßen.
(11a)	וירכב על כרוב ויעף	Und er ritt auf einem Kerub und flog
(11b)	וידא על כנפי רוח	und schoss einher auf Sturmesflügeln.
(12aα)	ישת חשך סתרו	Er machte Finsternis zu seinem Versteck,
(12aβ*.bβ)	סביבותיו עבי שחקים	rings um sich her Wolkendickicht.
(13aβ)	נגדו עביו עברו	Vor ihm zogen seine Wolken vorüber,
(13b)	ברד וגחלי אש	Hagel und feurige Kohlen.
(15a)	וישלח חציו ויפיצם	Und er sandte seine Pfeile und zerstreute sie,
(15b)	וברקים רב ויהמם	und Blitze in großer Menge und verwirrte sie.
(16aα)	ויראו אפיקי <ים>	Und es wurden sichtbar <des Meeres>[60] Betten,
(16aβ*)	<יגלו> מוסדות תבל	<>[61] entblößt wurden des Erdkreises Grundfesten.

Neun der sechszehn Kola beginnen mit dem Verbum (V.8aα.9aα.10a. 11a.b.12aα.15a.16aα.β). Die sehr häufige Setzung der Kopula beschleunigt den Lesefluss. Parallele und chiastische Wortfügungen sind miteinander verschränkt. Mehrfach finden sich im einzelnen Kolon sogar zwei Verbformen, von denen jeweils die erste am Anfang steht und ein Objekt oder ein Adverbiale nach sich zieht, während die zweite das Kolon schließt (V.10a.11a.15a). In zwei Fällen enthält auch das darauf folgende Kolon eine Verbform (V.11b.15b).

Inhaltlich sind ein Rahmen und ein zweigeteilter Mittelteil zu erkennen: Das erste und das letzte Bikolon (V.8a.16a*) blicken auf kosmische Größen (V.8: הארץ/הרים; V.16*: תבל/ים[62]), wobei jeweils das Motiv der Grundfesten (V.8aβ: מוסדי הרים; V.16aβ*: מוסדות תבל) begegnet. Die Erscheinung des Gottes kündigt sich dadurch an, dass die Erde bis in

---

59 Drei Hebungen sind gegen die Akzentuierung der Masoreten auch in V.9aβ und V.11b möglich, cf. z.B. GUNKEL, Psalmen 60; SCHMIDT, HAT I/15, 27.
60 S.o. Anm. 4 (S. 19).
61 S.o. Anm. 5. (S. 19).
62 S.o. Anm. 4. (S. 19).

die Fundamente der Berge hinein erbebt (V.8a), und gipfelt darin, dass die Betten des Meeres und damit auch die Fundamente des bewohnbaren Landes bloßgelegt werden. Die Entsprechung von Anfang und Ende unterstreicht die Bedeutung dieses Motivs für den Vorstellungskreis des besungenen Gottes[63].

Die Gotteserscheinung selbst wird von zwei Seiten her in den Blick genommen. V.9–11* zeichnen Einzelzüge und Handlungen des Gottes, die dem Auge verborgen sind: Nase, Mund (V.9a) und Füße (V.10b) sowie das Motiv des Reitens (V.11a) bilden eine anthropomorphe Gottesvorstellung ab. V.12–15* hingegen schildern vorwiegend sichtbare Erscheinungen des Gewitters: In ihnen wirkt der im Gewölk verborgene Gott (cf. V.12aα). Beide Ebenen entsprechen einander und sind zwei Seiten desselben Phänomens: Die unheimliche Gewalt des Gewitters zeugt von einem gefährlichen göttlichen Kämpfer. Die mythische Ebene (V.9–11*) und die wahrnehmbare Ebene (V.12–15*) werden zudem mehrfach aufeinander bezogen: Das Feuer frisst aus dem Mund des Gottes (V.9aβ), wird aber auch im Zusammenhang mit den „Kohlen" (גחלים) neben anderen Wetterphänomenen genannt (V.13b). Das Wolkendunkel unter den Füßen des Gottes (V.10b) entspricht dem finsteren Gewölk, in dem er sich verbirgt (V.12*), und umgekehrt werden die Blitze mit Pfeilen identifiziert (V.15), was wiederum zu dem zornigen Reiter des Keruben (V.11) passt.

Der Anfang fehlt: Der erscheinende Gott wird nicht beim Namen genannt; die Suffixe in V.9a und die folgenden Verbformen setzen aber eine formgerechte Einführung des besungenen Gottes im Vortext voraus. Sie wurde anscheinend bei der Rahmung des Stückes durch V.4–7.17–20 abgeschnitten. Es ist möglich, dass die besungene Gottesgestalt ursprünglich von Jahwe unterschieden war; notwendig ist diese Annahme jedoch nicht: Der Rahmen setzt den Gott von V.8–16* mit Jahwe gleich, ohne dass sich darin eine Spannung bemerken ließe[64].

Fraglich ist, ob das Stück damit geendet hat, dass die „Grundfesten des Erdkreises entblösst" werden (V.16aβ: ויגלו מוסדות תבל). Die martialische Erscheinung des Gottes lässt eine Fortsetzung erwarten. Sie könnte ebenfalls ersetzt worden sein, als das Stück durch die Schilderung der Rettung des Beters gerahmt wurde.

Für die Bestimmung der Gattung bereitet die fragmentarische Gestalt des Stückes Schwierigkeiten. Das betrifft besonders den fehlenden Anfang: Da sich nicht mehr sagen lässt, in welcher Weise der besun-

---

63   S.u. A.1.5, S. 29ff.
64   Cf. Ps 97,2–5* (s.u. A.4.5, S. 93ff); Ps 65,10–14* (s.u. A.6.3, S. 139f); Ps 104,2–4.10f.13a. 14.32 (s.u. C.5, S. 220ff).

gene Gott eingeführt wurde, lassen sich über den Skopos der Theophanieschilderung nur Vermutungen anstellen.

Ein wichtiges formales Merkmal ist der präteritale Aspekt der
Schilderung[65]: Obwohl sich das entfaltete Geschehen seiner Natur nach
stets aufs neue vollzieht, nimmt das Gedicht eine rückblickende Perspektive ein. Das Stück liest sich wie ein Ausschnitt aus einem mythologischen Epos; die Diktion erinnert an manche Partie des ugaritischen
Baʿluzyklus[66].

1.5 Zur Motivgeschichte: Der kämpfende Wettergott

Die Gottesgestalt, die in Ps 18,8–16* besungen wird, ist ein Wettergott:
Die Erscheinung wird von den Gewitterphänomenen „Wolkendunkel"
(ערפל [V.10]), „Sturm" (רוח [V.11]), „Finsternis" (חשך [V.2]), „Wolkendickicht" (עבי שחקים [V.12]), „Hagel" (ברד [V.13]) und „Blitzen" (ברקים
[V.15]) begleitet. Freilich bietet das Gedicht mehr als eine mythisierte
Naturschilderung[67]. Darauf deutet schon der erhaltene Beginn. Bevor
der Gott selbst beschrieben wird, werden die bewohnbare Welt und
ihre Grenzen in den Blick genommen: Das trockene Festland (תבל[68])
und die Berge am Horizont haben bis in die Grundfesten hinein gebebt[69] – schon das lässt erwarten, dass im folgenden von einem gewaltigen Geschehen erzählt wird, das den gesamten Kosmos betrifft. Das
Beben von Erde und Bergen konnte in der Umwelt des Alten Testaments zwar mit Erscheinungen verschiedener Götter verbunden werden[70]. Zahlreiche Belege gehören aber zu Wettergöttern. Zu vergleichen
ist eine Stelle im ugaritischen Baʿlu-Zyklus (CAT 1.4 VII, 29–37):

(29) qôlahu qdš baʿlu yâtin[71]   Baʿlu ließ seine heilige Stimme erschallen,
(30) yaṯnî baʿlu ṣi[ʾata] šapatêhu   er wiederholte den Ausspruch seiner Lippen.

---

65 Die waw-PK-Formen sind eindeutig präterital zu verstehen, s.o. Anm. 18, S. 20f. Die
    Imperfekte ירגזו (V.8aβ) und תאכל (V.9aβ) dürften jeweils als Iterative oder Durative
    der Vergangenheit zu deuten sein (cf. BARTELMUS, Einführung 81), die subjunktiv an
    die Perfekte und Narrative angeschlossen sind.
66 Cf. CROSS/FREEDMAN, Song 20: „The language and style of the theophany ... derive
    from ancient Canaanite sources, having many contacts with the Ugaritic epics." Um
    unmittelbare „Kontakte" muss es sich freilich nicht handeln: Die ähnliche Gestalt
    deutet vielmehr darauf, dass die mythologisch-epischen Traditionen, die die ugariti-
    sche Dichtung repräsentiert, auch im ersten Jahrtausend verbreitet waren.
67 Cf. KÖCKERT, Theophanie 216.
68 Zur Semantik cf. FABRY/VAN MEETEREN, Art. תֵּבֵל (ThWAT VIII), bes. 548.
69 מוסדי הרים nur noch in Dtn 32,22, dort ebenfalls parallel zu ארץ. Cf. das Motiv des
    Erbebens der Fundamente der Erde (מוסדי ארץ) in Jes 24,18; Ps 82,5.
70 Cf. die Übersicht bei JEREMIAS, Theophanie 80.
71 Oder: yatana (TROPPER, UG 635).

[31] qôluhu q[dš] tarrira ʾarṣa	Seine heilige Stimme ließ die Erde zittern[72],
[32] ṣiʾatu [šapatê]hu ġûrīma	der Ausspruch [seiner Lipp]en die Berge:
ʾaḫûšanna [33] rtq …	„Ich möchte eilen zum Verschlossenen (?[73]) …!"
… [34] qadmīma	… die uralten [Berge],
bâmātu ʾar[ṣi] [35] taṭṭuṭna	die Höhen der Erd[e] schwankten.
ʾêbū baʿli taʾḫudū [36] yaʿrīma	Die Feinde Baʿlus ergriffen die Wälder,
šāniʾū haddi gpt [37] ġûri[74]	die Hasser Haddus die Berghänge.[75]

Der mesopotamische Adad galt als *muneššû kippati* („der den Welten-kreis erschüttert")[76] oder als *munīš siḫip šamê u erṣeti* („der Himmel und Erde insgesamt erschüttert")[77]. Er wurde gepriesen als [*ša ina zik*]*ir pîšu šamû išubbū* [*erṣetu in*]*arruṭu itarrurū ḫuršāni* … („[auf das Wo]rt dessen Mundes hin der Himmel taumelig wird, [die Erde sch]wankt, die Berge erzittern …")[78]. Eine althebräische Parallele des Motivs, die fast genauso lautet wie Ps 18,8aα, enthält das Preislied an den Kämpfer gegen die Fluten in Ps 77,17–20[79]:

(19b)   רגזה ותרעש הארץ …   … die Erde hat gezittert und gebebt.

Auf erbebende Gebirge spielt auch das Gedicht über die Stimme Jah-wes an, das der älteste Kern von Ps 29 ist[80]:

(5b) וישבר יהוה את ארזי הלבנון Und Jahwe zerschmetterte des Libanon Zedern
(6a) וירקידם כמו עגל und ließ sie springen wie ein Kalb,
(6b) לבנון ושרין כמו בן ראמים Libanon und Sirjon wie einen jungen Wildstier.

Überall dient das Motiv des Bebens dazu, die überwältigende göttliche Macht auszumalen.

In den Bildern von Rauch (עשׁן) und Feuer (אשׁ) in V.9a (cf. גחלי אש in V.13b) werden Anspielungen auf vulkanische Phänomene vermu-

---

72 Mit DEL OLMO LETE/SANMARTÍN, DULA II, 879. Dort findet sich der allerdings mit Fragezeichen versehene Vorschlag, die Form gegen CAT z.St. als PK (y)*trr* zu re-konstruieren.
73 Cf. DIETRICH/LORETZ, in: TUAT III, 1169, Anm. 120 (mit Literatur).
74 Transkription ugaritischer Texte nach TROPPER, UG, und DERS., Wörterbuch. Wo sich nach Tropper keine sichere Vokalisierung erschließen lässt, wird nur transliteriert. Die Unterscheidung zwischen lesbaren Konsonantenzeichen, die in Kursivschrift wiedergegeben werden, und beschädigten Zeichen, die in Normalschrift erscheinen, wird aus CAT übernommen (cf. CAT, S. vi), wobei die eingefügten Vokale sich an dem jeweils vorausgehenden Zeichen orientieren.
75 Übersetzung nach DIETRICH/LORETZ, in: TUAT III, 1169.
76 K 9759:11′ = SCHWEMER, Wettergottgestalten 710.
77 K 5147 Vs. 1′ (+) K 3318 Vs. 14 (MAUL, ‚Herzberuhigungsklagen', Eršaḫunga Nr. 18:12) ‖ K 5209 Vs. 19 (MAUL, aaO, Eršaḫunga Nr. 21:18f) = SCHWEMER, aaO 710.
78 K 9759:8′–10′ = SCHWEMER, aaO 714.
79 S.u. A.2.5, S. 53ff.
80 S.u. A.5.5, S. 115ff. Jüngere Parallelen finden sich in Jes 5,25; Nah 1,5; Joel 2,10.

tet[81]. Das geht an der Metaphorik vorbei: Der in der Nase des Gottes aufsteigende Rauch und das aus seinem Mund fressende Feuer zeichnen „im literarischen Stil der Zeitlupe"[82], wie der Gott erzürnt[83] und sich sein Zorn nach außen wendet[84]. Zu vergleichen ist ein Stück aus dem Assurzyklus des Jesajabuches (30,27–30)[85]:

(27)	הנה שם יהוה בא ממרחק	Siehe, Jahwes Name kommt von fern,
	בער אפו וכבד משאה	brennend ist sein Zorn, wuchtig die Erhebung,
	שפתיו מלאו זעם	seine Lippen sind mit Grimm gefüllt,
	ולשונו כאש אכלת	und seine Zunge ist wie fressendes Feuer.
	...	...
(30)	והשמיע יהוה את הוד קולו	Und Jahwe lässt hören seiner Stimme Hoheit
	ונחת זרועו יראה	und sehen seines Arms Herabkommen
	בזעף אף ולהב אש אוכלה	mit grimmigem Zorn und fressender Feuerflamme,
	נפץ וזרם ואבן ברד	Platzregen, Wolkenbruch und Hagelstein.

Wie in Ps 18 sind bildliche Darstellungen des göttlichen Zorns (V.27) mit Erscheinungen des Gewitters verbunden, was hier dazu dient, die Rede von Jahwes Gericht über Assur einzuleiten (V.31–33).

In der Theophanie von Ps 18,8–16* geht aus dem erhaltenen Text zwar nicht hervor, weshalb der Zorn des Wettergottes entbrannt ist und gegen wen er sich richtet. Es lässt sich aber vermuten, dass es sich um mythische Widersacher des besungenen Gottes handelt, die ihn zum Kampf gefordert haben. Der ugaritische Baʿlu-Zyklus, der von den Auseinandersetzungen des Baʿlu mit Yammu (CAT 1.1f) und Môtu (1.4–6) erzählt, weist hierzu die Richtung.

Nach V.10a spannt der zürnende Wettergott „Himmel" (indet. שמים) aus. Damit ist keine Schöpfungsaussage beabsichtigt wie bei den meisten Belegen von נטה q. mit dem Objekt שמים[86]. Der bildliche Gehalt geht vielmehr aus Ps 104,2 hervor, einer hymnischen Prädikation, die ebenfalls auf den Wettergott bezogen ist[87]:

נוטה שמים כיריעה   der Himmel ausspannt wie das Zelttuch

Der Vergleich mit dem dunklen Zeltdach zeigt, dass der Wettergott nicht das Himmelsgewölbe erschafft[88], sondern den finsteren Wolken-

---

81   Cf. HOSSFELD, in: HOSSFELD/ZENGER, NEB I, 126.

82   KÖCKERT, Theophanie 216.

83   Cf. die späten Belege Dtn 29,19; Ps 74,1; 80,5.

84   Zum Motiv des verzehrenden Feuers cf. Ps 97,3 (s.u. A.4.7, S. 96); 50,3 kombiniert Ps 18,9aα mit 97,3a.

85   Cf. KÖCKERT, Theophanie 216.

86   Jes 40,22; 44,24; 45,12; 51,13; Jer 10,12/51,15; Sach 12,1; Hi 9,8.

87   S.u. C.5, S. 223.

88   In Jes 40,22 tritt an die Stelle des Zelttuches das Flortuch (דק), womit sich das Bild verändert und der Bezug auf das Himmelsgewölbe möglich wird. Von hier aus erstarrt die Wendung zur Schöpfungsaussage.

himmel[89] beim Gewitter ausbreitet[90]. Dasselbe besagen die Epitheta des Adad *ērim ṣiḫip šamāmē* („der die Gesamtfläche des Himmels bedeckt")[91] und *[šāpi]k erpēti ina qereb šamê* („[der] die Wolken [auft]ürmt inmitten des Himmels")[92].

In der hebräischen Variante des Motivs deutet das auf den Zeltbau bezogene נטה die Verbindung einer waagerechten Bewegung mit einer senkrechten Bewegung an[93]. Daran knüpft die Fortsetzung durch וירד sowie durch וערפל תחת רגליו („und Wolkendunkel war unter seinen Füßen") an: Das tief hängende Gewölk (ערפל[94]) lässt erahnen, dass der darin verborgene Gott zur Erde herabsteigt[95]. Für Adad ist fast dasselbe Epitheton belegt: *ša ištu šamê urdam* („der vom Himmel herabstieg")[96]. Einen späten Reflex bietet die Sinaitheophanie (Ex 19,11.18.20)[97].

Nach dem nächsten Bikolon (V.11) reitet der Wettergott durch das Gewitter. Der Parallelismus lässt sein Reittier als mythische Verkörperung des Sturmes erscheinen:

וירכב על כרוב ויעף   Und er ritt auf einem Kerub und flog
וידא על כנפי רוח   und schoss einher auf Sturmesflügeln.

Zu vergleichen sind zunächst die Epitheta des Adad *[r]ākib ūmū* („[der] auf den Stürmen reitet")[98], *[rākib] ūmī ezzūte* („der auf den wilden Stürmen [reitet])"[99] und *rākib [ūm]ī rabûti* („der auf den großen [Stür]men reitet")[100]. In Ps 18,11 weist die Metapher der Sturmesflügel (כנפי רוח), die in ähnlichem Sinn in Ps 104,3 begegnet[101], indirekt auch den Keru-

---

89 שמים in diesem Sinn auch in Dtn 33,26; Ps 68,34.
90 Cf. HARTENSTEIN, Wolkendunkel 130.
91 KAR 304 (+) 337 Rs. 16′ ‖ unpubl. BM ass. ‖ BM bab. = SCHWEMER, Wettergottgestalten 707.
92 LKA 53 Vs. 14, 16 ‖ BMS 20 (+) 49 Rs. 15 ‖ KUB IV 26 Frg. A:8′f = SCHWEMER, aaO 715.
93 Cf. KÖCKERT, Theophanie 217.
94 Cf. den alten Beleg Ps 97,2a (s.u. A.4.7, S. 95f); jüngere Reflexe des Begriffs im Zusammenhang von Gewittermotivik bieten Ex 20,21; Dtn 4,11; 5,22; I Reg 8,12/II Chr 6,1; Jer 13,16; Ez 34,12/Joel 2,2/Zeph 1,15; Hi 22,13; 38,9.
95 Cf. besonders den im Anu-Adad-Tempel von Assur gefundenen und in die Zeit Tukulti-Ninurtas II. zu datierenden glasierten Ziegel, der zwischen tief hängenden Wolken eine geflügelte Wettergottgestalt in einem Feuerkranz zeigt, die einen gespannten Bogen schräg nach unten richtet (z.B. bei KEEL, Bildsymbolik 195; MAYER-OPIFICIUS, Sonne 200, und KLINGBEIL, Yahweh 261, vertreten allerdings unter Verweis auf den Feuerkranz die Identifikation der Gottesgestalt mit dem Sonnengott).
96 CT LI 142 Vs. 9 = SCHWEMER, Wettergottgestalten 714.
97 Cf. ירד in Ex 34,5; Num 11,17.25; 12,5; daneben in Gen 11,5.7; 18,21; Ex 3,8.
98 BiMes 24, 51 Vs. 8 = SCHWEMER, Wettergottgestalten 712.
99 LAYARD, Inscriptions 73:1f = SCHWEMER, ebd.
100 RIMA III A.0.104.6:3f = SCHWEMER, ebd.
101 Dazu s.u. C.5, S. 224.

ben als geflügeltes Wesen aus. Die berühmtesten Darstellungen von Keruben[102] sind die monumentalen Sphingen aus den assyrischen Palästen[103]. Zahlreiche Abbildungen und Skulpturen finden sich aber auch in der syrischen und phönizischen Bildkunst, wo die Keruben meist paarweise als monumentale Torwächter, als Hüter von Lebensbäumen[104] oder als Königsthron erscheinen[105]. In unserem Text ist hingegen nur von einem Keruben die Rede[106], der dem Gott als Reittier dient (cf. וירכב). Gleichzeitig wird die schnelle Bewegung des Wettergottes durch die Luft von den chiastisch gestellten Narrativen ויעף und וידא mit einem einherschießenden Raubvogel verglichen[107], was mit dem Bild des geflügelten Keruben zusammenfließt.

Die Fortsetzung in V.12* nimmt die sichtbare Seite des mythischen Geschehens in den Blick: Der Wettergott verbirgt sich in einer finsteren Wolkenballung[108]. Mit demselben Motiv beginnt die Theophanieschilderung von Ps 97,2–5* (V.2a: ענן וערפל סביביו „Gewölk und Wolkendunkel sind rings um ihn"), die religionsgeschichtlich auf derselben Ebene steht wie Ps 18,8–16*[109]. Die Vorstellung des Gottes, der im Wolkendunkel wohnt, wurde zu einem offenbar späteren Zeitpunkt in die Jerusalemer Tempeltheologie integriert, wie die Erweiterungen älterer Theophaniestücke in Ps 29,1–10*[110] und 97,1–7*[111] zeigen[112]. In Ps 18,8–16*

---

102 כרוב ist etymologisch mit dem akkadischen *kurību* verwandt, cf. HALAT 473, s.v. כרוב I, 2; AHw 510 b.

103 Nach MAUL, Sieg, bes. 32ff, galten die Keruben als gezähmte Chaoswesen, die mit dem besiegten Meer in Verbindung standen und ihre Kraft nun zur Stabilisierung des assyrischen Königtums einsetzen mussten.

104 Cf. Gen 3,24; zum ikonographischen Hintergrund z.B. KEEL/UEHLINGER, GGG 265f, mit Abb. 231 a und b.

105 Cf. dazu z.B. die bei KLINGBEIL, Yahweh 232, abgebildeten phönizischen Siegel; außerdem KEEL, Bildsymbolik 149f, Abb. 231–236; dazu DERS., Jahwe-Visionen 26–26; KEEL, Geschichte I, 295f, 300f; JANOWSKI, Keruben 262–269. Der diesem ikonographischen Hintergrund entsprechende Gottestitel ישב הכרובים begegnet im Alten Testament allerdings nur in jüngeren Kontexten: I Sam 4,4; II Sam 6,2/I Chr 13,6; II Reg 19,15/Jes 37,16; Ps 80,2; 99,1.

106 Ein einzelner Kerub wird im Alten Testament sonst nur in Ez 9,3; 10,2.4.7; 28,14.16 erwähnt, jedoch jeweils in anderer Funktion als in Ps 18,10.

107 Cf. דאה in Dtn 28,49; Jer 48,40; 49,22.

108 Cf. die jüngeren Reflexe des Motivs in Ps 81,8 und Hi 22,14.

109 S.u. A.4.9, S. 99ff.

110 S.u. A.5.7, S. 122ff.

111 S.u. A.4.9, S. 99ff.

112 Cf. außerdem ערפל in I Reg 8,12f. Nach KEEL, Geschichte I, 267ff, legt die aus LXX erschließbare Urform des Tempelweihspruchs nahe, dass Jahwe in Jerusalem zunächst „Gast in einem alten Sonnenheiligtum wurde" (267).

kommt eine Verbindung zur Tempeltheologie ebenso erst durch den Rahmen von V.4–7.17–20 zustande (cf. V.7*: היכל[113]).

V.13* setzt die Schilderung der Gewitterphänomene zunächst fort: Neben den Wolken zählt auch der Hagel (ברד) zu den Begleitern des Wettergottes[114]. Auch dieses Motiv findet sich in dem bereits erwähnten Stück aus dem Assurzyklus (Jes 30,30). Die Hagelsteine sind wohl ähnlich wie die Blitze als Geschosse vorgestellt, die der Wettergott gegen seine Feinde schleudert[115]: Adad wurde gepriesen als *ša mel[e]m berqīšu ezzū[t]im aban naspa[nti]m eli māt ni[ku]rtim aggi[š] ušaznanu* („der den Schreckensgl[an]z seiner wütend[e]n Blitze (und) den zerstöreri[sch]en Hagel auf das Fei[nd]esland regnen lässt")[116] sowie als *mušaznin abni u išāti eli ajjābi* („der Hagelstein und Feuer auf den Feind herabregnen lässt")[117]. Letzteres Epitheton entspricht der Verbindung von Hagel und feurigen Kohlen in Ps 18,13b[118].

Die Adad-Epitheta zeigen, dass der mythische Kampf des Wettergottes in Entsprechung zu politischen Kämpfen gedacht ist[119]. In Ps 18,8–16* ist das zwar weniger klar zu erkennen; der Rahmen der Theophanie kann aber so verstanden werden[120].

Am deutlichsten tritt das kriegerische Handeln des Gottes in V.15 hervor: Dass die Blitze Pfeile sind, erinnert besonders an assyrische Darstellungen von göttlichen Bogenschützen[121]. Dasselbe Motiv findet sich in dem Preislied an den Überwinder der Fluten, das sich in Ps 77,17–20 erhalten hat[122]:

... ...

(18b) אף חצציך יתהלכו   ja deine Pfeile schwirrten immerzu umher!

... ...

(19aβ) האירו ברקים תבל ...   Blitze haben den Erdkreis erleuchtet ...

... ...

---

113 S.u. A.1.7, S. 38ff.

114 Cf. Ps 148,8.

115 Cf. den späten Reflex dieses Motivs im Kontext eines Jahwekrieges Jos 10,11 sowie Jes 28,2.17; Ez 38,22; Hi 38,22 (mit V.23: ליום קרב ומלחמה / לעת צר ...).

116 IM 95200 I 7–II 1 = SCHWEMER, Wettergottgestalten 714.

117 K 5001 Vs. 10' (MAUL, ‚Herzberuhigungsklagen', Eršaḫunga Nr. 19–20:17) = SCHWEMER, aaO 711.

118 Cf. Ps 140,11; die גחלי אש in Lev 16,12; Ez 1,13; 10,2 deuten hingegen auf einen kultischen Kontext.

119 S.u. A.2.6, S. 59ff.

120 S.u. A.1.7, S. 38ff.

121 Cf. z.B. KEEL, Bildsymbolik, Abb. 294, 295, 419; KEEL/UEHLINGER, GGG Abb. 284a und b.

122 S.u. A.2.5, S. 53ff; cf. Hab 3,11 (zusammen mit dem Speer); Sach 9,14 (Blitze wie Pfeile); Hi 36,32 (Blitze als Wurfwaffen).

In V.15 ist besonderes Augenmerk auf die Narrative ויפיצם und ויהמם zu richten: Die Suffixe scheinen sich zunächst auf die Blitzpfeile zu beziehen, womit beide Wendungen deren Ausstreuen bezeichnen würden. המם* ist sonst allerdings fast immer die von Jahwe gestiftete Verwirrung der Feinde im Jahwekrieg[123]: Obwohl die meisten Belege in literargeschichtlich späten Kontexten stehen[124], dürfte die Vorstellung älter sein[125]. פוץ* in V.15a lässt sich in diesen Horizont ebenfalls einordnen[126]. Auch wenn das erhaltene Fragment von Ps 18,8–16* nicht ausdrücklich über die Feinde des Wettergottes spricht, nennt es den Zorn des Gottes und das verzehrende Feuer (V.9a): Die aggressive und kriegerische Erscheinung lässt auf ein umfassendes mythisches Geschehen schließen, in dem der Wettergott seine Vorherrschaft gegen seine Feinde durchsetzt. Die Motive der Zerstreuung und Verwirrung, die sich auf die im verlorenen Vortext vermutlich genannten Chaosmächte zurückbeziehen dürften, ordnen sich von selbst in diesen Horizont ein[127].

Dasselbe gilt für die Klimax des vorliegenden Stückes (V.16aα.β*): Die eigentlich verborgenen Betten des Meeres ([128]אפיקי ים) werden sichtbar (ראה ni.), und die Grundfesten des Erdkreises (מוסדות תבל), die sonst vom Meer umschlossen sind[129], werden entblößt (גלה ni.[130]). Das lässt sich nur so verstehen, dass der Wettergott das Meer durch seine Pfeile vertrieben hat[131]. Obwohl dieses Motiv im erhaltenen Text nicht weiter ausgeführt wird, ist die Anspielung auf das Mythologem vom Kampf des Wettergottes gegen das Meer deutlich[132].

Insgesamt liest sich die poetische Theophanieschilderung von Ps 18,8–16* als Bruchstück eines Mythos von einem zornigen Wettergott,

---

123 Bisweilen wird für ויהמם auf die nur in Jes 28,28 zu erschließende Bedeutung „antreiben" verwiesen (cf. DUHM, KHC XIV, 54; GUNKEL, Psalmen 70), die in Bezug auf Pfeile freilich auch nicht recht passen will.

124 Cf. המם in Ex 14,24; 23,27; Dtn 2,15; Jos 10,10; Jdc 4,15; I Sam 7,10; II Chr 15,6; הום in Dtn 7,23; מהומה in Dtn 7,23; I Sam 5,9.11; 14,20; Sach 14,13; II Chr 15,5.

125 Das zeigt die Verwendung von המם in der Grundform der Meerwundererzählung (Ex 14* [V.24b]), die einen idealen Jahwekrieg entfaltet und dadurch zum Vorbild verschiedener Jahwekriegsbearbeitungen wird.

126 Cf. פוץ q. in Num 10,35/Ps 68,2; I Sam 11,11; II Sam 20,22; II Reg 25,2.

127 Cf. ADAM, Held 63.

128 S. Anm. 4, S. 19.

129 In diesem Sinn wahrscheinlich auch *msdt ʾarṣi* in CAT 1.4 I 40; cf. מוסדי ארץ in Jes 24,18; Jer 31,37; Mi 6,2; Ps 82,5; Prov 8,29; מוסדות הארץ in Jes 40,21.

130 In diesem Sinn nur hier im Alten Testament.

131 Cf. CAT 1.17 VI 12: ... ka yǵd tahāmata baraqu („... wie der Blitz erschaudern lässt [?] die Meerestiefe" [Übersetzung nach DIETRICH/LORETZ, in: TUAT III, 1272; die Deutung von yǵd ist unsicher; DEL OLMO LETE/SANMARTÍN, DULA I, 317: *ǵdy G „bewegen"; TROPPER, Wörterbuch 37: *ǵdd G „eilen, schnellen, schießen").

132 S.u. A.2.6, S. 59ff.

der im Wolkendunkel naht, um seine Vorherrschaft im Kosmos zu er-
kämpfen. Indem er Erde und Berge erschüttert, die – offenbar vorhandenen – Feinde zerstreut und das Meer von den Säulen des Festlandes
vertreibt, stellt er seine überwältigende Macht unter Beweis. Weil all
das im Rückblick erzählt wird, entsteht der Eindruck, dass das Geschehen in einer weit zurückliegenden Urzeit spielt.

Trotz des mythischen Horizonts lässt sich das Stück nicht vom jahreszeitlichen Erfahrungshintergrund der herbstlichen Gewitter ablö-
sen[133]. In diese Zeit fiel der ursprüngliche Beginn des Jahres[134], wie der
Bauernkalender von Gezer[135] und vereinzelte Spuren im Alten Testament (cf. Jes 32,10[136]; Ex 23,16; 34,22)[137] zeigen. Über den Charakter des
damit verbundenen Festes (cf. חג in Hos 9,5; Jes 29,1[138]; 30,29) lässt sich
zwar kaum Sicheres sagen[139]. Es legt sich aber nahe, dass an ihm das
mythische Geschehen gefeiert wurde, in dem der Wettergott seine
Herrschaft im Kosmos durchgesetzt hat. Ps 18,8–16a* könnte dabei als
Festlegende gedient haben.

1.6 Zu Form und Gattung des Rahmens

Wurde das in V.4–7.17–20 greifbare Lied eines Einzelnen als ursprünglich selbständiges Stück oder als Rahmen für die Theophanieschilderung verfasst? Verschiedene Argumente sprechen für die zweite Möglichkeit: Auffällig ist besonders die Parallelität zwischen dem Meer, das
der Wettergott in die Flucht treibt (V.16aα: [140]<ים>) und den „großen
Wassern" (V.17: מים רבים), aus denen Jahwe den Beter rettet: Weil ים und
מים רבים durch die alten Kultlieder von Ps 93,3f.5b (V.4[141]) und 77,17–20
(V.20[142]) als klassisches Begriffspaar belegt sind und einander wegen
ihrer chaotischen Potenz entsprechen[143], legt es sich nahe, dass die Ret-

---

133 Cf. dazu DALMAN, Arbeit I/1, 211–218; ZWICKEL, Landes- und Altertumskunde 81f.
134 Cf. KEEL, Geschichte I, 227f.
135 Gez(10):1 (HAE I, 31–37).
136 Dazu schon WELLHAUSEN, Prolegomena 90f.
137 Cf. KÖRTING, Schofar 58–65.
138 Dazu WELLHAUSEN, Prolegomena 90f.
139 Cf. PREUSS, Art. Neujahrsfest (TRE XXIV), 321. Zum wahrscheinlichen Verbindung
     des Herbstfestes mit dem am Jerusalemer Tempel begangenen Neujahrsfest cf.
     grundsätzlich OTTO/SCHRAMM, Fest 46–65; KÖRTING, Schofar 2–6; kurz OTTO, Art.
     Feste (TRE XI), 101; DERS., Art. Feste/Feiern (⁴RGG 3) 88.
140 S. Anm. 4, S. 19.
141 S.u. A.3.5, S. 73ff.
142 S.u. A.2.5, S. 53ff.
143 Cf. Hab 3,15; Ps 107,23; zu מים רבים in Ps 29,3* s.u. A.5.5, S. 115ff.

tung des bedrohten Beters nach V.17 in Anlehnung an den Meereskampf geschildert wird. Die motivische Parallelität könnte sogar noch weiter gehen: Die Lesefolge von V.16–18* deutet an, dass der „mächtige Feind" (איבי עז) und die „Hasser" des Beters (שנאי) nicht nur mit den großen Wassern von V.17, sondern auch mit dem Meer von V.16aα in Verbindung stehen. Vor diesem Hintergrund lässt sich fragen, ob sich der Übergang vom Hilfegeschrei des Beters (V.4–7) zu Jahwes Rettungshandeln (V.17–20) tatsächlich ohne die Theophanieschilderung vorstellen lässt: Dass Jahwe „aus der Höhe langt", um den Beter zu retten (V.17a: ישלח ממרום יקחני), würde ohne V.8–16* recht unvermittelt erwähnt. Viel wahrscheinlicher ist, dass V.4–7.17–20 als Weiterdichtung der Theophanieschilderung verfasst wurden[144].

Der Rahmen bietet fünf eröffnende (V.4–7) und vier schließende Bikola (V.17–20) mit synonymen und synthetischen Parallelismen. Vor allem im vorderen Teil des Rahmens sind die Glieder der Bikola durch Chiasmen miteinander verschränkt:

(4a)	מהלל אֻקרֻא יהוה	Den Gepriesenen <u>rufe ich</u>, Jahwe,
(4b)	ומן איבי אֻושֻע	dass ich errettet werde vor meinen Feinden.
(5a)	אפפוני חבלי מות	Umfangen haben mich des Todes Schlingen,
(5b)	ונחלי בליעל יבעתוני	und des Verderbens Bäche überfallen mich.
(6a)	חבלי שֻאול סבבוני	Der Unterwelt Schlingen haben mich umzingelt,
(6b)	קדמוני מוקשי מות	begegnet sind mir des Todes Fallen.
(7a)	בצר לי אֻקרֻא יהוה	In meiner Bedrängnis <u>rufe ich</u> <u>Jahwe,</u>
	ואל אלהי אֻשוֻע	und <u>zu meinem Gott</u> <u>schreie ich.</u>
	ישמע מהיכלו קֻולֻי	Er hört von seinem Tempel aus <u>meine Stimme</u>,
(7b)	ושוֻעתֻי ◇ תֻבוֻא באזניו	und <u>mein Schreien</u> <u>kommt</u> ◇[145] in seine Ohren.
	…	…
(17a)	ישלח ממרום יקחֻני	Er langt herab aus der Höhe, <u>er nimmt mich</u>,
(17b)	יֻמשֻני ממים רבים	er zieht mich aus großen Wassern.
(18a)	יצילני מֻאיֻבי עֻז	Er rettet mich <u>vor meinem mächtigen Feind</u>
(18b)	ומשנֻאֻי כי אמצו ממני	und <u>vor meinen Hassern</u>, denn sie sind stärker als ich.
(19a)	יקדמוני ביום אידי	Sie begegnen mir am Tag meines Unglücks,
(19b)	ויהי יהוה למשען לי	aber Jahwe wurde mir zum Stab.
(20a)	ויוציאני למרחב	Und er führte mich hinaus ins Weite,
(20b)	יחלצני כי חפץ בי	er reißt mich heraus, denn er hat Gefallen an mir.

Die ungleiche Zahl der Bikola in V.4–7 und V.17–20 lässt sich dadurch erklären, dass V.4 eine zusammenfassende Überschrift bietet: אקרא יהוה in V.4a greift wörtlich auf V.7a voraus, und V.4b nimmt das Ergebnis von V.17–20 in den Blick. Dabei erwecken die Imperfekte אקרא und das

---

144　Cf. bes. ADAM, Held 51.
145　S. Anm. 1, S. 18.

subjunktivisch angeschlossene אושׁע den Eindruck, dass es sich um ein gegenwärtiges und noch nicht vollendetes Geschehen handelt.

Dem entspricht, dass das Stück im Ganzen einen eigentümlichen Wechsel der zeitlichen Perspektive aufweist[146]: Die Perfekte in V.5a.6 (אפפוני ... סבבוני ... קדמוני) lassen die Bedrängnis als bereits eingetreten erscheinen; das iterative Imperfekt in V.5b (יבעתוני) zeigt, dass die Not fortdauert. Die Imperfekte in V.7 (אקרא ... אשוע ... ישמע ... תבוא) zeichnen den Hilfeschrei des Beters und Jahwes Hören als gerade geschehend. Nach der im Rückblick erzählten Theophanie setzt sich der imperfektive Aspekt im zweiten Teil des Rahmens fort (V.17.18a.19a.20b: ישלח ... יצילני ... ימשני ... יקדמוני ... יחלצני). Dagegen erwecken die Narrative in V.19b (ויהי) und V.20a (ויוציאני), die sich offenbar an die Narrative der Theophanieschilderung anlehnen, den Eindruck, dass die Rettung des Beters bereits geschehen ist.

Das Stück ist kein gattungstypisches Danklied: Die vorherrschenden Imperfekte nehmen Leser oder Hörer in ein gegenwärtiges Geschehen hinein. Erst die Theophanieschilderung und die Narrative in V.19b. 20a eröffnen den Rückblick: Sie deuten an, dass sich durch die zurückliegende Erscheinung des Wettergottes auch die Rettung des Beters bereits ereignet hat. Die wechselnde zeitliche Perspektive vergegenwärtigt auf kunstvolle Weise die Dramatik der Rettung vor dem Tod.

1.7 Die Rettung vor den Chaosmächten

An dieser Stelle wird deutlich, weshalb die Theophanie um den Rahmen erweitert wurde: V.8–16* erzählen, wie ein kriegerischer Wettergott einst seine Vorherrschaft im Kosmos durchgesetzt hat[147]. Der Rahmen identifiziert diesen Gott mit Jahwe und schildert, wie dieser den Beter aus einer lebensgefährlichen Bedrängnis errettet. Der mächtige Feind und die Hasser des Beters (איבי עז / שנאי), die in V.18 erwähnt sind, werden dabei nicht zufällig mit den großen Wassern (מים רבים) in V.17b parallelisiert: Wie Jahwe das Meer in mythischer Urzeit vertrieben hat (V.16a*), zieht er in der Gegenwart den Beter aus den מים רבים.

Die wechselseitige Transparenz der motivischen Ebenen lässt vermuten, dass das Lied für einen königlichen Beter verfasst wurde[148]: Im Königtum verschränkt sich der mythische Kampf des Dynastiegottes

---

146 Cf. ADAM, Held 48f.
147 S.o. A.1.5, S. 29ff.
148 Cf. HOSSFELD, in: HOSSFELD/ZENGER, NEB I, 119. Anders KÖCKERT, Theophanie 210; die von Köckert bemerkte Abwesenheit militärischer Motive im Unterschied zu V.33ff ist als argumentum e silentio kein zwingendes Gegenargument.

mit den Kämpfen, die der irdische Herrscher auszufechten hat. Das gilt umso mehr, als man kriegerische Handlungen nach dem Ende der sommerlichen Hitze zu beginnen pflegte (II Sam 11,1)[149]: Üblicherweise zogen die Könige in der Zeit in den Krieg, in der man den Kampf des Wettergottes um seine Vorherrschaft feierte.

Zu der mythischen Färbung, in der die Bedrängnis des Beters erscheint, trägt aber nicht nur das Motiv der chaotischen Fluten bei. Das zeigen die vier Metaphern, die in V.5f in zweifachem Chiasmus miteinander verschränkt sind:

(5a)	אֲפָפוּנִי **חֶבְלֵי מָוֶת**	Umfangen haben mich **des Todes Schlingen**,
(5b)	וְנַחֲלֵי בְלִיַּעַל יְבַעֲתוּנִי	und <u>des Verderbens Bäche</u> überfallen mich.
(6a)	**חֶבְלֵי שְׁאוֹל** סְבָבוּנִי	<u>Der Unterwelt **Schlingen**</u> haben mich umzingelt,
(6b)	קִדְּמוּנִי **מוֹקְשֵׁי מָוֶת**	<u>begegnet sind mir **des Todes** Fallen</u>.

חֶבְלֵי מָוֶת („des Todes Schlingen") und מוֹקְשֵׁי מָוֶת („des Todes Fallen") werden mit נַחֲלֵי בְלִיַּעַל („des Verderbens Bäche") und חֶבְלֵי שְׁאוֹל („der Unterwelt Schlingen") parallelisiert. Dazu kommen die vier semantisch ähnlichen Verben אפף q. („umfangen"), בעת pi. („überfallen"), סבב q. („umzingeln") und קדם pi. („begegnen"). Die angedeuteten Bilder zeichnen Facetten einer lebensgefährlichen Not: Die Bäche des Verderbens erinnern an die reißenden Fluten, die in der Wüste plötzlich auftreten können (cf. בעת pi.[150])[151]. Gleichzeitig verweist die Nähe zu den in V.17b genannten großen Wassern erneut auf einen mythischen Horizont[152]. Dieser lässt sich auch für מָוֶת und שְׁאוֹל erschließen: Die mit „Tod" und „Unterwelt" verbundenen Metaphern „Schlingen" (חֲבָלִים) und „Fallen" (מוֹקְשִׁים) deuten zwar auf geprägte Wendungen weisheitlicher Sprache[153]. Dass Tod und Unterwelt Schlingen und Fallen gelegt haben, lässt aber nicht nur an poetische Personifizierung denken[154], sondern erneut auch an mythische Vorstellungen[155]: Indem neben den Fluten der Tod den Beter bedroht, erweist er sich ebenfalls als Feind der Weltordnung, die von Jahwe verteidigt wird[156].

---

149 ‹המלכים› וַיְהִי לִתְשׁוּבַת הַשָּׁנָה לְעֵת צֵאת (nach LXX u.v.a.: „Und es geschah zur Rückkehr des Jahres, zu der Zeit, in der die Könige ausziehen …").

150 Der Begriff steht dafür, dass ein Schrecken oder ein Unheil jemanden plötzlich überfällt, wie eindrücklich z.B. I Sam 16,14f; Jes 21,4 oder Hi 7,14 zeigen.

151 Genauso Ps 124,4f; cf. KEEL, Bildsymbolik 63.

152 Cf. SPERLING, Art. BELIAL etc. (²DDD), 169.

153 Cf. מוֹקְשֵׁי מָוֶת in Prov 13,14; 14,27 sowie die Beschreibung des Ergehens des Gottlosen in Hi 18,8–10.

154 So GULDE, Tod 127.

155 Cf. MCKANE, Proverbs 269f, 455; SCHMIDT, Art. Mythos (TRE XXIII), 635f.

156 Cf. GULDE, Tod 148f.

Das nächste Bikolon fasst die Not des Beters mit dem geprägten Ausdruck בצר לי („in meiner Bedrängnis")[157] zusammen[158], um dann zu der Bewegung überzuleiten, die die Wende bringt: Der Beter, der Jahwe seinen Gott nennt (V.7aβ: אלהי)[159], richtet seinen Ruf (קרא q.) und sein Geschrei (שוע pi.) zu Jahwes Tempel hin (V.7aγ: היכלו). Dieser ist Fluchtpunkt der vorausgesetzten Kosmologie[160].

Dabei fließen irdischer Vordergrund und mythischer Hintergrund ineinander: Durch das Epitheton מהלל in V.4, das an den Zionshymnus Ps 48* erinnert (V.2: גדול יהוה / ומהלל מאד „Groß ist Jahwe / und sehr zu preisen")[161], ist der in V.7aγ genannte היכל auf die Vorstellung bezogen, dass der Zion der mythische Gipfel des Kosmos ist[162]. Im Hintergrund des Tempels in der königlichen Residenzstadt, steht der unsichtbare Palast des Götterkönigs, wie besonders Ps 29,1–10* zeigt[163]. Hier findet der Hilferuf des Beters Gehör (V.7aγ/b[164]). Nach V.17 befindet sich der Palast in der kosmischen Sphäre der Höhe (מרום). Das lässt an das Triumphlied von Ps 93,3–5* denken, das zwar noch nicht über den Tempel spricht, jedoch ein ähnliches Bild von Jahwes Überlegenheit über die Fluten entwirft[165]:

(4a)	מקלות מים רבים	Mehr als große Wasser Tosen
	<אדיר ממשברי> ים	<gewaltig, mehr als>[166] des Meeres Brecher
(4b)	אדיר במרום יהוה	gewaltig ist in der Höhe Jahwe,
(5b)	יהוה לארך ימים	Jahwe für die Länge der Tage!

---

157 Unpersönliches צרר I q. + ל ist geprägte Redewendung für verschiedene Notlagen, cf. z.B. Gen 32,8; Jdc 2,15; I Sam 30,6; II Sam 1,26; 24,14; Hi 20,22; I Chr 21,13; dementsprechend begegnet צר לי als geprägte Gebetswendung in Ps 31,10; 59,17; 69,18; 102,3; Thr 1,20. Mehrfach bezeichnet צרר I q. + ל militärische Bedrängnis: Jdc 2,15; 10,9; 11,7; I Sam 13,6; 28,15.

158 Cf. ähnlich generalisierend בצר לי in Ps 66,14; ביום צר לי in 59,17; בצר in 4,2.

159 Zu אלהי in wahrscheinlich alten Stücken, die mit dem König verbunden gewesen sein könnten, cf. z.B. 3,8; 13,4; 30,3; 59,2; 91,2; 104,1.33 (dazu s.u. C.6, S. 227ff).

160 Zu der damit verbundenen kosmischen Vorstellung HARTENSTEIN, Wolkendunkel 131–136, der allerdings dem wahrscheinlich sekundären V.14 (s.o. A.1.3, S. 25) im Kontext von V.4–20 zu viel Gewicht beimisst.

161 Zitiert in Ps 96,4; 145,3; I Chr 16,25; מהלל sonst nur in Ps 113,3.

162 Cf. יפה נוף in Ps 48,3 (s.u. B.3.6, S. 195f).

163 S.u. A.5.7, S. 122ff.

164 Zu שועתי cf. Ps 40,2b: ויט אלי וישמע שועתי („Und er neigte sich zu mir und hörte mein Schreien"); 102,2 יהוה שמעה תפלתי / ושועתי אליך תבוא „Jahwe, höre mein Gebet, / und mein Schreien komme zu dir!") könnte bereits auf Ps 18,7 anspielen. Die auffällige Rede von Jahwes Ohren in V.7b (באזניו) begegnet sonst nur in den jüngeren Kontexten Ps 34,16 und 130,2.

165 S.u. A.3.5, S. 73ff.

166 S.u. A.3, Anm. 2, S. 64.

Die vertikale Dimension des Raumes, die in Ps 18,7(.8–16a*).17 hervortritt, lässt sich damit organisch verbinden: In den Abgründen, die sich unter dem königlichen Palast auftun, wollen die großen Wasser den Beter verschlingen; in der Höhe jedoch erweist Jahwe seine Überlegenheit, indem er den Beter vor ihnen rettet.

V.18.19b nehmen die Not des Beters noch einmal anders in den Blick: Jetzt ist die Rede von dem starken Feind[167] und von den Hassern, die mächtiger als der Beter sind[168]. Tod, Unterwelt und Fluten sind also mythische Verkörperungen irdischer Gegner. Der auffällige Singular איבי עז deutet auf einen feindlichen König, der den Beter zu überwältigen droht[169].

Die letzten beiden Bikola fassen den Weg aus der Todesgefahr zusammen:

(19a)	יקדמוני ביום אידי	Sie begegnen mir am Tag meines Unglücks,
(19b)	ויהי יהוה למשען לי	aber Jahwe wurde mir zum Stab.
(20a)	ויוציאני למרחב	Und er führte mich hinaus ins Weite,
(20b)	יחלצני כי חפץ בי	er reißt mich heraus, denn er hat Gefallen an mir.

Die Verbformen sind konzentrisch angeordnet: Die Begegnung mit den Feinden (קדם pi.), die in V.19a aus V.6b wiederholt wird, entspricht der Errettung durch Jahwe, die V.20b mit dem recht seltenen חלץ pi.[170] benennt, das auf das Heilsorakel verweist[171]. Die existenzielle Not des Beters wird mit יום אידי auf knappste Weise zum Ausdruck gebracht[172]. V.19b.20a, die durch die jeweils eröffnenden Narrativformen parallel sind, zeichnen nach, wie sich das Geschick des Beters gewendet hat: Das Bild des Stabes, das an die Vertrauensaussage von Ps 23,4 erinnert[173], geht nahtlos in das Bild über, dass Jahwe den Beter in die Weite[174] hinausgeführt hat[175]. Diese horizontale Bewegung ergänzt die vertikale Bewegung von V.7(.8–16a*).17, was dem Verhältnis zwischen mythischem Hintergrund und irdischem Vordergrund entspricht.

---

167 איבי עז nur hier.
168 כי אמצו ממני findet sich auch in Ps 142,7, was Zitat aus Ps 18,18b sein könnte.
169 Cf. איבי in Ps 13,3.5; im Psalter sonst nur in 41,12.
170 Nur noch in Ps 6,5; 34,8; 50,15; 81,8; 91,15; 116,8; 119,153; 140,2; Hi 36,15.
171 Cf. einerseits das Heilsorakel des בעלשמין an den König Zakkur von Ḥamath, das dieser in seiner Gedenkinschrift zitiert (KAI 202 A 14; dazu BARTH, Art. חָלַץ [ThWAT II], 1007), andererseits die Reinform des Heilsorakels in Ps 91,15.
172 Die Wendung könnte auf einen weisheitlichen Hintergrund deuten, cf. יום איד in Prov 27,10; איד in Prov 17,5; 24,22.
173 Im Vergleich wirkt das Bild hier ursprünglicher, cf. SPIECKERMANN, Heilsgegenwart 271, zu Ps 23,4: „Von Stecken und Stab wären Schutz und Ermutigung zu erwarten, nicht jedoch Tröstung".
174 Cf. Ps 31,9; 118,5.
175 Cf. יצא hi. in Ps 31,5; 142,8; 143,11.

Der Schluss des Liedes betont, weshalb es überhaupt zu der geschilderten Rettung vor dem Tod gekommen ist: Dass Jahwe Gefallen
am Beter gefunden hat (V.20b: כי חפץ בי)[176], ist die Voraussetzung für
die dynamische Handlungsfolge, die der Rahmen entfaltet. Die Selbst-
verständlichkeit, mit der davon im Unterschied zu den späteren Zusät-
zen in V.21ff[177] die Rede ist, deutet erneut auf einen königlichen Beter.

Der Rahmen liest sich als sachlich angemessene Weiterdichtung der
Theophanieschilderung. Der Sitz im Leben ist in der Nähe von deren
Sitz zu suchen: Auch V.4–20 wurden wahrscheinlich für einen kultischen Akt verfasst. Die Weiterdichtung der Theophanie bezieht die
epische Schilderung des kämpfenden Wettergottes, die wahrscheinlich
zum Neujahrsfest gehörte[178], auf den König Jahwe. Das so komponierte
Kultlied zeigt anhand der Rettung eines Einzelnen vor Tod und Fluten,
wie Jahwe von der Höhe seines Palastes aus die chaotischen Mächte zurückdrängt und die Ordnung der Welt verteidigt. Dieses idealisierte
Geschehen dürfte im Tempelgottesdienst besungen worden sein, um
zurückliegende Rettungserfahrungen ins Gedächtnis zu rufen und
Jahwes rettende Macht im Blick auf kommende Nöte zu beschwören.

1.8 Ergebnis

Die Theophanie von Ps 18 ist einer der wichtigsten Texte zum Bild des
Wettergottes im Alten Testament: Sie besingt einen Gott, der im Gewitter erscheint, um seine Macht über den Kosmos zu beweisen und
seine Feinde, zu denen das Meer zählt, zu vertreiben. Die Rahmung des
epischen Textes schreibt die mythische Szenerie im Blick auf die tödli-
che Gefahr, in der ein wahrscheinlich königlicher Beter schwebt, fort:
Der Wettergott wird zum göttlichen König Jahwe, der in seinem Palast
in der Höhe thront und von dort aus die chaotischen Mächte Tod, Unterwelt und Fluten bekämpft, die den irdischen Feinden des Beters
entsprechen. Ps 18,4–20 bezeugt damit den religionsgeschichtlich entscheidenden Schritt vom Wettergott zum Königsgott Jahwe, in dessen
Bild die Züge des Wettergottes aufgenommen sind.

---

176 Ps 18,20b könnte bereits in zwei anderen Psalmen zitiert sein: 22,9 (יצילהו כי חפץ בו) „er
     reiße ihn heraus, wenn er an ihm Gefallen hat") und 41,12 (בזאת ידעתי כי חפצת בי)
     „daran habe ich erkannt, dass du an mir Gefallen hast").
177 S.o. A.1.1, Anm. 13, S. 20.
178 S.o. A.1.5, S. 36.

2. Der Wettergott und die Fluten: Ps 77,17–20

Ps 77 ist eine komplizierte Meditation über die Geschichte des Gottesvolkes, deren Sprache und Gedankenwelt auf ein fortgeschrittenes Stadium der frühjüdischen Theologiegeschichte verweist[1]. Der Psalm enthält jedoch ein Überlieferungsstück, dessen formale und traditionsgeschichtliche Eigenprägung oft erkannt wurde[2]. Es besingt, wie Jahwe im Gewitter erscheint, um die Fluten zu vertreiben und sich einen Weg durch das Meer zu bahnen. Ursprünglich dürfte sich das nicht auf das Wunder am Schilfmeer bezogen haben, sondern auf den Sieg des Wettergottes Jahwe über die Chaoswasser.

(14) \<Jahwe\>[3], im Heiligen ist dein Weg!
      Wer ist ein großer Gott wie \<Jahwe\>[3]?

(15) Du, Gott, bist ein Wundertäter,
      du hast kundgetan unter den Völkern deine Macht:

(16) Du hast erlöst mit einem Arm dein Volk,
      die Söhne Jakobs und Josefs.
            Sǣlā.

(17) **Wasser haben dich gesehen, \<Jahwe\>,**
      Wasser haben dich gesehen, sie kreißten,
      ja Urfluten zitterten!

(18) **Gewölk hat Wasser ausgeschüttet,**
      Wolken haben Donner gegeben,
      ja deine Pfeile schwirrten immerzu umher!

(19) **Deines Donners Hall erklang durch das Rad,**
      Blitze haben den Erdkreis erleuchtet,
      die Erde hat gezittert und gebebt!

(20) **Im Meer war dein Weg,**
      und deine Pfade gingen durch große Wasser,
      deine Spuren aber hat man nicht erkannt!

(21) Du hast wie Schafe dein Volk geführt
      durch Moses und Aarons Hand.

Preislied an den Überwinder der Fluten: V.17–20.
      Theokratischer Rahmen: V.14f.16*.21.
            Liturgische Anweisung: V.16*.

---

1   Cf. bes. Weber, Psalm 77; Hossfeld, in: Hossfeld/Zenger, HThKAT 406, plädiert „vorsichtig für eine grobe exilische Ansetzung"; ähnlich Watson, Chaos 143f.

2   Cf. z.B. Jeremias, Theophanie 4, 26f; Loretz, Ugarit-Texte 384–394; Seybold, HAT I/15, 301; Fenton, Structure 392f.

3   Wegen der elohistischen Redaktion als ursprüngliches יהוה zu lesen.

2.1 Zum Gesamtgefüge des Psalms

Ps 77 erweist sich als sprachlich und poetisch schwieriger Text. Mehrfach bereiten Etymologie und Syntax Probleme[4]. Bereits die LXX weicht
in der Deutung einzelner Wörter, im Verständnis der Syntax und in der
Anordnung der Kola immer wieder vom MT ab[5].

Der Gedankengang ist wechselhaft: Zunächst schildert ein Beter in
klagendem Gestus seine Suche nach dem Heil (V.2–10). In seiner Ver-
zweiflung meditiert er über die heilvolle Vergangenheit (V.6.12f). Das
führt schließlich dazu, dass er die Klage überwinden kann: Der Psalm
gipfelt in der Erinnerung an Jahwes Wundertat beim Exodus (V.14–21).
„[D]as Ganze beschreibt ..., wie der Dichter mit den Jubelklängen eines
Hymnus die schmerzlichen Klagen seiner Seele übertönt hat"[6].

Ab V.14 herrscht die hymnische Diktion eines Lobliedes vor. Sein
Gegenstand sind Jahwes Heilstaten an Israel, die dieser den Völkern
kundgetan hat (cf. v.a. V.14–16). Gleichzeitig ändert sich die Sprechrichtung: Während der klagend reflektierende erste Teil vorwiegend
über Jahwe spricht, redet das Lob Jahwe an.

Die Anrede wird in V.12b mitten im parallelismus eingeleitet:

(12a)	אזכיר[7] מעללי יה	Ich rufe die Taten Jahs in Erinnerung,
(12b)	כי אזכרה מקדם פלאך	ja ich will gedenken <u>deiner</u> Wundertat aus der Vorzeit.

Gleichzeitig verweist פלאך („deine Wundertat") in V.12b auf die preisende Benennung Jahwes als עשה פלא („Wundertäter") in V.15 voraus.
Umgekehrt begegnet das Motiv des Nachdenkens über die Vorzeit
schon vor V.12 mehrfach (V.4.6f). V.6 weist – besonders mit מקדם („aus
der Vorzeit") – auf V.12f und damit auf den hymnischen Abschnitt von
V.14ff voraus:

(6a)	חשבתי ימים מקדם	Ich habe gedacht an Tage aus der Vorzeit,
(6b)	שנות עולמים	an Jahre unbegrenzter Zeiten.

Klage, Geschichtsmeditation und Gotteslob scheinen also eng verknüpft zu sein. Im Ganzen unterscheidet sich der Psalm erheblich von
den klassischen Gattungsmustern[8].

---

4   Cf. die hapax legomena שמרות (V.5a), חנות (V.10a), die beiden schwer zu deutenden
    Formen חלותי (V.11a) und שנות (V.11b) sowie die Syntax von V.2.4.7; dazu ausführ-
    lich WEBER, Psalm 77, 40ff.
5   Cf. dazu HOSSFELD, in: HOSSFELD/ZENGER, HThKAT 412f.
6   GUNKEL, Psalmen 333.
7   K^etîb, s.u. 2.2 mit Anm. 17, S. 46.
8   Cf. MICHEL, Tempora 107; HOSSFELD, in: HOSSFELD/ZENGER, HThKAT 403f.

2.2 Literarkritische Beobachtungen

Bei genauerer Betrachtung werden formale und inhaltliche Spannungen sichtbar, die eine einheitliche Komposition unwahrscheinlich machen. So erweist sich der hymnische Abschnitt von V.14–21 als selbständig[9]. Das zeigt schon das Verhältnis zwischen V.13 und V.14:

(13a)	והגיתי בכל פעלך	Und ich will meditieren über dein ganzes Werk,
(13b)	ובעלילותיך אשיחה	und über deine Taten will ich sinnen:
(14a)	<יהוה> בקדש דרכך	<Jahwe>[10], im Heiligen ist dein Weg!
(14b)	מי אל גדול כ<יהוה>	Wer ist ein großer Gott wie <Jahwe>[10]?

Obwohl V.13 zu dem in V.14 beginnenden Lobpreis Jahwes überleitet, setzt V.14 nach V.13 vollkommen neu an: Der Vokativ יהוה am Anfang des Kolons ist eine Eröffnung. Das Ich des Beters kommt ab V.14 nicht mehr vor[11]. Auch sachlich greifen V.14–21 nicht auf den ersten Teil zurück: Das Motiv des sinnenden Meditierens über die Geschichte, das den ersten Teil prägt, wird in V.14–21 nirgends erwähnt. Die preisende Anrede Jahwes würde für sich genommen kaum an eine aus der Klage erwachsene Meditation über die Geschichte denken lassen, wie sie V.13 einleitet. V.14–21 sind zu ihrem Verständnis in keiner Weise auf den ersten Teil angewiesen. Was hier in preisender Anrede Jahwes entfaltet wird, ruht in sich. V.14–21 sind ein ursprünglich selbständiges Loblied an Jahwe[12].

Der erste Teil des Psalms weist auf das Loblied voraus: Die in V.6 als Gegenstand des Nachdenkens genannten „Tage aus der Vorzeit" und „Jahre unbegrenzter Zeiten" (ימים מקדם / שנות עולמים) dürften sich auf den in V.16.21 besungenen Exodus beziehen, der durch V.17–20 in mythischen Farben erscheint. V.7 spielt mit נגינה („Saitenspiel"), das in mehreren Psalmenüberschriften begegnet[13], darauf an, dass der Beter altüberliefertes Liedgut meditiert[14]. Und nach den grundsätzlichen Fragen über Jahwes Zorn und Gnade in V.8–10 und dem die Anfechtung des Beters zusammenfassenden V.11[15] leitet das kunstvolle Tetrakolon von V.12f zu dem Loblied über[16]:

---

9   Cf. Avishur, Studies 222–228.
10   S.o. Anm. 3, S. 43.
11   Deshalb kann man den zweiten Teil nicht wie Mosis, Reden 92, dem „Ich-Bericht" zurechnen.
12   Cf. Avishur, Studies 228; Seybold, HAT I/15, 301.
13   Ps 4,1; 6,1; 54,1; 55,1; 61,1; 67,1; 76,1.
14   Süssenbach, Psalter 330, verweist hingegen auf die Nachbarschaft zu Ps 76 (V.1).
15   Zum möglichen Doppelsinn von V.11 cf. Weber, Psalm 77, 101ff.
16   Cf. Weber, Psalm 77, 116; Hossfeld, in: Hossfeld/Zenger, HThKAT 404.

(12a)   אזכיר מעללי יה   Ich rufe die Taten Jahs in Erinnerung,
(12b)   כי אזכרה מקדם פלאך   ja ich will gedenken deiner Wundertat aus der Vorzeit,
(13a)   והגיתי בכל פעלך   und ich will meditieren über dein ganzes Werk,
(13b)   ובעלילותיך אשיחה   und über deine Taten will ich sinnen:

Die vier Ausdrücke מעללי יה ("Taten Jahs"), מקדם פלאך ("deine Wundertat aus der Vorzeit"), כל פעלך ("dein ganzes Werk") und עלילותיך ("deine
Taten") sind semantische Parallelen zu dem, was V.14–21 preisend
entfalten. Der Wortlaut deutet erneut an, dass „die Taten Jahs" in Gestalt eines Traditionsstückes meditiert werden. So steht neben זכר q. in
V.12b im Ketîb von V.12a die hi.-Form אזכיר[17]: Um seine Klage zu überwinden, „ruft" sich der Dichter das überlieferte Loblied „in Erinnerung". In dieselbe Richtung weist der Begriff הגה q. in V.13, der hier die
fromme Meditation bezeichnet, die sich vor allem auf die geschriebene
Tora bezieht[18]: V.16.21 sprechen über den in der Tora erzählten Exodus.

Die klagende Meditation von V.2–13 dürfte also auf das Loblied
von V.14–21 hin verfasst worden sein, um die „subjektive[n] theologische[n] Reflexion"[19] mit der Erinnerung an die heilvolle Vergangenheit
zu verbinden[20].

Der Beginn des Psalms hat eine auffällige Parallele im Beginn von Ps 142:
Die syntaktisch merkwürdige Eröffnung 77,2 bietet fast denselben Wortlaut
wie 142,2; der Begriff צרתי („meine Bedrängnis") in 77,3 findet sich auch in
142,3, und das dort verwendete nominale שיחי („meine Meditation") hat dieselbe Wurzel wie das in 77,4.7.13 begegnende אשיחה („ich will meditieren"). Die
ungewöhnliche Wendung ותתעטף רוחי („und mein Geist verzagt") in 77,4b entspricht בהתעטף עלי רוחי („wenn mein Geist bei mir verzagt") in 142,4[21]. Ps 142
geht nach dem Anfang in V.2–4, der die Klage enthält, in ein Bittgebet um Errettung aus Feindesnot über. Von der in Ps 77,2–13 angedeuteten Theodizee-
problematik und der Meditation über die Geschichte lässt sich dort nichts greifen. Es ist daher wahrscheinlich, dass der Beginn von Ps 142 als literarisches
Vorbild für die Klagekomposition von Ps 77,2–13 gedient hat. Gegenüber Ps
142 verstärkt Ps 77,2–13 den Klagegestus durch die singuläre Wendung ידי לילה
נגרה ולא תפוג („meine Hand ist in der Nacht ausgestreckt und ermattet nicht")
und das geprägte Klagemotiv מאנה הנחם נפשי („meine Seele weigert, sich trösten
zu lassen") in V.3[22]. Das Motiv der Geschichtsmeditation könnte aus dem Ps
142 benachbarten Ps 143 übernommen worden sein: Ps 143,5 (/ זכרתי ימים מקדם
הגיתי בכל פעלך / במעשה ידיך אשוחח „Ich habe gedacht der Tage aus der Vorzeit, /
ich habe nachgesonnen über deine ganze Tat, / über das Werk deiner Hände
meditiere ich") entspricht Ps 77,6a.13 fast wörtlich.

---

17 Qᵉrê, zahlreiche hebräische Handschriften und die Versionen gleichen hingegen an
    V.4.7.12b an und lesen q.
18 So in Jos 1,8; Ps 1,2; cf. Ps 35,28; 37,30; 63,7; 71,24. Ps 143,5 zitiert 77,13a wörtlich.
19 HOSSFELD, in: HOSSFELD/ZENGER, HThKAT 412.
20 Cf. SEYBOLD, HAT I/15, 301.
21 Identisch auch Ps 143,4; Jon 2,8.
22 Cf. Gen 37,35; Jer 31,15.

Der Gegenstand der Klage, der Anlass zur Meditation über die Heilsgeschichte ist, wird in den drei Fragen von V.8–10 sehr auffällig benannt: הלעולמים יזנח אדני („Verwirft der Herr für unbegrenzte Zeiten?") in V.8 ist ebenso ohne Parallele wie גמר אמר („... ist das Wort zu Ende ...?") in V.9, der mit dem hapax legomenon [23] חנות formulierte V.10a oder קפץ באף רחמיו („... hat er im Zorn sein Erbarmen verschlossen?") in V.10b. Gleichzeitig begegnet eine Fülle geprägter Begriffe (זנח q., רצה q., חסד, אף, רחמים) und Wendungen (לדור ודור, לנצח). Auffällig abgewandelt werden die Gottesbezeichnungen: אדני (V.8; cf. V.3) und אל (V.10) stehen neben dem eröffnenden <יהוה> (V.2).

Trotz der sprachlichen Originalität dürfte auf Verschiedenes angespielt sein. So entsprechen die drei mit ה interrogativum eröffneten Bikola den drei rhetorischen Fragen in Ps 88,11–13[24]. Ps 77,8 (הלעולמים יזנח אדני „verwirft der Herr für unbegrenzte Zeiten?") klingt an Thr 3,31 לא יזנח לעולם אדני „der Herr verwirft nicht auf ewig") und an Ps 74,1 למה <יהוה> זנחת לנצח „warum, <Jahwe>, hast du auf ewig verworfen?"; cf. Ps 44,24) an. Ps 77,8b (לא יסיף לרצות עוד „... wird er nicht weiter Gefallen haben?") erinnert an das mit לא und יסף q. benannte Ende von Jahwes Erbarmen in Hos 1,6 und in den Amosvisionen (Am 7,8; 8,2) sowie in den spätdeuteronomistischen Passagen Jos 7,12; Jdc 2,21 und 10,13. Ps 77,10 berührt sich mit der Prädikationsformel אל רחום וחנון ארך אפים ורב חסד ואמת („erbarmender und gnädiger Gott, langmütig und reich an Huld und Treue") in Ex 34,6/Ps 86,15[25])[26].

Die zahlreichen literarischen Bezüge erweisen V.2–13 als späte Komposition, die in einer im Alten Testament einzigartigen Weise die Verborgenheit von Jahwes Gnade als theologisches Problem bedenkt[27].

2.3 Das Loblied von V.14–21: ein theokratischer Rahmen für V.17–20

Kern von V.14–21 sind V.17–20, die sprachlich, poetisch und motivisch zusammenhängen. Sie werden durch drei eröffnende Bikola (V.14–16) und ein schließendes Bikolon (V.21) gerahmt:

(14a)	<יהוה> בקדש דרכך	<Jahwe>[28], im Heiligen ist dein Weg!
(14b)	מי אל גדול כ<יהוה>	Wer ist ein großer Gott wie <Jahwe>[28]?
(15a)	אתה האל עשה פלא	Du, Gott, bist ein Wundertäter,
(15b)	הודעת בעמים עזך	du hast kundgetan unter den Völkern deine Macht:
(16a)	גאלת בזרוע עמך	Du hast erlöst mit einem Arm dein Volk,
(16b*)	בני יעקב ויוסף	die Söhne Jakobs und Josefs.
	... ...	

---

23 חנּוֹת mit GesK § 67 r im Anschluss an BARTH, Wurzeluntersuchungen 20f, als inf. pi. einer Wurzel חנה II analog zu arab. ḥanāw „Mitleid haben" (cf. auch HAL 319).

24 Cf. auch Ps 85,6f.

25 Außerdem Ex 20,5f/Dtn 5,9f; Num 14,18; Dtn 7,9f; Joel 2,13; Jon 4,2; Nah 1,3; 99,8; 103,8; 145,8; Neh 9,17.31f; II Chr 30,9.

26 Cf. WEBER, Psalm 77, 222–225, mit weiterer Literatur.

27 Dazu MOSIS, Reden, bes. 93–100; WEBER, Psalm 77, bes. 191–198.

28 S.o. Anm. 3, S. 43.

(21a)   נחית כצאן עמך   Du hast wie Schafe dein Volk geführt
(21b)   ביד משה ואהרן   durch Moses und Aarons Hand.

Inhaltlich sind zwei Ebenen zu erkennen: V.14f preisen Jahwes Einzig-artigkeit und seine wunderwirkende Macht, die er den Völkern (עמים in V.15b) kundgetan hat. Im Gegenüber zu diesem universalen Horizont bilden V.16.21 einen partikularen Rahmen um V.17–20: Die Erlösung und Führung von Jahwes Volk (עמך in V.16a.21a), die Söhne Jakobs und Josefs (V.16b) sowie Mose und Aaron (V.21b) verweisen auf die Heils-geschichte.

Im Vergleich dazu ist die formale und inhaltliche Eigenständigkeit von V.17–20 deutlich. Das ganze Stück besteht aus auffälligen Trikola, die sich von den Bikola der Umgebung abheben[29]. V.17–20 sind zudem vollkommen aus sich heraus verständlich. Weder die Völker (V.15) noch das Gottesvolk (V.16a.21a) werden erwähnt. Mehrfach sieht man daher in dem Stück eine eigenständige Theophanieüberlieferung, die nachträglich in den Psalm eingebettet wurde[30].

Im Blick auf den Beginn des Lobliedes in V.14 lässt sich aber eher der umgekehrte Vorgang vorstellen: V.17–20 können als ältester Kern des Psalms nachträglich gerahmt worden sein. Darauf deutet vor allem die sachliche Variation, die V.14a zu V.20aα bietet:

(14a)   <יהוה> בקדש דרכך   <Jahwe>[31], im Heiligen ist dein Weg:
                              ...   ...
(20aα)   בים דרכך ...   Im Meer war dein Weg ...

Die singuläre Wendung בקדש דרכך in V.14 lässt sich als Deutung von בים דרכך in V.20 erklären: Jahwes mythischer Weg durch das Meer, den V.16.21 auf das Wunder am Schilfmeer beziehen, wird durch בקדש דרכך unter die Überschrift einer umfassenden Aussage über Jahwes Wesen gestellt.

In diesem Zusammenhang wird deutlich, dass auch V.15b ein Mo-tiv aus V.17–20 abwandelt:

(15b)   הודעת בעמים עזך   du hast kundgetan unter den Völkern deine Macht:
                              ...   ...
(20b)   ועקבותיך לא נדעו   deine Spuren aber hat man nicht erkannt.

Nach V.20 waren Jahwes Spuren bei seinem Weg durch die Fluten nicht zu erkennen[32]; V.15b ergänzt, dass Jahwe trotzdem seine Macht

---

29 Anders AVISHUR, Studies 213f, der im Anschluss an MOWINCKEL, Tricola 16, auch V.14–16 als zwei Trikola anordnen möchte und wegen motivgeschichtlicher Überle-gungen die Trennung zwischen V.14–16.21 und dem Mittelteil bestreitet.
30 So schon DUHM, KHC XIV, 200f; cf. HOSSFELD, in: HOSSFELD/ZENGER, HThKAT 405.
31 S.o. Anm. 3, S. 43.
32 S.u. 2.5, S. 53ff.

den Völkern offenbart hat. Auch פלא und עזך in V.15 dürften auf die gewaltige Szenerie von V.17–20 vorausblicken.

Vor diesem Hintergrund ist unwahrscheinlich, dass V.14–21 einmal ohne V.17–20 vorgelegen haben. Der Rahmen erweist sich vielmehr als Weiterdichtung von V.17–20: Er erkennt in der Theophanie das Wunder am Schilfmeer, durch das Jahwe sein Volk erlöst und seine Macht den Völkern kundgegeben hat.

V.14–16.21 haben im Schilfmeerlied (Ex 15,1–19) auffällige Parallelen:

(Ps 77,14a)	‹יהוה› **בקדש** דרכך	(Ex 15,11aα)	**מי כמכה באלם יהוה**
(14b)	**מי אל גדול כ**‹יהוה›	(11aβ)	**מי כמכה נאדר בקדש**
(15a)	**אתה האל עשה פלא**	(11b)	**נורא תהלת עשה פלא** ...
(15b)	**הודעת בעמים עזך**	(13a)	**נחית** בחסדך **עם** זו **גאלת**
(16a)	**גאלת בזרוע עמך**	(13b)	נהלת **בעזך** אל נוה קדשך ...
(16b*)	בני יעקב ויוסף	(14a)	שמעו **עמים** ירגזון ...
(21a)	**נחית** כצאן **עמך**	(16aβ)	בגדל **זרועך** ידמו כאבן
(21b)	ביד משה ואהרן	(16bα)	עד יעבר **עמך** יהוה ...

(Ps 77,14a)	‹Jahwe›[33], **im Heiligen** ist dein Weg!	(Ex 15,11aα)	**Wer ist wie du** unter den Göttern, Jahwe,
(14b)	**Wer ist** ein großer Gott **wie** ‹Jahwe›[33]?	(11aβ)	**wer ist wie du**, verherrlicht im **Heiligtum**,
(15a)	Du, Gott, bist **ein Wundertäter**,	(11b)	zu fürchten an Preisungen, **ein Wundertäter**? ...
(Ps 77,15b)	du hast kundgetan unter **den Völkern** deine Macht:	(Ex 15,13a)	**Du hast** in deiner Gnade **geführt das Volk**, das **du erlöst hast**,
(16a)	**Du hast erlöst** mit einem **Arm dein Volk**,	(13b)	du hast es in deiner Kraft geleitet zu deines Heiligtums Aue ...
(16b*)	die Söhne Jakobs und Josefs.	(14a)	**Völker** haben es gehört, dass sie erzitterten ...
(21a)	**Du hast** wie Schafe **dein Volk geführt**,	(16aβ)	durch deines **Arm**s Größe erstarrten sie wie ein Stein,
(21b)	durch Moses und Aarons Hand.	(16bα)	bis **dein Volk** hindurchzog, Jahwe ...

Der Vergleich zeigt, dass sich die Weiterdichtung der Theophanie von Ps 77,17–20 an Ex 15 anlehnt: Ps 77,14a verbindet das Motiv des קדש, das in Ex 15 auf das Heiligtum bezogen ist (cf. V.11aβ mit V.13b und מקדש in V.17b), mit der aus der Theophanie (V.20aα) entnommenen Metapher des Weges. Dadurch verliert קדש den Bezug auf den Ort des Kultes: In Ps 77* umschreibt der Begriff Jahwes Wesen[34]. Die Aussage der Unvergleichlichkeit Jahwes מי כמכה באלם יהוה ("Wer ist wie du unter den Göttern, Jahwe?") aus Ex 15,11a[35], die den polytheistischen Hintergrund erkennen lässt[36], wird in Ps 77* auffällig abgewan-

---

33 S.o. Anm. 3, S. 43.

34 Cf. aaO 410.

35 Cf. Ps 89,7.

36 Derartige Unvergleichlichkeitsaussagen sind im Alten Orient nichts Außergewöhnliches. Sie erklären sich aus der aspekthaften Hervorhebung des jeweiligen Gottes, die durch den Kontext der Aussage und ihren Sitz im Leben bedingt ist (dazu grundsätzlich STOLZ, Einführung 44f). Zu vergleichen sind die häufigen Personennamen

delt: Ps 77,14b – ebenfalls eine rhetorische Frage – ersetzt den Vergleich mit den Göttern durch das Motiv der Größe Jahwes (<מי אל גדול כ<יהוה> „Wer ist ein großer Gott wie Jahwe?"). Dieser Gedanke wurzelt zwar in der Zionstradition (Ps 48,2[37]; cf. 104,1[38]); der Gottestitel אל גדול, der hier einen exklusiven Sinn hat, dürfte aber bereits Ps 95,3 voraussetzen (כי אל גדול יהוה / ומלך גדול על כל אלהים „Denn ein großer Gott ist Jahwe / und ein großer König über alle Götter")[39]. Darauf deutet eine sprachliche Einzelheit: Ps 77,14b gibt im Unterschied zu Ex 15,11a und zu V.14a.15–21 die Anrede Jahwes auf, während V.15a die Anrede mit Nachdruck wiederaufnimmt (אתה האל עשה פלא „Du, Gott, bist ein Wundertäter"). Die Unterbrechung der Anrede zeigt, dass sich Ps 77,14b gegenüber Ex 15,11 an Ps 95,3 anlehnt.

Des weiteren übernimmt Ps 77,15a aus Ex 15 den Titel עשה פלא (V.11b) und verbindet ihn mit dem Motiv der Kundgabe von Jahwes Macht unter den Völkern. Dadurch wird die universale Perspektive auf ähnliche Weise mit der partikularen Perspektive verschränkt: Nach Ex 15 hat Jahwe sein Volk durch seine Macht (V.13b: בעזך) geführt und erlöst (V.13a: נחית/גאלת); die Völker (V.14a: עמים) haben davon gehört und sind über die Größe von Jahwes Arm (V.16aβ: זרועך) erschrocken. In Ps 77,14–16.21 sind dieselben Motive anders angeordnet: Hier wird zuerst die universale Offenbarung der göttlichen Macht (V.15b: עז) genannt, dann die Erlösung (V.16a: גאלת) und Führung (V.21a: נחית) des Gottesvolkes (V.16a.21a: עמך) durch Jahwes Arm (V.16a: זרוע).

Die in Ps 77,14–16.21 greifbare relecture von Ex 15[40] steht in größeren Zusammenhängen: Die Kombination von universalem und partikularem Horizont erinnert an die Psalmen 47; 48[41] und 67 in ihrer jeweiligen Endgestalt und vor allem an die theokratische Komposition von Ps 93–100: Dort wird in Ps 95; 97,6b.8f[42]; 98,1–3[43] und 99 das Motiv der Erhabenheit Jahwes über Völker und Götter mit seiner einzigartigen Beziehung zu Israel verbunden.

Die heilsgeschichtliche Perspektive von V.16.21 berührt sich außerdem mit den großen Geschichtspsalmen: Mose und Aaron nebeneinander werden im Psalter neben 99,6 nur in 105,26 und 106,16 erwähnt[44]. Der Vergleich des Gottesvolkes mit Kleinvieh (כצאן in V.21a)[45] hat in Ps 78,52 eine Parallele: Hier ist ebenfalls davon die Rede, dass Jahwe „sein Volk" (עמו) geführt hat, und kurz danach wird – wahrscheinlich in Entsprechung zu Ps 77,17–20 – die Vernichtung der Feinde am Schilfmeer erwähnt (V.53). Außerdem bietet Ps 78,12 mit

---

vom Typ „Wer-ist-wie-GN?" (akkadische Namen dieses Typs z.B. bei STAMM, Namengebung 237f). Entsprechendes gilt für die Aussagen über die Unterordnung der Götter unter eine herausgehobene Gottesgestalt (s.u. A.5.8, S. 128ff).

37   S.u. B.3.6, S. 193ff.
38   S.u. C.6, S. 227ff.
39   Cf. die späten und monotheistischen Belege des Titels אל גדול in Dtn 7,21; 10,17; Jer 32,18; Dan 9,4; Neh 1,5 und 9,32.
40   So auch HOSSFELD, in: HOSSFELD/ZENGER, HThKAT 407.
41   S.u. B.3.5, S. 191ff.
42   S.u. A.4.4, S. 90ff.
43   S.u. B.2.1, S. 169ff.
44   Cf. אהרן alleine in Ps 115,10.12; 118,3; 133,2; 135,19.
45   Cf. Ps 74,1; 79,13; 95,7; 100,3.

עָשָׂה פֶלֶא eine Parallele zu dem Gottestitel עֹשֵׂה פֶלֶא in Ps 77,15a[46]. Ungewöhnlich ist schließlich auch die Bezeichnung der erlösten Israeliten als בְנֵי יַעֲקֹב וְיוֹסֵף (V.16b). Zusammen mit כַצֹּאן findet sich dazu eine auffällige Parallele in Ps 80,2, wo der „Hüter Israels" נֹהֵג כַצֹּאן יוֹסֵף genannt wird[47].

2.4 Zu Form und Gattung von V.17–20

V.17–20 sind ein in sich geschlossenes Gedicht[48]. V.17aα erweist sich als Beginn eines selbständigen Stückes[49]:

ראוך מים <יהוה> ... Wasser haben dich gesehen, <Jahwe>[50], ...!

Der Sprachgestus ist der hymnische Lobpreis. Durchgängig wird der besungene Gott angeredet; die Eröffnung nennt ihn beim Namen. Dabei fällt der Vokativ <יהוה> am Ende des ersten Kolons von V.17 auf. Er gehört zur Form des dreifach gestaffelten parallelismus membrorum:

(17aα)	ראוך מים <יהוה>	Wasser haben dich gesehen, <Jahwe>[49],
(17aβ)	ראוך מים יחילו	Wasser haben dich gesehen, sie kreißten,
(17b)	אף ירגזו תהמות	ja Urfluten zitterten!

ראוך מים wird im zweiten Kolon wiederholt; an die Stelle des Vokativs tritt die neue Verbform יחילו, und das dritte Kolon bringt nach der Partikel אף eine weitere neue Verbform und verbindet sie in chiastischer Wortstellung mit dem neuen, zu מים parallelen Subjekt תהמות. Eine ähnliche Form findet sich im ältesten Kern von Ps 93:

(3aα)	נשאו נהרות יהוה	Ströme haben erhoben, Jahwe,
(3aβ)	נשאו נהרות קולם	Ströme haben ihr Tosen erhoben,
(3b)	ישאו נהרות דכים	ja Ströme erheben ihren Schlag!

Auch dort handelt es sich um den ursprünglichen Beginn des Stückes[51]. Das Stilmittel des Vokativs am Ende des ersten Gliedes eines Trikolons findet sich in derselben Form auch in der ugaritischen Poesie sowie in Ps 57,8/108,2; 92,10 und Hab 3,8[52].

---

46 Ps 78,11, nach HOSSFELD, in: HOSSFELD/ZENGER, HThKAT 424f, Teil einer redaktionellen Bearbeitung, könnte zudem mit עלילותיו auf עלילותיך in 77,13 zurückgreifen und damit bereits die Endfassung von Ps 77 voraussetzen.
47 יוסף sonst nur in 78,67; 105,17, jeweils in anderem Zusammenhang als hier.
48 Cf. BRIGGS/BRIGGS, ICC, II, 170f.
49 Cf. FENTON, Structure 392f.
50 S.o. Anm. 3, S. 43.
51 S.u. A.3.3, S. 68ff.
52 Textbeispiele: s.u. A.3.3, S. 69f.

Die vier Trikola von Ps 77,17–20 sind kunstvoll verschränkt:

(17aα)	A ראוך מֵיִם <יהוה>	Wasser haben dich gesehen, <Jahwe>,
(17aβ)	ראוך מֵיִם יחילו	Wasser haben dich gesehen, sie kreißten,
(17b)	B אַף יִרְגְּזוּ תהמות	ja Urfluten zitterten!
(18aα)	C זרמו מֵיִם עבות	Gewölk hat Wasser ausgeschüttet,
(18aβ)	קוֹל נתנו שחקים	Wolken haben Donner gegeben,
(18b)	D אַף חֲצָצֶיךָ יתהלכו	ja deine Pfeile schwirrten immerzu umher!
(19aα)	D′ קוֹל רעמך בגלגל	Deines Donners Hall erklang durch das Rad,
(19aβ)	C′ האירו בְרָקִים תבל	Blitze haben den Erdkreis erleuchtet,
(19b)	B′ רָגְזָה ותרעש הארץ	die Erde hat gezittert und gebebt!
(20aα)	A′ בים דרכך	Im Meer war dein Weg,
(20aβ)	ושביליך בְמֵיִם רבים	und deine Pfade gingen durch große Wasser,
(20b)	ועקבותיך לא נדעו	deine Spuren aber hat man nicht erkannt!

Das zweite Kolon des ersten Trikolons (V.17aβ) reicht מים an das erste
Kolon des zweiten Trikolons (V.18aα) weiter. Das dritte Kolon des
zweiten Trikolons (V.18b) beginnt ebenso wie das dritte Kolon des ersten Trikolons (V.17b) mit אף. Das zweite Kolon des zweiten Trikolons
(V.18aβ) reicht קול an das erste Kolon des dritten Trikolons (V.19aα)
weiter; zweites und drittes Trikolon werden also auf dieselbe Weise
verknüpft wie erstes und zweites Trikolon. Dazu kommt der Motivpa-
rallelismus von Jahwes Pfeilen (V.18b) und den Blitzen (V.19aβ), der
das zweite und das dritte Trikolon verbindet. Das dritte Trikolon greift
mit רגז (V.19b) auf das erste Trikolon zurück (V.17b). Das vierte Trikolon schlägt mit dem Motiv der großen Wasser (מים רבים in V.20aβ) den
Bogen zurück zum Anfang (V.17a).

Die Motive sind konzentrisch angeordnet: V.17a.20 zeichnen die
Konfrontation zwischen Jahwe und den Wassern (A – A′). V.17b.19b
enthalten das Motiv des Zitterns (רגז), wobei die kosmischen Größen
תהמות und הארץ einander entsprechen (B – B′). V.18a.19aβ nennen Erscheinungen des Gewitters (C – C′). V.18b.19aα werden durch die kriegerische Metaphorik zusammengehalten (D – D′). Sie ist die Mitte der
Komposition.

Verbale Konstruktionen überwiegen, was der Schilderung hohe
Dynamik verleiht. Die vorherrschenden Perfekte, die in V.17aβ.b.18b
mit iterativen Imperfekten, in V.19b mit einer Narrativform verbunden
sind, deuten an, dass ein zurückliegendes Geschehen erzählt wird. Als
Metrum lassen sich fast durchgängig drei Hebungen annehmen[53].

---

53 Das ist gegen die masoretische Akzentuierung auch in V.18b möglich, wie die
   Parallelität zu V.17b zeigt.

Lediglich das erste Glied von V.20 weicht mit seinen zwei Hebungen ab (בים דרכך). Offenbar ist damit eine Klimax markiert[54].

Die kunstvolle Komposition lässt sich als Preislied bezeichnen. Es besingt, dass die Fluten vor Jahwe zurückgewichen sind und dieser sich im Gewitter kundgegeben hat, um seinen Weg durch das Meer zu nehmen[55]. Die poetische Form des Stückes lässt auf einen kultischen Sitz im Leben schließen.

2.5 Jahwes Kampf gegen die Fluten

Auffällig viele Parallelen finden sich im Psalm Habakuks (Hab 3):

	(Hab 3,7b)	ירגזון יריעות ארץ מדין	
		...	
(Ps 77, 17aβ)	**ראוך** מים **יחילו**	(10aα)	**ראוך יחילו** הרים
(17b)	אף **ירגזו** תהמות		...
(18aα)	זרמו מים עבות	(10aβ)	זרם מים עבר
(18aβ)	**קול נתנו** שחקים	(10bα)	**נתן תהום קולו** ...
(18b)	אף **חצציך יתהלכו**	(11bα)	... לאור **חציך יהלכו**
	...		...
(20aα)	**בים דרכך**	(15a)	**דרכת בים** סוסיך
(20aβ)	ושביליך **במים רבים** ...	(15b)	חמר **מים רבים** ...

		(Hab 3,7b)	Die Zeltdecken des Landes Midian **zitterten**,
			...
(Ps 77, 17aβ)	Wasser **haben dich gesehen, sie kreißten,**	(10aα)	Berge **haben dich gesehen, sie kreißten,**
(17b)	ja **Urflut**en **zitterten**!		...
(18aα)	**Wasser** hat Gewölk **ausgeschüttet**,	(10aβ)	**Wolkenbruch** zog vorüber,
(18aβ)	**Donner** haben Wolken **gegeben**,	(10bα)	die **Urflut** hat ihren Donner **gegeben** ...
(18b)	ja **deine Pfeile schwirrten** immerzu umher!	(11bα)	... zum Licht **schwirrten deine Pfeile** ...
	...		...
(20aα)	**Im Meer war dein Weg**,	(15a)	**Du tratst ins Meer** mit deinen Pferden,
(20aβ)	und deine Pfade gingen durch **große Wasser** ...!	(15b)	in das Schäumen **großer Wasser** ...

ראוך und יחילו, die in Ps 77,17aβ die Reaktion der Wasser auf Jahwe benennen, werden in Hab 3,10aα auf die Berge bezogen. רגז q. hat in Hab 3,7b nicht die Fluten (Ps 77,17b), sondern die Zeltdecken Midians

---

54 Ein ähnliches Phänomen bietet die aus vier Trikola bestehende Liturgie von Ps 24,7–10*, deren Höhepunkt die zweihebige Proklamation des Gottesnamens יהוה צבאות in V.10aβ ist (s.u. B.1.2, S. 150).

55 Cf. Briggs/Briggs, ICC, II, 175.

zum Subjekt. Das mit זרם po. äquivalente זֶרֶם ist in Hab 3,10aβ wie in Ps 77,18aα mit מים verbunden. נתן קול (Ps 77,18aβ) begegnet auch in Hab 3,10bα, hat dort aber תהום als Subjekt (cf. Ps 77,17b). Beide Texte enthalten das Motiv von Jahwes umherschwirrenden (הלך hitp./pi.) Pfeilen (Ps 77,18b/Hab 3,11bα). Schließlich bietet Hab 3,15 eine auffällige Variante des Motivs von Jahwes Weg durch das Meer und die großen Wasser (Ps 77,20a)[56]. Immer wieder wird deshalb die enge Verwandtschaft von Hab 3 und Ps 77 beobachtet[57].

Im Vergleich ist Hab 3 weniger gebunden[58] und komplizierter. Die Bilder werden stärker ausgeschmückt: Neben den Pfeilen ist auch von Jahwes Bogen (V.9), seiner Lanze (V.11), seinen Pferden und Streitwagen (V.8.15) und sogar von Sonne und Mond die Rede (V.11). Ziel der Theophanie ist Jahwes Gericht über die Völker (V.12) und die Rettung seines Volkes (V.13). Hab 3 erweist sich als eschatologische Schilderung[59]. Vor diesem Hintergrund ist es unwahrscheinlich, dass Ps 77,17–20 Hab 3 voraussetzt[60]: In Ps 77 zeigt die Theophanie weder einen eschatologischen Horizont, noch bezieht sie sich auf das Gottesvolk. Hab 3 dürfte neben anderen alttestamentlichen Vorlagen[61] die Theophanieschilderung von Ps 77,17–20 – vielleicht schon durch V.14–16.21 erweitert – aufgegriffen haben[62].

Abgesehen davon enthalten Ps 77,17–20 zahlreiche Motive, die eindeutig auf den Motivkreis des Wettergottes verweisen. Parallelen finden sich sowohl in einigen althebräischen Kultliedern, die sich im Alten Testament erhalten haben, als auch in außeralttestamentlichen Texten über Wettergottgestalten des Alten Orients.

Ein geeigneter Einsatzpunkt für die motivgeschichtliche Analyse bieten die Phänomene des Gewitters (C – C'): Die Begriffe עבות und שחקים (V.18a) begegneten schon in der Gewittertheophanie von Ps

---

56 JEREMIAS, Theophanie 27, mit Anm. 4, vergleicht Ps 77,17 zudem mit Hab 3,8a (txt. emd.): אם בים עברתך / אפך <הבנהרים חרה> / הבנהרים חרה יהוה. Diese Gestalt des Trikolons könnte sich ebenfalls an Ps 77,17 anlehnen.

57 Cf. z.B. DUHM, KHC XIV, 201; HOSSFELD, in: HOSSFELD/ZENGER, HThKAT 410f; PERLITT, ATD 25,1, 90, 93; WEBER, Psalm 77, 219f.

58 Die poetische Struktur von Hab 3 ist – im Unterschied zu Ps 77,17–20 – schwer zu überschauen. PFEIFFER, Kommen 128ff, rechnet mit einem Wechsel zwischen Bikola und Trikola, wobei einzelne Bikola sekundär erweitert wurden.

59 Cf. PFEIFFER, Kommen 161f.

60 So z.B. DUHM, KHC XIV, 201; PERLITT, ATD 25,1, 90; PFEIFFER, Kommen 177, Anm. 330; WEBER, Psalm 77, 220.

61 Nach PFEIFFER, Kommen 169–176, steht das Motiv des Kommens vom Süden her (V.3) in der Tradition des Gerichts über Edom nach Jes 34; 63,1–6 und Ob, und die Theophanieschilderung ist in V.5f.10 nach dem Vorbild von Ps 97,3f gestaltet.

62 Nachgewiesen durch AVISHUR, Studies 139–142; cf. ANDERSEN, AB 25, 326–329.

18,8–16*, wo sie das Versteck des Wettergottes bezeichnen (V.12*[63]; cf. 97,2a[64]). In Ps 77* steht ein anderer Aspekt im Vordergrund: Die Wolken schütten Wasser aus (זרם po.[65]) und lassen Donner (קול) ertönen[66]. Die poetische Verschränkung mit V.17a (A) und V.19aα (D') zeigt, dass das Motiv des regnenden und donnernden Gewölks einen mythischen Horizont hat: Der mächtige Regen ist die Folge davon, dass die Wasser vor Jahwe erschrecken; Jahwe ruft den Donner in den Wolken hervor (cf. קול רעמך in V.19aα)[67]. Die Blitze erleuchten den Erdkreis (V.19aβ) und sind Jahwes umherschwirrende Pfeile (D: V.18b). Auch dieses Motiv ist in Ps 18,8–16* enthalten (V.15[68]).

Hier wird der himmlische Bogenschütze allerdings etwas anders gezeichnet: Jahwes Donner entsteht nach V.19aα „durch das Rad" (בגלגל), was auf den Wagen anspielt, mit dem der Wettergott durch den Himmel poltert[69]. Dasselbe Bild steht hinter dem hymnischen Schluss von Ps 68[70]:

(33aβ)	שירו ל<יהוה>	Singt <Jahwe>,
(33aγ*)	זמרו אדני	spielt auf dem Herrn,
(34a)	לרכב בשמי שמי קדם	der einherfährt in Himmeln, uralten Himmeln!
(34b)	הן יתן בקולו קול עז	Siehe, er gibt seinen Donner, einen Donner von Macht!

Daneben ist an den feurigen Wagen zu erinnern, der den Wetterpropheten Elia „im Sturmwind" davon trägt (II Reg 2,11).

Auch im ugaritischen Baʿlu-Zyklus wird das Gewitter als Nahen des göttlichen Wagenkämpfers beschrieben (CAT 1.4 V 6–9):

(6) *wanna ʾappa ʿdn maṭarihu*	Und siehe, fürwahr seines Regens Zeit setze Baʿlu fest,
(7) *baʿlu yuʿaddin*	
ʿdn ṯkt bi galṯi	die Zeit des Wagens im Sturm[71]
(8) *wa tini qôlihu bi ʿarpāti*	und des Gebens seiner Stimme in den Wolken,
(9) *šarîhu li ʾarṣi baraqīma*	seines Schleuderns der Blitze zur Erde.[72]

---

63 S.o. A.1.5, S. 29ff.
64 S.u. A.4.7, S. 95ff.
65 Cf. זרם in Jes 30,30.
66 Cf. נתן + קול in Ps 18,14 (s.o. A.1.3, S. 25); I Sam 12,18; בקול + נתן in Ps 68,34; sowie ug. *ytn + ql* in CAT 1.4 VII 29: *qôlahu qdš baʿlu yâtin* „Seine heilige Stimme ließ Baʿlu erschallen" (s.o. A.1.5, S. 29f).
67 Baʿlu erzeugt den Regen durch seine Donnerstimme (CAT 1.4 V 6–8).
68 S.o. A.1.5, S. 29ff.
69 Zum Motiv des donnernden Streitwagens selbst cf. Joel 2,5.
70 Cf. daneben רכב שמים in Dtn 33,26; vielleicht auch Ps 68,5: סלו לרכב בערבות (ערבות mit HALAT 832, von *ערבה II „Wolke"; nach PFEIFFER, Kommen 224, ist hingegen der „Wüstenfahrer" der Heilsgeschichte gemeint.
71 Cf. DEL OLMO LETE/SANMARTÍN, DULA I, 299 (Literatur); Alternative „Schnee" (ebd.; TROPPER, Wörterbuch 35).
72 Übersetzung nach DIETRICH/LORETZ, in: TUAT III, 1161.

Das Bild des Wagens spiegeln auch die akkadischen Epitheta des Adad *nāši qinnanzi elleti* („der die reine Peitsche trägt")[73] und [*ša in*]*a tirik qin-nāzīšu unammara kibrāti* („[der m]it dem [knallenden] Schlag seiner Peit-sche die Weltgegenden erhellt") wider[74].

Auffällig ist, wie Ps 77,19aβ.b die Wirkung der Blitze schildert:

(19aβ)	האירו ברקים תבל	Blitze haben den Erdkreis erleuchtet,
(19b)	רגזה ותרעש הארץ	die Erde hat gezittert und gebebt.

Indem die Blitze das fruchtbare Festland erleuchten und zugleich er-schüttern, machen sie eine überwältigende göttliche Macht erfahrbar, der sich niemand entziehen kann: Wie der Donner von Ps 29,3–9*[75] sind sie die wahrnehmbaren Zeichen von Jahwes Anspruch, über die ge-samte Erde zu herrschen. Fast denselben Wortlaut wie 77,19aβ.b bietet die Theophanieschilderung von Ps 97,2–5* (V.4), wobei allerdings ein Zitat von Ps 77,19aβ.b wahrscheinlich ist[76]. Auch der ugaritische Baʿlu macht seinen Herrschaftsanspruch über die Erde (*ʾarṣu*) durch seine Blitze geltend, wie aus dem angeführten Text aus dem Baʿlu-Zyklus hervorgeht (Z.9)[77]. Adad galt als „Herr des Windes und des Blitzes des Himmels" (*bēl šāri u bereq šamê*)[78], „[dessen Str]ahlen[79] die [W]eltgegen-den hell mach[en]" ([*ša šar*]*ūrūšu unamm*[*arū k*]*ibrāti*)[80].

---

73   RIMA III A.0.102.12:3; 104.6:5 = SCHWEMER, Wettergottgestalten 712.
74   KAR 304 (+) 337 Rs. 18' = SCHWEMER, aaO 714. Cf. außerdem den Ninurta-Hymnus K 8531 + Rm 126, Rs. 2–4: „Dein Wagen – infolge des Getöses seines Dröhnens erbeben bei deinem Gehen Himmel und Erde" (HROZNY, Mythen 10f). Ikonographisch lässt sich v.a. ein neo-hethitisches Relief vom Löwentor in Malatya (wohl 11./10. Jh.) an-führen, das den bewaffneten Wettergott in zwei parallelen Posen zeigt: einmal ste-hend auf einem von zwei Stieren gezogenen Wagen, in der erhobenen Rechten eine kurze sichelartige Waffe, in der Linken die Zügel, sodann stehend vor dem ein Liba-tionsopfer darbringenden König, mit Blitzen in seiner linken Hand und die Rechte ebenfalls erhoben mit der gleichen Waffe. Besonders die Blitze und die Zügel sind also parallel (bei KLINGBEIL, Yahweh 262; dazu schon FRANKFORT, Art 233). Die Dar-stellung von Wettergott und Wagen ähnelt einem Relief im Tempel des Wettergottes von Aleppo (bei GONNELLA/KHAYYATA/KOHLMEYER, Zitadelle 99).
75   S.u. A.5.5, S. 115ff.
76   S.u. A.4.7, S. 95ff.
77   Cf. auch CAT 1.3 IV 25–27: „Es setze an den Himmel seinen Blitz Baal, es entzünde seinen Strahl der Wolkenreiter!", wo Baʿlu neben ʿAnatu erwähnt wird, die der Erde Frieden bringt (Übersetzung: DIETRICH/LORETZ in: TUAT III/4, 1145).
78   K 100 Vs. 12f = SCHWEMER, Wettergottgestalten 707.
79   *šarūrum*, das nicht auf die Strahlen des Sonnengottes beschränkt ist, sondern auch mit anderen Göttern oder sogar Tempeln verbunden werden kann (cf. CAD Š/2, 140–143), wird hier offenbar als Metapher für den Blitz des Wettergottes verwendet.
80   BMS 21+ Vs. 9 = SCHWEMER, Wettergottgestalten 715. Cf. auch die Epitheta *mušabriq berqi* „der den Blitz blitzen lässt" (LKA 53 Vs. 12 = SCHWEMER, aaO 710, mit weiteren Belegen), *nāšû berqi* „der den Blitz trägt" (BMS 21+ Rs. 30 = SCHWEMER, aaO 711) und *ša berqi* „des Blitzes" (KAR 142 Rs. III 16' = SCHWEMER, aaO 713).

Entscheidend ist, auf welchen Horizont das in Ps 77,18f besungene und mythisierte Gewitter bezogen wird: Die Gesamtaussage des Liedes erschließt sich von dem gewaltigen kosmischen Geschehen her, das das Lied am Anfang und am Ende (A – A') zeichnet. Gipfelte die Gewittertheophanie von Ps 18,8–16* in kurzen Anspielungen auf den Kampf des Wettergottes gegen das Meer (V.15.16a*[81]), rückt die Konfrontation zwischen Jahwe und den Fluten hier in den Vordergrund: Weil Wasser und Fluten Jahwe sehen, kreißen und erbeben sie (V.17); er hingegen nimmt seinen Weg durch Meer und große Wasser (V.20). Das Preislied bietet einen der deutlichsten Belege dafür, dass die frühe Jahwereligion an dem uralten Mythos vom Kampf des Wettergottes gegen das Meer teilhatte[82].

Bemerkenswert ist, in welcher Form das Mythologem erscheint: Einerseits werden die Wasser durch ראה und חיל (das als Bezeichnung der Wehen Metapher für äußerstes Erschrecken sein kann[83]) personifiziert. Andererseits sind sie Gegenstand von Jahwes Handeln, indem sie nach V.18aα als Regen von den Wolken ausgeschüttet werden.

Als Höhepunkt wird ein ungewöhnliches Bild gezeichnet:

(20aα)	בים דרכך	Im Meer war dein Weg,
(20aβ)	ושביליך במים רבים	und deine Pfade gingen durch große Wasser,
(20b)	ועקבותיך לא נודעו	deine Spuren aber hat man nicht erkannt!

Dass Jahwe seinen Weg durch das Meer nimmt, wird oft als Anspielung auf das Schilfmeerwunder gedeutet[84]. Dazu sind zwei deuterojesajanische Stellen zu vergleichen, die dasselbe Bild zu enthalten scheinen:

(43,16aα)	כה אמר יהוה	So spricht Jahwe,
(16aβ)	**הנותן בים דרך**	der **im Meer einen Weg** bereitet
(16b)	ובמים עזים נתיבה ...	und **in** mächtigen **Wassern** einen Pfad ...
(51,10aα)	הלוא את היא המחרבת ים	Bist nicht du (sc. Jahwes Arm) es, der das Meer austrocknet,
(10aβ)	מי תהום רבה	die Wasser der großen Urflut,
(10bα)	השמה מעמקי **ים**	der die Tiefen **des Meeres** bereitet
(10bβ)	**דרך** לעבר גאולים	als **Weg**, dass die Erlösten hindurchgehen können?

Auffällig ist besonders die Nähe der parallelen Fügung von Jes 43,16aβ.b zu den beiden Kola von Ps 77,20a (בים דרכך / ושביליך במים רבים).

---

81 S.o. A.1.5, S. 29ff.

82 So schon SCHMIDT, Königtum 47f, zu V.17–19.

83 Cf. Ps 97,4b (s.u. A.4.7, S. 96f); חיל hi./pol.: 29,8f (s.u. A.5.5, S. 119f); im Gilgameschepos begegnet das Motiv des Kreißens bei der Sintflut: „Das Meer, das um sich geschlagen hatte wie eine Kreißende (kīma ḫâlti), wurde ruhig“ (XI 130 [GEORGE, Gilgamesh 710f; Übersetzung: HECKER, in: TUAT III, 733]).

84 Cf. z.B. JEREMIAS, Theophanie 28; SCHMIDT, Art. Mythos (TRE XXIII), 632f; WATSON, Chaos 150f.

Der sachliche Unterschied zwischen dem Psalm und den beiden deuterojesajanischen Stellen darf jedoch nicht übersehen werden: In Jes 43,16 und 51,10 geht es jeweils um die Israeliten. Um sie zu retten, „bereitet" Jahwe „einen Weg im Meer". Ps 77,20 besingt hingegen den Weg, den Jahwe selbst durch das Meer nimmt; das Gottesvolk wird nicht erwähnt. Wenn das Preislied über Jahwes Kampf gegen die tosenden Fluten von Jes 43,16 oder 51,10 abhängig wäre, ließe sich dieser Unterschied nicht erklären[85].

Auch das Ketîb von Ps 77,20a, das den Singular דרכך mit dem Plural שביליך parallelisiert[86], deutet darauf, dass hier noch nicht an das heilsgeschichtliche Ereignis gedacht ist. Erst das masoretische Qerê beseitigt die Uneindeutigkeit und liest – analog zu נתיבה in Jes 43,16aβ.b – שבילך. Der Grund für die Ähnlichkeit der beiden deuterojesajanischen Passagen mit Ps 77,20a liegt wahrscheinlich darin, dass sie das von dem alten Preislied gezeichnete mythische Bild auf das heilsgeschichtliche Schlüsselereignis von Ex 14 beziehen[87].

Zudem kann Jahwes Weg durch das Meer auch unabhängig vom Schilfmeerwunder als Zeichen seiner überlegenen Macht verstanden werden[88]. Das zeigt die partizipiale Gottesprädikation in Hi 9,8, die eine vergleichbare Aussage bietet[89]:

נטה שמים לבדו   der allein die Himmel ausspannt
ודורך על במתי ים   und auf die Höhen des Meeres tritt

Dass Jahwe auf die Höhen des Meeres (במתי ים[90]) tritt (דרך q.), ist ein Herrschaftsgestus, der dem in Ps 77,20a besungenen Weg Jahwes durch das Meer entspricht. Ein ähnliches Epitheton ist von Adad belegt: Dieser galt als kābisu tâmti („der das Meer niedertritt")[91].

Das Stück endet damit, dass Jahwes Herrschaftsweg verborgen bleibt: ועקבותיך לא נדעו („deine Spuren aber hat man nicht erkannt", V.20b). Dieses Motiv erklärt sich zunächst aus der Logik des Bildes: Jahwes Spuren werden von den zurückströmenden Wassern bedeckt[92].

---

85   Cf. SIMIAN-YOFRE, teodicea 71.
86   Genauso liest die LXX.
87   Umgekehrt könnte sich das priesterschriftliche Motiv der geteilten Wasser in Ex 14 als Reflex des Mythologems vom Meereskampf erweisen, cf. FABRY, Mythos 94.
88   Cf. SIMIAN-YOFRE, teodicea 58f; LORETZ, Ugarit-Texte 392; WASCHKE, Art. תְּהוֹם (ThWAT VIII), 569; FENTON, Structure 392.
89   Die Reihe der indeterminierten Partizipien in Hi 9,8–10 hebt sich syntaktisch und inhaltlich aus ihrem Kontext heraus: Es handelt sich um eine eigengeprägte Überlieferung (cf. DUHM, KHC XVI, 51), die den Meereskampf mit Schöpfungsaussagen verbindet und in der Nähe der Amos-Doxologien (bes. 4,13 und 5,8) steht.
90   Cf. דרך q. + על במתי ארץ in Am 4,13; Mi 1,3; ähnlich Dtn 33,29.
91   BiMes 24, 51 Vs. 10 = SCHWEMER, Wettergottgestalten 709.
92   Cf. HOSSFELD, in: HOSSFELD/ZENGER, HThKAT 411.

Die Aussage von V.20b lässt sich jedoch kaum auf ihren bildlichen Gehalt reduzieren. In ihr klingt wahrscheinlich auch die Einsicht an, dass das mythische Geschehen dem Menschen verborgen ist[93]. Eine dritte Ebene kommt ins Spiel: Jahwe vernichtet die Fluten nicht, sondern beweist an ihnen seine Macht. Die Fluten bleiben aber auf der Bühne des Weltbildes. Diese Ambivalenz entspricht der Welterfahrung des mythischen Denkens: Die Fluten sind Sinnbild für die Mächte, die die Lebensordnungen ständig aus dem Gleichgewicht zu bringen drohen. Die Welt ist immer wieder neu darauf angewiesen, dass Jahwe die Welt vor dem Chaos verteidigt. Derselbe Horizont lässt sich auch für den ältesten Kern von Ps 93 erschließen[94].

Ps 77,17–20 blickt auf Jahwes Kampf gegen die Fluten zurück und feiert seinen Sieg. Gleichzeitig ist das Stück durch V.18.19a auf das Gewitter und den Regen bezogen. Das welterschütternde Wirken Jahwes ist die Voraussetzung dafür, dass der Kreislauf der Vegetation alljährlich neu beginnen kann. Damit legt es sich nahe, dass das kunstvolle Preislied für einen herausgehobenen kultischen Anlass gedichtet wurde. Wie bei Ps 18,8–16* dürfte an das Neujahrsfest zu denken sein.

2.6 Der Mythos vom Kampf des Wettergottes gegen das Meer

Der Sieg des Wettergottes über das Meer ist in einem Text[95] zum ersten Mal eindeutig[96] in einem Mari-Brief des 18. Jahrhunderts belegt[97]. In ihm sind unter anderem folgende Worte enthalten, die der Wettergott Addu, „der Herr von Ḫalab (Aleppo)" (Vs. 3) durch den Propheten (āpilum) Abīja dem König Zimrī-Līm von Mari ausrichten lässt:

(5) *ummāmi Adad mātam kalâša*   So spricht Adad: Das ganze Land
(6) *ana Jaḫdulim addin*   habe ich dem Jaḫdulim gegeben,
(7) *u ina kakkīja māḫiram ul iršī*   und er hat mit meinen Waffen den Feind nicht
                                                                                 erworben,

---

93   Eine Entsprechung dazu bilden die Aussagen über die Verborgenheit des Wettergottes in den Gewitterwolken (Ps 18,12* [s.o. A.1.5, S. 33]; 97,2a [s.u. A.4.7, S. 95f]).

94   S.u. A.3.5, S. 73ff.

95   Zu den ikonographischen Möglichkeiten, äquivalente Darstellungen des Mythos zu fassen, cf. z.B. die von KLINGBEIL, Yahweh 249–252, kommentierten Siegelabbildungen, die den Kampf des Wettergottes gegen ein schlangenartiges Ungeheuer zeigen; weitere Siegel bei PODELLA, „Chaoskampfmythologem" 322; zum Problem grundsätzlich SCHWEMER, Wettergottgestalten 227 (mit weiterer Literatur).

96   Zu den Fragen nach der älteren Geschichte des Mythos cf. WYATT, Arms 834–840; zusammenfassend SCHWEMER, aaO 228.

97   A.1968 (Erstedition und Kommentar: DURAND, Mythologéme; Text und Übersetzung jetzt auch in: NISSINEN [Hg.], Prophets 21f); zur Kommentierung WYATT, Arms; SCHWEMER, aaO 226ff.

(8) *jâtam īzibma mātam ša addinušu[m]*   das Meine hat er verlassen, und das Land, das
                                                      ich ih[m] gegeben hatte,
(9) *ana Samsī-Addu ad[di]n*   gab ich dem Samsī-Adad,
(10) *[...] Samsī-Addu*   ... Samsī-Adad ...
(1') *lut[ê]rka ana [kussî bīt abīka]*   Ich will dich zurückbringen zum Thron des
                                                      Hauses deines Vaters;
(2') *utêrka kakkī*   ich gab dir die Waffen,
(3') *ša itti têmtim amtaḫṣu*   mit denen ich das Meer schlug.
(4') *addinakkum šamnam namrīrūtija*   Ich gab dir das Öl meines Schreckensglanzes,
(5') *apšuškama mamman ana pānīka*   ich salbte dich, und vor dein Angesicht
(6') *ul izzīz ...*   hat sich niemand gestellt ...

Die Anspielung ist so kurz, dass sich über die Ausprägung des wohl in der nordsyrischen Küstenregion beheimateten Mythos[98] nur wenig sagen lässt[99]. Deutlich zu erkennen ist aber, dass das Motiv auf das irdische Königtum bezogen ist: Der kämpfende Wettergott hat seine mythischen Waffen dem König überreicht[100], um die Dynastie zu stärken, die durch die Schwäche des Vorgängers gefährdet war. Außerdem teilt er seine gewaltige Macht dem König durch die Salbung mit[101].

Das Mythologem ist im zweiten und ersten Jahrtausend an zahlreichen Orten belegt[102]. Am bekanntesten sind die jeweils deutlich voneinander unterschiedenen Ausprägungen im ugaritischen Baʿlu-Zyklus[103] und im babylonischen Enūma eliš[104]. Vor diesem Hintergrund lassen sich die frühen althebräischen Anspielungen auf das Motiv in Ps 18,16*[105]; 77,17–20[106]; 93,3–5*[107]; 29,3.10[108]; 65,7f*[109] sowie 24,1f*[110] und 98,7f[111] in ihrem eigentümlichen Profil in den Blick nehmen[112].

---

98 Cf. SCHWEMER, aaO 228.
99 Cf. aaO 230.
100 Zum Motiv der Waffen des Wettergottes cf. aaO 226f: „Die Waffen des Gottes dürften normalerweise im Heiligtum der jeweiligen Addu-Gestalt in Ḫalab und Mari aufbewahrt worden sein". Schwemer verweist zusätzlich auf den Mari-Brief A. 1858, aus dem die tatsächliche Beweglichkeit der Waffen hervorgeht; zum Motiv der Waffen des Wettergottes in Ugarit WYATT, Arms 858–861.
101 Nach WYATT, aaO 843, die erste außerbiblische Anspielung an die Königssalbung.
102 Dazu SCHWEMER, Wettergottgestalten 229–237.
103 CAT 1.1f.
104 Ee I–IV (LAMBERT/PARKER, Enuma eliš 1–26; Übersetzung; LAMBERT, in: TUAT III, 569ff).
105 S.o. A.1.5, S. 29ff.
106 S.o. 2.5, S. 53ff.
107 S.u. A.3.5, S. 73ff.
108 S.u. A.5.5, S. 115ff, und 5.7, S. 122ff.
109 S.u. A.6.4, S. 143ff.
110 S.u. B.1.3, S. 154ff.
111 S.u. B.2.3, S. 174ff.
112 Cf. dazu auch den Überblick von PODELLA, „Chaoskampfmythos", bes. 302ff, der zunächst die späten alttestamentlichen Belege des Motivs mit Jes 51,9f; Ps 89,10f; 74,13–

Im Vergleich mit der ugaritischen Variante ist eine erhebliche Differenz zu erkennen: Zwar werden auch dort Salzwasser (*yammu*) und Süßwasser (*naharu*) parallelisiert. Der Baʿlu-Zyklus nennt aber den Widersacher des Wettergottes „Fürst Meer, / Richter Strom"[113] (*zubbulu yammu / ṯāpiṭu naharu*) und zeichnet ihn als göttlichen Dynasten, der Baʿlu grundsätzlich ebenbürtig ist: Er sitzt auf einem Thron[114], wird als „Herr" (*ʾadānu*) proklamiert[115], gebietet über Boten[116], und sein Vater ʾIlu will ihm einen Palast errichten lassen[117]. Dazu passt, dass Yammu im theophoren Onomastikon mehrfach belegt ist[118] und nach den Götterlisten Opfer erhielt[119].

Der ägyptische Astarte-Papyrus[120] zeichnet das Meer (*p3 j3m*) als Herrscher, der von den Göttern Tribut verlangt[121]. Ähnliches gilt für ein verwandtes hethitisches Mythenfragment[122]: Es erzählt, wie der Meeresgott eine Flut bis zum Himmel steigen lässt. Die Götter wollen sich durch Geschenke an das Meer von der Flut loskaufen.

Die Psalmen zeigen ein anderes Bild: Die „großen Wasser" (מים רבים), die „Fluten" (תהמות, מבול), „Ströme" (נהרות) und das „Meer" (ים/ ימים) erscheinen nicht als Göttergestalten, sondern als amorphe widergöttliche Massen[123]. Auch das Bild des Meeres als eines Ungeheuers, das besonders im Enūma eliš ausgeprägt ist[124], lässt sich in der altheb-

---

113 1.2 IV 14 u.ö.
114 1.2 IV, 7 u.ö.
115 1.1 IV, 17.
116 1.2 I passim.
117 1.2 III, 7ff.
118 Cf. RIBICHINI/XELLA, Problemi 163; SCHWEMER, Wettergottgestalten 231.
119 Z.B. CAT 1.39 Vs. 13; 1.46 Vs. 6; 1.47 Rs. 30; 1.102 Vs. 3; 1.118 Rs. 29; 1.148 Vs. 9.
120 pAmherst XIX–XXI (RITNER, Legend [HALLO/YOUNGER, Context I, 35f]).
121 Cf. KAISER, Bedeutung 82ff; SCHWEMER, Wettergottgestalten 453.
122 KBo XXVI 105 (Text und Übersetzung: SCHWEMER, Wettergottgestalten 451f).
123 Cf. תהמות sonst in Ex 15,5.8; Dtn 8,7; Jes 63,13; Ps 33,7; 71,20; 78,15; 106,9; 107,26; 135,6; 148,7; Prov 3,20; 8,24; bei מים רבים ist der mythische Charakter am deutlichsten in II Sam 22,17/Ps 18,17 (s.o. A.1.7, S. 38f); 29,3 (s.u. A.5.5, S. 115f) und 93,4 (s.u. A.3.5, S. 73ff) zu erkennen, cf. auch Hab 3,15 (s.o. 2.5, S. 53f); Ps 32,6; Cant 8,7. Ansonsten begegnet die Wendung in den verschiedensten Kontexten: Num 20,11; 24,7; Jes 17,13; 23,3; Jer 41,12; 51,13.55; Ez 1,24; 17,5.8; 19,20; 31,5.7.15; 32,13; 43,2; Ps 107,23; 144,7; II Chr 32,4.
124 Allerdings schillert das Bild der Tiāmat zwischen der Wassermasse und dem (vierfüßigen) Ungeheuer, cf. LAMBERT, in: TUAT III, 565.

17; Hi 26; Ps 104,5–9 und Prov 8,27–29 skizziert, um vor diesem Hintergrund Ps 93 und 46 in den Blick zu nehmen. Podella zeigt, dass in Israels Umwelt und in den alttestamentlichen Texten „die Weltschöpfung, *creatio prima*, nicht als Folge oder Resultat eines Chaoskampfes verstanden werden kann" (319).

räischen Kultlyrik nicht greifen[125]. Neben einigen poetischen Personifizierungen (Ps 77,17; 93,3a; 98,7f) werden die Fluten naturalisierend gezeichnet: Ps 93,3f redet vom „Wellenschlag" (דכי) der Ströme und den „Brechern" (משברים) des Meeres[126], und Ps 65,8* nennt die „Wellen" der Meere; nach Ps 18,16* wurde das Meer von den Fundamenten der Erde vertrieben[127]. Hiermit hängt zusammen, dass die Texte anders als in Ugarit oder Babylon nirgends ein Treffen zweier Kämpfer zeichnen. Das dürfte keine theologische Absicht sein, sondern mit der Prägung des Meeresmotivs zusammenhängen: Gegen eine gestaltlose Masse lässt sich nicht genauso kämpfen wie gegen einen Gott oder ein Ungeheuer. Trotzdem erscheinen die Fluten als gewaltige mythische Macht.

In vergleichbarer Weise spielen zahlreiche Epitheta des Adad auf den Mythos an, wobei ähnliche naturalisierende Bilder begegnen: Adad erscheint als „Herr des Gebirges und des Meeres" (bēl šadî u tâmti)[128], „bei dessen Gebrüll Himmel und Erde [schwanken], [der Ap]sû erzittert, die Meere aufgestört werden, die Geschöpfe des Meer[es ...]" ((ša) ana rigmīšu šamê u erṣeti [...] [ap]sâ' itarraru iddallaḫū tâmāti nabnīt tâmt[i ...])[129], „bei dessen Brüllen die Berge schwanken, die Meere wogen" (ša ina rigmīšu ḫuršāni inuššū isabbu'ā tâmāte)[130], „der die Meere aufrührt" (musanbi' tâmāte)[131] oder als der, „der die [an den Rändern liegenden] Länder der Feinde, die Berge und die Meere schlägt" (rāḫiṣ kibrāt nak[i]rī šadî tâmāti)[132]. Auch in diesen Epitheta werden die Meere nicht als klar umrissener Gott benannt[133].

Die Anspielungen auf den Mythos vom Kampf des Wettergottes gegen das Meer, die in den vorgestellten Psalmen enthalten sind, erweisen sich als althebräische Varianten des Motivs, die sich von anderen Ausprägungen nicht grundsätzlich unterscheiden. Die althebräische Kultlyrik bietet keine Entmythisierungen des Stoffs[134]: Die Fluten werden vielmehr als ernsthafte Gefahr für die Welt gezeichnet. Der

---

125 Es begegnet erst in jüngeren Texten, cf. v.a. Ps 89,11; 74,13f; Jes 51,9; Hi 9,13; 26,12; Jes 27,1.
126 S.u. A.3.5, S. 73ff.
127 S.o. A.1.5, S. 29ff.
128 K 5147 Vs. 5 (MAUL, ‚Herzberuhigungsklagen', Eršaḫunga Nr. 18:14) = SCHWEMER, Wettergottgestalten 706.
129 KAR 304 (+) 337 Rs. 16'f = SCHWEMER, aaO 713.
130 RIMA III A.0.102.12:6 = SCHWEMER, aaO 714.
131 RIMA III A.0.102.12:3 = SCHWEMER, aaO 710.
132 RIMA II A.0.87.1 I 9f = SCHWEMER, aaO 712, mit weiteren Belegen.
133 Dem entspricht, dass Tiāmat im theophoren akkadischen Onomastikon kaum belegt ist, cf. SCHWEMER, aaO 231, mit Anm. 1601.
134 Zu diesem Begriff im Unterschied zur modernden Auslegungsmethode der Entmythologisierung, cf. SCHMIDT, Königtum 97; DERS., Mythos 242.

göttliche Krieger Jahwe ist ihnen zwar überlegen (Ps 18,16*; 77,17.20; 93,4f*), aber er vernichtet sie nicht, wie ihr fortdauerndes Tosen (Ps 65,8*; 93,3f; 98,7f) zeigt. Die Welt ist darauf angewiesen, dass Jahwes Macht die Fluten dauerhaft im Zaum hält (Ps 29,10; 65,7f*; 93,1–5*).

Eine offene Frage bleibt, auf welchen Wegen das Motiv in den Jerusalemer Tempel gelangte. Angesichts der phönizischen Einflüsse, die sich in Architektonik und Ikonographie besonders seit dem 9. Jahrhundert greifen lassen[135], könnte an eine Vermittlung durch diesen Kulturraum zu denken sein[136]. Allerdings zeigt schon die Rezeption im Aleppo des 18. Jahrhunderts, wie der von der nordlevantinischen Küste stammende Mythos einen weiten geographischen Raum beeinflusste. Eine unmittelbare Entlehnung von den Phöniziern im eisenzeitlichen Jerusalem ist daher nicht die einzige traditionsgeschichtliche Möglichkeit.

Die weite Verbreitung des Mythos dürfte durch seine Evidenz bedingt sein: Er bildet auf einprägsame Weise ab, dass die Erde und das Leben beständig durch chaotische Kräfte gefährdet sind, und erzählt, dass nur die überlegene Macht eines Gottes diese bezwingen kann. An dieser Aussage hatte auch die frühe Jahwereligion teil[137].

2.6 Ergebnis

Ps 77,17–20 ist ein selbständiges Preislied, das den siegreichen Kampf des Wettergottes Jahwe gegen die Fluten und das Meer besingt. Die Motive knüpfen an die Theophanie des Wettergottes von Ps 18,8–16* an und zeigen erneut, dass die unheimlichen Erscheinungen des Gewitters als Wirkungen eines gewaltigen mythischen Kampfes um die Vorherrschaft über die Erde angesehen wurden.

---

135 Cf. z.B. KEEL/UEHLINGER, GGG 158ff, 282ff; im Zusammenhang mit Motiven aus Ps 104: UEHLINGER, Leviathan.

136 Zu erinnern ist in diesem Zusammenhang auch an den Namen des judäischen Königs אבים (I Reg 15,1.7f), der – in Differenz zu dem in den Hymnen hervortretenden Bild des Meeres – an die ugaritischen mit dem theophoren Element *yammu* gebildeten Personennamen erinnert.

137 Ähnlich PODELLA, „Chaoskampfmythos 318–320.

3. Triumphlied und Hymnus zur Thronbesteigung: Ps 93

Ps 93 zählt zu den wichtigsten Texten der königszeitlichen Theologie: Er besingt in sprachgewaltiger Dichte Jahwes Königtum, die Festigkeit des Erdkreises und Jahwes Herrschaft über die Fluten[1]. Das kurze Gedicht schöpft unübersehbar aus alten westsemitischen Überlieferungen über das göttliche Königtum. Umstritten ist, ob – und wenn ja, in welcher Weise – Ps 93 deren interpretatio israelitica bietet: Übernimmt der Psalm die Motive, um sie der Einzigartigkeit Jahwes anzuverwandeln und ihres mythologischen Gehaltes zu entkleiden, oder zeigt er, dass die Verehrung Jahwes bruchlos in kanaanäischer Tradition stand?

(1)   *Jahwe* ward König!
      In Hoheit hat sich gekleidet,
      gekleidet hat sich Jahwe,
      mit Macht hat er sich umgürtet.
      Ja befestigt ist der Erdkreis,
      er kann nicht wanken!

(2)   Befestigt ist dein Thron seitdem,
      von Ewigkeit her bist du!

(3)   **Ströme haben erhoben, Jahwe,**
      Ströme haben ihr Tosen erhoben,
      Ströme erheben ihren Schlag!

(4)   **Mehr als großer Wasser Tosen**
      <gewaltig, mehr als>[2] des Meeres Brecher
      gewaltig ist in der Höhe Jahwe,

(5)   deine Weisungen sind sehr verlässlich,
      dein Haus ziert Heiligkeit,
      Jahwe für die Länge der Tage!

Triumphlied: V.3f.5b.
   Erweiterung zum Inthronisationshymnus: V.1f.
      Theokratische Bearbeitung: V.5a.

---

1   Cf. bes. JEREMIAS, Königtum 15–29; OTTO, Mythos 97f; JANOWSKI, Königtum 157–177; SPIECKERMANN, Heilsgegenwart 180–186; OTTO, Krieg 109–112; HARTENSTEIN, Unzugänglichkeit 46–48; SEYBOLD, HAT I/15, 367–370; HOSSFELD, in: HOSSFELD/ZENGER, HThKAT II, 646; ZENGER, Theophanien 423; KRATZ, Mythos 152–156; DERS., Reste 34–37; HARTENSTEIN, Wettergott 8.

2   Lies אדיר ממשברי statt אדירים משברי. Die bereits von der LXX bezeugte Lesart des MT dürfte aus fehlerhafter Worttrennung entstanden sein. Die Konjektur DYSERINCKs (Scholien 279ff); teilweise schon OLSHAUSEN, KeH 14, 378) hat weitgehende Anerkennung gefunden (cf. z.B. GUNKEL, Psalmen 402; BRIGGS/BRIGGS, ICC, II, 302; HOSSFELD, in: HOSSFELD/ZENGER, HThKAT II, 644). Ausnahmen bieten BAETHGEN, HK II/2, 292, und TATE, WBC 20, 473, sowie SPIECKERMANN, Heilsgegenwart 180, Anm. 4, der mit masoretischer Fehlpunktierung rechnet und משברי nicht von מִשְׁבָּר sondern von מִן + שֶׁבֶר herleiten will. Dann ist freilich der Plural אדירים schwer erklärbar.

3.1 Zur vorliegenden Gestalt des Psalms

Der Psalm gliedert sich aus formalen und inhaltlichen Gründen in zwei Strophen[3]: V.1f entfalten in kurzen, meist zweigliedrigen Sätzen das Motiv der Königsherrschaft Jahwes über die Erde. Dabei beginnt V.1 mit der Rede *über* Jahwe (יהוה מלך), und V.2 wechselt zur Anrede Jahwes (כסאך/אתה). Zwischen V.2 und V.3 liegt ein deutlicher Einschnitt[4]. Zwar setzt V.3 mit dem Vokativ יהוה die Anrede Jahwes fort; erst V.4 geht zur Rede über Jahwe zurück (אדיר במרום יהוה „gewaltig ist in der Höhe Jahwe"). Syntax, poetische Gestaltung und Inhalt ändern sich jedoch unvermittelt: Die Verbalsätze von V.3 setzen neu an und eröffnen mit dem Subjekt נהרות („Ströme") eine vollkommen andere Szenerie. V.3–5 sind anders als V.1f drei jeweils dreigliedrige Trikola.

V.3–5 lassen sich noch einmal untergliedern[5]: V.3f zeichnen die tosenden Fluten und Jahwes Überlegenheit in der Höhe, und V.5, der nach der Rede über Jahwe in V.4b wieder in die Anrede Jahwes wechselt (עדתיך/ביתך), nimmt Jahwes עדת und seinen Tempel in den Blick.

Verschiedene semantische Entsprechungen verklammern die beiden Strophen: So bietet die Zuverlässigkeit von Jahwes עדת (V.5aα) eine sachliche Parallele zur Festigkeit von Erde und Gottesthron (V.1b.2a). Die temporalen Adverbialia in V.2 (מעולם/מאז „seitdem/von Urzeit her") und in V.5b (לארך ימים „für die Länge der Tage") sind entgegengesetzt. Außerdem entspricht Jahwes Königsherrschaft, über die die erste Strophe spricht, seinem Sein „in der Höhe" (במרום), das die zweite Strophe in V.3f entfaltet. Schließlich dürften auch Jahwes Thron (כסאך) in V.2a und sein Haus (ביתך) in V.5a einander entsprechen. Das Haus dürfte wiederum mit der Höhe in V.4b verbunden sein.

3.2 Eine gesetzestheologische Bearbeitung (V.5a)

„Einen guten Uebergang von V.1–4 zu V.5 hat der Verf. nicht herzustellen gewusst"[6]: Nach der Aussage אדיר במרום יהוה („gewaltig ist in der Höhe Jahwe"), in der die V.4 gipfelt, redet V.5aα mit עדתיך נאמנו מאד („deine Weisungen sind sehr verlässlich") Jahwe unvermittelt an. Der Wechsel der Sprechrichtung verbindet sich mit einem syntaktischen

---

3   Cf. JEREMIAS, Königtum 16f; JANOWSKI, Königtum 158.
4   Cf. bes. JEREMIAS, aaO 16.
5   Cf. OTTO, Krieg 109f, mit Anm. 129, der den Psalm in die drei Abschnitte V.1f/3f/5 gliedert.
6   DUHM, KHK XIV, 349.

Einschnitt: Nach dem Nominalsatz von V.4b, der mit dem Subjekt יהוה endet, setzt V.5aα mit עדתיך נאמנו מאד neu an:

(4aα)	מקלות מים רבים	Mehr als großer Wasser Tosen
(4aβ)	\<אדיר ממשברי\> ים	\<gewaltig, mehr als\> des Meeres Brecher
(4b)	אדיר במרום יהוה	gewaltig ist in der Höhe Jahwe.
(5aα)	עדתיך נאמנו מאד	Deine Weisungen sind sehr verlässlich,
(5aβ)	לביתך נאוה קדש	dein Haus ziert Heiligkeit,
(5b)	יהוה לארך ימים	Jahwe, für die Länge der Tage!

Die formale Unebenheit ist von einem Themawechsel begleitet: V.5a führt den Inhalt von V.3f nicht weiter. Die Aussagen über die Zuverlässigkeit von Jahwes עדת (V.5aα) sowie über die Heiligkeit seines Hauses (V.5aβ) sind mit dem Motiv der Überlegenheit Jahwes über die Fluten in V.4 nicht verknüpft. Angesichts der formalen und semantischen Geschlossenheit von V.3f überrascht der sprachlich brüchige Übergang zu V.5. Zahlreiche Exegeten halten daher V.5 insgesamt für ein späteres Interpretament[7].

Allerdings erweist sich V.5 selbst als brüchig[8]: Alle drei Kola sind nur asyndetisch gereiht, während die Kola in V.3f durch Wortparallelen und Wiederholungen kunstvoll miteinander verwoben sind[9]. V.5 enthält zudem anders als der ganze übrige Psalm keinen Parallelismus.

Damit ergibt sich eine andere Möglichkeit: Die Zeitangabe לארך ימים („für die Länge der Tage") in V.5b lässt sich als Parallele zu der Ortsangabe במרום („in der Höhe") in V.4b lesen. Zwar setzt nach dem vorliegenden Text יהוה לארך ימים die Anrede Jahwes aus V.5a (עדתיך/ביתך) „deine Weisungen"/„dein Haus") im Vokativ (יהוה) fort. Der Gottesname könnte hier aber ursprünglich nicht vokativisch verwendet worden sein, sondern als emphatische Wiederholung des Subjekts aus V.4b:

(4b)	אדיר <u>במרום יהוה</u>	gewaltig ist <u>in der Höhe Jahwe</u>,
(5b)	<u>יהוה לארך ימים</u>	<u>Jahwe, für die Länge der Tage!</u>

Die chiastische Stellung des Gottesnamens und der variierten Präpositionalphrasen deutet darauf, dass die beiden Kola miteinander verklammert waren. Auch inhaltlich schließt sich V.5b gut an V.4b an: Zur kosmischen Ortsbestimmung במרום in V.4b tritt die Zeitbestimmung לארך ימים in V.5b, die die Klimax weiterführt und abrundet. Es ist daher wahrscheinlich, dass nur V.5a nachgetragen wurde: V.4.5b dürften ein ursprüngliches Tetrakolon gebildet haben, das durch V.5a aufgesprengt und zu zwei Trikola umgewandelt wurde.

---

7   So Irsigler, Thronbesteigung 158f; Seybold, HAT I/15, 88f; Hossfeld, in: Hossfeld/Zenger, HThKAT 646; Köckert, Wandlungen 21; Leuenberger, Konzeptionen 230.

8   Cf. Kratz, Mythos 153, 156, der nur V.5aα für nachgetragen hält.

9   S.u. 3.4, S. 71ff; cf. Hossfeld, in: Hossfeld/Zenger, HThKAT II, 646.

Der Nachtrag hat einen größeren Horizont im Blick. Bei Jahwes עֵדֹת dachte Edward Lipiński[10] an den neuassyrischen Begriff des Vertragseides *adû/adê*, der von dem aramäischen עדי[11] entlehnt ist[12]. Diese Ableitung würde bedeuten, dass Jahwe als Vertragsherr nach dem Bild eines Großkönigs gezeichnet wird[13].

Näher liegt es, עדתיך im Horizont der alttestamentlichen Parallelen zu deuten: Jahwes עֵדֹת[14] sind die Anordnungen und Weisungen[15] der Tora[16], mit deren Beachtung Israel die Verpflichtungen des Gottesbundes erfüllt[17]. Die mit אמן ni. gebildete Aussage über die Verlässlichkeit von Jahwes עֵדֹת hat in dem späten Torapsalm 19B eine nahe Parallele (V.8)[18]:

עֵדוּת יהוה נאמנה   Die Weisung Jahwes ist zuverlässig.[19]

In Ps 93–100 ähnelt Ps 93,5aα zudem Ps 99,7[20]:

בעמוד ענן ידבר אליהם   In einer Wolkensäule redete er zu ihnen.
שמרו עֵדֹתָיו וחק נתן למו   Sie hielten <u>seine Weisungen</u>, und eine Satzung gab er ihnen.

Ps 93,5aα schlägt einen Bogen zu Ps 99,7: Die Zuverlässigkeit von Jahwes Weisungen, die nach Ps 93 der Festigkeit von Erde und Gottesthron entspricht, ist die Voraussetzung für Israels Gehorsam, den Ps 99 besingt[21].

Die Fortsetzung in V.5aβ fügt לביתך נאוה קדש („dein Haus ziert[22] Heiligkeit") hinzu. Diese Aussage verknüpft den Gesetzesgehorsam mit der Tempeltheologie und dient als Bindeglied zum älterem Psalm, der von den kos-

---

10   Royauté 146f.

11   עד III: DISO 203f; frühester Beleg: Sfire (KAI 222–224) I (222) A 1ff u.ö. (cf. RADNER, *ṭuppi adê* 353).

12   Pl. tantum, nach AHw I, 14: „Eid"; CAD A, 131, „type of a formal agreement"; zum historischen Hintergrund ausführlich RADNER, aaO.

13   Cf. OTTO, Mythos 100f.

14   Nach Konsonantentext und masoretischer Vokalisation erscheint עֵדֹתֶיךָ als pl. von *עדה (III); die Form dürfte sich aber als Kontraktion von עֵדְוֹת (pl. von עֵדוּת) erklären (GesB 565; HALAT 747).

15   Cf. עוד hi. im Sinn von „autoritativ gebieten" und „ermahnen" (SIMIAN-YOFRE, Art. עוד etc. [ThWAT V], 1123).

16   Cf. SIMIAN-YOFRE, Art. עוד etc. (ThWAT V), 1127f. Der Plural begegnet im Pentateuch nur in Dtn 4,45; 6,17.20. Er bezeichnet hier im Blick auf das Deuteronomium offenbar „das ganze ‚Gesetz', den paränetischen Teil samt dem Gesetzeskorpus" (BRAULIK, Ausdrücke 64). Die עֵדֹת begegnen sonst in I Reg 2,3; II Reg 17,15; 23,3; Jer 44,23; Ps 25,10; 119,2.14.22 u.ö.; 132,12; Neh 9,34; I Chr 29,19; II Chr 34,31. Daneben steht der priesterliche Gebrauch des singularischen עדות (Ex 25,16; 31,7; 40,20 etc.).

17   Cf. die Parallelität von ברית und עֵדֹת in II Reg 17,15; Ps 25,10; 132,12.

18   Cf. IRSIGLER, Thronbesteigung 158.

19   Cf. auch Ps 111,7: נאמנים כל פקודיו.

20   Cf. ZENGER, Weltenkönigtum 158.

21   LEUENBERGER, Konzeptionen 230, der V.5 im Ganzen für nachgetragen ansieht (s.o. Anm. 7, S. 66), schreibt V.5 den Verfassern von Ps 99 zu, was nach seiner redaktionsgeschichtlichen Analyse in den Horizont einer priesterlichen Redaktion gehört.

22   Das verbale נאוה entspricht dem „schön, lieblich sein" aus Jes 52,7 und Cant 1,10: „deinem Haus ist Heiligkeit eine Zierde"; ähnlich wird das adjektivische נאוה in Ps 33,1b verwendet: „bei den Aufrechten ist der Lobpreis lieblich".

mischen Größen Thron (V.2a) und Höhe (V.4b) spricht[23]: Im Tempel findet nicht nur Jahwes weltumspannende Herrschaft altüberlieferten kultischen Ausdruck, sondern dort ist auch die Heilsgeschichte Gegenstand des Lobs. Beides fließt im traditionsgeschichtlich alten Motiv der Heiligkeit von Jahwes Haus zusammen[24].

Erneut dürfte ein redaktioneller Bogen beabsichtigt sein. Eine semantische Parallele zu V.5aβ findet sich in Ps 96,6:

עז ותפארת במקדשו   Macht und Pracht sind in seinem Heiligtum.

Jahwes Haus wird zudem in Ps 92,14 genannt[25], was auf eine concatenatio der beiden Psalmen deutet[26]. Der gesetzes- und tempeltheologische Nachtrag von Ps 93,5a steht damit wahrscheinlich bereits im Horizont einer erweiterten theokratischen Sammlung (Ps 90–92/93–100)[27].

3.3 Zum Verhältnis zwischen erster und zweiter Strophe

Die beiden Strophen unterscheiden sich formal und inhaltlich:

(1a)	יהוה מלך	Jahwe ward König!
	גאות לבש	In Hoheit hat sich gekleidet,
	לבש יהוה	gekleidet hat sich Jahwe,
	עז התאזר	mit Macht hat er sich umgürtet!
(1b)	אף תכון תבל	Ja befestigt ist der Erdkreis,
	בל תמוט	er kann nicht wanken!
(2a)	נכון כסאך מאז	Befestigt ist dein Thron seitdem,
(2b)	מעולם אתה	von Urzeit her bist du!
(3aα)	נשאו נהרות יהוה	Ströme haben erhoben, Jahwe,
(3aβ)	נשאו נהרות קולם	Ströme haben ihr Tosen erhoben,
(3b)	ישאו נהרות דכים	Ströme erheben ihren Schlag!
(4aα)	מקלות מים רבים	Mehr als großer Wasser Tosen
(4aβ)	<אדיר ממשברי> ים	<gewaltig, mehr als>[28] des Meeres Brecher
(4b)	אדיר במרום יהוה	gewaltig ist in der Höhe Jahwe,
(5b)	יהוה לארך ימים	Jahwe, für die Länge der Tage!

V.3 setzt nach V.2 vollkommen neu an: Die Parallelismen von V.3 sind mit dem Vortext weder formal noch semantisch verbunden. Zudem

---

23 Cf. IRSIGLER, Thronbesteigung 159.

24 Cf. dazu bes. Ps 29,2 (s.u. A.5.7, S. 124f).

25 Cf. Ps 96,8 und 100,4. Auch in Ps 95,6.11 und 100,2.4 dürfte an den Tempel gedacht sein. 97,8 und 99,2(cf. 9) benennen den Zion, was ebenfalls mit dem tempeltheologischen Faden verknüpft sein dürfte (cf. 99,5).

26 Umgekehrt greift Ps 92,9 auf das in 93,4 verankerte Motiv der Höhe (מרום) voraus, und der repetierende Parallelismus des Trikolons von V.10 könnte in Anlehnung an 93,3 gestaltet sein (dazu s.u. S. 69).

27 Zur Erweiterung von 93–100 durch 90–92 bes. LEUENBERGER, Konzeptionen 239–241.

28 S.o. Anm. 2, S. 64.

fällt die Differenz von Syntax und Aspekt auf: Nach den durativen und generellen Sachverhalten von V.1b.2 bietet V.3 Verbalsätze mit höchst dynamischen Bildern, und in dem Nominalsatz von V.4 klingt durch die Zerdehnung und den Komparativ (מִן + אַדִּיר) die Dynamik von V.3 nach. Davon hebt sich die statische Diktion von V.2 ab[29].

Thematisch liest sich die erste Strophe als Antiklimax zur zweiten[30]: V.3f.5b nehmen mit kunstvoll gesteigertem Anlauf die tosenden Fluten in den Blick. Erst nach deren ausführlicher Betrachtung – allein fünf Kola (V.3.4a) sind den Fluten gewidmet – gipfelt die Reihe in dem Aussagenpaar אַדִּיר בַּמָּרוֹם יהוה / יהוה לְאֹרֶךְ יָמִים (V.4b.5b): Dass Jahwe den Fluten überlegen ist, enthüllt erst das Ende der Strophe. Die erste Strophe setzt hingegen mit dem Entscheidenden ein: יהוה מָלָךְ (V.1a). Das Thema der überlegenen Herrschaft Jahwes ist hier von Anfang an auf dem Plan. Dabei nimmt besonders V.2a mit dem Motiv des befestigten Thrones die Aussage von V.4b.5b vorweg[31].

Der Beginn der zweiten Strophe hat zudem eine auffällige Form:

(3aα)	נָשְׂאוּ נְהָרוֹת יהוה	Ströme haben erhoben, Jahwe,
(3aβ)	נָשְׂאוּ נְהָרוֹת קוֹלָם	Ströme haben ihr Tosen erhoben,
(3b)	יִשְׂאוּ נְהָרוֹת דָּכְיָם	Ströme erheben ihren Schlag!

Das Trikolon wiederholt dreifach die Abfolge der finiten Verbalform von נשא und des gleichbleibenden Subjekts נהרות. Variiert wird das dritte Glied: Das erste Kolon beginnt mit נשאו נהרות syntaktisch unvollständig. Anstelle des zu erwartenden Objekts steht der Vokativ יהוה: Die folgende Schilderung der tosenden Ströme ist an den besungenen Gott gerichtet. Erst das zweite und das dritte Kolon vervollständigen den Satz, indem sie mit קולם und דכים Objekte zur Verbform bieten. Die Ellipse נשאו נהרות drängt also auf die beiden folgenden Kola hin[32].

Exakt dasselbe Stilmittel ist in der ugaritischen Poesie belegt. Nach dem Baʿlu-Zyklus fordert Kôṯaru-wa-Ḫasīsu Baʿlu mit den folgenden Worten zum Kampf gegen Yammu auf (CAT 1.2 IV 8f):

hitta ʾêbīka (9) *baʿluma*	Jetzt deine Widersacher, o Baal,
hitta ʾêbīka timḫaṣ	jetzt sollst du deine Widersacher erschlagen,
hitta tuṣammit ṣrtk	jetzt sollst du vernichten deine Widersacher!

Die Kola werden mit *hitta* gleichlautend eröffnet; das erste Kolon setzt anstelle des zu erwartenden Verbs den Vokativ *baʿluma*, wodurch es

---

29 PARDEE, Psalm 93, 169, verweist hingegen auf die Korrespondenz zwischen den mit מִן zusammengesetzten Adverbialia מֵאָז und מֵעוֹלָם in V.2 und den mit מִן eingeleiteten Komparativen in V.4. Das ist freilich nicht mehr als eine rein formale Analogie.

30 Cf. OTTO, Mythos 100.

31 Cf. JANOWSKI, Königtum 415.

32 Cf. zu diesem Stilmittel grundsätzlich WATSON, Poetry 150–156.

zum zweiten Kolon drängt, das den Satz unter Wiederholung des Objekts *'ēbīka* durch *timḥaṣ* vervollständigt; das dritte Kolon wandelt wiederum das zweite ab[33].

Auch in der althebräischen Poesie begegnet das Stilmittel der Endstellung des Vokativs im ersten Kolon mehrfach[34]. Ps 92,10 bildet eine Aussage, die dem zitierten ugaritischen Text überraschend ähnelt[35]:

כי הנה איביך <u>יהוה</u>	Denn siehe, deine Feinde, <u>Jahwe</u>,
כי הנה איביך יאבדו	denn siehe, deine Feinde sollen zugrunde gehen,
יתפרדו כל פעלי און	alle Übeltäter sollen sich zerstreuen!

Das Stilmittel wird meist zur Eröffnung eines Stückes verwendet. So beginnt das alte Preislied auf den Überwinder der Fluten in Ps 77,17–20[36] im ersten Trikolon (V.17) mit folgendem Stufenparallelismus:

ראוך מים <<u>יהוה</u>>	Wasser haben dich gesehen, <<u>Jahwe</u>>[37],
ראוך מים יחילו	Wasser haben dich gesehen, sie kreißten,
אף ירגזו תהמות	ja Urfluten zitterten!

Auch Ps 57,8, durch die Parallele Ps 108,2 als ursprünglicher Beginn des Psalms ausgewiesen[38], hat den Vokativ am Ende des ersten Kolons:

נכון לבי <<u>יהוה</u>>	Fest ist mein Herz, <<u>Jahwe</u>>[39],
נכון לבי	fest ist mein Herz,
אשירה ואזמרה	ich will singen und spielen!

Das Stilmittel findet sich ebenfalls in der Eröffnung von Ps 29 (V.1f*):

הבו ליהוה <u>בני אלים</u>	Bringt Jahwe dar, <u>ihr Göttersöhne</u>,
הבו ליהוה כבוד ועז	bringt Jahwe dar Ehre und Macht,
הבו ליהוה כבוד שמו	bringt Jahwe dar seines Namens Ehre,
השתחוו ליהוה בהדרת קדש	huldigt Jahwe in heiligem Schmuck!

Obwohl es sich um ein Tetrakolon handelt[40], fällt eine besondere formale Nähe zu Ps 93,3 auf: Auch hier ist das erste Kolon syntaktisch unvollständig und setzt den Vokativ בני אלים an die Stelle des zu erwartenden Objekts, das im zweiten und dritten Kolon begegnet.

Vor dem Hintergrund dieser Formparallelen lässt sich Ps 93,3 als ursprünglicher Beginn eines selbständigen Stückes lesen: Die zweite

---

33 Ähnlich auch in CAT 1.15 II, 21–25, dort allerdings im Kontext eines Pentakolons (cf. TUAT IV, 1235).

34 Die durch den Vokativ bedingte Ellipse im ersten Glied findet sich auch in Prov 31,4.

35 Die Nähe zu Ps 93,3 ist v.a. vor dem Hintergrund der Nachbarschaft der beiden Psalmen zu bedenken: 92,10 könnte in Anlehnung an 93,3 formuliert worden sein.

36 S.o. A.2.4, S. 51ff.

37 S.o. A.2, Anm. 3, S. 43.

38 Cf. DUHM, KHK XIV, 228; SEYBOLD, HAT I/15, 230.

39 Wegen der elohistischen Redaktion als יהוה zu lesen.

40 S.u. A.5.6, S. 120ff.

Strophe ist weder formal noch inhaltlich auf die erste angewiesen. Die erste Strophe hingegen blickt interpretierend auf die zweite Strophe voraus[41]. Die inhaltliche Gegenläufigkeit zur zweiten Strophe deutet auf eine gestaffelte Entstehung: Es ist wahrscheinlich, dass der Psalm ursprünglich nur aus der zweiten Strophe bestand. Die erste Strophe lässt sich als Weiterdichtung des ältesten Kerns erklären.

3.4 Zu Form und Gattung der zweiten Strophe (V.3f.5b)

Die sieben dreihebigen und gleichlangen Kola in V.3–5*[42] bilden zwei Gruppen:

(3aα)	נשאו נהרות יהוה	Ströme haben erhoben, Jahwe,
(3aβ)	נשאו נהרות קולם	Ströme haben ihr Tosen erhoben,
(3b)	ישאו נהרות דכים	Ströme erheben ihren Schlag!
(4aα)	מקלות מים רבים	Mehr als großer Wasser Tosen
(4aβ)	<אדיר ממשברי> ים	<gewaltig, mehr als>[43] des Meeres Brecher
(4b)	אדיר במרום יהוה	gewaltig ist in der Höhe Jahwe.
(5b)	יהוה לארך ימים	Jahwe, für die Länge der Tage!

Die strengen Parallelismen von V.3 ergeben ein Trikolon, die Stufenparallelismen in V.4.5b hingegen ein Tetrakolon. Der Wechsel von Verbalsätzen in V.3 zu Nominalsätzen in V.4.5b und der formale Kontrast zwischen V.3 und V.4.5b erzeugen eine eigentümliche Spannung.

Sachlich schließen sich V.4.5b aber eng an V.3 an: Zu Beginn von V.4 wird קול aus V.3aβ wiederholt, und das Motiv der tosenden Ströme wird mit קלות מים רבים und משברי ים fortgesetzt. Allerdings zeigt schon das מן in V.4, dass das Gedicht nicht beim Blick auf die Fluten stehen bleiben wird. Der Komparativ ist der Schlüssel für die Gesamtaussage: Obwohl die Schilderung der Fluten breiten Raum einnimmt, zielt der Psalm darauf ab, dass Jahwe sich als gewaltiger erweist als sie.

Diese Aussage wird in dem Nominalsatzgefüge von V.4.5b entfaltet. Dabei erzeugt die eigentümliche Zerdehnung eine Spannung, mit der die parallelen Verbalsätze von V.3 noch einmal überboten werden:

(4aα)	מַקְלוֹת מִים רבים	<u>Mehr als</u> großer Wasser Tosen
(4aβ)	<אדיר מַמְשברי> ים	<gewaltig, <u>mehr als</u>>[44] des Meeres Brecher
(4b)	אַדִּיר במרום יְהֹוָה	<u>gewaltig</u> ist in der Höhe J<u>ahwe</u>,
(5b)	יְהֹוָה לארך ימים	J<u>ahwe</u>, für die Länge der Tage!

---

41   S.u. 3.6, S. 75ff.
42   Auch kolometrisch fällt das Regelmaß der Komposition auf (V.3: 13 / 13 / 13; V.4: 12 / <12> / 13; V.5b: 12).
43   S.o. Anm. 2, S. 64.
44   S.o. Anm. 2, S. 64.

Das erste Kolon leitet mit מן als ersten Vergleichsbegriff קלות מים רבים ein, das zweite Kolon ergänzt als Prädikat אדיר und wiederholt מן, um משברי ים als zweiten Vergleichsbegriff einzuführen. Das dritte Kolon wiederholt das nominale Prädikat, um nach dem Adverbiale במרום endlich das Subjekt יהוה zu bringen, das zu Beginn des vierten Kolons in chiastischer Stellung wiederholt und mit dem Adverbiale לארך ימים verbunden wird. Die beiden letzten Kola (V.4b.5b) lesen sich als raffiniert vorbereitete Klimax, die dem Gottesnamen Jahwe und den mit ihm verknüpften adverbialen Bestimmungen im Verhältnis zu der breiten Schilderung der Fluten größtmögliches Gewicht verleiht.

Gleichzeitig bildet das letzte Kolon (V.5b) eine inclusio mit dem ersten Kolon des Stückes (V.3aα), wobei die Wortstellung von יהוה auch hier in chiastischer Stellung erscheint:

(3aα)   נשאו נהרות יהוה   Ströme haben erhoben, <u>Jahwe,</u>

                    ...   ...

(5b)   <u>יהוה</u> לארך ימים   <u>Jahwe,</u> für die Länge der Tage!

Das vokativische יהוה in V.3aα ist auffällig, zumal das Ende des Stückes (V.4b.5b) *über* Jahwe spricht. Dabei ist der schillernde Charakter des Vokativs zu beachten: Nimmt man V.3 für sich, erinnert die Anrede Jahwes an den Gestus von Klage und Gebet um Rettung[45], wobei anstelle der Feinde die bedrohlichen Fluten genannt sind[46]. Dazu passt, dass die Fluten nicht als ein für allemal überwundene Mächte erscheinen[47]. Im Gegenteil: Die geprägte Wendung נשא קול[48] und die Variation mit dem lautmalerischen hapax דכי[49] zeichnen nachdrücklich die bedrohliche Gewalt der נהרות. Indem das dritte Kolon von V.3 das Perfekt נשאו durch das Imperfekt ישאו ersetzt, wird die Dramatik weiter gesteigert[50]: Das Tosen der Ströme reicht aus der Vergangenheit bis in die jeweilige Gegenwart, in der die Worte zu Jahwe gebetet werden.

---

45   Cf. Mosis, Ströme 241f.
46   Cf. z.B. Ps 3,2; 13,3.
47   Cf. Mosis, Ströme 241f.
48   In verschiedenen Zusammenhängen verwendet, cf. Jdc 9,7; Jes 24,14; 52,8; ansonsten meist im Zusammenspiel mit בכה (Gen 21,16; I Sam 11,4; Hi 2,12 u.ö.).
49   Cf. Seybold, Psalmen 56. Zu vergleichen ist das ugaritische דכים *dkym* in CAT 1.6 V 3, das nach Dietrich/Loretz, in TUAT III, 1193, Anm. 58, als „Töter, Schläger des Yammu" zu deuten ist (cf. Human, Psalm 93, 163). Der Text kündigt an, dass Ba'lu sie nach seinem Sieg über Môtu schlagen wird (V, 1–6). Freilich lässt sich diese Vorstellung nicht aus Ps 93,3b herauslesen. Die Parallele kommt durch die analoge Wurzel דכה *dk(k)* (cf. del Olmo Lete /Sanmartín, DULA I, 269) zustande.
50   Die LXX lässt das letzte Kolon von V.3 aus, was nicht nur mit dem Konjugationswechsel und dem hapax legomenon דכי zusammenhängen dürfte, sondern v.a. mit einer ganz anderen Anordnung der Kola: Ohne V.3b verschwindet die trikolische Struktur. Auch V.4f werden dann offenbar als drei Bikola verstanden.

Die Anrede Jahwes mündet jedoch in die hymnisch-preisende Rede über Jahwe, und das Klagegebet wandelt sich zum Triumphgesang. Nimmt man das Ende des Stückes in den Blick, kann schon der einleitende Vokativ als preisende Anrede Jahwes gelesen werden, der sich als den Fluten überlegen erweist. Wegen der Klimax von V.4b.5b ist das kunstvolle Gedicht im Ganzen ein hymnisches Triumphlied[51].

3.5 Jahwes Triumph über die Fluten

Der mythische Horizont ist mit Händen zu greifen: Ströme, große Wasser und das Meer sind widergöttliche Mächte, die die Ordnung der Welt bedrohen und das Leben aufs Äußerste gefährden. Auch Ps 93,3–5* spielt auf den uralten – im nordsyrischen Raum verwurzelten – Mythos vom Kampf des Wettergottes gegen das Meer an[52].

Das Motiv zeigt eine eigentümliche Prägung. Die Fluten werden naturalisierend beschrieben: Das zeigen der Ausdruck משברי ים („des Meeres Brecher"), das onomatopoetische דכים[53] und die Wendung נשא קול, die als Metapher für den Lärm dient, den die Fluten verursachen.

Anders als in Ps 18,8–16* und 77,17–20 wird kein Kampf erwähnt[54]: Die Fluten tosen, aber in der Höhe befindet sich Jahwe, der gewaltiger ist als sie. Dass die Motive des Kampfes hier fehlen, hängt mit der Gattung zusammen: Das Lied feiert den Triumph, der von dem Gott errungen wurde[55].

Auf den traditionsgeschichtlichen Hintergrund westsemitischer Götter verweisen die Begriffe und Motive, mit denen Jahwes Überlegenheit entfaltet wird. Jahwes gewaltige Macht wird mit dem „gewichtige[n] numinose[n] Attribut"[56] אדיר[57] benannt, das Parallelen in den phönizischen Eigennamen אדרבעל und [58]בעלאדר sowie in der phönizi-

---

51 Cf. JANOWSKI, Königtum 168–170.

52 S.o. A.2.6, S. 59ff.

53 S. dazu Anm. 49, S. 72.

54 Zu Ps 18,8–16* s.o. A.1.5, S. 29ff, zu Ps 77,17–20 s.o. A.2.5, S. 53ff.

55 JANOWSKI, Königtum 168f, nennt zum Vergleich die in ägyptischen Sonnenhymnen belegte „Stilform der behobenen Krise", die auf das mythische Kampfgeschehen bezogen bleibt.

56 SPIECKERMANN, Heilsgegenwart 184.

57 אדיר kann in Ex 15,10 auch für die (von Jahwe überbotene) Macht der Chaoswasser verwendet werden. Für Götter: I Sam 4,8; für Jahwe Jes 33,21(txt. incert.); Ps 76,5; für den Namen Jahwes Ps 8,2.10.

58 HALAT 13, mit Belegen.

schen Gottesbezeichnung [59] בעל אדר hat. Außerdem wird auf kosmische Dimensionen verwiesen: מרום ist die mythische Höhe, in der sich Jahwe befindet (Ps 18,17); hier steht sein Palast (cf. Ps 18,7*[60]) im unsichtbaren Hintergrund des Tempels (Jer 17,12). Als erhaben gilt sowohl der Königsgott selbst, wie der ugaritische Eigenname *ba'lu-râma* („Ba'lu-ist-erhaben")[61] zeigt, als auch sein Thron, was aus Jesajas Vision hervorgeht (Jes 6,2)[62].

Das Motiv der Überlegenheit Jahwes wird außerdem mit לארך ימים („für der Tage Länge") zeitlich entschränkt[63]. Das erinnert an die unmittelbare Fortsetzung der zitierten Stelle aus dem Ba'lu-Zyklus[64]; nachdem Kôṯaru-wa-Ḫasīsu Ba'lu zum Kampf gegen Yammu aufgefordert hat, fügt er hinzu (CAT 1.2 IV 10):

tiqqaḥ mulka 'ālamika	Nimm dein ewiges Königtum,
drkt dāta dârdârika	deine immerwährende Herrschaft![65]

Obwohl diese Worte – anders als Ps 93,5b – vor dem göttlichen Sieg gesprochen werden, handelt es sich um eine sachlich entsprechende Aussage: Indem der Wettergott über die chaotischen Fluten triumphiert, erringt er eine Herrschaft, die ewig ist.

Dasselbe Motiv findet sich im Rahmen von Ps 29*[66]:

(10a)	יהוה למבול ישב	Jahwe hat sich auf die Flut gesetzt,
(10b)	וישב יהוה מלך לעולם	ja Jahwe setzte sich als König auf ewig!

Dynamische Vorstellungen über die Durchsetzung dieser immerwährenden Herrschaft sind damit in keiner Weise ausgeschlossen.

Gegenüber CAT 1.2 IV 10 und Ps 29,10 fällt auf, dass das Triumphlied von Ps 93* den Begriff des Königtums nicht enthält. Dasselbe gilt

---

59 KAI 9:B 5 (Kommentar: II, 11, mit weiteren Belegen aus dem phönizischen und punischen Raum). אדר begegnet als Gottesepitheton daneben auch für die Göttinnen Astarte, Tanit und Isis (DISO 5, mit Belegen).
60 S.o. A.1.7, S. 38ff.
61 CAT 4.370 Vs. 9.
62 Cf. dazu HARTENSTEIN, Unzugänglichkeit 41–56.
63 Cf. לארך ימים in Ps 21,5; 23,6; 91,16; Hi 12,12; Prov 3,2.16; Thr 5,20. Es ist bezeichnend, dass Jahwe nach Ps 21,5* dem König eine ausgedehnte Lebensdauer schenkt; darin spiegelt sich, dass der König an der mythischen Sphäre des göttlichen Königs Anteil hat (dazu s.u. C.6, S. 235). Das Motiv der Länge der Tage ist in der Umwelt des Alten Testaments mehrfach in dynastietheologischen Zusammenhängen belegt, cf. bes. die Weihinschrift des Adaditi, des Statthalters von Gūzāna, für Adad (aram. 7 [ABOU-ASSAF/BORDREUIL/MILLARD, statue 23; ⁵KAI 309; Übersetzung: DELSMAN, in TUAT I, 636]; außerdem KAI 4:3–5 (Kommentar: II, 6) u.ö.
64 S.o. 3.3, S. 68ff.
65 Übersetzung nach DIETRICH/LORETZ, in: TUAT III, 1134.
66 S.u. A.5.7, S. 122ff.

für die Theophanien von Ps 18,8–16*[67]; 29,3–9*[68]; 97,2–5*[69], die Loblieder von Ps 77,17–20[70]; 65,10–14*[71] und die partizipialen Hymnen in Ps 65,7f*[72] und Ps 104*[73]. Erst die in Ps 93* hinzugefügte erste Strophe verbindet das Bild Jahwes, der über die Fluten triumphiert, mit Jahwes Königsherrschaft. Entsprechende Weiterdichtungen sind auch in Ps 97,1–7*[74] und Ps 29,1–10*[75] zu beobachten.

3.6 Weiterdichtung zum Inthronisationshymnus (V.1–4.5b)

Die erste Strophe fügt neue Aspekte hinzu und verändert die Diktion des Psalms. Das Ergebnis ist eine Erweiterung des Gottesbildes.

V.1f lassen sich in zwei Abschnitte mit jeweils vier Kola gliedern:

(1a)	יהוה מלך	Jahwe ward König!
	גאות לבש	In Hoheit hat sich gekleidet,
	לבש יהוה	gekleidet hat sich Jahwe,
	עז התאזר	mit Macht hat er sich umgürtet!
(1b)	אף תכון תבל	Ja befestigt ist der Erdkreis,
	בל תמוט	er kann nicht wanken!
(2a)	נכון כסאך מאז	Befestigt ist dein Thron seitdem,
(2b)	מעולם אתה	von Ewigkeit her bist du!

Die zweigliedrigen und nahezu gleichlangen Kola von V.1a[76] enthalten kurze, kunstvoll verflochtene Verbalsätze, deren Prädikate im Perfekt stehen und einander inhaltlich entsprechen; V.1a kann als eine Gesamtaussage gelesen werden.

V.1b setzt mit der emphatischen Partikel אף neu an. Die vier Kola von V.1b.2 haben zudem eine andere Form: Die jeweilige Wortzahl deutet hier – gegen die Masoreten – auf ein ursprüngliches Qînā-Metrum[77], die Imperfekte in V.1b heben sich von den Perfekten in V.1a ab, und die vier Kola sind syntaktisch weniger eng verzahnt als die Kola

---

67   S.o. A.1.5, S. 29ff.
68   S.u. A.5.5, S. 115ff.
69   S.u. A.4.7, S. 95ff.
70   S.o. A.2.5, S. 53ff.
71   S.u. A.6.3, S. 139ff.
72   S.u. A.6.4, S. 143ff.
73   S.u. C.5, S. 220ff.
74   S.u. A.4.5, S. 93ff.
75   S.u. A.5.3, S. 107ff.
76   Jedes Kolon enthält 7 Konsonanten.
77   Cf. IRSIGLER, Thronbesteigung 166; HOSSFELD, in: HOSSFELD/ZENGER, HThKAT II, 645.

von V.1a. Auch V.1b.2 enthalten aber begriffliche und semantische Parallelen und lassen sich ebenfalls als Gesamtaussage lesen.

V.1a bietet einen ansprechenden Stufenparallelismus:

יהוה מלך	Jahwe ward König!
גאות לבש	In Hoheit hat sich gekleidet,
לבש יהוה	gekleidet hat sich Jahwe,
עז התאזר	mit Macht hat er sich umgürtet!

Das erste Kolon eröffnet den Psalm mit dem Subjekt יהוה in invertierter Stellung, worauf sofort das thematische מלך folgt. Das zweite Kolon bildet unter Ellipse des Subjekts die neue Satzaussage גאות לבש, wobei לבש parallel zu מלך im ersten Kolon ist. Das dritte Kolon wiederholt לבש in chiastischer Stellung und fügt das Subjekt יהוה aus dem ersten Kolon hinzu, womit eine neue Ellipse entsteht. Das vierte Kolon übernimmt dieses Subjekt für התאזר und stellt das Objekt עז voran. Chiasmus und Parallelismus sind mehrfach ineinander verschränkt: Das dritte Kolon ist nicht nur zum zweiten chiastisch, sondern auch zum ersten, während das vierte parallel zum zweiten ist.

Die Psalmenrolle 11QPs[a][78] und die alten Versionen nehmen an der Ellipse des Objekts im dritten Glied Anstoß und zertrennen das vierte Glied durch Einfügung der Kopula vor התאזר, wodurch לבש יהוה das Objekt עז erhält[79]. Die vom MT bezeugte Syntax dürfte aber ursprünglich sein und gezielt den Eindruck fließender Satzgrenzen erzeugen: Durch die Ellipse im dritten Glied lässt sich sowohl לבש יהוה עז als auch יהוה עז התאזר lesen; überspringt man לבש im zweiten und dritten Kolon, ergibt sich גאות לבש יהוה. Die poetische Struktur von V.1a ist von einer kunstvoll angelegten Elastizität geprägt.

Nur das eröffnende יהוה מלך ruht in sich; die folgenden Kola weisen auf das erste zurück. Man kann daher יהוה מלך als Themasatz von einem nachfolgenden Trikolon absetzen[80]. Wegen der Parallelstellung des Prädikats in erstem und zweitem Kolon und des chiastischen Verhältnisses zwischen erstem und drittem Kolon ist jedoch eine Gruppierung als Tetrakolon genauso möglich[81]: Die vier Kola können auch als übergreifende syntaktische Einheit gelesen werden.

Die Gattung muss von dem überschriftartigen יהוה מלך her bestimmt werden, das auch Ps 97 und Ps 99 eröffnet und sich daneben in Ps 96,10 findet. Die semantische, syntaktische und formgeschichtliche

---

78 Kol. XXII (DJD IV, 43) = Kol. 31:16 (DAHMEN, Psalmen- und Psalterrezeption 92; cf. 211).

79 LXX, Vulgata; cf. LORETZ, Psalmen II, 40; MOSIS, Ströme 225–235.

80 Cf. z.B. SPIECKERMANN, Heilsgegenwart 180; HOSSFELD, in: HOSSFELD/ZENGER, HThKAT II, 645.

81 Cf. z.B. DEISSLER, Psalmen 366.

Deutung dieser Wendung war lange umstritten[82]; in jüngerer Zeit scheint sich ein neuer Konsens abzuzeichnen[83].

In seinen „Studien zu den sogenannten Thronbesteigungspsalmen" begrenzte Diethelm Michel die Bedeutung von מלך auf „als König herrschen", womit die Vorstellung einer Thronbesteigung Jahwes ausgeschlossen sei[84]. Dem steht jedoch der eindeutig ingressive Sinn entgegen, den die Wurzel in den Synchronismen des Königebuches haben kann[85]. Ingressives מלך steht dort immer wieder neben durativem מלך (z.B. I Reg 15,9f):

(9)	ובשנת עשרים לירבעם מלך		Und im 20. Jahr[86] Jerobeams, des Königs von
	ישראל מַלַךְ אסא מלך יהודה		Israel, wurde Asa König (als König) von Juda.
(10)	וארבעים ואחת שנה מַלַךְ		Und 41 Jahre herrschte er als König in Jerusa-
	בירושלם ...		lem ...

Vor diesem Hintergrund können der ingressive und der durative Aspekt in der Wendung יהוה מלך miteinander verknüpft sein: „JHWH hat die Königsherrschaft angetreten und herrscht seitdem als König."[87] In diesem Sinn versteht die LXX die Wendung (ὁ κύριος ἐβασίλευσεν).

Außerdem verweist die Formelhaftigkeit von יהוה מלך auf den Motivkreis der Thronbesteigung[88]. Zu vergleichen sind zunächst die bei Inthronisationen von Usurpatoren dokumentierten Rufe, die den neuen Herrscher beim Klang des Schofar verkünden[89]:

(II Sam 15,12)	מלך אבשלום בחברון	Abschalom ist König geworden in Hebron!
(II Reg 9,13)	מלך יהוא	Jehu ist König geworden!

Derartige Proklamationsrufe dürften zum Krönungsritual gehört haben[90]. Indirekt zeigt das auch Ps 47,9a, der denselben Wortlaut bietet:

---

82 Cf. bes. MICHEL, Studien; MOWINCKEL, Psalms II, 222–224; LIPIŃSKI, Royauté 336–391; JEREMIAS, Königtum 158–161; LORETZ, Ugarit-Texte 413–434; OTTO, Mythos 97–100; JANOWSKI, Königtum 161ff.

83 Cf. LEUENBERGER, Konzeptionen 139–141.

84 Studien 137–150.

85 Cf. JOÜON/MURAOKA, Grammar III, § 111 h; SCHMIDT, Königtum 76; JANOWSKI, Königtum 200; KRATZ, Königtum 148; LEUENBERGER, Konzeptionen 139.

86 Um das durative Verständnis von מלך auch in diesen Fällen zu erhalten, deutet MICHEL die Präposition ב in Analogie zu dem ugaritischen *b* als „seit", was wiederum מן entspreche: „seit dem Jahre" (Studien 145f). Diese Bedeutung von ב lässt sich aber nicht belegen; zudem wird das ugaritische *b* ablativisch bzw. separativ nicht in temporalem Sinn gebraucht (cf. TROPPER, UG 756f).

87 HOSSFELD, in: HOSSFELD/ZENGER, HThKAT II, 646; so auch JANOWSKI, Königtum 177.

88 Cf. bes. OTTO, Mythos 98f; JANOWSKI, Königtum 161ff; KRATZ, Mythos 148f.

89 Cf. auch die in wörtliche Rede eingebettete Wendung מלך אדניהו בן חגית in I Reg 1,11, die in V.18 charakteristisch abgewandelt wird (s.i.f).

90 Cf. LEVIN, Sturz 92.

(9a)   מלך <יהוה> על גוים   Jahwe ist König geworden über die Völker!
(9b)   <יהוה> ישב על כסא קדשו   Jahwe hat sich auf seinen heiligen Thron gesetzt!

Der Zusammenhang mit V.6 (עלה <יהוה> בתרועה / יהוה בקול שופר „Jahwe
ist unter Jubel hinaufgestiegen, / Jahwe unter dem Lärm des Schofar!")
und der Parallelismus in V.9 beweisen, dass V.9a ein Proklamationsruf
ist: Jahwe hat die Königsherrschaft über die Völker angetreten[91]. Auf
ähnliche Weise ruft nach Jes 52,7 ein Bote Zion zu: מלך אלהיך („Dein
Gott ist König geworden!")[92]

    Freilich ändern Ps 93,1; 97,1; 99,1 und 96,10 die Wendung durch die
Inversion von Verb und Subjekt. Umstritten ist, ob und inwiefern sich
damit der Zeitaspekt ändert. Michel erklärte die Folge Subjekt + Verb
im Rückgriff auf ältere grammatische Modelle[93] mit dem der arabischen
Grammatik entlehnten zusammengesetzten Nominalsatz[94]. יהוה מלך
würde bedeuten: „Jahwe ist einer, der Königsherrschaft ausübt."[95]

    Es lässt sich jedoch fragen, ob die dabei vorausgesetzte Zuständ-
lichkeit dem hebräischen Satzmuster angemessen ist[96]: Ps 47,9 parallelisiert den regulären Verbalsatz (V.9a) mit der Variante Subjekt + Verb
(יהוה + [wahrscheinlich ingressives] ישב in V.9b), ohne dass ein unterschiedlicher Zeitaspekt beabsichtigt ist[97]. Außerdem lassen sich mühe-
los Stellen nennen, in denen sich die Folge Subjekt + Verb im Perfekt
mit punktualem oder ingressivem Aspekt der Vergangenheit verbindet, wie etwa הנחש השיאני (*die Schlange* hat mich verführt" in Gen 3,13),
המלך צוני דבר (*der König* hat mir einen Auftrag befohlen" in I Sam 21,3)
oder יהוה מסיני בא (*Jahwe* ist vom Sinai gekommen" in Dtn 33,2)[98].

    Die invertierte Wortstellung ist nicht als stativische Aussage, son-
dern als Inversion von Thema und Rhema zu deuten[99]: הנה אדניה מלך
„Siehe, *Adonija* ist König geworden!" (I Reg 1,18) hebt das Subjekt der
Proklamationsformel hervor, was dem besonderen Zusammenhang
geschuldet ist[100]. Die Vertauschung von Thema und Rhema findet sich
auch ohne die Partikel: וירבעם ישב על כסאו (II Reg 13,13) bedeutet „und
Jerobeam setzte sich auf seinen (sc. Joaschs) Thron".

---

91 Cf. nach wie vor MOWINCKEL, Psalmenstudien II, XI; DERS., Psalms I, 171; SCHMIDT,
    HAT I/15, 90.
92 Cf. MOWINCKEL, Psalms I, 190; LORETZ, Ugarit-Texte 422.
93 Zur Forschungsgeschichte GROSS, Vorfeld 32–42.
94 Studien 49–52; cf. DERS., Tempora 215–221.
95 Tempora 218.
96 Cf. LEUENBERGER, Studien 140; zur grammatischen Kritik GROSS, Vorfeld 45f.
97 Cf. JANOWSKI, Königtum 200.
98 Zu diesem Satzmuster GROSS, Position 181; cf. BARTELMUS, Einführung 71, Anm. 2.
99 Cf. JOÜON/MURAOKA, Grammar III, § 155 k, nb, nd; SCHMIDT, Königtum 76.
100 Cf. z.B. auch II Sam 13,35f.

Der Sachgehalt von יהוה מלך hängt also mit der Hervorhebung des Gottesnamens zusammen: „*Jahwe* ist König geworden."[101] Die Emphase deutet auf eine spannungsgeladene Vorstellung: Kein anderer als Jahwe hat die Königsherrschaft angetreten[102]. Zwar lässt sich aus dem Text nicht entnehmen, welche Konkurrenten Jahwe hat. Der Nachdruck, der auf den Namen Jahwes gelegt wird, lässt aber vermuten, dass sein Königtum nicht als unangefochten galt. Das erinnert besonders an den Ba ͨlu-Zyklus, in dem verschiedene Götter miteinander um Vorherrschaft ringen[103].

Auch Jörg Jeremias versteht den Ruf stativisch[104]. Die von ihm genannten Parallelen aus dem Enūma eliš und dem Ba ͨlu-Zyklus[105] belegen das freilich gerade nicht. Nach dem Enūma eliš übergeben die Götter Marduk „das Königtum über die Gesamtheit des ganzen Universums" (*šarrūtu kiššat kal gimrēti* [IV 14]), worauf dieser seine Macht beweist, indem er ein Sternbild verschwinden und wiedererscheinen lässt (IV 19—26). Danach heißt es:

(27)	*kīma ṣīt pîšu*	Als (das Ergebnis) seine(r) Äußerung
	īmurū ilū abbūšu	seine göttlichen Väter sahen,
(28)	*iḫdû ikrubū*	freuten sie sich und gratulierten:
	Mardukma šarrum	„Marduk ist König!"
(29)	*uṣṣibūšu ḫaṭṭa*	Sie fügten ihm eine Keule,
	kussâ u palâ	einen Thron und einen Stab zu,
(30)	*iddinūšu kak lā maḫra*	sie gaben ihm eine unwiderstehliche Waffe,
	dāʾipu zâri	die den Feind überwältigt [...][106]

Obwohl der Ruf *Mardukma šarru* (Z. 28) – anders als יהוה מלך – ein Nominalsatz ist[107], bezieht er sich auf die Übereignung der Königswürde[108]. Entsprechendes gilt für den Ruf, den der Ba ͨlu-Zyklus nach dem Sieg Ba ͨlus über Yammu wiedergibt (CAT 1.2 IV 32):

(32) *yammu lū mâta*	Yammu ist wahrlich tot,
ba ͨluma yamlu[k ...	Ba ͨlu herrsche als König ...![109]

---

101 So jüngst nachdrücklich ROBERTS, Enthronement Festival 114.
102 Cf. SCHMIDT, Königtum 76.
103 Cf. KRATZ, Mythos 154f.
104 Königtum 158–161.
105 AaO 159.
106 Übersetzung nach LAMBERT, in: TUAT III, 584; Transkription nach LAMBERT/PARKER, Enuma eliš 22.
107 Cf. JEREMIAS, Königtum 159.
108 So schon MOWINCKEL, Psalmenstudien II, 41; cf. LIPIŃSKI, La royauté 366f.
109 Übersetzung nach DIETRICH/LORETZ, in: TUAT III, 1134; DE MOOR, ARTU 42, verweist auf die genaue Entsprechung zu Ex 15,18: יהוה ימלך לעולם ועד.

Entscheidend für das Verständnis von יהוה מלך ist aber Lipińskis Hinweis auf den mehrfach belegten westsemitischen Eigennamen *Baʿal-mālak*[110], der ebenfalls auf die göttliche Thronbesteigung bezogen sein dürfte und dieselbe Emphase wie יהוה מלך enthält[111].

Auch der Kontext des יהוה מלך in Ps 93,1a erzwingt keinen stativischen Modus. Die Aussagekette גאות לבש / לבש יהוה / עז התאזר illustriert das mit יהוה מלך Gesagte und muss ebenso ingressiv-durativ verstanden werden[112]: Bei seiner Thronbesteigung hat sich Jahwe in „Hoheit" (גאות) gekleidet[113]. Dieser abstrakte Begriff verweist auf den Motivkreis von Auseinandersetzung und Kampf[114], wie besonders das Mirjamlied mit der Wurzel גאה zeigt (Ex 15,21):

שירו ליהוה   Singt für Jahwe,

כי גאה גאה   denn in Hoheit hat er sich erwiesen,

סוס ורכבו רמה בים   Pferde und ihre Reiter schleuderte er ins Meer!

Wie Jahwe kleidet sich auch Marduk in ein „Herrschaftsgewand" (*tēdīq rubûtišu* Ee V 93[115]), nachdem er Tiāmat bezwungen hat. גאות in Ps 93,1 könnte darüber hinaus sogar auf den von Jahwe überwundenen Feind anspielen: In Ps 89,10 ist גאות eine Eigenschaft des Meeres[116].

---

110 Cf. den in Ugarit keilschriftlich belegten Namen m. dBaʿal-ma-lak(?) (RS 16.283:7, 12 [NOUGAYROL, PRU III, 74]; nach GRÖNDAHL, Personennamen 57, ist *malak* als qtl zu deuten); בעלמלך begegnet in zyprischen Inschriften als Name eines Königs von Kition und Idalion aus dem 10. (?) Jh. (RÉS 453 [HONEYMAN, Inscriptions 104]; unpubl. [aaO 106]); cf. denselben Namen in KAI 44:1 (phöniz. Tempelinschrift aus Rhodos, 2. [?] Jh.); in den Annalen Assurbanipals begegnet der Name mBa-ʾ-al-ma-lu-ku (A II, 83f [BORGER, Beiträge 30, 217]; cf. TALLQVIST, Names 49) als Name eines Sohnes des Yakinlu, des Königs von Arwad; Diskussion und weitere Belege: LIPIŃSKI, Royauté 385, Anm. 4.

111 La royauté 385f.

112 Auch für den Begriff לבש lässt sich der durative Aspekt kaum vom ingressiven trennen, zumal die Mehrzahl der Belege rein ingressiv zu verstehen ist (z.B. Gen 38,19; I Sam 28,8; Jona 3,5).

113 Nach Ps 104,1 (הוד והדר לבשת) ist der im Kult epiphane Götterkönig mit Hoheitsglanz bekleidet, was besonders an das assyrische Neujahrsfest erinnert, in dem die Götter dem König die Herrschaftsinsignien Szepter, Thron und *palû* übergeben und ihn in königlichen Schreckensglanz kleiden (*melam šarrūti uzaʾʾinūšu*) (KAR II 307 Rs. 23f; dazu zuerst LIPIŃSKI, Royauté 111; cf. OTTO, Mythos 98; JANOWSKI, Königtum 163, Anm. 47). Zu vergleichen sind außerdem die späten Parallelen Jes 51,9 und 59,17, in denen davon die Rede ist, dass sich der Arm Jahwes mit עז bekleidet und er selbst צדקה „wie einen Brustpanzer" anlegen soll. In diesen Passagen dürfte in unterschiedlicher Weise der alte Mythos von der Investitur des Götterkönigs nachklingen.

114 Der Begriff kann für das „Hochsteigen" von Rauch verwendet werden (Jes 9,17); ansonsten schillert er zwischen „Hochmut", „Stolz" (Jes 28,1.3; Ps 17,10; 89,10) und göttlicher „Erhabenheit" (Jes 12,5; 26,10).

115 LAMBERT/PARKER, Enuma elisch 30.

116 Cf. auch den mit גאות verwandten Begriff גאוה in Ps 46,4.

Das Motiv der Investitur des Götterkönigs wird mit der Wendung עז התאזר abgerundet. Das überrascht zunächst, da das Sich-Gürten zu den Vorbereitungen zum Kampf gehört (cf. I Reg 20,11; II Reg 3,21). Aber auch der siegreiche König gürtet sich mit seinen Waffen: Sie sind Insignien seines dauerhaften Machtanspruchs. Noch einmal bietet das Enūma eliš eine Illustration: Es lässt Marduk bei seiner endgültigen Bestätigung als König „im Staub der Schlacht gegürtet" sein (V 90), ihn seine Keule halten (V 95) und sich sein Szepter an seine Seite hängen (V 100). Eine alttestamentliche Motivparallele enthält der in Ps 65,7f eingebettete partizipiale Hymnus:

(7a)	מכין הרים בכחו	Der Berge mit seiner Kraft befestigt,
(7b)	נאזר בגבורה	der mit Stärke umgürtet ist,
(8aα)	משביח שאון ימים	der das Tosen der Meere besänftigt,
(8aβ)	שאון גליהם	das Tosen ihrer Wellen.

Der Gott muss mit Macht gegürtet sein, damit er die Fluten dauerhaft zähmen kann[117]. Dementsprechend blickt die Wendung עז התאזר in Ps 93,1a auf Anfang und Ende der zweiten Strophe voraus: Jahwe kleidet und gürtet sich in Hoheit und Macht, um die tosenden Fluten für alle Zeiten (cf. V.5b) niederzuhalten[118].

Aus dem zweiten Abschnitt der ersten Strophe (V.1b.2) geht hervor, was Jahwes Thronbesteigung für die Welt bedeutet. Die Verbalsätze mit Imperfekt (V.1b) lassen sich als Folgesätze zu den Verbalsätzen mit Perfekt (V.1a) deuten[119]; auch die Nominalsätze von V.2 sind auf den Proklamationsruf bezogen.

Das Bikolon von V.1b setzt zunächst die Diktion von V.1a fort: Es proklamiert, was Jahwes Thronbesteigung für die bewohnbare Erde (תבל[120]) als seinen Herrschaftsbereich bedeutet. Dazu nennen zwei Verbalsätze durative Sachverhalte: V.1bα betont – mit dem emphatischen אף eingeleitet –, dass der Erdkreis befestigt ist. Das ist keine Aussage über die Weltschöpfung. Vielmehr geht es darum, dass durch Jahwes Königsmacht die Erde für das Leben auf ihr eingerichtet und bewahrt wird[121]. V.1bβ sagt dasselbe negativ: Die Erde kann nicht wanken – die formelhafte Negation בל תמוט erinnert an Klage- und Vertrauensäußerungen Einzelner, die mit מוט ni. gebildet sind[122]: Wie der

---

117 S.u. A.6.4., S. 143ff.

118 Cf. PODELLA, Lichtkleid 231: „Seit dem Antritt der Königsherrschaft ist JHWH mit Kampfbereitschaft und Kampfkraft umhüllt, ausgestattet."

119 Cf. bes. OTTO, Mythos 98.

120 S.o. A.1.5, Anm. 68, S. 29.

121 Cf. KOCH, Art. כון etc. (ThWAT IV), 103f.

122 In der Klage: Ps 13,5 (צרי יגילו כי אמוט); בל/לא אמוט im Vertrauens- und Danklied: Ps 16,8; 30,7; 62,3.7; cf. außerdem 17,5; 21,8. Von dem oder den Gerechten: 15,5; 112,6;

Mensch auf Jahwes Schutz und Fürsorge angewiesen ist, wird die gesamte bewohnte Erde (תבל) durch Jahwes Herrschaft vor dem Wanken
bewahrt[123].

Nach dem Heroldsruf von V.1 geht V.2 zur Anrede Jahwes über,
wohl auch im Blick auf den Vokativ von V.3aα. Dadurch ändert sich
die Diktion: Die Proklamation der Thronbesteigung Jahwes und ihrer
Bedeutung für die Welt mündet in ein kurzes an Jahwe gerichtetes Lob.
Dazu passt, dass V.2a über den Gottesthron (כסאך) spricht: Dieser steht,
wie der Rahmen von Ps 29,1–10* und Jes 6,1–3 zeigen, im Königspalast
Jahwes, der mythischer Hintergrund des Tempels ist[124].

Die erste Hälfte des Lobspruchs (V.2a) bezieht sich auf V.1 zurück:

(1a)   יהוה מלך   Jahwe ward König!
                        ...   ...
(1b)   אף תכון תבל   Ja befestigt ist der Erdkreis,
                        ...   ...
(2a)   נכון כסאך מאז   Befestigt ist dein Thron seitdem ...

Die erneute Verwendung von כון ni. zeigt, dass die Festigkeit der bewohnbaren Erde (תבל) der Festigkeit des Gottesthrons (כסאך) entspricht[125], und diese wiederum besteht seit Jahwes Thronbesteigung.
Die zeitliche Verbindung zwischen der gegenwärtigen Festigkeit und
der vergangenen Thronbesteigung wird durch מאז benannt, das sowohl
„seitdem" als auch „seit jeher", „immer schon" bedeuten kann[126]: Die
Befestigung von Gottesthron und Erde reicht in eine ferne mythische
Urzeit hinauf, weshalb sie in der kultischen Gegenwart als unwandel-
barer Zustand erscheint.

Auch mit dem Blick auf die befestigte Welt erinnert Ps 93,1b.2a an
den Hymnus von Ps 65,7f*, der von der göttlichen Befestigung der
Berge spricht (V.7a). Auffällig ist, dass derartige Motive in der Regel
nicht zu Wettergöttern gehören[127]. Möglicherweise zeichnet sich in dem

---

Prov 10,30; 12,3. Umgekehrt steht die Wendung auch für die falsche Selbstsicherheit
des Toren: Ps 10,6. Auf Gottesstadt und Zion übertragen: 46,6; 125,1.

123 Ps 104,5 verbindet dies mit der Gründung der Erde: יסד ארץ על מכוניה בל תמוט עולם ועד,
was neben dem Zitat von Ps 93,1b Ps 24,2 voraussetzen dürfte (s.u. C.4, S. 217f).

124 Zu Ps 29,1–10* s.u. A.5.7, S. 122ff.

125 Die Rede über die Festigkeit eines Thrones ist geprägt, wie die Verbindung von כסא
mit כון ni. in II Sam 7,16; I Reg 2,45; Ps 89,38 zeigt.

126 מאז im Sinn von „seitdem", „seit" wird für ganz unterschiedliche Zeiträume verwendet: Gen 39,5; Ex 4,10; 5,23; 9,24; Jos 14,10; II Sam 15,34; Jes 14,8; Jer 44,18; Ps 76,8;
Prov 8,22; Ruth 2,7; im Sinn von „seit jeher", „schon immer": Jes 16,13; 44,8; 45,21;
48,3.5. 7f.

127 S.u. A.6.4, S. 145.

Gedanken, dass der Erdkreis durch Jahwes Königsherrschaft befestigt ist, eine Eigenheit der althebräischen Gottesvorstellung ab[128].

Der von V.1b.2a benannte Zusammenhang geht aber nicht über den Rahmen der altorientalischen Weltvorstellung hinaus. Zu vergleichen ist der Beginn des Codex Ḫammurabi:

(1) *inu Anum ṣīrum* ... (3) *Ellil* ... (8) *ana Marduk* ... (11) *Ellilūt* (12) *kiššat nišī* (13) *išīmūšum* ... (20) *ina libbīšu* (21) *šarrūtam darītam* (22) *ša kīma šamê* (23) *u erṣetim* (24) *išdāša* (25) *šuršudā* (26) *ukinnūšum* ...	Als der erhabene Anum ... und Ellil ... dem Marduk ... die Ellilwürde über die Gesamtheit der Menschen bestimmten, ... in seinem Herzen ein dauerhaftes Königtum, dessen Fundamente wie Himmel und Erde gegründet sind, ihm befestigten ...[129]

Zwar wird hier Marduks Königsherrschaft von den Hochgöttern Anum und Ellil hergeleitet; wie in Ps 93,1b.2a entspricht jedoch Marduks dauerhafte Königsherrschaft der Festigkeit des Kosmos.

Eine Inschrift des Ḫammurabi über den Bau der Stadtmauer von Sippar verbindet die Befestigung des Landes mit dem Königtum des Šamaš:

(1) *inu Šamaš* (2) *bēlum rabī'um* (3) *ša šamā'ī u erṣetim* (4) *šarrum ša ilī* ... (10) *šarrūtam dārītam* (11) *palâ ūmī arkūtim* (12) *išruqam* (13) *išid mātim* (14) *ša ana bēlim* (15) *iddinam* (16) *ukinnam* ...	Als Šamaš, der große Herr von Himmeln und Erde, der König der Götter, ... mir (Ḫammurabi) ein ewiges Königtum, eine Herrschaft langer Tage, schenkte, als er das Fundament des Landes, das er dem Herrn gab, befestigte ...[130]

Die in Ps 93* gezeichnete Entsprechung zwischen der Festigkeit der Erde und der Festigkeit des göttlichen Throns ordnet sich in diesen Horizont ein.

Im Codex Ḫammurabi und in Ḫammurabis Bauinschrift aus Sippar ist die Befestigung des Kosmos durch das göttliche Königtum auf die Regierung des Ḫammurabi ausgerichtet. In Ps 93* wird diese Dimension zwar nicht ausdrücklich benannt. Sie dürfte aber mitzuhören sein: Auch Jahwe hat seine Herrschaft dem König mitgeteilt und durch ihn die Welt vor dem Chaos geschützt, wie etwa aus Ps 21*, einem Lied zur Thronbesteigung des irdischen Königs, eindeutig hervorgeht[131].

V.2b knüpft durch chiastische Verklammerung mit V.2a eine Aussage über Jahwes Wesen an:

(2a)	נכון כַּסְאֲךָ מֵאָז	Befestigt ist <u>dein Thron seitdem,</u>
(2b)	מֵעוֹלָם אַתָּה	<u>von Ewigkeit her</u> bist <u>du!</u>

---

128 Cf. HARTENSTEIN, Wettergott 9.
129 Prol. I.
130 GELB, Clay-Nail 208.
131 Cf. bes. ארך ימים in Ps 21,5 mit Ps 93,5b und בל ימוט in Ps 21,8 mit בל תמוט in Ps 93,1b.

Das Lob preist die Festigkeit von Jahwes Thron und die Ewigkeit seines Seins und macht sie im Tempelgottesdienst erfahrbar[132].

Das מעולם widerspricht der Dynamik des Mythos nicht[133]: Noch einmal ist an das „ewige Königtum" des Baʿlu zu erinnern, das mit seinem Kampf gegen Yammu verknüpft ist[134]. Entsprechendes findet sich in der Erzählung vom Streit der Götter Horus und Seth um die Herrschaft[135]: Horus wird darin bei seiner Krönung als „vollendeter Herr jeden Landes von Ewigkeit zu Ewigkeit" (nb ʿ.w.s nfr n t3 nb r 3šʿ nḥḥ ḥnʿ ḏ.t) angeredet[136]. Daneben finden sich verschiedene westsemitische Götternamen, die mit עולם zusammengesetzt sind, wie der ugaritische rāpiʾu malku ʿālami[137], die ugaritische Sonnengöttin šapšu ʿālami[138] oder der phönizische שמש עלם[139].

Die Verbindung von erster und zweiter Strophe scheint anzudeuten, dass in Ps 93* – anders als beim ugaritischen Baʿlu – der Triumph über das Chaos nicht die Voraussetzung für die Thronbesteigung ist, sondern deren Folge. Man hat deshalb gemeint, dass Jahwes Königsherrschaft im Gegensatz zu den altorientalischen Göttern unableitbar sei[140]. Es kann aber gefragt werden, ob es sich dabei tatsächlich um eine differentia specifica der Jahwereligion handelt: Reinhard Gregor Kratz hat betont, dass auch der ugaritische Baʿlu schon vor dem Kampf mit Yammu König ist[141]; sein Sieg begründet nicht sein Königtum, sondern stellt seine Königswürde unter Beweis[142]. Entsprechendes gilt für Marduk im Enūma eliš[143]. Es liegt auf derselben Ebene, wenn Jahwes Königsherrschaft in Ps 93,1 als nicht durch seine Überlegenheit über die

---

132 Cf. PODELLA, Lichtkleid 231f.

133 מעולם kann einerseits „von alters her", „seit einer nicht mehr greifbaren Vorzeit" bedeuten (Gen 6,4; Jos 24,2; I Sam 27,8; Jer 5,17) oder ähnlich wie מאז in einem eher unspezifischen Sinn „seit jeher", „schon immer" (Jes 64,3), andererseits „von kosmischer Zeit her", „von Ewigkeit her" (Jes 46,9; 63,16 vom Namen Jahwes; Ps 25,6 von Jahwes Gnade; 119,52 von Jahwes Rechtssätzen). Die zur Formel erstarrte Wendung מעולם עד עולם kann auf die Verehrung Jahwes und seine Zuwendung zu den Frommen bezogen werden (Jer 7,7; 25,5; Ps 103,17; I Chr 29,10). Der späte Passus Ps 90,2 nimmt mit der Wendung ומעולם עד עולם אתה אל ausdrücklich die Ewigkeit Jahwes in den Blick, die die Zeit vor der Erschaffung der Welt umfasst.

134 S.o. A.3.5, S. 74.

135 pChester Beatty I (GARDINER, Stories 37–60; Übersetzung: JUNGE, in: TUAT III, 930ff).

136 16,2 (GARDINER, Stories 59f; TUAT III, 949).

137 CAT 1.108:1.

138 CAT 2.42:7.

139 Phönizisch-hethitische Bilingue des Azitawadda vom Karatepe: KAI 26, A III 19.

140 Cf. OTTO, Mythos 98; JANOWSKI, Königtum 170.

141 Mythos 152–156; cf. CAT 1.1 IV 24f.

142 S.o. 3.5, S. 73ff. KRATZ, Mythos 151f, spricht in diesem Zusammenhang davon, dass auch das Königtum der Götter im Mythos unableitbar sei.

143 Bes. IV 1–30 (cf. LAMBERT, in: TUAT III, 583f).

Fluten (V.3f) *bedingt* erscheint. Beide Motive sind vielmehr zwei Seiten ein und derselben Sache: Indem Jahwe seine Macht über die Fluten beweist, offenbart er sich als mächtiger König, und als solcher hat er den Thron bestiegen, um die Fluten für alle Zeiten im Zaum zu halten.

Zum anderen lässt die Reihenfolge der Motive in Ps 93* nicht auf eine lineare Handlungsfolge schließen, aus der sich ein prinzipieller Unterschied zum Mythos erschließen lässt. Vielmehr erklärt sie sich durch die Gattung: Das erweiterte hymnische Lied feiert Jahwes Thronbesteigung und die Festigkeit des Erdkreises, die Jahwes Macht über die tosenden Fluten für alle Zeiten bewahrt. Kratz hat zum Vergleich auf den Baʿlu-Hymnus CAT 1.101 hingewiesen, der sogar mit dem Bild des unbeweglich thronenden Königsgottes beginnt[144]:

(1) baʿlu yaṯiba ka ṯibti ǧûri	Baʿlu thront wie das Thronen eines Berges,
haddu ra[biṣa] (2) ka mdb	Haddu l[agert] wie die Flut[145],
bi tôki ǧûrihu ʾili ṣapāni	inmitten seines göttlichen Berges, des Ṣapānu,
bi tô[ki] (3) ǧûri talʾîyati	inmitten des Berges des Triumphes[146].

Beide Hymnen zeichnen statische Aspekte des göttlichen Königtums, sind aber auf den dynamischen Horizont des Mythos bezogen.

3.7 Ergebnis

Ps 93* ist in zwei Stufen entstanden: Der älteste Kern ist ein Lied, das die Überlegenheit des Wettergottes Jahwe über die tosenden Fluten besingt (V.3f.5b). Durch eine Erweiterung (V.1f) wurde das Triumphlied mit der urzeitlichen Thronbesteigung Jahwes verbunden: Die hinzugefügte Eröffnung proklamiert, dass Jahwe seit seiner Thronbesteigung in Macht gegürtet ist, und feiert, dass sein Thron die Erde vor dem Wanken bewahrt (V.1f). Erst in einem späten Zusatz (V.5a), der Jahwes zuverlässige Weisungen und die Heiligkeit seines Tempels preist, zeichnet sich die einzigartige Gottesvorstellung Israels ab.

---

144 Mythos 154. Zu den Interpretationsproblemen, die dieser Hymnus aufgibt cf. bes. DIETRICH/LORETZ, Sieges- und Thronbesteigungslied (mit Literatur). Nach DIETRICH/LORETZ handelt es sich um „ein Lied ..., das Sieg und Thronbesteigung Baals besingt." (145) PARDEE, textes 119ff, deutet den Text zurückhaltender als Beschreibung des Gottes Baal in Entsprechung zur Form eines Berges.

145 Oder: *km db* „wie ein Bär" (cf. TROPPER, Wörterbuch 28).

146 Kolometrische und lexikalische Anordnung nach DIETRICH/LORETZ, Sieges- und Thronbesteigungslied 129, eigene Übersetzung.

4. Gewittertheophanie und Thronbesteigung: Ps 97

Ps 97, eine weitere Säule der theokratischen Sammlung Ps 93–100, enthält Motive später Theologie wie die Polemik gegen die Verehrer der Götzen, die Freude über Jahwes Gesetz oder Jahwes Fürsorge für die Frommen. Unter Voraussetzung der Einheitlichkeit wird der Psalm daher oft für eine späte Komposition gehalten[1]. In der ersten Hälfte (V.1–7) lassen sich aber Elemente greifen, die traditionsgeschichtlich alt sind: Eine Theophanie ist von Motiven der göttlichen Königsherrschaft eingerahmt. Der Psalm enthält zudem zahlreiche Wachstumsspuren. Sie lassen einen Kern vermuten[2], der wie Ps 93* auf die Thronbesteigung Jahwes beim Neujahrsfest bezogen war.

(1)   *Jahwe* ward König!
     Es jauchze die Erde,
      viele Inseln sollen sich freuen!

(2)   **Gewölk und Wolkendunkel sind um ihn,**
     Gerechtigkeit und Recht sind seines Thrones Stütze.

(3)   **Feuer geht vor ihm her**
     und versengt ringsum seine Feinde.

(4)   **Seine Blitze haben den Erdkreis erleuchtet,**
     die Erde hat gesehen und gekreißt.

(5)   **Berge sind wie Wachs zerschmolzen**
      vor Jahwe,
     vor dem Herrn der ganzen Erde.

(6)   Die Himmel haben seine Gerechtigkeit kundgetan,
      und alle Völker sehen seine Herrlichkeit.

(7)   Es sollen zuschanden werden alle, die den Bildern dienen,
      die sich der Göttlein rühmen,
    alle Götter haben ihm gehuldigt.

(8)   Zion hat es gehört und freute sich,
      und die Töchter Judas jauchzten
      wegen deiner Gesetze, Jahwe.

(9)   Denn du, Jahwe, bist der Höchste über der ganzen Erde,
      du bist sehr erhaben über alle Götter!

(10)   Die ihr Jahwe liebt, hasst das Böse!
      Er bewahrt das Leben seiner Treuen,
      aus der Hand der Frevler reißt er sie heraus.

(11)   Ein Licht ist gesät für den Gerechten
      und für die, die geraden Herzens sind, Freude.

(12)   Freut euch, ihr Gerechten, an Jahwe,
      und preist zum Gedenken seiner Heiligkeit!

---

1   Cf. bes. JEREMIAS, Königtum 136–143; STECK, Abschluß 109.

2   Cf. LIPIŃSKI, Royauté 173–275; LORETZ, Ugarit-Texte 331–348; LEVIN, Gebetbuch 299f; SEYBOLD, HAT I/15, 382–385; ZENGER, in: HOSSFELD/ZENGER, HThKAT 672–688; KRATZ, Reste 50f.

Theophanieschilderung: V.2a.3f.5*.
Hymnus zur Thronbesteigung: V.1.2b.6a.7b.
Theokratische Weiterdichtung: V.5*.6b.8f.
Verwünschung der Bilderdiener: V.7a.
Frömmigkeitsbearbeitung: V.10–12.

4.1 Zum Gesamtgefüge des Psalms

Ps 97 gliedert sich in drei Strophen (V.1–6/7–9/10–12), die durch Leit-
motive und Wiederholungen zusammengehalten werden[3]. Die Grund-
melodie ist die Freude über Jahwes Königtum. Sie wird in den drei
Strophen allerdings erheblich variiert. V.1–6 zeichnen Jahwes Königtum im Horizont von Erde, Himmel und Völkerwelt. V.7 wünscht, dass
die Götzendiener zuschanden werden, während V.8f die Freude Judas
über Jahwes Gesetze und seine Erhabenheit über die Götter besingen.
Dabei lehnt sich V.8 mit שמח und גיל an V.1 an und wandelt mit der
Rede von Jahwes Gesetzen (משפטים) das Thema Gerechtigkeit und
Recht (צדק ומשפט) aus V.2 (cf. צדק in V.6) ab. Nach der dritten Strophe
ist hingegen Jahwes Rettung seiner Treuen (חסידיו) Anlass zur Freude.
Indem die Treuen Gerechte (צדיקים) genannt werden (V.12; cf. V.11),
wird zum zweiten Mal das Thema Gerechtigkeit abgewandelt. Der
abschließende Aufruf zu Freude (שמחו; cf. שמחה in V.11) und Lobpreis
(V.12) schlägt den Bogen zurück zum Beginn des Psalms.
  Man mag das Ganze für eine einheitliche Komposition halten, die
zwar „nicht auf den ersten Blick durchschaubar, letztendlich aber sehr
durchdacht" ist[4]. Der Psalm enthält jedoch formale und inhaltliche
Spannungen, die auf ein mehrstufiges Wachstum deuten.

4.2 Zur dritten Strophe: eine Frömmigkeitsbearbeitung (V.10–12)

Die drei Strophen bauen zwar aufeinander auf, aber so, dass die zweite
Strophe (V.8f) die erste (V.1–6.7b) und die dritte (V.10–12) die ersten
beiden voraussetzt. Die sukzessive Veränderung des Blickwinkels wird
von der ersten Strophe in keiner Weise vorbereitet. Nichts deutet darauf, dass sich der universale Horizont nach V.1–7 verengt: Zunächst
geht es um die ganze Erde (V.5; cf. V.1) und alle Völker (V.6); V.8f
nehmen allein den Zion und Juda in den Blick, während V.10–12 die
Frevler und die Frommen zum Gegenstand haben. Dazu kommt, dass

---

3   Cf. SEYBOLD, HAT I/15, 383; HOSSFELD, in: HOSSFELD/ZENGER, HThKAT 675.
4   Cf. JEREMIAS, Königtum 138.

V.1–7 durchgehend *über* Jahwe reden, während V.8 unvermittelt in die Anrede Jahwes wechselt. Die dritte Strophe kehrt zur Rede über Jahwe zurück.

Zwischen den ersten beiden Strophen und der dritten Strophe besteht zudem ein erheblicher Widerspruch, der sich mit einer einheitlichen Lesart schwer vereinbaren lässt: Wenn der Psalm von vornherein auf die Freude der „Gerechten" zielt (V.12), die sich in unüberbrückbarem Gegensatz zu den „Frevlern" befinden (V.10b), ist schwer einzusehen, wieso zunächst sowohl von der Freude der ganzen Welt (V.1) als auch von der Freude Judas (V.8) die Rede ist. Die ersten beiden Strophen (V.1–9) haben das Problem von V.10–12 noch nicht im Blick[5]. Die dritte Strophe erweist sich als Ergänzung[6].

Die in V.2–5 geschilderte gewaltige Erscheinung Jahwes, durch die seine Feinde verbrennen (V.3b), die Erde bebt (V.4b) und die Berge schmelzen (V.5a), ließ offenbar an das Gericht denken (cf. משפט in V.2b), in dem Jahwe die Frommen und Gerechten endgültig vor den Frevlern rettet (V.10b)[7]. In diesem Horizont werden die Freude der Erde (V.1) und der Jubel des Zion und der Töchter Judas (V.8) zur Freude der ישרי לב (V.11b) und zum Lobpreis der Gerechten (V.12), aber Jahwes königliche Gerechtigkeit (V.2b.6a) findet ein Echo in der Gerechtigkeit der צדיקים. Hinzu kommt das Motiv des Lichts: Nach V.4 erleuchten (האירו) Jahwes Blitze das Festland, V.11 hingegen bezieht das Licht (אור) zusammen mit der Freude (שמחה) auf den Gerechten und die ישרי לב:

(11a)	אור זרע לצדיק	Ein Licht ist gesät[8] für den Gerechten
(11b)	ולישרי לב שמחה	und für die, die geraden Herzens sind, Freude.

Die ungewöhnliche Metapher umschreibt die Hoffnung des Gerechten im Kontrast zu den schrecklichen Blitzen des Gottesgerichts: Licht und Freude sind ihm schon jetzt – äußerlich unscheinbar – gegeben und werden sich im Eschaton entfalten[9].

Der Gedanke einer Scheidung innerhalb des Gottesvolkes weist in hellenistische Zeit[10]: Die Treuen (חסידים) Jahwes sind in einer Reihe später Psalmen belegt[11], ebenso „diejenigen, die aufrechten Herzens sind"[12]. Für die Aussage,

---

5   Cf. ZENGER, in: HOSSFELD/ZENGER, HThKAT 676.

6   Cf. SEYBOLD, HAT I/15, 383–385; ZENGER, in: HOSSFELD/ZENGER, HThKAT 676f; LEUENBERGER, Konzeptionen 157. Vielleicht ist noch einmal innerhalb von V.10–12 zu differenzieren: LEVIN, Gebetbuch 299f, hebt V.10aβ als noch jüngere Chasidim-Bearbeitung von V.10aα.b.11f ab; NÕMMIK, Gerechtigkeitsbearbeitungen 451ff, hingegen V.10 von V.11f.

7   Cf. JEREMIAS, Königtum 141f.

8   Meist wird hier statt זרע mit einer hebräischen Handschrift und den Versionen זרח gelesen (cf. z.B. DUHM, KHC XIV, 233; GUNKEL, Psalmen 424; JEREMIAS, Königtum 137). זרע ist freilich lectio difficilior (ZENGER, in: HOSSFELD/ZENGER, HThKAT 674), und זרח Angleichung an Ps 112,4 und Jes 58,12.

9   Cf. ZENGER, in: HOSSFELD/ZENGER, HThKAT 684.

10 Cf. JEREMIAS, Königtum 142.

11 30,5; 31,24; 50,5; 52,11; 79,2; 85,9; 116,15; 132,9; 145,10; 148,14; 149,1.5.9.

dass Jahwe seine Treuen bewahrt, finden sich im Lied der Hanna (I Sam 2,9) sowie in Ps 37,28 und in Prov 2,8 einschlägige Parallelen (cf. auch Ps 86,2).

Die eröffnende Aufforderung an die [13]אהבי יהוה, das Böse zu hassen, zielt darauf, dass sie sich scharf vom Verhalten der Frevler abgrenzen[14]. Damit dürfte Am 5,15 (שנאו רע) zitiert sein[15]. Das Motiv, dass Jahwe „seine Treuen" (חסידיו) bewahrt (V.10aβ), hat eine semantische Parallele in Ps 31,24, einem kollektivierenden Zusatz zu einem alten Vertrauenslied des Einzelnen[16]. Zu dem Aufruf יהודו לזכר קדשו, der die Strophe abschließt, findet sich in Ps 30,5 eine wörtliche Parallele. Auch dieser Passus gehört zu einem kollektivierenden Interpretament eines Dankliedes des Einzelnen (Ps 30,5f), das sachlich nahe bei der dritten Strophe von Ps 97 steht: In beiden Fällen ist die göttliche Fürsorge für die חסידים Anlass zum Lob. Die genannten Passagen gehören zu literargeschichtlich späten und miteinander verwandten frömmigkeitstheologischen Bearbeitungen des Psalters. In der theokratischen Sammlung von Ps 93–100 berühren sich V.10–12 mit Ps 94[17].

4.3 Die Verwünschung der Bilderdiener (V.7a)

Deutlich ist auch die späte Herkunft der Motive von V.7a:

(7aα)   יבשו כל עבדי פסל   Es sollen zuschanden werden alle, die den Bildern dienen,
(7aβ)   המתהללים באלילים   die sich der Göttlein rühmen!

Die verächtliche Bezeichnung der Götter als אלילים setzt einen ausgebildeten Monotheismus voraus[18]. Der Wunsch zieht die Konsequenz aus der dogmatischen Aussage von Ps 96,5[19]:

כל אלהי העמים אלילים   Alle Götter der Völker sind Göttlein.

Die Verbindung von עבד und פסל in עבדי פסל verweist zudem auf das Zweite Gebot (Ex 20,4f/Dtn 5,8f). Daneben begegnet der Begriff פסל vor

12   Ps 7,11; 11,2; 32,11; 36,11; 64,11; 94,15; daneben auch in II Chr 29,34 als Selbstbezeichnung der Leviten.
13   Zu אהבי יהוה cf. Ex 20,6/Dtn 5,10; 7,9; Jdc 5,31; Ps 145,20; Dan 9,4; Neh 1,5.
14   Cf. JEREMIAS, Königtum 141.
15   Cf. daneben Prov 8,13.
16   Cf. HOSSFELD, in: HOSSFELD/ZENGER, NEB I, 193f; NÕMMIK, Gerechtigkeitsbearbeitungen 488ff.
17   Cf. רשע / רשעים in V.3.13; צדיק in V.21; ישרי לב in V.15; 97,10–12 lesen sich wie eine Zusammenfassung der Aussagen über das Gericht an den Frevlern und die Bewahrung des Gerechten in Ps 94; cf. LEUENBERGER, Konzeptionen 155–157.
18   Cf. אליל (meist im Plural) in Lev 19,4; 26,1; Jes 2,8.18.20; 10,10f; 19,1.3; 31,7; Hab 2,18.
19   V.5 erweist sich seinerseits anhand des gegenüber V.4a wiederholten כי und der inhaltlichen Spannung zu V.4b als Ergänzung, cf. HOSSFELD, in: HOSSFELD/ZENGER, HThKAT, 667f.

allem in der deuterojesajanischen Götzenpolemik[20]. Dort findet sich auch die Rede vom „Zuschandenwerden" der Götzenverehrer (יבושו in Jes 42,17; 44,9.11). פסל und אלילים, die in Ps 97,7a einander auslegen, begegnen auch in Lev 26,1 und Hab 2,18 nebeneinander und bezeichnen dort jeweils die stummen Götzen im Gegensatz zum lebendigen Gott.

V.7a und V.7b enthalten aber keine einheitliche Aussage[21]:

(7aα)	יבשו כל עבדי פסל	Es sollen zuschanden werden alle, die den Bildern dienen,
(7aβ)	המתהללים באלילים	die sich der Göttlein rühmen!
(7b)	השתחוו לו כל אלהים	Alle Götter haben ihm gehuldigt.

Dass die Götter verächtlich „Göttlein" (אלילים)[22] genannt werden, dann aber davon die Rede ist, dass sie dem König Jahwe huldigen, passt nicht zusammen. Auch vor dem Hintergrund der genannten Parallelen zu פסל und אלילים widerspricht das Bild der huldigenden Götter der Aussage von V.7a[23]. Dazu kommt ein formales Argument: Der Jussiv יבשו[24] steht unverbunden neben den Perfekten von V.6a.b.7b. Zudem lässt sich V.7b sprachlich und sachlich gut an V.6 anschließen:

(6a)	הגידו השמים צדקו	Die Himmel haben seine Gerechtigkeit kundgetan,
(6b)	וראו כל העמים כבודו	und alle Völker sehen seine Herrlichkeit,
(7b)	השתחוו לו כל אלהים	alle Götter haben ihm gehuldigt.

Die huldigenden Götter (V.7b) bilden mit den Himmeln, die Jahwes Gerechtigkeit verkündigen (V.6a), eine Klammer um die Völker, die Jahwes Herrlichkeit sehen (V.6b).

V.7a hingegen erweist sich als Nachtrag, der auf späte Kämpfe um das Zweite Gebot verweist[25]: Der Wunsch, dass die Götzendiener zuschanden werden sollen, dürfte im Blick auf die in V.2b angedeutete Vernichtung der Gottesfeinde nachgetragen worden sein.

4.4 Zur zweiten Strophe: eine theokratische Bearbeitung (V.5aβ*.6b.8f)

Auch bei der zweiten Strophe (V.8f) ist an einen Nachtrag gegenüber der ersten Strophe zu denken. Zwar greift V.9 auf V.1 zurück:

---

20   Jes 40,19f; 42,17; 44,9f.15.17; 45,20; 48,5; außerdem: Dtn 4,16.23.25; 27,15; Jdc 17,3f; 18,14.17f.20.30f; II Reg 21,7; Jer 10,14/51,17; Nah 1,14; II Chr 33,7.

21   Cf. LEVIN, Gebetbuch 299f; KAISER, Theologie III, 365f; LEUENBERGER, Konzeptionen 159f.

22   ZENGER, in: HOSSFELD/ZENGER, HThKAT 683.

23   So schon DE WETTE, Commentar 473: „... die Götzen, als nichtige Wesen, können nicht anbeten".

24   Cf. יבושו bes. in Ps 31,18; 83,18; 119,78; 129,5.

25   Cf. LEVIN, Gebetbuch 300; KAISER, Theologie III, 365, SEYBOLD, HAT I/15, 385f.

(1aα)	יהוה מלך	Jahwe ward König!
	...	...
(9a)	כי אתה יהוה עליון על כל הארץ	Denn du, Jahwe, bist der Höchste über der ganzen Erde,
(9b)	מאד נעלית על כל אלהים	du bist sehr erhaben über alle Götter!

Die Rede von der außerordentlichen Erhabenheit Jahwes über die Götter in V.9b ist jedoch eine steigernde Wiederaufnahme von V.7b, nach dem sich die Götter vor Jahwe niedergeworfen haben:

(7b)	השתחוו לו <u>כל אלהים</u>	Alle Götter haben ihm gehuldigt.
	...	...
(9b)	מאד נעלית על <u>כל אלהים</u>	du bist sehr erhaben über alle Götter!

Dasselbe gilt für die Wendung עליון על כל הארץ in V.9a gegenüber אדון כל הארץ in V.5b. Dazu kommt der unvorbereitete Wechsel in die Anrede Jahwes in V.8.

Ps 48,12 enthält eine fast wörtliche Parallele zu V.8:

(97,8aα)	שמעה ותשמח ציון	(48,12aα)	ישמח הר ציון
(8aβ)	ותגלנה בנות יהודה	(12aβ)	תגלנה בנות יהודה
(8b)	למען משפטיך יהוה	(12b)	למען משפטיך
(97,8aα)	**Zion** hat es gehört und **freute sich,**	(48,12aα)	**Es freue sich** der Berg **Zion,**
(8aβ)	und **die Töchter Judas jauchzten**	(12aβ)	**jauchzen** sollen **die Töchter Judas**
(8b)	**wegen deiner Gesetze,** Jahwe.	(12b)	**wegen deiner Gesetze!**

Der Zion ist das Hauptthema von Ps 48 (cf. V.3.13[26]), während seine Erwähnung in Ps 97 einen vollkommen neuen Aspekt einträgt[27]. Der unvermittelte Wechsel in die Anrede Jahwes in Ps 97,8 erklärt sich durch die Entlehnung von Ps 48,12. Ps 97,8 bietet zudem in fast allen Einzelheiten die lectio longior: ישמח הר ציון wird erweitert zu שמעה ותשמח ציון. Dazu kommt die Veränderung des Zeitaspekts: ישמח wird zu ותשמח, und תגלנה wird zu ותגלנה. Ps 97,8 greift damit auf die Aufrufe zu Jubel und Freude in V.1 zurück: Angesichts der weltweiten Königsherrschaft Jahwes haben in Zion und Juda Freude und Jubel längst begonnen. Am Ende von V.8 wird hinter למען משפטיך gegenüber Ps 48,12 vokativisches יהוה ergänzt. Umgekehrt bietet Ps 48,12 nur mit הר ציון gegenüber ציון in Ps 97,8 einen kleinen Überschuss: Der in Ps 48 zentrale Begriff des Berges (cf. V.2f) könnte in Ps 97 wegen der Berge, die „vor Jahwe" zerschmelzen (V.5), ausgelassen worden sein. Dass Ps 97,8 שמח und גיל aus V.1 chiastisch wiederholt, ist kein Gegenargument zur Abhängigkeit von Ps 97,8 von 48,12: Die beiden Begriffe in 97,1 dürften das Zitat von Ps 48,12 veranlasst haben.

---

26   S.u. B.3.4, S. 187ff, und B.3.7, S. 195ff.
27   Cf. ZENGER, in: HOSSFELD/ZENGER, HThKAT 683.

Ein formales Indiz deutet darauf, dass bei der Hinzufügung von V.8f auch V.6 bearbeitet wurde:

(6a)	הגידו השמים צדקו	Die Himmel haben seine Gerechtigkeit kundgetan,
(6b)	וראו כל העמים כבודו	und alle Völker sehen seine Herrlichkeit,
(7b)	השתחוו לו כל אלהים	alle Götter haben ihm gehuldigt.
(8aα)	שמעה ותשמח ציון	Zion hat es gehört und sich gefreut,
(8aβ)	ותגלנה בנות יהודה	und die Töchter Judas jauchzten
(8b)	למען משפטיך יהוה	wegen deiner Gesetze, Jahwe.

V.6.7b scheinen ein Trikolon zu bilden. Das passt nicht zu der bikolischen Anordnung von V.1–5, sondern zu dem Trikolon von V.8. Die Kola des vorderen Rahmens der Theophanieschilderung (V.1) sind zudem wie V.6a und V.7b asyndetisch gereiht. Das mit der Kopula eingeleitete Kolon V.6b hebt sich davon ab und dürfte auf die Ebene von V.8 gehören[28].

In diesem Zusammenhang fällt auch die Gestalt von V.5 auf:

(5a)	הרים כדונג נמסו מלפני יהוה	Berge sind wie Wachs zerschmolzen vor Jahwe,
(5b)	מלפני אדון כל הארץ	vor dem Herrn der ganzen Erde.

Die Wiederholung von מלפני betont, dass Jahwe und „der Herr der ganzen Erde" (אדון כל הארץ) derselbe sind. Das erste Kolon von V.5 erweist sich damit im Vergleich zu den Kola der vorangegangenen und nachfolgenden Verse als erheblich länger. Nach quantitierendem metrischem System steht מלפני יהוה „betont außerhalb des Metrums"[29]. Das spricht für eine Glosse, die den in V.5b genannten אדון כל הארץ ausdrücklich mit Jahwe identifiziert. Formal passt dies zu der in V.6b.8f greifbaren theokratischen Bearbeitung, die die Bikola in V.1–6a.7b aufgesprengt hat. Auch inhaltlich steht die Glosse dieser Bearbeitung nahe: Die Betonung, dass der Herr der ganzen Erde kein anderer als Jahwe ist, entspricht V.9a, der in der preisenden Anrede אתה יהוה עליון על כל הארץ („du, Jahwe, bist der Höchste über der ganzen Erde") ähnlich emphatisch Jahwe mit dem höchsten Gott (עליון) gleichsetzt.

V.6b hat Parallelen in universalistischen Aussagen im Deutero- und Tritojesajabuch (41,5; 52,10; 66,18) sowie in dem von Jes 52,10 abhängigen Passus Ps 98,3. Ps 97,8f und 98,1–3* sind benachbarte Bearbeitungen mit derselben theokratischen Perspektive[30].

Durch V.8f erhält der Universalismus ein partikulares Echo: Der Zion und die ihn umgebenden Töchter Judas, die sich in der Mitte der Erde befinden, freuen sich über Jahwes Gesetze und über seine Erhabenheit über Welt und Götter. Die einzigartige Gottesbeziehung der auf den Zion ausgerichteten Ju-

---

28   Cf. LEVIN, Gebetbuch 299.
29   JEREMIAS, Königtum 137, Anm. 1.
30   Zu Ps 98,1–3* s.u. B.2.1, S. 169ff.

denheit, die in den von Jahwe gegebenen Gesetzen greifbar ist, prägt sich im Gegenüber zu den weltumspannenden Dimensionen der Königsherrschaft Jahwes aus. Die Motive deuten auf die fortgeschrittene Perserzeit: Mit den משפטים dürften wie in 48,12 bereits die Gesetze der Tora gemeint sein[31], und der durch כי mit V.8 verbundene V.9 klingt wie ein geprägter Lobspruch[32], mit dem die jüdische Religionsgemeinde ihren Gott als den höchsten Gott (עליון) des Kosmos preist. Im Hintergrund lässt sich der Hymnus Ps 47 erkennen, der Jahwe ebenfalls עליון nennt (V.3) und seine Erhabenheit (V.10: מאד נעלה) über Erde (V.3: על כל הארץ) und Völker (V.9: על גוים) feiert[33].

4.5 Zum Verhältnis zwischen Theophanie und Rahmen

In der ersten Strophe (V.1–6.7b) hebt sich ein Rahmen, der aus V.1 und V.6a.7b besteht, von einem Mittelteil (V.2–5*) ab. Zwischen Rahmen und Mittelteil besteht eine motivische Spannung: Während V.1 Erde und Inseln zur Freude über Jahwes Königsherrschaft aufruft, beginnt in V.2a unvermittelt die Schilderung einer Gotteserscheinung im Gewitter (ענן וערפל סביביו „Gewölk und Wolkendunkel sind um ihn"). Auch am Ende der Theophanie ist der Bruch deutlich: Nach dem gewaltigen Bild der Berge, die vor dem „Herrn der ganzen Erde" schmelzen (V.5*), steht das Aussagenpaar von V.6a.7b auf einer anderen Ebene: Dass die Himmel die Gerechtigkeit des besungenen Gottes verkünden (V.6a) und alle Götter sich vor ihm niederwerfen (V.7b), gehört zum Motivkreis des Königsgottes und schlägt den Bogen zurück zum Beginn.

An einer Stelle wurde die Bildwelt des Rahmens in den Mittelteil hineingeschrieben: Die Aussage über den Gottesthron in V.2b greift auf das Motiv der Königsherrschaft Jahwes in V.1 zurück und ist in der Theophanie ein Fremdkörper. V.3a schließt sich mit dem Bild des Feuers, das vor Jahwe hergeht, an V.2a an.

Bereits Edward Lipiński hat gezeigt, dass die Theophanieschilderung literarisch selbständig ist[34]. Das Stück lässt sich wegen seiner Eigenprägung leicht aus dem Rahmen lösen: Es enthält keinerlei ein-

---

31 S.u. B.3.5, S. 191ff.

32 Die Prägung der Wendung könnte Ps 83,19 belegen, der eine nahe Parallele zu 97,9a bietet: ידעו כי אתה שמך יהוה לבדך / עליון על כל הארץ. Die Elemente der Erkenntnis und des Namens Jahwes sowie die Hervorhebung, dass Jahwe als Einziger der Höchste ist, lassen Ps 83,18 jedoch als erweiterte Form von 97,9a erscheinen. Wahrscheinlich handelt es sich um ein Zitat.

33 Ps 47 ist kein alter Hymnus, sondern erneuert die Vorstellung der Thronbesteigung Jahwes im Blick auf seine Königsherrschaft über die Völker. Bereits die Grundform (V.2f.6.9.10*) dürfte weit nach dem Untergang des Königtums entstanden sein.

34 Royauté 219ff; so auch LEVIN, Gebetbuch 299f; KRATZ, Reste 50f; LEUENBERGER, Konzeptionen 158, Anm. 107.

deutige Bezüge auf Begriffe und Motive des Rahmens und lässt sich
aus sich selbst heraus verstehen. Das gilt auch für den Gottestitel כל אדון
הארץ, mit dem das Stück endet (V.5b): Zwar steht dieser dem Königstitel nahe. Er muss sich aber nicht als Rückgriff auf V.1 erklären. Wahrscheinlicher ist, dass die Bilder des Rahmens mit ihren weltumspannenden Dimensionen (cf. הארץ in V.1; השמים in V.6a; כל אלהים in V.7b)
die Theophanieschilderung voraussetzen und deren Horizont durch
die Verbindung des אדון כל הארץ mit dem königlichen Jahwe erweitern.

Die Theophanieschilderung ist ein Fragment: Der besungene Gott
wird am Anfang nicht eingeführt und beim Namen genannt. Die Suffixe in V.2a.3f müssen sich aber auf eine einleitende Nennung des im
Wolkendunkel verborgenen Gottes bezogen haben. Sie wurde offenbar
bei der Rahmung ersetzt. Dasselbe Phänomen zeigt die Theophanie
von Ps 18,8–16*[35]. Freilich muss in diesen Texten kein anderer als Jahwe
gemeint gewesen sein: In Ps 77,17–20[36]; 93,3–5*[37] und 29,3–9*[38] erscheint
Jahwe bereits auf der jeweils ältesten Ebene als Wettergott.

Dass der Rahmen V.2–5* weiterführt, lässt sich auch an der Syntax
wahrscheinlich machen: Der Wechsel von Jussiven in V.1aβ.b zu Perfekten in V.6a.7b dürfte sich daran anlehnen, dass die Theophanieschilderung in V.3–5* von Imperfekten (V.3) zu Perfekten (V.4f*; in
V.4b in Verbindung mit dem Narrativ ותחל) übergeht. Indem die einleitenden Jussive zum Königsjubel auffordern, haben sie die Gegenwart
im Blick, und V.2a.3 schildern die Gotteserscheinung zunächst ebenfalls als gegenwärtigen Vorgang, während V.4f* in präteritalen Aussagen gipfeln. Die Perfekte in V.6a.7b setzen diesen Zeitaspekt fort und
erwecken den Eindruck, dass Himmel und Götter auf eine zurückliegende Gotteserscheinung reagieren. Zu diesem temporalen Gefüge
passt auch die Ergänzung von V.2a durch V.2b: Die zeitlich unbe-
stimmte Perspektive des Nominalsatzes von V.2a wird durch den Nominalsatz von V.2b weitergeführt.

Die Überformung der Theophanie durch den Rahmen ist kein Ein-
zelfall: Auch in Ps 29,1–10* wurde ein Stück über eine Gotteserscheinung im Gewitter mit Aussagen über den Königsgott Jahwe gerahmt[39];
zu vergleichen ist außerdem die Rahmung der Theophanie in Ps 18,8–

---

35 S.o. A.1.4, S. 28. Cf. auch Ps 65,10–14* (s.u. A.6.3, S. 139f); Ps 104,2–4.10f.13a.14.32
    (s.u. C.5, S. 220ff).
36 S.o. A.2.5, S. 53ff.
37 S.o. A.3.5, S. 73ff.
38 S.u. A.5.5, S. 115ff.
39 S.u. A.5.4, S. 109ff, und 5.5, S. 115ff.

16*[40] und die Weiterdichtung des Triumphliedes von Ps 93* zum Thronbesteigungslied[41].

4.6 Zur poetischen Gestalt der Theophanieschilderung

Von der Theophanieschilderung haben sich sieben Einzelkola erhalten:

(2a)	ענן וערפל סביביו	Gewölk und Wolkendunkel sind um ihn
	...	...
(3a)	אש לפניו תלך	Feuer geht vor ihm her
(3b)	ותלהט סביב צריו	und versengt ringsum seine Feinde.
(4a)	האירו ברקיו תבל	Seine Blitze haben den Erdkreis erleuchtet,
(4b)	ראתה ותחל הארץ	die Erde hat gesehen und gekreißt.
(5a*)	הרים כדונג נמסו	Berge sind wie Wachs zerschmolzen
(5b)	מלפני אדון כל הארץ	vor dem Herrn der ganzen Erde.

Die Kola in V.3–5* sind durch synthetische Parallelismen und syntaktische Verknüpfungen als Bikola angeordnet. Auch das einzelne Kolon von V.2a dürfte Teil eines Bikolons gewesen sein, dessen zweite Hälfte bei der Weiterdichtung des Stückes durch V.2b ersetzt wurde.

Sprache und Bildwelt von V.2–5* erzeugen hohe Dynamik. Auf die wechselnde zeitliche Perspektive wurde bereits hingewiesen[42]: V.2a lässt an die ständige Verborgenheit des Gottes denken, V.3 schildert gegenwärtige Handlungen, während V.4f* zurückblicken. Auf diese Weise nimmt das Stück den Leser oder Hörer in das Geschehen hinein. Die Motive schreiten von innen nach außen fort: Die Szenerie beginnt mit dem Gewölk, das den Gott umgibt (V.2a). V.3 blickt auf die Feinde, die sich im Umkreis befinden (cf. סביביו in V.2a/סביב in V.3b), die Blitze in V.4 weiten die Perspektive noch einmal, und V.5* nimmt die Berge in den Blick, die sich am Horizont des Erdkreises befinden. Als Höhepunkt wird der besungene Gott „Herr der ganzen Erde" genannt.

4.7 Der Wettergott als „Herr der ganzen Erde"

Die Begriffe ענן וערפל, mit denen die Gewitterwolken bezeichnet sind[43], verweisen auf einen Wettergott. Eine Parallele bietet das ugaritische ʿarpātu, das in den mythologischen Texten häufig mit dem Wettergott

---

40 S.o. A.1.6, S. 36ff.

41 S.o. A.3.3, S. 68ff.

42 S.o. 4.5, S. 93ff.

43 Cf. ענן in Gen 9,13f.16; Ex 19,9.16; Ez 34,12; Joel 2,2; Nah 1,3; Zeph 1,15; Hi 26,8f; ערפל in Ez 34,12; Joel 2,2; Zeph 1,15.

Ba'lu verbunden wird[44]. Auch Adad umgibt sich mit Gewölk, wie das akkadische Epitheton *ša ina kiṣir urpāti urtaṣṣanu ramīmšu* („dessen Gebrüll in der Wolkenballung ertönt")[45] zeigt. Ps 18,8–16* spricht vom Wolkendunkel (ערפל) unter Jahwes Füßen (V.10b) und vom Wolkendickicht rings um ihn her (V.12*)[46].

Auch das Feuer (Ps 97,3) gehört zum Motivkreis des Wettergottes. Nach Ps 18,9 frisst Feuer aus seinem Mund[47], nach 29,7 bringt Jahwes Stimme Feuerflammen hervor[48], und in Ps 104,4 begegnen diese als Sendboten des Wolkenfahrers[49]. Nach Ps 97,3b verzehrt das Feuer die Feinde des Wettergottes (ותלהט סביב צריו). Darin klingt eine mythische Vorstellung an: Die Feinde des im Gewölk verborgenen Gottes sind chaotische Mächte. Indem sie die Vorherrschaft des Wettergottes anfeinden, bedrohen sie die Ordnung der Welt. Auch der ugaritische Ba'lu schlägt im Gewitter seine Feinde in die Flucht (CAT 1.4 VII 29ff). Adad wurde gepriesen als *nāš dipā[rā]ti u išāti* („der Fac[kel]n und Feuer trägt")[50], als *mušaznin abni u išāti eli ajjābi* („der Hagelstein und Feuer auf den Feind herabregnen lässt")[51] oder als *nāsiḫ nagab zāmânî* („der die Feinde zur Gänze beseitigt")[52].

Der Wettergott von Ps 97,2–5* macht seine Herrschaft auf dem bewohnten Festland (תבל) durch seine Blitze sichtbar (V.4). Eine nahezu wörtliche Parallele enthält das Preislied von Ps 77,17–20:

(97,4a)	האירו ברקיו תבל	(77,19aβ)	האירו ברקים תבל
(4b)	ראתה ותחל הארץ	(19b)	רגזה ותרעש הארץ
(97,4a)	Seine **Blitze haben den Erdkreis erleuchtet,**	(77,19aβ)	**Blitze haben den Erdkreis erleuchtet,**
(4b)	**die Erde hat** gesehen und gekreißt.	(19b)	**die Erde hat** gezittert und gebebt.

Der Wortlaut ist fast derselbe. Die Abweichung macht wahrscheinlich, dass Ps 97,4 Ps 77,19 zitiert: Das zeigt ברקיו in 97,4a, dessen Suffix an

---

44 Z.B. in CAT 1.4 VII 19; 1.5 V 7, sowie im häufigen Epitheton des Ba'lu *rākibu 'arpāti* (1.2 IV 8 etc.). Cf. das mit ערפל verwandte *ġrpl* (bislang nur in einer Beschwörung gegen Schlangengift [CAT 1.107:34.37.44], dort mit den Bergen verbunden).
45 KAR 304 (+) 337 Rs. 16′ ‖ unpubl. BM ass. ‖ BM bab. = SCHWEMER, Wettergottgestalten 713.
46 S.o. A.1.5, S. 33.
47 S.o. A.1.5, S. 29ff.
48 S.u. A.5.5, S. 115ff.
49 S.u. B.6.5, S. 220ff. Cf. außerdem Ps 50,3, der 97,3 und 18,9 kombiniert.
50 LKA 53 Vs. 12 ‖ BMS 20 (+) 49 Rs. 13 = SCHWEMER, Wettergottgestalten 711.
51 K 5001 Vs. 10′ (MAUL, ‚Herzberuhigungsklagen', Eršaḫunga Nr. 19–20:17) = SCHWEMER, ebd.
52 KAV 171 Rs. 21 = SCHWEMER, ebd. Das Motiv des Feuers ist nicht auf die Wettergötter beschränkt, sondern kann auch anderen Göttern zugeordnet werden, die Vernichtung bringen, z.B. Ištar (K 41 Rs. 15f = SCHOLLMEYER, Ischtarhymnus 17).

V.2a.3 angeglichen wurde. Für diese Richtung der Entlehnung spricht auch die Weise, in der Ps 97,4b die Wirkung der Blitze gegenüber Ps 77,19b abwandelt: „die Erde hat gesehen und gekreißt." Dieses Bild ist in Ps 77,17 mit den Wassern verbunden:

... ראוך מים יחילו ...　　... Wasser haben dich gesehen, sie kreißten, ...

Wenn das Motiv des Kreißens (חיל q.) auf die Erde übertragen wird, könnte es über eine Metapher für das Beben (77,19b) hinausgehen: Die Doppelsinnigkeit könnte andeuten, dass der Wettergott die Erde nicht nur erschüttert, sondern ihr zugleich Fruchtbarkeit spendet[53]. Dazu ist Ps 29,3–9* zu vergleichen, wo davon die Rede ist, dass Jahwes Stimme Steppenland und Hinden kreißen lässt (חיל hi./pol. in V.8f[54]).

Abschließend wird geschildert, welche Wirkung der Gott auf die Berge ausübt. Dazu wird ein außergewöhnliches Bild gezeichnet:

(5a*)　הרים כדונג נמסו　Berge sind wie Wachs zerschmolzen
(5b)　מלפני אדון כל הארץ　vor dem Herrn der ganzen Erde.

Dasselbe Motiv findet sich in einer Inschrift des 9. Jahrhunderts aus Kuntillet ʿAğrūd[55]:

(1)　[...] הרם : וימסן : אל : ובזרח [...]　[...] und (?) beim Aufstrahlen Gottes da zerflossen (die) Berge [...]
(2)　[מה]מלח : בים : בעל : ברך [...]　[...] Gepriesen sei Baal am Tage des Krie[ges ...]
(3)　[מה]מלח : בים : אל : לשם [...]　[...] durch den Namen Gottes am Tage des Krie[ges ...][56]

Zwar erinnert זרח in Z.1 an den Aufgang der Sonne. Das Bild der schmelzenden Berge ist aber dient wie in Ps 97,5* dazu, die Macht des erscheinenden Gottes (אל bzw. בעל) zu unterstreichen. Im Alten Testament findet sich das Motiv auch in Mi 1,4, einer Ankündigung des Gerichts[57]. Der Sinn der Hyperbole ist überall derselbe: Wenn die Berge, die Sitze von Göttern sind[58], vor einem Gott zerschmelzen (מסס ni.[59]), wird dessen überwältigende Macht deutlich.

53　Allerdings findet sich die Metapher des Kreißens der Erde auch in Texten, die diesen Zusammenhang nicht enthalten, cf. den Ištarhymnus K 3259 Vs. 11f = MEEK, Hymns 38: šumki galtu ina šamê izzakkar erṣetim iḫâl „wird dein furchtbarer Name im Himmel ausgesprochen, kreißt die Erde".

54　S.u. A.5.5, S. 115ff.

55　KAgr(9):7.

56　Rekonstruktion und Übersetzung: HAE I, 59.

57　Andere Stellen reden davon, dass die Berge erbeben (*זלל in Jdc 5,5; Jes 63,19/64,2; *רעש in Nah 1,5; חיל in Hab 3,10), dass sie zerschmettert (*פצץ in Hab 3,6) oder versetzt werden (*עתק in Hi 9,5).

58　Cf. die Bezeichnung Jahwes als eines אלהי הרים in I Reg 20,28, außerdem die – allerdings jungen – Belege הררי עד in Hab 3,6 sowie הררי קדם in Num 23,7; Dtn 33,15.

59　Einen anderen Sinn hat das Zerschmelzen wie Wachs (כדונג) in Ps 22,15; 68,3.

In diese Richtung führt schließlich auch der Titel אדון כל הארץ[60]. Er verweist auf das Epitheton des ugaritischen Wettergottes „Fürst, Herr der Erde" (*zubbulu baʿlu ʾarṣi*)[61]. Eine weitere Parallele ist der Titel „Herr des Angesichts der Erde" (בעל פן ארץ) auf einem Beschwörungs-amulett des 7. Jahrhunderts aus Arslan Taş[62]. Eine Inschrift des 7. Jahr-hunderts aus Ḥirbet Bēt Layy preist Jahwe als „Gott der ganzen Erde" (אלהי כל הארץ)[63], was im Alten Testament in Jes 54,5 begegnet. Der Festkalender im Bundesbuch nennt Jahwe האדון (Ex 23,17). All diese Titel bringen den universalen Herrschaftsanspruch des jeweiligen Got-tes zum Ausdruck.

Die poetische Form von Ps 97,2–5* lässt vermuten, dass das Stück für einen herausgehobenen kultischen Anlass verfasst wurde. Die Sze-nerie des Gewitters verweist wie bei Ps 18,8–16* und Ps 77,17–20 auf den Beginn der Regenzeit im Herbst. Wie Ps 18,8–16* könnte auch Ps 97,2–5* als eine Festlegende des Neujahrsfestes gedient haben[64].

4.8 Zu Form und Gattung des Rahmens (V.1–7*)

Durch die Verbindung von Theophanie und Rahmen entsteht eine Reihe von drei Bikola (V.1aβ.b.2–4.5*.6a.7b), die mit der Proklamation יהוה מלך als überschriftartigem Einzelkolon eröffnet wird:

(1aα)	יהוה מלך	Jahwe ward König!
(1aβ)	תגל הארץ	Es jauchze die Erde,
(1b)	ישמחו איים רבים	viele Inseln sollen sich freuen!
(2a)	ענן וערפל סביביו	Gewölk und Wolkendunkel sind um ihn,
(2b)	צדק ומשפט מכון כסאו	Gerechtigkeit und Recht sind seines Thrones Stütze.
	... ...	
(6a)	הגידו השמים צדקו	Die Himmel haben seine Gerechtigkeit kundgetan,
(7b)	השתחוו לו כל אלהים	alle Götter haben ihm gehuldigt.

Der synonyme Parallelismus in V.1aβ.b (תגל הארץ / ישמחו איים רבים) schließt sich mit den Jussiven תגל und ישמחו eng an das präteritale יהוה מלך[65] an. Die Aufforderungen an Erde und Inseln knüpfen damit un-mittelbar an das eingangs benannte Geschehen an: „... *des* freue sich das

---

60 Im Alten Testament ansonsten lediglich in jüngeren eindeutig heilsgeschichtlich bestimmten Kontexten: Jos 3,11.13; Mi 4,13; Sach 4,14; 6,5.
61 CAT 1.3 I 3 u.ö.
62 KAI 27:14f.
63 BLay(7):1:1 (HAE I, 246).
64 Zu Ps 18,8–16* s.o. A.1.5, S. 36; zu Ps 77,17–20 s.o. A.2.5, S. 59.
65 S.o. A.3.6, S. 75ff.

Erdreich ..."[66]. V.2b greift mit dem Bild des Gottesthrons ebenfalls auf den Proklamationsruf zurück. Der statische Aspekt des Nominalsatzes zeigt wie in Ps 93,1b.2, dass das in V.1aα ausgerufene Geschehen einen dauerhaften Zustand begründet hat. Auch die Abfolge der Motive in V.1f ähnelt Ps 93,1f: Der Blick wandert von Jahwes Thronbesteigung (93,1a/97,1aα) zu seinem Herrschaftsbereich (93,1b/97,1aβ.b) und wieder zurück zu seinem Thron (93,2a/97,2b)[67].

Nach der Gewittertheophanie nehmen auch V.6a.7b mit הגידו und השתחוו eine rückblickende Perspektive ein. V.6a nennt mit השמים das begriffliche Pendant zu הארץ im vorderen Teil des Rahmens (V.1aβ; cf. V.4b.5b) und nimmt das Stichwort צדק aus V.2b auf.

Die jussivische Diktion von V.1aβ.b geht in V.2b.6a.7b in eine beschreibende und erzählende Diktion über. Das ähnelt der Form des imperativischen Hymnus, der mit der Aufforderung zum Lobgesang beginnt. Die gerahmte Theophanie ersetzt die mit כי eingeleitete narratio.

4.9 Jahwes Thronbesteigung

Der Rahmen verbindet den Wettergott der Theophanie mit dem König Jahwe. Damit erweist er sich als sachgemäße Weiterdichtung: V.1aβ.b knüpfen mit הארץ und איים רבים an den universalen Horizont von V.4f. an. Auch מלך in V.1 steht dem Begriff „Herr" (אדון) in V.5b nahe. Allerdings verschieben sich die Akzente: Die aggressiven Züge des Gottes werden um die heilvollen Wirkungen seiner Königsherrschaft ergänzt.

Die Aufrufe zu Jubel und Freude[68] in V.1aβ.b entsprechen dem Königsritual: Die rituelle Königsfreude, die auf die Inthronisation des Herrschers zu folgen pflegt[69], wird anlässlich der Thronbesteigung Jahwes auf die bewohnbare Welt und ihre äußersten Grenzen übertragen. Dazu finden sich in jüngeren Texten Parallelen (Jes 41,5; 42,10; 49,13; Joel 2,21; Ps 67,5), die im Unterschied zu Ps 97* stets das Gottesvolk im Blick haben. Der universale Horizont von Ps 97* gibt diesen Bezug noch nicht zu erkennen. Das Thronbesteigungslied steht vielmehr dem Hymnus von Ps 98,4–9 nahe, der den gesamten Kosmos zum Königsjubel aufgeruft[70]. Dort hebt sich die universale Perspektive eben-

---

66 Luther 1534: „des frewe sich des erdreich".
67 Cf. ZENGER, in: HOSSFELD/ZENGER, HThKAT 676f, der Ps 97,1–9 als „eschatologisierende Neuinterpretation von Ps 93 und Ps 29" beschreibt.
68 Cf. גיל und שמח in Ps 14,7/53,7; 16,9; 21,2; 31,8; 32,11; 48,12(→97,8); 96,11(←97,1); 118,24; 149,2; I Chr 16,31; außerdem in Jes 9,2; 25,9; 66,10; Hos 9,1; Joel 2,21.23; Hab 1,15; Sach 10,7; Prov 2,14; 23,25; 24,17; Cant 1,4.
69 Cf. Jdc 9,19; I Sam 11,15; I Reg 1,40; II Reg 11,20.
70 S.u. B.2.3, S. 174ff.

falls von dem deuterojesajanisch beeinflussten Heilspartikularismus ab, den die nachträglich vorangestellte Einleitung artikuliert[71].

V.2b fügt in die Gewittertheophanie den Gottesthron ein[72]. Er verweist auf den göttlichen Palast, der im Hintergrund des Tempels steht (cf. Jes 6,2). Gleichzeitig erzeugt die Verbindung der Motive den Eindruck zweier Ebenen: Auf der einen Ebene vollzieht sich das dynamische Geschehen der Gotteserscheinung, auf der anderen sitzt Jahwe auf einem dauerhaft befestigten Thron. Dieselben Ebenen liegen auch in Ps 29,1–10* übereinander[73].

Nach Ps 97,2b steht Jahwes Thron auf einem Fundament[74] von Gerechtigkeit und Recht (צדק ומשפט). Der Begriff מכון spielt durch die Wurzel כון auf die Befestigung der Erde an, die in Ps 93,1b benannt wird: Weil der Gottesthron auf צדק ומשפט gegründet ist, sichert er den Bestand der Welt. Entsprechendes gilt für den Thron des irdischen Königs, der seinerseits durch Recht und Gerechtigkeit befestigt wird[75].

Die Verbindung des Throns mit צדק ומשפט ähnelt einerseits ägyptischen Darstellungen, die Gottesthron oder Königsthron auf einem Sockel abbilden, dessen Form der Hieroglyphe ▭[76] entspricht: Sie wird im Wort m3ꜥ.t „das Rechte, Wahrheit etc."[77] verwendet und verweist auf die umfassende mythisch-kosmische Vorstellung der Gerechtigkeit[78], die den Weltprozess harmonisch ordnet[79]. Andererseits entspricht das hebräische Begriffspaar צדק ומשפט[80] dem bereits im Codex

---

71   S.u. B.2.1, S. 169ff.

72   Nahezu derselbe Wortlaut findet sich auch in Ps 89,15a in hymnischem Kontext, wobei es sich um ein Zitat aus Ps 97,2b handeln dürfte.

73   S.u. A.5.7, S. 122ff.

74   Abgesehen von Ps 104,5 ist מכון stets auf den Gottesthron und/oder den Tempel bezogen: Ex 15,17; I Reg 8,13.39.43.49; Jes 18,4; Ps 33,14; 89,15; Dan 8,11; Esr 2,68; II Chr 6,2.30.33.39; vom gesamten Berg Zion in Jes 4,5. Auch in akkadischen Texten begegnet die Rede vom Thronfundament häufig (sc. išdī [suḫuš] kussī, cf. CAD I, 237 mit Belegen).

75   כון ni. in Prov 16,12 (צדקה); 25,5 (צדק); cf. 20,28LXX; in 29,14 mit אמת.

76   Gardiner, Grammar 541: Aa 11.

77   WB II, 18–20.

78   Cf. Brunner, Gerechtigkeit 393; Zenger, in: Hossfeld/Zenger, HThKAT 679f, mit Abbildung eines Reliefs vom Tempel Sethos I. in Abydos, das den thronenden Osiris zeigt. Stempelsiegel belegen, dass die Maat-Vorstellung in Palästina rezipiert wurde, wie Keel, in: Keel/Keel-Leu/Schroer, Studien 300–304, gezeigt hat.

79   Dazu Assmann, Maʾat, bes. 34f, zur Abgrenzung von einem statischen Begriff der Weltordnung.

80   Das mask. צדק und das singularische משפט begegnen sonst auffallend selten nebeneinander, cf. Jes 1,21; 16,5; 32,1; Jer 22,13; Hos 2,21; Ps 37,6; 72,2; 89,15(←97,2b); 94,15; 119,121.160; Prov 1,3; 2,8; wesentlich häufiger ist die geprägte Wendung משפט וצדקה (II Sam 8,15; I Reg 10,9; Jer 22,3 etc.).

Ḫammurabi belegten akkadischen *kittum u mīšarum*[81], das ein statisches Prinzip mit einer dynamischen Vorstellung verbindet[82]. In entsprechender Weise bezeichnet צדק die umfassende Ordnung der Welt[83] und משפט den Rechtsentscheid, der sich dem צדק verdankt und ihn zugleich befestigt[84]. Durch beide wird die Lebenswelt erhalten[85].

צדק scheint im westsemitischen Raum teilweise sogar als eigener Gott verehrt worden zu sein[86]; als Hypostase begegnet צדק in Ps 85,11–14, wo צדק und שלום einander küssen, צדק vom Himmel blickt und vor Jahwe hergeht. *kittum u mīšarum* galten als Kinder und Diener des Sonnengottes[87] und wurden in der Siegelkunst oft neben oder unter diesem abgebildet[88]. Vielleicht hat diese Vorstellung ebenfalls Ps 97,2b beeinflusst[89]. Das Thronbesteigungslied verbindet צדק ומקפט allerdings nicht mit einem Sonnengott, sondern mit dem königlichen Wettergott Jahwe. Den Horizont dieser Verbindung illustrieren besonders die zahlreichen Eigennamen, die Adad sowohl mit der Sonne als auch mit Gerechtigkeit verbinden[90]; im frühen 1. Jahrtausend wird die Nähe von Wettergott und Sonne auf verschiedenen Monumentalstelen abgebildet[91]. Wie Jahwe sind offenbar auch der moabitische Kamoš und der aramäische Ramman eng mit צדק verknüpft worden[92].

Der rückwärtige Rahmen von Ps 97,1–7* (V.6a.7b) weitet den universalen Horizont von V.1aβ.b.4.5b aus und nimmt auch Himmel und Götterwelt in den Blick. Gleichzeitig wird die Szenerie des Krönungsrituals abgerundet: Die Himmel erscheinen als königliche Herolde (cf.

---

81   Prol. V 20f; dazu ARNETH, Sonne 88–95.

82   Cf. WILCKE, Recht 211: „*kittum* = (sumerisch) níg-gi-na; beides bedeutet eigentlich ‚das Feste, Beständige', und das ist ‚das Richtige, Wahre'. Wahrheit und Beständigkeit, das was unanfechtbar gilt, sind zwei Seiten des Rechts, desselben unverrückbaren Fundamentes gesellschaftlicher Ordnung. ‚Recht' erscheint im Alten Orient meist gepaart mit ‚Gerechtigkeit', *mīšarum* = níg-gi-sá, beides eigentlich ‚das Gerade', ‚das Richtige'."

83   Cf. grundlegend SCHMID, Gerechtigkeit 66–68, 166–186.

84   Cf. die Verbindung משפט צדק in Dtn 16,18; Jes 1,21.

85   Cf. SCHMID, Gerechtigkeit 166.

86   Cf. *ṣdqm* in der ugaritischen Götterliste RS 24.271:14 (VIROLLEAUD, Textes 585) und das bei Philo Byblios erwähnte Götterpaar Μισωρ und Συδυκ (bei Euseb, praep. ev. I 10,13); weitere Belege bei BATTO, Art. ZEDEQ צדק (²DDD), 930f, und KEEL, Geschichte I, 190f.

87   Cf. CAVIGNEAUX/KREBERNIK, Art. Niĝzida (RLA IX), 313.

88   Beispiele bei KEEL, Geschichte I, 278, 280.

89   Cf. aaO 190f.

90   Adad-mē/išar(u) (TLB I 302 Rs. 10 = SCHWEMER, Wettergottgestalten 429; PBS I/2 83 Vs. 7 = SCHWEMER, aaO 433] u.ö.; Šamšī-Adad (Belege: SCHWEMER, aaO 633 u.ö.).

91   Beispiele: ANEP Nr. 501; KEEL, Geschichte I, 284f (mit weiteren Belegen).

92   Cf. den moabitischen Namen כמשצדק (RÉS 1263 [TIMM, Moab 171]) und den aramäischen Namen צדקרמן (CIS II 73).

נגד hi. in Ps 19,2). Indem sie Jahwes Gerechtigkeit verkünden, tun sie
kund, in welcher Weise Jahwe die Welt regiert: Der Gott, der die Erde
durch seine Blitze zu erschüttern vermag, ist mächtig genug, sie vor
dem Chaos zu bewahren und das Leben in ihr möglich zu machen. In
Entsprechung dazu besingt der Thronbesteigungshymnus von Ps 98,4–
9, dass Jahwe nach seinem Herrschaftsantritt die Erde mit Gerechtigkeit und Recht (מישרים / צדק) regiert (V.9aγ[93]).

Die Klimax stellt heraus, dass Jahwe unter den Göttern unangefochten ist: Indem sich alle Götter vor ihm niederwerfen, erkennen sie
sein Königtum an. Dasselbe Motiv findet sich im Rahmen von Ps 29,1–
10*, dessen Eröffnung die Göttersöhne zur Huldigung Jahwes aufruft
(V.1f*[94]). Dass sich die Götter einem Königsgott unterwerfen, ist dabei
nicht als monotheistische Aussage zu verstehen. In der Hervorhebung
eines einzelnen Gottes dürften sich vielmehr die irdischen Machtverhältnisse spiegeln, die durch das Königtum geprägt waren[95].

Der Rahmen der Theophanieschilderung erweitert den eröffnenden
Proklamationsruf zum hymnischen Festlied. Wie bei Ps 93,1–5* ist
wahrscheinlich, dass das Lied zu einem herausgehobenen festlichen
Anlass gehört hat, bei dem das mythische Ereignis der Thronbesteigung Jahwes gefeiert wurde. Durch die Theophanie war dieses Fest auf
die Gewitter der herbstlichen Regenzeit bezogen. Daher ist auch für
den Rahmen von Ps 97,1–7* an die Begehung des Jahresbeginns zu
denken.

4.10 Ergebnis

Der älteste Kern von Ps 97 schildert die Erscheinung eines Wettergottes: Der als „Herr der ganzen Erde" gepriesene Gott besiegt seine mythischen Feinde und beweist durch die unheimlichen Wirkungen des
Gewitters seine Macht über die Erde. Durch den Rahmen wurde das
Stück zu einem Lied umgeformt, das die Thronbesteigung Jahwes feiert und auf den Mythos des Königtums verweist. Nach dem Untergang
des Königtums wurde die Königsfreude auf Jahwes Gesetze, die Bewahrung der Frommen und das Gericht über die Frevler bezogen.

---

93   S.u. B.2.3, S. 174ff.
94   S.u. A.5.7, S. 122ff.
95   S.u. A.5.8, S. 128ff.

5. Der Wettergott im Tempel: Ps 29

Ps 29, nach Hermann Gunkel ein „urgewaltiger *Hymnus* auf Jahve als den furchtbaren und erhabenen Donnergott"[1], gilt weithin unangefochten[2] als frühes Zeugnis der Jahwereligion[3]. Die unübersehbare Nähe zur Mythologie der syrisch-palästinischen Wettergötter hat die Forschung immer wieder zu der Frage geführt, in welcher Weise hier eine interpretatio israelitica zu greifen ist: Rezipiert der Psalm alte kanaanäische Theologumena, um sie jahwistisch umzuprägen und zu entmythologisieren[4]? Oder beweist er, dass sich Jahwe anfangs von den Göttern seiner Umwelt nicht wesenhaft unterschieden hat[5]?

(1)   EIN LIED DAVIDS.

  Bringt Jahwe dar, ihr Göttersöhne,
  bringt Jahwe dar Ehre und Macht,
(2)   bringt Jahwe dar seines Namens Ehre,
  huldigt Jahwe in heiligem Schmuck!

(3) **Die Stimme Jahwes über den Wassern,**
  der Gott der Ehre hat es donnern lassen,
  Jahwe über großen Wassern!

(4) **Die Stimme Jahwes mit Kraft,**
  die Stimme Jahwes in Pracht!

(5) **Die Stimme Jahwes zerbricht Zedern!**

  Jahwe zerschmetterte des Libanon Zedern
(6) **und ließ sie springen wie ein Kalb,**
  Libanon und Sirjon wie einen jungen Wildstier.

(7) **Die Stimme Jahwes schlägt Feuerflammen!**

(8) **Die Stimme Jahwes lässt Steppenland kreißen,**
  Jahwe lässt <heiliges Steppenland>[6] kreißen!

(9) **Die Stimme Jahwes versetzt Hinden in Wehen**
  und ließ Gemsen (?)[7] bald gebären (?)[8],
  und in seinem Tempel sprechen all die Seinen: „Ehre!"

---

1   Psalmen 122 (Hervorhebung im Original gesperrt).
2   Mit einer Entstehung des gesamten Psalms in exilisch-nachexilischer Zeit rechnen CHEYNE, Origin 202; DEISSLER, Datierung 57f; TOURNAY, Salmo 29, 748–752; LORETZ, Ugarit-Texte 210f; DERS., KTU 1.101,1–3a, 421; jüngst OEMING, NSK.AT 13/1, 177f.
3   Die Literatur zu Ps 29 ist Legion, cf. den umfassenden Forschungsüberblick bei LORETZ, Ugarit-Texte 76–97. Wichtige monographische Darstellungen sind: KLOOS, Yahweh's Combat, und LORETZ, Ugarit-Texte 76–289. An Einzelstudien nach Loretz sind zu erwähnen: SPIECKERMANN, Heilsgegenwart 165–179; SEYBOLD, Psalm 29; DIEHL/DIESEL/WAGNER, Grammatik; ZENGER, Psalm 29; PARDEE, Psalm 29.
4   So besonders JEREMIAS, Königtum 29–44; SPIECKERMANN, Heilsgegenwart 165–179.
5   So besonders KRATZ, Mythos 158–161; DERS., Reste 37f.
6   Lies מדבר קֹדֶשׁ.
7   S.u. 5.4, S. 109ff.
8   S.u. 5.4, S. 109ff.

⁽¹⁰⁾   Jahwe hat sich auf die Flut gesetzt,
ja Jahwe setzte sich als König auf ewig!

⁽¹¹⁾   Jahwe gebe seinem Volk Macht,
Jahwe segne sein Volk mit Heil!

Lied über die Stimme Jahwes: V.3aα.b.4–8.9a*.
Hymnischer Rahmen: V.1aβ.b.2.3aβ.9aβ*.10.
Gottesvolk-Bearbeitung: V.11.
ÜBERSCHRIFT: V.1aα.

5.1 Zum Gesamtgefüge

Deutlichstes Gliederungsmerkmal ist ein Mittelteil, der durch die siebenfache Nennung der „Stimme Jahwes" (קול יהוה) zusammengehalten wird (V.3–9). קול יהוה steht darin meist am Anfang des jeweiligen Kolons (V.3a.4.5a.7.8a.9a). Von diesem auffällig monotonen Stück, das mit V.3 einsetzt, lässt sich die Eröffnung von V.1f* (ohne die Überschrift מזמור לדוד) abheben, deren vier Einzelkola jeweils mit einem Imperativ beginnen. Der Schlussteil sind die vier Kola von V.10f, die jeweils finite Verbformen enthalten. Der Psalm ist ein Triptychon aus Rahmen (V.1f*.10f) und Mittelteil (V.3–9).

Die genaue Interpretation ist von erheblichen Schwierigkeiten begleitet. Neben etymologischen Problemen (v.a. in V.9) und grammatischen Auffälligkeiten (V.6a; Narrativformen in V.5b.6a.9aβ*.10b) ist die schwer überschaubare poetische Anlage des Mittelteils zu nennen. Die Forschung hat dazu eine Fülle von Konjekturen, Ergänzungen und Umstellungen vorgeschlagen[9]. Die masoretische Textgestalt wird aber durch die Septuaginta gestützt[10].

5.2 Eine Gottesvolk-Bearbeitung (V.11)

Die Analyse soll mit dem Ende des Psalms beginnen. V.10f sind zwei parallele Bikola:

^(10a)   יהוה למבול ישב   Jahwe hat sich auf die Flut gesetzt,

---

9   Cf. die Zusammenstellung bei LORETZ, Ugarit-Texte 100–129.
10   Die Überschüsse der LXX in V.1 haben gegenüber dem MT kein substanzielles Gewicht: ἐξοδίου σκηνῆς ist Erweiterung der Überschrift; ἐνέγκατε τῷ κυρίῳ υἱοὶ θεοῦ ἐνέγκατε τῷ κυρίῳ υἱοὺς κριῶν bietet zwei verschiedene Deutungen von הבו ליהוה בני אלים nebeneinander (dazu ZENGER, Psalm 29, 582). Insgesamt hebt die Übersetzung der LXX die tempeltheologischen Bezüge zusätzlich hervor und deutet den Psalm eschatologisch (GZELLA, Kalb, bes. 272–284; ZENGER, aaO 581–583).

(10b)	וישב יהוה מלך לעולם	ja Jahwe setzte sich als König auf ewig!
(11a)	יהוה עז לעמו יתן	Jahwe gebe seinem Volk Macht,
(11b)	יהוה יברך את עמו בשלום	Jahwe segne sein Volk mit Heil!

Alle vier Kola haben יהוה als Subjekt. Die Jussive von V.11 (יתן/יברך) set-zen jedoch nach den beschreibenden Aussagen von V.10 (cf. וישב / ישב) neu an. Zwar greift V.11a mit עז auf V.1b zurück[11], wodurch V.11 und V.1* eine Klammer um den Psalm bilden: V.11a enthält den Wunsch, dass Jahwe die Macht, die ihm von den Göttersöhnen dargebracht wird, seinem Volk verleihen möge. Das Motiv des Gottesvolkes hebt sich aber von den vorher entfalteten Motiven ab[12]. Auch formal ent-spricht der Schluss nicht der Eröffnung (V.1f*): Dort handelt es sich um ein Tetrakolon[13], hier um zwei durch den jeweiligen Parallelismus voneinander abgegrenzte Bikola.

Dazu kommt, dass sich V.11 eng mit dem Ende von Ps 28 berührt:

(29,11a)	יהוה עז לעמו יתן	(28,8a)	יהוה עז למו
(11b)	יהוה יברך את עמו בשלום	(8b)	ומעוז ישועות משיחו הוא
		(9a)	הושיעה את עמך
			וברך את נחלתך
		(9b)	ורעם ונשאם עד העולם

(29,11a)	Jahwe gebe **seinem Volk** Macht,	(28,8a)	**Jahwe** ist ihnen eine **Macht**,
(11b)	Jahwe **segne sein Volk** mit Heil!	(8b)	und die Kraft der Rettungen seines Gesalbten ist er.
		(9a)	Rette **dein Volk**
			und **segne** dein Erbe
		(9b)	und weide und trage sie auf ewig!

Die concatenatio ist deutlich. Obwohl der in Ps 28,8b genannte Messias in 29,11 nicht erwähnt wird, entsprechen die beiden Passagen einander inhaltlich: Jahwes Macht (עז) und Segen (ברך pi.) gelten seinem Volk (עמו bzw. עמך). Auch Ps 28,8f hebt sich vom Hauptteil des Psalms, ei-nem Gebet des Einzelnen (V.1–7), in Sprache und Diktion ab[14]. Ps 28,8f

---

11 Cf. JEREMIAS, Königtum 32.
12 Deshalb wurde bereits mehrfach erwogen, dass V.11 Zusatz ist, cf. z.B. OLSHAUSEN, KeH 14, 141, 143; GUNKEL, Psalmen 124; WESTERMANN, Lob 166; SPIECKERMANN, Heilsgegenwart 169; HOSSFELD, in: HOSSFELD/ZENGER, NEB I, 181. MARTTILA, Rein-terpretation 150–154, hält hingegen V.10f für einen kollektivierenden Zusatz (ähnlich LORETZ, Psalm 29, 52f).
13 S.u. 5.6, S. 120ff.
14 למו in V.8a hat keinen grammatischen Bezug zum Vortext, sondern zu עמך in V.9, um den in V.1–7 sprechenden Einzelnen in das Kollektiv des Gottesvolkes einzuordnen. Das Lobgelübde von V.7b ist als älterer Abschluss von Ps 28* denkbar. Zur Hinzu-fügung von V.8f cf. bereits HUPFELD, Psalmen II, 157; OLSHAUSEN, KeH 14, 141; DUHM, KHC XIV, 85; GUNKEL, Psalmen 120; BECKER, Israel 68, Anm. 96; jüngst RÖSEL, Redaktion 124f; MARTTILA, Reinterpretation 149f. Die Bearbeitung von 28,8f

und 29,11 erweisen sich als Bearbeitung, die das Motiv der Macht (עז)
aus Ps 28,7 und Ps 29,1 aufgegriffen und auf das Gottesvolk (28,8;
29,11) und den Messias (28,8) bezogen hat[15].

Der Schluss von Ps 68 enthält eine weitere Parallele zu 29,11:

<table>
<tr><td>(35a)</td><td>תנו עז <ליהוה></td><td>Gebt <Jahwe>[16] Macht!</td></tr>
<tr><td></td><td>על ישראל גאותו</td><td>Über Israel[17] ist seine Hoheit,</td></tr>
<tr><td>(35b)</td><td>ועזו בשחקים</td><td>und seine Macht ist in den Wolken.</td></tr>
<tr><td>(36)</td><td>נורא <יהוה> ממקדשיך</td><td>Furchtbar ist <Jahwe>[17], aus deinem Heiligtum.</td></tr>
<tr><td></td><td>אל ישראל הוא נתן עז ותעצמות לעם</td><td>Israels Gott, er gibt Macht und Stärke dem Volk.</td></tr>
</table>

Auch hier begegnet עז im Vortext, sogar in ähnlichem Sinn wie in Ps 29,1: Der
Aufruf zur Huldigung Jahwes in V.35a entspricht Ps 29,1b, und nach V.35b ist
Jahwes Macht „in den Wolken". Das Wechselverhältnis in 68,35f entspricht
29,1.11 genau: Die Macht wird Jahwe dargebracht (29,1/68,35), und dieser verleiht sie seinem Volk (29,11/68,36)[18]. Die Gestalt von 68,36 deutet darauf, dass es
sich auch dort um eine Fortschreibung der hymnischen Passage von V.35*[19]
handelt[20]. Zwar stammt der Gedanke, dass ein Gott seinem Volk Macht verleiht, aus dem Motivkreis des göttlichen Königs, der auf der Seite des irdischen
Königs und dessen „Kriegsvolk" (עם) kämpft, wie eine phönizische Inschrift
aus Zypern zeigt[21]. Das literargeschichtliche Gefälle in Ps 28,8f; 29,11; 68,36 und
die in 28,8 greifbare Verschränkung mit dem Thema des Messias beweisen
aber, dass diese Passagen weit nach dem Untergang des Königtums entstanden

---

  dürfte gleichzeitig Ps 29 im Blick haben: עד העולם in 28,9b ist wahrscheinlich im Vor-
  ausgriff auf das ursprüngliche Ende von Ps 29 (לעולם in V.10b) formuliert.

15 Der Erwähnung des Messias in 28,8 stehen besonders Ps 18,51 sowie der Schlusspas-
  sus des Liedes der Hanna (I Sam 2,10) nahe. Das Motiv der Stärke, die Jahwe dem
  Messias verleiht, begegnet also am Ende verschiedener Psalmen, für die sich eine
  Beziehung auf den Messias nahelegte (I Sam 2; Ps 18; 28). Von der Rettung für den
  Messias ist auch in Ps 20,7; 84,10 die Rede.

16 Wegen der elohistischen Redaktion als ursprüngliches יהוה zu lesen.

17 S. Anm. 19.

18 Cf. MÜLLER, Jhwh 266.

19 Der kurze Hymnus dürfte seinerseits durch die Glosse על ישראל erweitert sein: Als
  ursprüngliche Gestalt ist das Bikolon גאותו ועזו בשחקים / תנו עז ליהוה anzunehmen.

20 Cf. DUHM, KHC XIV, 180; HOSSFELD, in: HOSSFELD/ZENGER, HThKAT 249f, hält im
  Rahmen einer zweistufigen Bearbeitungshypothese V.33–36 für sekundär; nach
  PFEIFFER, Kommen 217, gehört V.36 hingegen zur Grundschicht. Insgesamt unterscheidet sich Ps 68 zwar durch seine Länge und seinen anthologischen Charakter
  von Ps 29, enthält aber ähnliche Motive (Gewittertheophanie in V.9; hymnische Passagen mit Bezügen zum Motivkreis des Königtums Jahwes in V.5.33–35). Anders als
  in Ps 29* begegnet das Gottesvolk bereits im Mittelteil von Ps 68 (v.a. V.8.10).

21 Es handelt sich um eine Weihinschrift für ein Siegeszeichen, das Milkjaton, der König von Kition und Idalion, wahrscheinlich in den achtziger Jahren des 4. Jhs. nach
  einer siegreichen Schlacht errichtet hat (⁵KAI 288). Die Inschrift weist griechische
  Einflüsse auf; ihr Text dürfte aber ältere Elemente enthalten (KOTTSIEPER, in: TUAT
  N.F. III 315f; zur Interpretation cf. MÜLLER, Jhwh 271–275). Der mit Ps 29,11 und
  68,36 vergleichbare Satz lautet (3f: עז[ז] בעל כתי עם ולכל לי ויתן „und es gab mir und
  dem ganzen Volk von Kition Bʿl ʿz Kraft" (Übersetzung: MÜLLER, Jhwh 272).

sind: עם dürfte hier überall bereits das Gottesvolk der spätnachexilischen Religionsgemeinde bezeichnen[22].

Ein ähnlicher Segenswunsch wie in 29,11b findet sich in Ps 3,9, dort ebenfalls als Erweiterung eines älteren Psalms erkennbar. Literargeschichtlich dürften die Bearbeitungen 3,9; 28,8f; 29,11 und 68,36 einander nahestehen; vielleicht verdanken sie sich sogar derselben Hand.

5.3 Zum Verhältnis zwischen Rahmen und Mittelteil

Ohne V.11 gliedert sich der Psalm in drei unterschiedlich lange Abschnitte (V.1*.2; V.3–9aβ*; V.9aβ*.b.10). Entscheidend ist, dass sich der erste und der dritte Abschnitt syntaktisch, stilistisch und inhaltlich vom Mittelteil über die Stimme Jahwes abheben.

Die Eröffnung (V.1f*) wendet sich mit ihren vier Imperativen an die Göttersöhne (בני אלים). Der Mittelteil (V.3–9a*) gibt diese Sprechrichtung unvermittelt auf: Er schildert die gewaltigen Wirkungen der Stimme Jahwes. Das letzte Kolon von V.9 leitet den dritten Teil ein, der auf die Eröffnung zurückgreift: Jahwes Tempel in V.9aβ*.b entspricht dem Begriff קדש in V.2b; כבוד in V.9* knüpft an V.1b.2a an, und die Vorstellung von V.9aβ*.b, dass die Tempelgemeinde „Ehre" sagt, führt das Bild der Huldigung Jahwes in V.1f* fort. Auch das Motiv des thronenden Jahwe in V.10 liegt auf dieser Ebene. Der Rahmen kreist um die Verehrung des ewigen Königs Jahwe im Tempelkult. Der Mittelteil hingegen zeichnet eine Gotteserscheinung im Gewitter.

Rahmen und Mittelteil sind an einer Stelle miteinander verzahnt:

(3aα)	קול יהוה על המים	Die Stimme Jahwes über den Wassern,
(3aβ)	אל הכבוד הרעים	der Gott der Ehre hat es donnern lassen,
(3b)	יהוה על מים רבים	Jahwe über großen Wassern!

V.3aβ greift mit der Gottesbezeichnung אל הכבוד auf כבוד aus V.1f (cf. V.9b) zurück und lehnt sich mit אל an die אלים in V.1 an. Zugleich fasst הרעים zusammen, was der Mittelteil besingt.

Immer schon wurde erkannt, dass die Parenthese von V.3aβ den Zusammenhang der anderen beiden Kola von V.3aα.b stört[23]: קול יהוה על

---

22   Cf. den Sprachgebrauch von עם im Psalter: Sowohl עמו (Ps 14,7/53,7; 50,4; 73,10; 78,20.52.62.71; 85,9; 94,14; 100,3; 105,24f.43; 106,40; 111,6.9; 113,8; 116,14.18; 125,2; 135,12.14; 136,16; 148,14; 149,4) als auch עמך (3,9; 28,9; 44,13; 60,5; 68,8; 72,2; 77,16.21 [s.o. A.2.3, S. 47ff] 79,13; 80,5; 83,4; 85,3.7; 94,5; 110,3) begegnen überwiegend in Kontexten, die den Untergang der Monarchie längst voraussetzen. Eine Ausnahme scheint 72,2 zu sein (cf. ARNETH, Sonne 30f; anders LEVIN, The Poor 336).

23   Cf. BRIGGS/BRIGGS, ICC, I, 253; GUNKEL, Psalmen 125; JEREMIAS, Königtum 33; SPIECKERMANN, Heilsgegenwart 169; HOSSFELD, in: HOSSFELD/ZENGER, NEB I, 181; KRATZ, Mythos 157.

המים (V.3aα) und יהוה על מים רבים (V.3b) gehört poetisch zusammen;
V.3b ist eine klangvolle repetierende Variation von V.3aα, der den Mittelteil über die Stimme Jahwes eröffnet[24]. Das zweite Kolon von V.3
lässt sich nur als sekundäre Erweiterung erklären: Es sprengt das ursprüngliche Bikolon von V.3aα.b auf und formt es zu einem poetisch
holprigen Trikolon um.

Ohne V.3aβ ist der Mittelteil nicht mit dem Rahmen verbunden:
Das Bikolon von V.3aα.b setzt gegenüber V.1f* neu an, ohne an das
Vorausgehende anzuknüpfen. V.4a bietet mit dem Begriff כח zwar eine
semantische Parallele zu עז in V.1b, und הדר in V.4b steht הדרה in V.2b
etymologisch nahe. V.4 bezieht sich jedoch ebensowenig auf die Szenerie von V.1f* zurück wie V.3*: Dass die Stimme Jahwes in Kraft und
Pracht ergeht, erklärt sich aus dem Motiv des Gewitters und muss nicht
von der in V.1f* geschilderten Huldigung Jahwes durch die Göttersöhne hergeleitet sein[25]. V.1f* greifen vielmehr mit עז und הדרה auf כח
und הדר in V.4 voraus[26]. Entsprechendes gilt für die Nähe von הדרת קֹדֶשׁ
in V.2b zu מדבר קָדֵשׁ (wohl ursprünglich מדבר קֹדֶשׁ[27]) in V.8b: Die Spannung zwischen dem heiligen Steppenland, über dem Jahwes Stimme
ertönt, und dem heiligen Schmuck, der zur Szene der Königshuldigung
im göttlichen Palast gehört, ist deutlich; V.8b greift nicht auf die Eröffnung in V.1f* zurück.

Auch den hinteren Teil des Rahmens hat der Mittelteil nicht im
Blick: Das Stück über die Stimme Jahwes endet mit V.9aβ*. Dass
V.9aβ*.b den Tempel erwähnt, wird vom vorausgehenden Text in keiner Weise vorbereitet. Dasselbe gilt für das Verhältnis zwischen V.3
und V.10[28]. Zwar dürfte das Motiv des מבול in V.10a den Wassern (המים
bzw. מים רבים) in V.3 entsprechen:

(3aα)	קול יהוה על <u>המים</u>	Die Stimme Jahwes über <u>den Wassern</u>,
(3aβ)	אל הכבוד הרעים	der Gott der Ehre hat es donnern lassen,
(3b)	יהוה על <u>מים רבים</u>	Jahwe über <u>großen Wassern</u>!
	… …	
(10a)	יהוה <u>למבול</u> ישב	Jahwe hat sich auf <u>die Flut</u> gesetzt,
(10b)	וישב יהוה מלך לעולם	ja Jahwe setzte sich als König auf ewig!

Dass nach V.3* Jahwes Stimme über den Wassern ertönt, muss ursprünglich aber nicht mit V.10 verknüpft gewesen sein. V.3* ist im
Rahmen der Gewittertheophanie aus sich heraus verständlich.

---

24   Cf. SPIECKERMANN, ebd.
25   S.u. 5.5, S. 115ff.
26   S.u. 5.7, S. 122ff.
27   S.u. 5.5, S. 115ff.
28   Cf. v.a. JEREMIAS, Königtum 35f; ZENGER, Theophanien 410; HARTENSTEIN, Wetter-
      gott 7f.

Das Bikolon von V.3* (קול יהוה על המים / יהוה על מים רבים) kann als
volltönender Beginn eines selbständigen Stückes gelesen werden[29]. Der
Mittelteil lässt sich ohne den Rahmen verstehen: Die parallel gereihten
Aussagen über die Stimme Jahwes ruhen in sich und entwerfen eine
vollkommen eigene Szenerie.

Umgekehrt kann der Rahmen aber nicht ohne den Mittelteil gelesen
werden: Die einleitenden Imperative lassen eine Fortsetzung erwarten,
und V.9aβ*.b kann nicht unmittelbar auf V.2 gefolgt sein.

Entscheidend ist, wie der hintere Teil des Rahmens beginnt: ובהיכלו
(„*und in seinem Tempel*") knüpft durch die Kopula zwar an die Aussagen über die Stimme Jahwes an, und der folgende Partizipialsatz nennt
eine Handlung, die zu den Handlungen des Mittelteils offenbar als
gleichzeitig gedacht ist. Inhaltlich gehört V.9aβ*.b aber auf eine ganz
andere Ebene, wie die Ortsangabe בהיכלו zeigt: „... und *in seinem Tempel*
sprechen all die Seinen ..."[30]. Der hintere Teil des Rahmens greift damit
sachlich auf V.1f* zurück.

Die Unterschiede zwischen Rahmen und Mittelteil lassen sich also
nicht nur traditionsgeschichtlich, sondern auch literargeschichtlich
erklären: Der älteste Kern des Psalms ist in V.3–9a* zu suchen; der
Rahmen bietet eine Weiterdichtung des Kerns[31].

5.4 Zu Form und Gattung des Mittelteils (V.3–9a*)

Im Mittelteil wechseln die Satzarten: Der Anfang ist aus mehreren adverbialen Nominalsätzen gebildet (V.3aα.b. 4); darauf folgen ein Partizipialsatz (V.5a) und zwei mit Narrativen eröffnete Verbalsätze (V.5b.
6). Danach begegnet erneut ein Partizipialsatz (V.7), woran sich drei
Verbalsätze mit Imperfekt anschließen (V.8.9aα). Am Ende steht wieder
ein mit einem Narrativ eröffneter Verbalsatz (V.9aβ*).

Das auffälligste syntaktische Phänomen sind die Narrativformen in
V.5b.6.9aβ*: „Die Masoreten haben einige Verbformen als Impf. cons.
punktiert (V.5b.6a.9aβ.10b) und damit in die Gewittertheophanie einen
punktuell-präteritalen Aspekt eingetragen. Daß dieser der ursprünglichen Fassung fremd gewesen ist, läßt sich dem Gebrauch adverbieller
(V.3aα.b.4) und partizipialer (V.5a.7.9b) Nominalsätze und imperfekti-
scher Verbalsätze (V.8ab.9aα) entnehmen"[32]. Hermann Spieckermann

---

29 Cf. JEREMIAS, Theophanie 30.
30 Cf. JEREMIAS, Königtum 34: „'Aber in seinem Palast ruft (währenddessen) ein jeder
    (anhaltend): Glorie!'"; so auch ZENGER, Psalm 29, 572f; DERS., Theophanien 411.
31 Cf. SEYBOLD, Psalmen 51f; DERS., HAT I/15, 122f; KRATZ, Mythos 160.
32 SPIECKERMANN, Heilsgegenwart 168.

folgert aus dieser Inkongruenz, dass gegen die Masoreten kopulative Imperfekte zu lesen seien[33]. Es könnte aber sein, dass die Masoreten den punktuell-präteritalen Aspekt nicht in den Text eingetragen, sondern zu Recht erkannt haben. Die temporale Spannung[34] könnte formgeschichtliche Gründe haben.

Für die Anordnung der Einzelkola könnte man zunächst an eine durchgehende bikolische Struktur denken[35]. Das legt besonders der eröffnende V.3 nahe, der sich als ursprüngliches Bikolon erweist[36]. Schwierigkeiten bietet bei dieser Annahme das isolierte Kolon von V.7, was meist damit erklärt wird, dass ein Kolon ausgefallen oder V.7 nachgetragen sei[37]. Grundlage sollte aber die vorliegende Gestalt des Textes sein[38]. Geht man von ihr aus, fällt auf, dass die Kola nach ihrer jeweiligen Syntax konzentrisch angeordnete Gruppen bilden[39]:

(3aα)	קול יהוה על המים	Die Stimme Jahwes über den Wassern,
(3b)	יהוה על מים רבים	Jahwe über großen Wassern!
(4a)	קול יהוה בכח	Die Stimme Jahwes mit Kraft,
(4b)	קול יהוה בהדר	die Stimme Jahwes in Pracht!
(5a)	קול יהוה שבר ארזים	Die Stimme Jahwes zerbricht Zedern!
(5b)	וישבר יהוה את ארזי הלבנון	Jahwe zerschmetterte des Libanon Zedern
(6a)	וירקידם כמו עגל	und ließ sie springen wie ein Kalb,
(6b)	לבנון ושרין כמו בן ראמים	Libanon und Sirjon wie einen jungen Wildstier.
(7a)	קול יהוה חצב להבות אש	Die Stimme Jahwes schlägt Feuerflammen!
(8a)	קול יהוה יחיל מדבר	Die Stimme Jahwes lässt Steppenland kreißen,
(8b)	יחיל יהוה מדבר קדש	Jahwe lässt <heiliges Steppenland>[40] kreißen!
(9aα)	קול יהוה יחולל אילות	Die Stimme Jahwes versetzt Hinden in Wehen
(9aβ*)	ויחשף יערות	und ließ Gemsen (?)[41] bald gebären (?)[42].

---

33 Ebd.

34 Dass die waw-Imperfekte nicht präsentisch gedeutet werden können, wurde von GROSS, Verbform (Zusammenfassung 163–166), gegen MICHEL, Tempora 15–51, erwiesen.

35 Cf. die Druckanordnung der BHS und z.B. SPIECKERMANN, Heilsgegenwart 166f.

36 S.o. 5.3, S. 107ff.

37 Cf. dazu LORETZ, Ugarit-Texte 119–122 mit Literatur; SPIECKERMANN, Heilsgegenwart 167, fasst hingegen V.7.8a und V.8b.9aα als Bikola zusammen. V.8a.b erweisen sich durch den repetierenden Parallelismus aber eindeutig als Bikolon.

38 Cf. DIEHL/DIESEL/WAGNER, Grammatik 467, die wegen der Versanfänge einen spiegelbildlichen Aufbau des Psalms mit der Zentralstellung von V.6 erkennen. Auch sie vermuten aber in V.7 den Ausfall eines Kolons (466f, Anm. 13).

39 Die damit verbundene Anordnung unterscheidet sich von der These, V.5–9 seien je zwei um das Monokolon von V.7 gruppierte Bikola (JEREMIAS, Königtum 33); ZENGER, Psalm 29, 580, schließt von der Konzentrik mit der Mitte in V.7 auf ein „horizontales Weltbild, in dessen Mitte der Jerusalemer Tempel liegt".

40 Lies מדבר קֹדֶשׁ.

41 S.u. A.5.4, S. 112f.

Entscheidendes Gewicht hat die Gestalt von V.5f. Zwischen V.5a und V.5b besteht trotz der Wiederholung von שבר und ארזים ein stilistischer Bruch: V.5b setzt mit dem Narrativ וישבר gegenüber dem partizipial gebildeten V.5a neu an. Der von den Masoreten angenommene Wechsel von q. zu pi. deutet eine Intensivierung der Handlung an. Außerdem begegnet – anders als in V.5a – die nota accusativi vor ארזי הלבנון, die an den Erzählstil der Prosa erinnert[43]. Die beiden Kola von V.5 sollten daher – entgegen der masoretischen Anordnung – nicht als ursprüngliches Bikolon gelesen werden. V.6 hingegen knüpft eng an V.5b an: Das narrative וירקידם setzt וישבר יהוה fort, wobei sich das Suffix auf ארזי הלבנון zurückbezieht, und V.6b wiederholt לבנון aus V.5b. V.7 kehrt zum Partizipialstil zurück. Die drei Kola von V.5b.6 lassen sich somit als Trikolon zusammenfassen[44]. Durch seinen erzählenden Stil hebt es sich von den präsentischen Aussagen seiner Umgebung ab.

Mehrfach nimmt man daran Anstoß, dass nach masoretischer Vokalisation und Verseinteilung Jahwe zunächst die Zedern springen lässt (רקד hi.), dann aber die Gebirge selbst[45]. V.6 scheint zudem einen chiastischen synonymen Parallelismus zu intendieren: וישרין כמו בן ראמים / וירקידם כמו עגל לבנון[46]. Mehrfach nimmt man daher entweder an, dass das ם-Suffix sekundär eingefügt wurde[47], oder deutet es als enklitische Partikel in Analogie zum Ugaritischen[48]. Beides ist unwahrscheinlich: Für einen Nachtrag des Suffixes lassen sich kaum Gründe benennen, und für ein enklitisches -ma bietet das biblische Hebräisch keine eindeutigen Belege[49]. Wenig plausibel ist auch die Annahme, es handle sich um ein Suffix, das die Objekte לבנון ושרין poetisch vorwegnehme[50]. Die Masoreten dürften Recht behalten[51]. Nach ihnen sind nicht nur כמו עגל und כמו בן ראמים parallel, sondern auch das Suffix, das sich auf die Zedern des Libanon aus V.5b bezieht, und V.6b (לבנון ושרין כמו בן ראמים / וירקידם כמו עגל ("und er ließ sie springen wie ein Kalb, / Libanon und Sirjon wie einen jungen Wildstier.") Die poetische Unebenheit und die merkwürdige Ausdrucksweise erklären sich

42 S.u. A.5.4, S. 112f.
43 Vogt, Aufbau 22, Anm. 3, streicht die nota accusativi; Loretz, Ugarit-Texte 114, notiert die kolometrische „Überlänge" des zweiten Kolons und streicht neben der nota accusativi auch den Gottesnamen.
44 Cf. Pardee, Psalm 29, 154–160.
45 Cf. Loretz, Ugarit-Texte 116–118 (mit Literatur).
46 Ebd.; cf. die Druckanordnung der BHS.
47 So schon Duhm, KHC XIV, 86; Wellhausen, Psalms 80; Gunkel, Psalmen 116; cf. Loretz, Ugarit-Texte 117f (mit Literatur).
48 So zuerst Ginsberg, Hymn 474; cf. Meyer, Grammatik II 180f; Spieckermann, Heilsgegenwart 166, Anm. 3; zur ugaritischen m-Partikel cf. del Olmo Lete/San-Martín, DULA II, 508f; Tropper, UG 825ff.
49 Cf. Barr, Philology 31–37.
50 Tournay, Rez. Robertson 463f; cf. schon Wellhausen, Psalms 80.
51 Cf. Barr, Philology 32f.

wahrscheinlich daraus, dass hier zwei unterschiedliche geprägte Bilder verknüpft wurden[52].

Das Trikolon von V.5b.6 wird von den parallelen Kola V.5a und V.7
gerahmt, die das Subjekt קול יהוה jeweils mit einem partizipialen Prädikat verbinden. V.5a erweist sich ebenso wie V.7 als Monokolon.

Die jeweils zwei Bikola von V.3*.4 und V.8.9a* bilden einen dop-
pelten äußeren Rahmen, wobei V.3*.4 durch die adverbialen Nominalsätze und V.8.9aα durch imperfektische Verbalsätze zusammengehalten werden. Nur das letzte Kolon des Stückes (V.9aβ*) hebt sich ab:
ויחשף יערות beginnt noch einmal mit einem Narrativ, was den Bogen
zurück zu V.5b.6 schlägt, und ist zudem kürzer als die anderen Kola[53].

Etymologisch und poetologisch bietet V.9aβ* eine Crux. Die gängige Deutung „und schälte Wälder ab (*חשׂף I[54])"[55] enthält zwei Schwierigkeiten: Zum
einen ist יער I sonst nur mit maskulinem Plural belegt[56]; zum anderen ist die
Aussage kein Parallelmotiv zu V.9aα. Schon Robert Lowth hat aus diesem
Grund in V.9aα nicht אַיָּלוֹת, sondern אֵילוֹת (von אַיִל II[57]) gelesen und die Aussage
auf die Zerstörung der Bäume durch das Gewitter bezogen[58]. Das lässt sich
aber kaum mit der Semantik von חיל I pol. vereinbaren[59]. Wenn es sich bei יערות
nicht um eine poetische Pluralbildung von יער I handelt[60], was den Parallelismus nicht verbessern würde, ist die Lösung in der umgekehrten Richtung zu

---

52   S.u. 5.5, S. 115ff.
53   Kolometrisch lässt sich das scheinbar verkürzte Kolon immerhin mit V.4a
     parallelisieren (jeweils 9 Konsonanten, plene 10 Buchstaben). Die Kürze des Kolons
     hat in der Forschung freilich immer wieder zur Annahme des Ausfalls von Text ge-
     führt, cf. die Übersicht über die verschiedenen Vorschläge bei LORETZ, Ugarit-Texte
     122–124.
54   Vom Abschälen eines Feigenbaums durch ein feindliches Volk in Joel 1,7.
55   Sie wird indirekt bereits von der LXX bezeugt: καὶ ἀποκαλύψει (חשׂף I q. im Sinn von
     „aufdecken", „entblößen" z.B. in Jes 52,10; Ez 4,7) δρυμούς.
56   Ez 34,25; 39,10 sowie im häufigen Ortsnamen קרית יערים; genauso das ugaritische
     ya'ru mit dem pl. ya'rūma (cf. DEL OLMO LETE/SANMARTÍN, DULA II, 947f: s.v. y'r II).
57   JEREMIAS, Königtum 31, Anm. 8, verweist wegen der femininen Pluralbildung auf
     das häufig belegte אֵלָה I, das als nomen unitatis von אַיִל II gebildet ist.
58   Praelectiones 316f, mit Anm.; cf. GRAY, Doctrine 41, Anm. 11.
59   Cf. LORETZ, Ugarit-Texte 124, der hier analog zu V.8 konjiziert: קול יהוה יחשף אילות /
     ויחשף יהוה יערות. MITTMANN, Komposition 184f, verweist dagegen darauf, dass *חיל I
     polel ansonsten nicht kausativ, sondern nur intensiv gebraucht werde („hervorbrin-
     gen"), und dass Analoges für den passiven Intensivstamm gelte („hervorgebracht
     werden"). Angesichts der wenigen Belege für die Intensivstämme dieser Wurzeln
     hat dieses Argument wenig Gewicht: Es ist durchaus möglich, dass das polel sowohl
     intensive als auch kausative Bedeutung haben kann. Indirekt könnte dies Hi 26,5
     belegen, wo das polal „zum Beben gebracht werden" bedeuten dürfte. DUHM, KHC
     XIV, 120, leitet יחולל hingegen von חול ab und übersetzt unter Verweis auf Jer 23,19
     „... macht Eichen wirbeln"; so auch JEREMIAS, Königtum 31, mit Anm. 8.
60   Erwogen z.B. von GRAETZ, Psalmen I, 251; HERKENNE, HSAT V/2, 125; WAGNER,
     Textproblem, bes. 190–192, deutet hingegen יערות „als Einzelplural von einem von
     יער abgeleiteten Nomen unitatis *יערה" (Wald-)Baum" (191 mit Hervorhebung).

suchen: Für יַעֲרוֹת hat man auf die Nähe zu יְעֵלוֹת (von יַעֲלָה I[61]) verwiesen[62] oder die Ableitung von einem verwandten יַעֲרָה II („Zicklein", „Gemse") vorgeschlagen[63] und für וַיֶּחֱשֹׂף ein חשׂף II hi. („zu vorzeitigem Gebären bringen") erschlossen, beides unter Verweis auf klassisch arabische Äquivalente[64]. Das würde einen synonymen Parallelismus zur masoretischen Lesart von V.9aα ergeben[65]. Natürlich bleibt diese Deutung unsicher[66].

Sieben Kola beginnen mit קוֹל יהוה (V.3aα.4a.b.5a.7.8a.9aα). Abgesehen von den drei Kola, die mit Narrativen eröffnet werden (V.5b.6a. 9aβ*), sind die Einzelkola asyndetisch gereiht. Im Ganzen ergibt sich ein stampfender Rhythmus. Die Gleichförmigkeit der Glieder lässt die syntaktischen Variationen umso deutlicher hervortreten. Mit dem repetierenden Parallelismus verbindet sich eine immer weiter gesteigerte Dynamik: Das Stück beginnt mit Aussagen über die Stimme Jahwes, die zeitlich noch unbestimmt bleiben (V.3aα.b.4); die Partizipialsätze in V.5a.7 und die Imperfekta in V.8.9aα lassen hingegen an wiederholte und gegenwärtige Handlungen denken, deren Wirkung andauert[67]. Die Folge bildet ab, wie der Donner naht und immer mächtiger wird.

In der Mitte und am Ende ist die präsentisch iterative Perspektive mit der präterital narrativen Perspektive verflochten. Damit wird der Eindruck erweckt, dass das Gedicht gleichzeitig auf ein vergangenes Geschehen zurückblickt. Das erinnert an die erzählende Diktion der Theophanieschilderung von Ps 18,8–16*[68] und an das Ende der Theophanie von Ps 97,2–5* (V.4f)[69].

Das Stück zeichnet Jahwe als Wettergott: קוֹל ist seine Stimme[70], die im Donner des Gewitters zu hören ist. Die Parallelismen in V.3aα.b und V.8a.b zeigen, dass Jahwes Stimme und sein Handeln untrennbar zusammen gehören:

---

61 Prov 5,19 parallel zu אַיֶּלֶת; cf. das ugaritische – freilich nur im Maskulinum belegte – yꜥl I (cf. DEL OLMO LETE/SANMARTÍN, DULA II, 947, s.v. yꜥl I).

62 CHAJES, Ps. XXIX 9, 209.

63 DRIVER, Studies 255f; cf. HALAT 404.

64 DRIVER, ebd., verweist zudem auf die חשׂפי עזים von I Reg 20,27, die nicht wie üblich als „kleine Herden" (cf. LXX) zu deuten seien, sondern als (zwei) „verfrüht geworfene Zicklein" (cf. HALAT 345). Zu erinnern ist daneben an die PN חשׂופה, חשׂפא (Esr 2,43; Neh 7,46), die nach NOTH, IPN 226, „schnell" bedeuten und die Wurzel חשׂף II belegen.

65 Cf. SEGERT, Poetry 175.

66 Cf. JEREMIAS, der die Deutung DRIVERs (s. Anm. 63 und 64) zunächst übernommen (Theophanie 30f, mit Anm. 8), später verworfen hat (Königtum 31, mit Anm. 8).

67 Cf. JEREMIAS, Königtum 33, der freilich V.10 als „Höhepunkt der Steigerung" wertet.

68 S.o. A.1.4, S. 27ff.

69 S.o. A.4.5, S. 94.

70 Verfehlt ist die Deutung von קוֹל als Exklamation „horch!" (so z.B. SEYBOLD, Psalmen 51f; anders DERS., HAT I/15, 123; cf. dazu die Gegenargumente bei MITTMANN, Komposition 176f, und PARDEE, Psalm 29, 167).

(3aα)	קוֹל יְהוָה עַל הַמָּיִם	Die Stimme Jahwes über den Wassern,
(3b)	יְהוָה עַל מַיִם רַבִּים	Jahwe über großen Wassern!
	... ...	
(8a)	קוֹל יְהוָה יָחִיל מִדְבָּר	Die Stimme Jahwes lässt Steppenland kreißen,
(8b)	יָחִיל יְהוָה מִדְבַּר קָדֵשׁ	Jahwe lässt heiliges Steppenland kreißen!

Wenn Jahwes Stimme erklingt, naht er selbst heran, um seine Herrschaft im Kosmos durchzusetzen[71]. Die ugaritischen Parallelen über die Stimme (qôlu) des Wettergottes Baʿlu[72] zeigen die Verwandtschaft. Dass man Jahwes Stimme im Donner zu hören meinte, belegen im Alten Testament auch verschiedene jüngere Reflexe des Motivs[73].

Die Stimme Jahwes wird siebenfach genannt. Das deutet auf wohlüberlegte Vollzähligkeit[74]: Das Stück über den Donner des Wettergottes Jahwe dürfte vollständig erhalten sein.

Die changierende Sprachgestalt ist für die Frage nach der Gattung entscheidend. Die Wiederholungen klingen beschwörend: Die im Donner ertönende Stimme Jahwes wird nicht nur besungen, sondern regelrecht herbeigerufen[75]. Das lässt vermuten, dass der Text mit einem entsprechenden Ritual verbunden war. Gleichzeitig erwecken die narrativen Elemente den Eindruck, dass es sich um eine kurze epische Erzählung handelt[76]. Das lässt an eine Verwendung als Festlegende denken. Beide Funktionen lassen sich nicht voneinander trennen: Der Kult besang das gegenwärtige Wirken des Wettergottes und erinnerte an die mythische Vergangenheit, in der dieses Wirken begann.

Als Sitz im Leben dürfte sich wie bei Ps 18,8–16*; 77,17–20 und 97,2–5* das Neujahrsfest erweisen: Jahwes alljährliches Nahen in den herbstlichen Gewittern galt als Voraussetzung dafür, dass der Zyklus

---

71 S.u. 5.5, S. 115ff.

72 Cf. bes. CAT 1.4 V 68–71; VII 29–35 (s.o. A.1.5, S. 29f).

73 Obwohl Ps 68,34 in der späten anthologischen Dichtung von Ps 68 steht, könnte in V.33–35* ein altes Fragment eines Hymnus über den Wettergott zu greifen sein (anders PFEIFFER, Jahwes Kommen 241–243, der bereits die Grundschicht von Ps 68 für eine späte Dichtung hält, die als Abschluss der Psalmengruppe 51–64 komponiert worden sei). Ps 18,14/II Sam 22,14 wurde in die alte Theophanieschilderung von V.8–16* nachträglich eingefügt (s.o. A.1.3, S. 25). Jes 29,6 und 30,31 (mit V.30) bieten jüngere Reflexe im Kontext des jesajanischen Assurzyklus (zu 30,30 s.o. A.1.5, S. 31). Cf. außerdem Hi 37,4.

74 Cf. OTTO, Art. שֶׁבַע (ThWAT VII): „Siebenmaliges Handeln als ein vollständiges hat eine besondere Affinität zu Ritualen und zeremoniellen Gesten ..." (1008); „die Siebenzahl" kann zudem „Aspekte des Gezählten steigern und Ausdruck von Fülle und Kraft sein" (1009). Die Siebenzahl in Verbindung mit dem Donners erinnert besonders an CAT 1.101:3f: (3) [...] šabʿatu baraqīma [...] (4) ṯamānîtu iṣr rʿt [...] („[...] sieben Blitze [...], acht Bündel Donner [...]"). Zu den weiteren ugaritischen Belegen und ihrer jeweiligen Symbolik aaO 1010–1013.

75 SEYBOLD, HAT I/15, 123, denkt hingegen an eine „hymnische Litanei".

76 Cf. SEYBOLD, ebd., der auf das „epische Moment" von V.3–9* verweist.

der Vegetation von neuem beginnen konnte. Die Urform von Ps 29 hat offenbar dazu gedient, Jahwes Stimme herbeizurufen und gleichzeitig die Ursprünge von Jahwes mächtigem Handeln zu feiern.

5.5 Der nahende Wettergott

Im Hintergrund lässt sich ein mythisches Geschehen erschließen. Darauf deutet schon der Beginn: על המים („über den Wassern") und על מים רבים („über großen Wassern") erinnert zwar daran, dass die Herbst- und Wintergewitter über das Meer heranziehen (cf. I Reg 18,41–45)[77]. Die Parallele Ps 93,4 (מקלות מים רבים ... אדיר במרום יהוה „Gewaltiger als das Tosen großer Wasser ... ist in der Höhe Jahwe") führt jedoch auf eine tiefere Dimension: Die „großen Wasser" sind eine Größe des Mythos. Nach Ps 93,3f erheben sie wie die Ströme ihre Stimme, um ihre chaotische Macht zu zeigen; Jahwe aber ist ihnen überlegen[78]. Das setzt Jahwes siegreichen Kampf gegen die Wasser voraus, den Ps 77,17–20 besingt[79].

Ps 29,3* spricht nicht ausdrücklich über diesen Kampf. Jörg Jeremias sieht hier daher – im Zusammenspiel mit V.10 – eine Übersetzung der „Chaoskampfreminiszenzen" „ins Statisch-Räumliche", worin die interpretatio israelitica des kanaanäischen Traditionsgutes zu erkennen sei[80]. Das ist jedoch nicht zwingend: Die Aussagen von V.3*, die als adverbiale Nominalsätze konstruiert sind[81], schließen die dynamische Potenz der großen Wasser nicht aus. Die doppeldeutige Präposition על zeigt, dass mit על המים und על מים רבים nicht nur ein Ort im Kosmos angegeben wird[82]: Wenn Jahwe seine Stimme „über den Wassern" und „gegen die Wasser" ertönen lässt, fängt er an, sie zu zähmen. Dass das Motiv hier nicht weiter ausgeführt wird, dürfte mit der Gattung zusammenhängen[83]. Die Theophanietexte von Ps 18,8–16* und 77,17–20, die deutlicher über Jahwes kriegerische Erscheinung und seinen

---

77 So schon MICHAELIS, Anm. zur Übersetzung von LOWTH, Praelectiones XXVII, 552. Jüngere Texte nennen die Wassermassen des Meeres mehrfach מים רבים: Jes 23,3; Ez 27,26; Ps 107,23.

78 S.o. A.3.5, S. 73ff.

79 S.o. A.2.5, S. 53ff.

80 Königtum 39.

81 Die Analogie zu V.5a.7.8.9aα.β* deutet darauf, dass die Präpositionalphrasen in V.3aα.b prädikative Funktion haben: „Die Stimme Jahwes (ist/ergeht) über den Wassern [...]" (cf. CHEYNE, Psalms 79). Die Übersetzung zu Beginn dieses Kapitels verzichtet auf ein Hilfsverb, um die hebräische Sprachstruktur deutlich zu machen.

82 So mit Recht ZENGER, Theophanien 413.

83 S.o. 5.4, S. 109ff.

Kampf gegen die Fluten sprechen, schließen sich organisch an Ps 29,3–9* an. Eine programmatische Umprägung des alten Mythologems ist weder dort noch hier zu erkennen: Die kultische Dichtung setzt vielmehr seine Geltung voraus.

Das nächste Bikolon (V.4) entfaltet die Voraussetzungen für Jahwes mythische Überlegenheit. Die prädikativen Adverbialia בכח und בהדר schreiben der Stimme Jahwes zwei entscheidende Eigenschaften zu: כח ist die elementare Kraft des Donners[84]. הדר steht schon vor der Rahmung des Stückes dem Bild des göttlichen Königtums nahe[85]. Die Kraft des Wettergottes, die im Gewitter hörbar ist, lässt hinter dem Wolkendunkel eine prächtig geschmückte Erscheinung des Gottes erahnen (cf. Ps 104,1b.2a)[86].

Das Bild der im Gewitter zerbrechenden Zedern in V.5a ist keine bloße Naturschilderung. In der westsemitischen Literatur gelten die kostbaren Zedern oft als Symbol für Stärke, Stolz oder Hochmut, bisweilen ausdrücklich auf das Königtum bezogen[87]. Wenn Jahwes Stimme sie zerbricht, beweist er seine Macht über den Kosmos[88].

Das narrative Trikolon von V.5b.6 nimmt die poetische Mitte von V.3–9* ein. Es blickt auf eine nicht näher charakterisierte Urzeit zurück, in der Jahwes Wirken begann:

---

84 Der Begriff weist in die verschiedensten Bereiche der Erfahrung, meint die Kraft von Erde (Gen 4,12) und Tieren (z.B. Prov 14,4), dann v.a. die menschliche Kraft, die Kraft der Jugend (Prov 20,29), die Kraft, die Arbeit (Dtn 8,18) und Kriegführung (Jos 14,11) erfordern, die außergewöhnliche Kraft des Helden (Jdc 6,14; 16,5ff) und schließlich auch die Kraft von Weisheit und Erkenntnis (Prov 24,5). Vor diesem Hintergrund wird כח zum Gottesepitheton, bezogen v.a. auf Schöpfung (Jes 40,26; Jer 10,12; 32,17; Ps 65,7 u.ö.) und Exodus (Ex 9,16; 32,11; Num 14,13; Dtn 4,37 u.ö.), begegnet aber auch in der Gewittertheophanie zum Gericht (Nah 1,3) und sogar in einer jüngeren Variante des Mythos vom Meereskampf (Hi 26,12).

85 Ps 21,6; 45,4f; 110,3; vom Zion als königlicher Residenz in Thr 1,6; als anthropologische Aussage, die den königlichen Hintergrund deutlich erkennen lässt in Ps 8,6; הוד והדר (21,6) auf Jahwe übertragen in Ps 104,1 (s.u. C.6, S. 227); 96,6; 111,3; 145,5; Hi 40,10; Dan 11,20; הדר alleine in Ps 90,6; 145,12 (neben כבוד); 149,9; Jes 35,2; die Verbindung mit dem Schrecken am Tag Jahwes in Jes 2,10.19.21 lässt den traditionsgeschichtlichen Hintergrund der Gewittertheophanie erkennen.

86 S.u. C.5, S. 220ff. Eine jüngere Analogie bildet die Rede von הוד קולו in Jes 30,30.

87 Cf. Jdc 9,15; II Reg 14,9.

88 KRATZ, Mythos 158, denkt an eine Anspielung an den aus Zedernholz errichteten Palast des ugaritischen Baʿlu; umgekehrt vermutet SPIECKERMANN, Heilsgegenwart 175, dass Jahwe das Bauholz von Baʿlus Palast zerstöre. Vom Palastbau lässt sich jedoch weder positiv noch negativ etwas erkennen. V.5a spielt nicht auf den Baʿlu-Zyklus an, sondern zeigt, dass der palästinische Jahwe mit dem ugaritischen Baʿlu verwandt ist: Beide geben mit ihrer Stimme kund, dass sie die Vorherrschaft über den Kosmos beanspruchen. Cf. v.a. CAT 1.4 VII 28–42, wonach Baʿlu durch das Fenster in seinem Palast seine Stimme ertönen lässt, die Erde und Berge zum Beben bringt und seine Feinde in Wälder und Berge vertreibt (s.o. A.1.5, S. 29f).

(5b)	וישבר יהוה את ארזי הלבנון	Jahwe zerschmetterte des Libanon Zedern
(6a)	וירקידם כמו עגל	und ließ sie springen wie ein Kalb,
(6b)	לבנון ושרין כמו בן ראמים	Libanon und Sirjon wie einen jungen Wildstier.

Wie in V.3b.8b wird Jahwe selbst als Handelnder genannt: V.5b zeichnet ihn als heldenhaften Giganten, der seine Kraft an den ארזי הלבנון misst[89]. V.6 führt das Bild fort: Jahwe lässt sowohl die Zedern als auch die beiden Gebirgsmassive, auf denen sie wachsen, wie junges Vieh springen[90]. Mehrfach wird darauf verwiesen, dass עגל und ראם sowie לבנון und שרין[91] in ugaritischen Baʿlu-Mythen begegnen, weshalb hier – mit polemischem Unterton oder ganz unpolemisch – auf diese angespielt sei[92]. Das ungewöhnliche Bild von V.5b.6 können die Erzählzüge aus den ugaritischen Texten freilich nicht erhellen[93]. Die Wortparallelen dokumentieren nichts anderes als die alte sprachliche Tradition, aus der Ps 29 schöpft[94]: Die genannten Begriffspaare dürften im syrisch-palästinischen Raum weithin gebräuchlich gewesen sein[95].

Im Hintergrund könnte ein anderes Mythologem stehen: Nach dem Gilgameš-Epos spalten Gilgameš und Ḫumbaba bei ihrem Kampf die Gebirgszüge Libanon und Sirjon durch ihre Fußtritte (V 133f[96]). Nach A. R. George könnte das auf einen in der Levante beheimateten Mythos

---

89   שבר pi. mit Jahwe als Subjekt Jes 38,13; 45,2; Ez 30,22; Ps 3,8; 46,10; 48,8 (s.u. B.3.2, S. 185); 74,13; 76,4; 105,33; 107,16; Thr 2,9.

90   Eine sprachlich und sachlich sehr nahe Parallele findet sich in dem späten heilsgeschichtlichen Ps 114. In Anspielung auf das Schilfmeerwunder und Israels Durchquerung des Jordan heißt es dort in V.4.6: „Die Berge sprangen (רקדו) wie Widder (כאילים), / Hügel wie junges Kleinvieh (כבני צאן)." Diese Bilder könnten durch Ps 29,6 beeinflusst sein.

91   Im Alten Testament sonst nur in Dtn 3,9.

92   Cf. einerseits SPIECKERMANN, Heilsgegenwart 175; andererseits KRATZ, Mythos 158f.

93   Nach CAT 1.5 V 18–22 verkehrt Baʿlu mit einer jungen Kuh (ʿiglatu / parratu [18]), woraus ein „Knabe" (mt [22]) entspringt. Ähnlich 1.10 III 19ff, wo Baʿlu mit ʿAnatu in Gestalt einer Kuh (ʾarḫu [19.22f]) verkehrt, woraus ein Bulle (ʾibbīru [20]) bzw. Wildstier (ruʾumu [21]) entspringt. Nach dem Palastbaumythos des Baʿluzyklus bezieht Baʿlu aus Libanon und Sirjon das Bauholz für seinen Palast (CAT 1.4 VI 18–21). Libanon und Sirjon sind als Ortsnamenpaar auch in der babylonisch-lexikalischen Tradition belegt: GEORGE, Day 217, mit Anm. 12.

94   Zur Verwandtschaft des Vokabulars mit dem ugaritischen Glossar cf. die Aufstellung bei SEGERT, Poetry 171.

95   Ein vergleichbares Phänomen bieten die Orte Aschtarot und Edreï: Im Alten Testament begegnet dieses Paar als sagenumwobene Residenzen des Königs Og von Baschan nur in spätdtr Zusammenhängen (Dtn 1,4; Jos 9,10LXX; 12,4; 13,12.31; nur Edreï Num 21,33; Dtn 3,1.10); die beiden Orte werden aber schon in einer ugaritischen Beschwörung als Residenzen eines rāpiʾu genannt (CAT 1.108:2f [ʿttrt / hdrʿy]); cf. DE MOOR, ARTU 187, mit Anm. 3.

96   GEORGE, Gilgamesh 608f.

anspielen, der vom Ursprung der gewaltigen Gebirgsformation erzählt[97]. Ps 29,5b.6 bietet vielleicht eine Variante des Motivs.

Auch V.7 illustriert die gefährliche Macht der Stimme Jahwes. Der
Begriff חצב, sonst für die Bearbeitung von Steinen verwendet[98], bildet
eine ungewöhnliche Metapher: Sie vergleicht den Vorgang, dass das
Gewitter Flammen entzündet, mit dem Behauen von Gestein[99]. Das
Feuer gehört hingegen zum festen Inventar der Theophanie des Wetter-
gottes, was vor allem aus Ps 18,9.13[100] und Ps 97,3[101] hervorgeht[102].

Das Ende (V.8.9a*) wendet sich einem neuen Aspekt zu, wie schon
der Wechsel der Syntax zeigt: Dreifach begegnen hier von *חיל I gebildete Imperfekta (V.8.9aα)[103]. Das Kreißen verweist auf die Fruchtbarkeit: Darauf deutet das Objekt מדבר, das die Steppe bezeichnet, die in
der Regenzeit von Pflanzen bedeckt wird und gutes Weideland bietet[104]. Wenn die Stimme Jahwes die Steppe „kreißen lässt"[105], bereitet sie
vor, dass „die Auen der Steppe triefen" (Ps 65,13)[106].

Das Steppenland ist die Grenze zwischen der Welt des Menschen
und dem Reich lebensfeindlicher Mächte[107]; es gilt als numinoser Ort:
Bei מדבר קָדֵשׁ dachte man oft an die Station von Israels Wanderung
durch die Wüste (cf. Num 14,22; Dtn 1,2 etc.)[108]. Seit der Entdeckung
des ugaritischen Ritualtextes CAT 1.23[109], der die „lieblichen Götter"
Šaḥaru und Šalimu im Rahmen eines Fruchtbarkeitskultes beschwört[110],
bietet sich eine andere Deutung an: In einer mythologischen Erzählung,

---

97 Day, bes. 218f.
98 Cf. HALAT 329; die alternative Ableitung von einem *חצב II q. mit klassisch arabi-
    schem Äquivalent ḥḏb „schüren" (cf. HALAT 329) ist angesichts des einschlägig be-
    legten *חצב I weniger wahrscheinlich.
99 Die Deutung „Jahves Donner spaltet Feuerflammen, d.h. wirft gespaltene Feuerflam-
    men (Blitze) aus" (GesB 251 [Hervorhebung dort]) orientiert sich am Spalten von
    Holz, für das חצב allerdings nur in Jes 10,15 verwendet wird. Anders DUHM, KHC
    XIV, 87, der konjiziert: אש בלהבות יחצב סלע / צור חצב יהוה קול; so JEREMIAS, Königtum
    31, mit Anm. 6.
100 S.o. A.1.5, S. 29ff.
101 S.o. A.4.7, S. 95ff.
102 Cf. daneben Ps 104,4; II Reg 2,11 sowie die Kompilationen der Wettergottmotivik im
    jesajanischen Assurzyklus in 29,6 und 30,30.
103 Dazu s.o. A.4.7, S. 97.
104 Cf. Gen 37,22; I Sam 17,28; Jer 9,9; 23,10; Joel 1,19f; 2,22.
105 חיל I hi. ist im Tᵉnāk hapax legomenon. 1QH XI 8 belegt die Bedeutung „kreißen las-
    sen"; in Ben Sira 43,16 begegnet die Verbform bezogen auf den Donner Gottes, wo-
    bei allerdings der Aspekt der gespendeten Fruchtbarkeit in den Hintergrund tritt.
106 S.u. A.6.3, S. 139ff.
107 Cf. SMITH, Rituals 117.
108 Cf. z.B. GUNKEL, Psalmen 124.
109 1930; Beginn der Diskussion ab 1933 (TUAT II, 350).
110 Ebd.

die in diese Beschwörung eingebettet ist, werden die Götter von ʾIlu aufgefordert, sich längere Zeit im *madbaru qdš* aufzuhalten, um dort Opfer durchzuführen (65). Der Kontext lässt darauf schließen, dass mit *qdš* nicht an eine bestimmte Örtlichkeit[111], sondern an eine Eigenschaft des Steppenlandes gedacht ist[112]. Dasselbe legt sich für Ps 29,8b nahe, womit gegen die Masoreten מדבר קֹדֶשׁ zu lesen wäre[113].

Dass der vom Wettergott hervorgerufene Donner die Steppe „krei-ßen" lässt, begegnet auch in einem mehrfach überlieferten akkadischen Handerhebungsgebet an Adad[114]:

(16) *šāqû anqullê mušaznin nuḫši*   ... der [Mitt]agshitze tränkt, [Fül]le herabregnen lässt,
(17) *ša ina rigmīšu nišū ušḫararā*   bei dessen Brüllen die Menschen erstarren,
(18) *uḫtappâ qerbēte iḫīlū ṣērū*   die Auen aufgebrochen werden, die Steppen kreißen ...

Die Doppelgesichtigkeit des Wettergottes tritt auch hier deutlich hervor: Dieser spendet Regen und lässt gleichzeitig die Menschen „erstarren"; das „Kreißen" schillert ebenfalls zwischen der Gabe von Fruchtbarkeit und dem mysterium tremendum.

In Ps 29* lässt sich die Ambivalenz ebenso an den Hinden (אילות) ablesen, die V.9a* – vielleicht zusammen mit einer Capridenart (יערות)[115] – nennt. Auch hier ist zunächst an eine Variante des Motivs der Fruchtbarkeit zu denken: Capriden und Hinden sind als symbolische Darstellungen des Segens ikonographisch breit belegt. Eine Reihe eisenzeitlicher palästinischer Stempelsiegel bildet einzelne Capriden, oft auch säugende Muttertiere ab[116]. Mehrere judäische Namenssiegel des 8. und 7. Jhs. zeigen das Bild einer Hirschkuh[117]. Offenbar galten die Hinden als numinose Wirkgröße: Sie sind dem Menschen entzogen, bilden aber, da sie besonders fruchtbar sind, die erhoffte Fruchtbarkeit von Herden und Feldern ab[118]. Wenn Jahwes Stimme sie in Wehen versetzt (חיל I pol.[119]), beweist er seine unheimliche Gewalt und spendet

---

111 GINSBERG, der zuerst auf die Parallele aufmerksam gemacht hat, dachte an eine Gegend bei Kadesch am Orontes (Hymn 473); cf. jüngst PARDEE, Psalm 29, 167.
112 Cf. DIETRICH/LORETZ in TUAT II, 356; PARDEE, in: HALLO/YOUNGER, Context I, 282, mit Anm. 65; SMITH, Rituals 117.
113 Cf. z.B. SPIECKERMANN, Heilsgegenwart 166, 176; KRATZ, Mythos 157.
114 „Adad 1a" (MAYER, UFBG 378): LKA 53 ‖ BMS 20 (+) 49 ‖ KUB IV 26 Frg. A = SCHWEMER, Wettergottgestalten 671–673, eigene Transkription und Übersetzung.
115 S.o. 5.4, S. 109ff.
116 Cf. KEEL/UEHLINGER, Göttinnen, bes. 141–143, 160–163, 166–171, 206–210.
117 AaO 209f.
118 Im Alten Testament begegnet die Hindin als Symbol von Fruchtbarkeit und Sexualität (Cant 2,7). In der Dürrezeit wird das Schicksal der Hinden zum Gegenstand der Klage (Jer 14,5; cf. schon CAT 1.5 I 17). Über die Fruchtbarkeit der Hinden gebietet allein Jahwe (Hi 39,1).
119 S. Anm. 59, S. 112.

zugleich neues Leben. Sachlich schließt sich damit der Kreis zum Anfang: Indem Jahwe die Wasser zähmt, schafft er die Voraussetzung für
die Befruchtung von Steppe und Wild[120].

Ähnlich wie in Ps 18,8–16*; 77,17–20 und 97,2a.3–5* stellt der Kern
von Ps 29 aber die unheimlichen und gefährlichen Seiten der göttlichen
Macht in den Vordergrund. Allerdings betrifft Jahwes Wirken nach Ps
29* Bereiche des Kosmos, die an der Peripherie liegen: Fluten, Gebirge
und Steppen umgeben das bewohnbare Festland[121]. Indem Jahwe hier
seine Macht durchsetzt, sichert er die Lebenswelt des Menschen.

Beides lässt nicht nur an die Dynamik einer mythischen Erzählung
denken, sondern auch an einen politisch-ideologischen Hintergrund.
Für die Dynastietheologien von Samaria und Jerusalem dürfte die aggressive Potenz des Wettergottes Jahwe leitend gewesen sein: Die eisenzeitlichen Flächenstaaten mussten sich in zähem kriegerischen Ringen bewähren (cf. etwa I Reg 20*; 22*; II Reg 3* etc.)[122].

Die Urform von Ps 29 steht religionsgeschichtlich auf derselben
Ebene wie die Gewittertheophanien in Ps 18,8–16*[123] und 97,2a.3–5*[124]
und die Preislieder über Jahwes Triumph über die Fluten in 77,17–20[125]
und 93,3f.5b[126]. Sie grenzt sich nicht von der kanaanäischen Mythologie
ab. Auch spricht nichts dafür, dass Jahwe hier erst nachträglich Baal
ersetzt hat[127]. Das Lied zeigt Jahwe vielmehr als autochthonen Wettergott, als eine lokale Manifestation einer in Syrien und Palästina seit alters verehrten Gottesgestalt[128].

5.6 Zur Form des Rahmens (V.1f*.9b*.10)

Auffällig ist die poetische Gestalt der hinzugefügten Eröffnung: Das
erste Kolon (V.1a*) setzt mit הבו ליהוה an, bringt jedoch noch kein Objekt, sondern benennt mit dem Vokativ בני אלים, an wen sich die Aufforderung richtet. Das zweite Kolon (V.1b) wiederholt הבו ליהוה und vervollständigt den Satz durch die Objekte כבוד ועז. Das dritte Kolon (V.2a)
wiederholt הבו ליהוה erneut und wandelt das Objekt durch Aufnahme

---

120 Zum Bezug des Psalms auf die herbstlichen Regenfälle cf. LANG, Jahwe 184; KLING-
     BEIL, Yahweh 93–99.
121 Cf. HARTENSTEIN, Wettergott 7.
122 Zum jahreszeitlichen Termin der Kriegführung nach II Sam 11,1 s.o. A.1.6, S. 36ff.
123 S.o. A.1.5, S. 29ff.
124 S.o. A.4.7, S. 95ff.
125 S.o. A.2.5, S. 53ff.
126 S.o. A.3.5, S. 73ff.
127 Cf. KLOOS, Combat 123f; GIRARD, Psaumes I, 513f; PARDEE, Psalm 29, 158.
128 Cf. bes. KLOOS, ebd. 123f.

von כבוד in כבוד שמו ab. Das vierte Kolon (V.2b) variiert mit השתחוו den
einleitenden Imperativ, wiederholt ליהוה und ergänzt die Präpositional-
phrase בהדרת קדש. Die dreifache Anapher in V.1.2a, die synonyme Verschränkung von V.1b und V.2a, der synthetische Parallelismus von
V.2a und V.2b sowie die ungefähr gleiche Länge der Kola[129] lassen die
Reihe als Tetrakolon erscheinen[130]:

(1a*)	הבו ליהוה בני אלים	Bringt Jahwe dar, ihr Göttersöhne,
(1b)	הבו ליהוה כבוד ועז	bringt Jahwe dar Ehre und Macht,
(2a)	הבו ליהוה כבוד שמו	bringt Jahwe dar seines Namens Ehre,
(2b)	השתחוו ליהוה בהדרת קדש	huldigt Jahwe in heiligem Schmuck!

Das Phänomen des nachgestellten Vokativs im eröffnenden Kolon
(V.1a*: בני אלים) begegnet auch am Anfang der Triumphlieder Ps 93,3–5*
und 77,17–20, dort jeweils im Trikolon, was in der ugaritischen Poesie
Parallelen hat[131]. Das in der hebräischen Poesie ungewöhnliche Tetrakolon ist dort ebenfalls mehrfach belegt[132].

Der Rahmen des Mittelteils verändert die poetische Struktur des
gesamten Stückes. Die Erweiterungen in V.3αβ.9αβ*.b formen die Bikola V.3αα.b und V.9αα.β* jeweils zu Trikola um[133]:

(3αα)	קול יהוה על המים	Die Stimme Jahwes über den Wassern,
(3αβ)	אל הכבוד הרעים	der Gott der Ehre hat es donnern lassen,
(3b)	יהוה על מים רבים	Jahwe über großen Wassern!
	...	...
(9αα)	קול יהוה יחולל אילות	Die Stimme Jahwes versetzt Hinden in Wehen
(9αβ*)	ויחשף יערות	und ließ Gemsen (?)[134] bald gebären (?)[135],
(9αβ*.b)	ובהיכלו כלו אמר כבוד	und in seinem Tempel sprechen all die Seinen: „Ehre!"

Die Mittelstellung von V.5b.6 bleibt erhalten: Auch für die erweiterte
Form scheint der Rückblick auf das urzeitliche Geschehen Gewicht gehabt zu haben. Gleichzeitigkeit und Ungleichzeitigkeit wurden auch
hier miteinander verschränkt: Jahwes Nahen im Gewitter, das V.3αα.b

---

129 Das Regelmaß lässt an ein durchgehendes Vierermetrum denken.
130 Cf. JEREMIAS, Königtum 31; nach PARDEE, Psalm 29, 154f, 160, wird dazu die trikolische Struktur A A' B zu A A' A' B erweitert.
131 S.o. A.2.4, S. 51ff, und A.3.4, S. 71ff; cf. CAT 1.2; 1.12 I 9–11.
132 Eine Form, die Ps 29,1f* möglicherweise sehr ähnlich ist, findet sich am Ende von
   CAT 1.12 II 58–61 (cf. die Übersetzung von DIETRICH/LORETZ, in: TUAT III, 1211f);
   die grammatische Deutung ist allerdings umstritten cf. TROPPER, UG 529. Insgesamt
   scheinen Tetrakola eine gewichtige poetische Funktion zu haben und begegnen häufig am Anfang oder am Ende eines Abschnittes, cf. z.B. CAT 1.1 II 21–24; 1.5 I 1–4; 1.6
   I 2–4; III 10–13.
133 Cf. PARDEE, Psalm 29, 160–163, der in V.3–9 insgesamt eine trikolische Struktur
   erkennt (V.3/4.5a/5b.6/7f/9). Eine solche könnte von der Weiterdichtung tatsächlich
   beabsichtigt gewesen sein.
134 S.o. A.5.4, S. 54f.
135 S.o. A.5.4, S. 54f.

4.5a.7f.9aα als gegenwärtiges und wiederholtes Geschehen besingen, erscheint durch V.3aβ.5b.6.9aβ* zugleich als zurückliegender Vorgang, der Jahwes gegenwärtigem Thronen im Tempel vorausgeht.

Daraus lässt sich erschließen, dass auch die Rahmung des Mittelteils einen kultischen Sitz im Leben hatte. Die Weiterdichtung der Gewittertheophanie ist wahrscheinlich für den Kult des Neujahrsfestes entstanden. Ähnliche Weiterdichtungen älterer Lieder über den Wettergott sind auch in Ps 93,1f[136] und Ps 97,1.2b.6a.7b[137] zu beobachten.

5.7 Ein Hymnus auf den Götterkönig

Die gestaffelte Redeform von V.1f* bildet eine Eröffnung, die dem Lobaufruf des imperativischen Hymnus entspricht[138]. Das Stück über den Donner Jahwes steht an der Stelle der mit כי eingeleiteten hymnischen Erzählung über das göttliche Wirken, die das Lob begründet[139].

Die hymnischen Aufforderungen richten sich allerdings nicht an die Menschen, die am Kult teilnehmen, sondern an die בני אלים. Wegen der Nähe des Psalms zur ugaritischen Mythologie sieht man darin gern eine Anspielung auf die Söhne des Göttervaters ʾIlu[140]. Für diese Vermutung oder eine entsprechende Konjektur[141] besteht jedoch kein Anlass: אלים lässt sich als Plural des generischen Nomens אל gut erklären; בני אלים entspricht dem ugaritischen *binū ʾilīma*[142] und hat Äquivalente in der Inschrift des Azitawadda vom Karatepe[143] und in der Zitadelleninschrift aus Amman[144]. Sie bezeichnet eine Mehrzahl von Göttern. Die jüngeren Parallelen Dtn 32,8(txt. emd.)[145] und Ps 89,7 bestätigen diese Deutung.

---

136 S.o. A.3.3, S. 68ff.
137 S.o. A.4.5, S. 93ff.
138 Cf. DIEHL/DIESEL/WAGNER, Grammatik 481f.
139 Cf. CRÜSEMANN, Studien 35, Anm. 1.
140 Cf. bes. SCHMIDT, Königtum 55–58; JEREMIAS, Königtum 34f; SPIECKERMANN, Heilsgegenwart 172f.
141 Cf. bes. LORETZ, Ugarit-Texte 154–158 (mit weiterer Literatur).
142 *binū ʾilīma* kann eine Mehrzahl von Göttern auch unabhängig vom Göttervater El bezeichnen, cf. z.B. CAT 1.4 III 14; 1.40:25.
143 KAI 26:A III 19: וכל דר בן אלם „und die ganze Versammlung der Göttersöhne" (cf. MÜLLER, in: TUAT I, 644; HAWKINS, in: TUAT NF II, 159, Anm. 52).
144 ⁵KAI 307:6: בבן אלם „unter den Göttersöhnen" (cf. AUFRECHT, in: HALLO/YOUNGER, Context II, 139).
145 Mit LXX; 4QDtnᵍ; cf. dazu WEIPPERT, Synkretismus 5.

Als Lobaufruf begegnet nicht שירו ל, זמרו ל oder הודו ל[146], sondern das in hymnischer Rede nahezu singuläre הבו ל[147]. Obwohl die Etymologie dieser Form nicht eindeutig ist[148], lässt sich die Semantik von den Parallelstellen her erschließen[149]: Hier dürfte הבו ל ein Darreichen und Übereignen kostbarer Güter bezeichnen[150]. Das Motiv erinnert an das ikonographisch belegte feierliche Überbringen von Huldigungsgeschenken an den König, das für die Selbstdarstellung des Königtums hohes Gewicht hat[151]: Die idealisierte Szene bildet die vom König beanspruchte Macht ab, indem sie zeigt, dass die Untertanen oder Vasallen mit ihren Gaben ihr Leben dem König weihen. Häufig ist die Darbringung wie in Ps 29,2b (השתחוו ליהוה) mit der Proskynese verbunden[152].

Die Göttersöhne sollen Jahwe aber nicht die üblichen Kostbarkeiten darbringen, sondern „Ehre und Macht" (כבוד ועז) und „seines Namens Ehre" (כבוד שמו). Damit wird das himmlische Machtgefüge angedeutet: Die Götter bringen ihre eigene Ehre und Macht ihrem König dar[153]. Dieser Vorgang begründet die Ehre des göttlichen Namens (כבוד שמו)[154].

---

146 Cf. שירו ל in Ex 15,21; Jes 42,10; Jer 20,13; Ps 33,3; 68,5.33; 96,1f; 98,1; 105,2; 149,1; I Chr 16,9.23; זמרו (ל) in Jes 12,5; Ps 9,12; 30,5; 33,2; 47,7f; 66,2; 68,5.33; 98,4f; 105,2; 135,3; 147,7; I Chr 16,9; הודו ל/את in Jes 12,4; Jer 33,11; Ps 30,5; 33,2; 97,12 (s.o. A.4.2, S. 87ff; 100,4; 105,1; 106,1; 107,1; 118,1.29; 136,1–3.26; I Chr 16,34; II Chr 20,21.

147 Abhängig von Ps 29,1f* ist הבו ל in Ps 96,7f/I Chr 16,28f. Auch הבו לאלהינו גדל in Dtn 32,2 lässt sich kaum ohne den literarischen Hintergrund von Ps 29,1f* erklären.

148 הבו wird wie הב oder הבה üblicherweise als Imperativ von (hebräisch sonst nicht belegtem) *יהב gedeutet, das dem aramäischen *יהב „geben" entspricht (cf. GesK § 69 c; HALAT 226f). In diesem Fall wäre die Form als früher Aramaismus zu deuten (so z.B. JEREMIAS, Königtum 32, Anm. 10). Ebenso gut können die Formen jedoch als sekundäre Verbalbildungen von ursprünglich rein interjektionellem הב (cf. Gen 11,3f.7; 38,16; Ex 1,10) abgeleitet werden (cf. BAUER/LEANDER, Grammatik 653f).

149 Die imperativischen Formen bezeichnen stets einen Akt des Gebens, auf dem im Kontext eine besondere Emphase liegt; sie werden für verschiedene herausgehobene Vorgänge des (Über-)Gebens, Übereignens, Herausgebens oder Einsetzens verwendet, cf. Gen 29,21; 30,1; 47,15f; Dtn 1,13; Jos 18,4; Jdc 1,15; I Sam 14,41; II Sam 11,15; 16,20; Sach 11,12.

150 Die Variante תנו ל, die sich in Jer 13,16 (תנו ליהוה אלהיכם כבוד) und Ps 68,35 (תנו עז ליהוה) findet, ist demgegenüber weniger plastisch formuliert.

151 Cf. bes. Aḥiram-Sarkophag (ANEP Nr. 456–459; FRANKFORT, Art 271); Elfenbein-Schnitzerei aus Megiddo (z.B. bei SCHMITT, Herrschaftsrepräsentation 50, Kommentar 44ff); Schwarzer Obelisk (z.B. bei FRANKFORT, Art 167); im Alten Testament I Sam 10,4; I Reg 10,10.

152 Cf. bes. die schematische Darstellung huldigender Vasallenkönige auf dem Schwarzen Obelisken (s. Anm. 151).

153 SEYBOLD, HAT I/15, 122.

154 Die Ehrung des Namens Jahwes begegnet auch in Ps 66,2 (זמרו כבוד שמו) und 68,5 (זמרו שמו) in hymnischen Eröffnungen, die formgeschichtlich alte Züge tragen.

Die Begriffe כבוד und עז haben eine deutliche Nähe zum Motivkreis
des Königtums[155]: Nach dem Proklamationsruf von Ps 93,1a gürtet sich
der triumphierende Kämpfer Jahwe bei seiner Inthronisation mit Macht
(עז)[156]. Nach Ps 21*, einem Lied zur Thronbesteigung des Königs, verdankt sich die „Ehre" (כבוד) des Königs dem Rettungshandeln Jahwes,
und Jahwes „Macht" (עז) teilt sich dem König mit:

(2)   ... יהוה בעזך ישמח מלך   Jahwe, über deine Kraft freut sich der König ...!

.. ..

(6)   גדול כבודו בישועתך   Groß ist seine Ehre durch dein Heil.

Auffällig ist das Adverbiale im letzten Kolon der Einleitung (V.2b): Die
Begriffe הדרה und קדש könnten dem Mittelteil entlehnt sein (cf. הדר in
V.4b; קדש in V.8b*[157]). Dabei ist unklar, ob sich „in heiligem Schmuck"
(בהדרת קדש) auf Jahwe[158] oder auf die Götter bezieht[159]. Die Doppel-
deutigkeit könnte beabsichtigt sein: Sowohl der König Jahwe als auch
die huldigenden Götter lassen sich als in „heiligen Schmuck" gehüllt
vorstellen[160]. Beides fügt sich in die Szenerie des göttlichen Palastes ein.

Der Einschub von V.3aβ verknüpft die Eröffnung mit dem Lied
über Jahwes Stimme: Jahwe erhält den Titel „Gott der Ehre" (אל הכבוד),
was V.1f* zusammenfasst[161]. Zugleich wird der von den Göttern ver-
ehrte König auf den Wettergott bezogen: In dessen Theophanie äußert

---

155 כבוד, materiell für die „Schwere" des Besitzes, den Reichtum verwendet (cf. Gen
31,1; Jes 10,3; 66,12), bedeutet übertragen das Ansehen eines Menschen (cf. Gen
45,13; Jes 5,13; 22,23), wie insbesondere die Verwendung in der Weisheit belegt (cf.
Prov 11,16; 15,33; 20,3 etc.). Vor diesem Hintergrund erstaunt es nicht, dass כבוד mitunter auch auf den Motivkreis des Königtums bezogen werden kann (cf. I Reg 3,13;
Ps 8,6; Prov 25,2; dazu WESTERMANN, Art. כבד etc. [THAT I], 798–801). עז kann auf
ein wildes Tier (Hi 41,14), einen Turm (Jdc 9,51; Prov 18,10), eine Stadt (Jer 51,53; Ez
26,11), ein Land (Ez 30,6.18) oder einen König (Ps 99,4) bezogen sein; gleichzeitig
wird עז als Gottesepitheton verwendet (Ex 15,13; Jes 62,8; Mi 5,3; Hab 3,4; Hi 37,6)
und hat im Hymnus Gewicht (Ps 46,2; 66,3; 68,35; I Chr 16,11).
156 S.o. A.3.6, S. 75ff.
157 S.o. 5.3, S. 107ff.
158 Diese Deutungsmöglichkeit hat durch den Verweis auf ugaritisches hdrt „Offenbarung, Vision" (CAT 1.14 III 51; cf. DEL OLMO LETE/SANMARTÍN, DULA I, 335;
TROPPER, Wörterbuch 40) neue Nahrung erhalten, cf. LORETZ, Ugarit-Texte 151–154
(mit Literatur); nach DIETRICH/LORETZ, Das ug. Nomen d(h)rt (?), bes. 86f, liegt hier
jedoch ein Schreibfehler für ḏ/d(h)rt vor; cf. PARDEE, Psalm 29, 166f.
159 So eindeutig in II Chr 20,21, was wohl auf I Chr 16,29 (← Ps 96,9 ← 29,2) zurückgreift; cf. z.B. GUNKEL, Psalmen 125; SCHMIDT, HAT 1/XV, 53; DONNER, Ugaritismen
331–333; MITTMANN, Komposition 174, mit Anm. 5; MACHOLZ, Psalm 29, 325, mit
Anm. 2; OEMING, NSK.AT 13/1, 178.
160 Dass הדרה auf die Sphäre des Königs verweist, zeigt Prov 14,28: ברב עם הדרת מלך.
161 Der Gottestitel erinnert semantisch an den Beginn von Ps 19: השמים מספרים כבוד אל
(V.2). Allerdings ist unsicher, ob אל dort titular oder als Gottesname verwendet ist.

sich die königliche Ehre[162]. Außerdem nimmt V.3aβ die präteritalen
Aspekte der Theophanie auf (V.5b.6.9aβ*): Der Gott der Ehre, der in
seinem Palast residiert, hat es einst donnern lassen (הרעים) und damit
seine gegenwärtige Herrschaft begründet.

Mythischer Hintergrund und kultischer Vordergrund durchdringen sich noch auf eine andere Weise als in V.3–9a*: Die eröffnenden
Aufrufe wenden sich an die Götter und deuten eine mythische Huldigungsszene an. Der Psalm ist aber für den irdischen Kult gedichtet: Der
היכל (V.9aβ*) ist nicht nur Jahwes Königspalast, in dem sich die Götter
vor ihm niederwerfen, sondern auch sein irdischer Tempel. Der Kult, in
dem Ps 29* gesungen wird, bringt das unsichtbare Geschehen, das sich
unter den Göttern abspielt, zur Darstellung[163]. Die huldigende Gemeinde vereint sich mit den Göttern (cf. כלו „all die Seinen" in V.9b).

Die wichtigste sachliche Parallele bietet Jes 6,1–3: Die Serafen, die
den Göttersöhnen von Ps 29,1* entsprechen, rufen Jahwes Ehre aus, die
die ganze Erde erfüllt[164]. Nach Ps 29,9b wird Jahwes כבוד im Tempel
allerdings nicht „gerufen", sondern „gesprochen" (אמר)[165]. Das deutet
auf einen gebetsartigen und beschwörenden Sprachgestus, der die beschwörende Diktion des Mittelteils[166] aufnimmt.

Der Rahmen mündet in das klangvolle Bikolon von V.10, das für
die Gesamtaussage entscheidendes Gewicht hat:

| (10a) | יהוה למבול ישב | Jahwe hat sich auf die Flut gesetzt, |
| (10b) | וישב יהוה מלך לעולם | ja Jahwe setzte sich als König auf ewig! |

Die chiastische Stellung von ישב und וישב unterstreicht, dass V.10a und
V.10b Parallelaussagen sind. Dass dieselbe Verbalwurzel unmittelbar
hintereinander wiederholt wird, ist im Psalter singulär und hebt den
Zusammenhang zusätzlich hervor[167]. Die Koordination von ישב und
וישב verbindet perfektiven und durativen Aspekt: „'YHWH hat sich
über der Flut [...] gesetzt (und thront daher jetzt); YHWH hat sich gesetzt (und thront daher jetzt) als König auf ewig.'"[168] Dabei greift ישב

---

162 Cf. ZENGER, Psalm 29, 571.
163 Cf. SCHMIDT, Königtum 48.
164 Cf. zur Verklammerung des כבוד mit dem Fülle-Motiv der Jerusalemer Tempeltradition HARTENSTEIN, Unzugänglichkeit 78–109.
165 Cf. immerhin ואמר in Jes 6,3aα.
166 S.o. 5.4, S. 109ff.
167 Im Psalter stoßen Perfekt und Imperfektum consecutivum (nach masoretischer
Vokalisation) mit demselben Subjekt zwar mehrfach aufeinander (3,6; 7,13.16; 20,9;
22,30; 44,3.10; 50,1; 73,15f; 77,19; 78,3.4f.23f.50f.56f.67–69; 89,39; 97,4.12; 102,8.11;
109,28; 114,3; 119,73.106.131; 139,1), aber nur selten im bikolischen parallelismus
(109,3; 139,5; ähnlich 90,2), nie jedoch unter Verwendung derselben Verbalwurzel.
168 GROSS, Verbform 97; cf. GÖRG, Art. ישב etc. (ThWAT III), 1031; OTTO, Mythos 99;
JANOWSKI, Königtum 179; ähnlich schon SCHMIDT, Königtum 57.

auf das Perfekt הרעים in V.3aβ zurück, und וישב setzt die Narrative in V.5b.6.9aβ fort. V.10 hebt also die epischen Momente von V.3–9* besonders hervor: Die Theophanie im Gewitter wird zu einem einmaligen Vorgang in der Vergangenheit, der in der Thronbesteigung Jahwes und seinem seither fortdauernden Thronen gipfelt[169].

Entscheidend für das sachliche Verständnis ist die Deutung von למבול. Der etymologisch unklare Begriff מבול selbst[170] bezeichnet nach der priesterschriftlichen Erzählung die in der Urzeit auf die Erde ausgeschüttete Sintflut[171]. Eine Anspielung auf dieses späte Motiv ist aber unwahrscheinlich[172]. Zudem lässt sich fragen, ob diese Bedeutung die ursprüngliche ist[173]. Gemessen an der Inklusion, die V.10a zum Beginn des älteren Kerns in V.3 herstellt[174], ist מבול Äquivalent zu den mit המים und מים רבים bezeichneten Wassermassen, „über denen" oder „gegen die" (על) Jahwe seine Stimme ertönen lässt. Dass Jahwe למבול thront, muss sich auf diese Aussage beziehen. Wahrscheinlich ist daher מבול nichts anderes als eine Bezeichnung für die chaotischen Fluten. Dazu ist die vertikale Raumvorstellung von Ps 18,7*.17 zu vergleichen[175], nach der sich die Fluten in den Abgründen unterhalb des göttlichen Königspalastes befinden[176].

Merkwürdig ist, dass ישב anstelle des gängigen ישב על[177] mit der Präposition ל verbunden wird[178]. Hierzu hat man auf das ugaritische

---

169 Cf. GROSS, Verbform 97f: „Ist die Theophanie als vergangen gedacht und dargestellt, ... [würde] Ps 29,3–10 ... die einmalige vergangene Rückkunft des Kriegers YHWH schildern, die mit der Einnahme des Thronsitzes über dem besiegten Ozean endet." GROSS entscheidet sich allerdings für das Verständnis der Theophanie als „gegenwärtig verlaufend" und versucht, die perfektiven Verbformen als „stilistische Verwendung im Dienst dramatischer Vergegenwärtigung", die das Gegenwärtige bereits als vergangen erlebt, nachzuzeichnen (ebd.).

170 Die Analogien zu akk. *biblum* (AHw 125a) und *bubbulum* (AHw 135a) werden von BEGRICH, MABBŪL 39–42, in Zweifel gezogen; cf. STENMANS, Art. מַבּוּל (ThWAT IV), 633f; TSUMURA, Deluge 354, tritt hingegen für die Entsprechung zwischen מבול und *abūbum* (AHw 8) ein, ohne freilich konkrete sprachliche Argumente zu liefern.

171 Gen 6,17; 7,6f.10.17; 9,11.15.28; 10,1.32; 11,10. 7,10b.17a gehören wahrscheinlich nicht zum Jahwisten (so BEGRICH, MABBŪL 49f), sondern dürften sich als jünger als P erweisen; cf. einerseits LEVIN, Jahwist 112; andererseits ARNETH, Fall 191.

172 Cf. KRATZ, Mythos 157f, der aus diesem Grund V.10a ausscheidet.

173 Cf. schon EWALD, Dichter I/2, 30: „מבול kann hier nicht beschränkt im Sinn der Sage stehen wie Gen. 6,17".

174 S.o. 5.3, S. 107ff.

175 S.o. A.1.7, S. 38ff.

176 So v.a. HARTENSTEIN, Unzugänglichkeit 59f, Anm. 117; cf. ZENGER, Theophanien 412f.

177 Als Aussage der Thronbesteigung Jahwes in Ps 47,9; cf. daneben z.B. II Reg 11,19.

178 Zum temporalen Verständnis des ל als „seit der (Sint-)Flut" DAHOOD, AB 16/1, 180; TSUMURA, Deluge 353–355.

yṯb li verwiesen[179], das im Sinne von „sich setzen/sitzen auf" verwendet wird[180]. Der מבול selbst würde zu Jahwes Thron[181]. Friedhelm Hartenstein hat hingegen die Präposition ל als „bloße Partikel der Beziehung (‚hinsichtlich / in bezug auf')"[182], die eine direktionale Bedeutung in sich schließt, gedeutet: „JHWH ... thront ... ‚in Richtung auf' die unten befindliche Flut ..., d.h. ‚angesichts' der (Ur)flut, über die er so ständig die Kontrolle ausübt"[183]. Das muss keine Alternative sein: Die Parallelen für ישב ל verbinden den direktionalen Sinn („in Richtung auf") mit dem lokalen Sinn („auf")[184]. Dabei kann ישב ל auch auf den Thron (כסא) bezogen werden[185]. Dass Jahwe „in Richtung auf" die Flut thront, lässt sich nicht davon trennen, dass die Flut selbst seinen Thron bildet[186].

In jedem Fall erweist sich Ps 29,10a als Herrschaftsaussage[187]. Der seltene Begriff מבול könnte damit zusammmenhängen: Er bezeichnet offenbar die bereits gezähmten Fluten[188]: V.10a betont gegenüber V.3, dass Jahwe die chaotische Gewalt der Wasser niedergerungen hat. Auf ähnliche Weise preisen akkadische Epitheta Adad als *bēl abūbi* („Herr der Flut")[189] oder als *ša abūbe* („der Flut")[190].

Entscheidend ist, dass V.10b Jahwes Herrschaft über die Flut mit seinem ewigem Königtum verbindet:

(10b)   וישב יהוה מלך לעולם ...   ... ja Jahwe setzte sich als König auf ewig!

---

179 Z.B. CROSS, Myth 155, Anm. 43; PARDEE, Preposition 246.

180 Z.B. CAT 1.6 I 58; 1.10 III 13 (cf. DEL OLMO LETE/SANMARTÍN, DULA II, 995).

181 Häufig wird freilich statt „auf" „über" übersetzt (cf. JEREMIAS, Königtum 32; SPIECKERMANN, Heilsgegenwart 167; SEYBOLD, HAT I/15, 121).

182 Hartenstein verweist auf JENNI, Präpositionen I, 22; Jenni selbst bleibt für Ps 29,10 freilich bei dem klassischen „über der Urflut" (Präpositionen III, 260).

183 HARTENSTEIN, Unzugänglichkeit 59f, Anm. 117 (Hervorhebungen ebd.). Zu einem ähnlichen Ergebnis gelangt PARDEE, Psalm 29, 171f, anhand von CAT 1.4 VII 42: „because Baal has taken his kingly throne with respect to his palace" (aaO 172).

184 Stets handelt es sich um ישב לארץ, das „sich *zur* Erde setzen" und das daraus resultierende „*auf* der Erde sitzen" bezeichnet: Jes 3,26; 47,1; Hi 2,13; Thr 2,10.

185 Ps 9,5: ישבת לכסא שופט צדק; 132,12: ישבו לכסא לך.

186 LORETZ, Ugarit-Texte 128, und DERS., KTU 1.101,1–3a, 418, will hingegen im Zusammenhang einer komplizierten literarkritischen Analyse wahrscheinlich machen, dass anstelle des מבול ein ursprüngliches כסאו gestanden hat.

187 Ähnlich JANOWSKI, Königtum 170; ZENGER, Psalm 29, 574.

188 So schon MOWINCKEL, Psalmenstudien II, 48, mit Anm. 1. Vielleicht lässt sich dies mit der von BEGRICH, MABBŪL 52–54, neben der Ableitung von *ובל „fließen, strömen" erwogenen Ableitung von *נבל, cf. נֵבֶל „Schlauch", zusammenbringen: מבול wären dann die wie in einen Schlauch eingebundenen Wasser, die ursprünglich freilich gerade nicht im Himmel gedacht gewesen sein müssen.

189 BMS 21+ Vs. 46, Rs. 30 = SCHWEMER, Wettergottgestalten 706, mit weiteren Belegen.

190 An : *Anu ša amēli* 58 (YBC 2401 Rs. XI 153 ‖ CT XXIV 26–46 [K 4349+] Rs. XI 48) = SCHWEMER, aaO 74.

Das entspricht dem Zusammenspiel der beiden Strophen von Ps 93*: Jahwes Triumph über Ströme und Meer „für die Länge der Tage" (V.5b: לארך ימים) fällt damit zusammen, dass er den Königsthron bestiegen hat und – wehrhaft gerüstet (V.1a) – seither die Festigkeit der Erde bewahrt[191].

Anders als Ps 93* und Ps 97*[192], die unmittelbar auf die Thronbesteigung Jahwes bezogen sind, blickt Ps 29* bereits auf diese zurück: Das zum Hymnus erweiterte Gedicht besingt im Kult des Tempels, wie der Wettergott Jahwe in seinem Palast thront und von dort aus die Mächte des Kosmos für alle Zeiten beherrscht. Der Mittelteil über die Machterweise der Stimme Jahwes in Urzeit und Gegenwart fügt sich in diesen Horizont ein.

5.8 Der Aufstieg des Wettergottes zum König

Die Verbindung von Wetter- und Königsgott, die sich in Ps 29 zeigt, wurde von Werner H. Schmidt auf eine Verschmelzung von El- und Baaltraditionen zurückgeführt: Während sich im Hintergrund des Mittelteils der kanaanäische Wettergott Baal erkennen lasse, deute der Rahmen auf den Hochgott El. Dessen Königtum sei im Gegensatz zu dem des Baal unangefochten, und nur ihm huldigten die Götter[193]. Israel habe beide Traditionen auf Jahwe übertragen, um Jahwes Anspruch auf alleinige Herrschaft zum Ausdruck zu bringen[194]. Mehrere Gründe sprechen aber dagegen, dass diese Bestimmung einer differentia specifica den religionsgeschichtlichen Sachverhalt trifft.

Zunächst ist darauf hinzuweisen, dass die Motive des Rahmens von Ps 29* nicht notwendig auf den Gott El bezogen sind[195]: Nach dem ugaritischen Baʿluzyklus wird auch dem königlichen Wettergott Huldigung durch die Götter zuteil. Sowohl ʿAnatu als auch ʾAṯiratu sprechen zu ʾIlu (CAT 1.3 V 32–34 [par. 1.4 IV 43–46]):

[32] *malkuna aliyn baʿlu*	Unser König ist der überaus Mächtige, Baʿlu,
[33] *ṯāpiṭuna ʾêna da ʿalênahu*	unser Herrscher, niemand gibt es, der über ihm steht!
kullunayaya qašâhu [34] *nâbilunna*	Wir alle bringen seine Schale,
kullunayaya nâbilu kāsahu	wir alle bringen seinen Becher!

---

191 S.o. A.3.5, S. 73ff, und 3.6, S. 75ff.
192 S.o. A.4.9, S. 99ff.
193 SCHMIDT, Königtum 46f.
194 AaO 70–72; cf. JEREMIAS, Königtum 34f, 42f.
195 So mit Recht KLOOS, Combat 119–123; LORETZ, Ugarit-Texte 194f.

Dass sich die Götter Jahwe unterordnen (Ps 29,1f*; Ps 97,7b[196]; cf. 36,8[197]), beweist weder eine Nähe zum Bild des ʾIlu/El, noch Jahwes Einzigartigkeit. Das Motiv ist ein verbreiteter Topos von Hymnus und Gebet [198]. Das Bild, das der Rahmen von Ps 29* zeichnet, muss zudem kein anfangsloses Königtum Jahwes bedeuten, wie es der ugaritische ʾIlu nach dem Baʿluzyklus innezuhaben scheint[199].

Die Verehrung des ʾIlu/El ist auch im 1. Jahrtausend bezeugt[200]. Über den Charakter der jeweiligen Gottesvorstellung lässt sich meist wenig sagen[201]; eine besondere Nähe zwischen dem Bild Jahwes in Ps 29,1f.9f* und den verschiedenen El-Gestalten ist kaum nachzuweisen[202].

---

196 S.o. A.4.9, S. 99ff; außerdem: Dtn 32,8LXX; I Reg 22,19; Ps 82,1; 89,7; Hi 38,7.

197 S.u. B.4.3, S. 204ff.

198 Cf. z.B. den Ištar-Hymnus des Ammiditana (25ff [TUAT II, 722f]) oder den akrostichichen Marduk-Hymnus des Assurbanipal (Vs. 30f [TUAT II, 765–768]); mutatis mutandis entspricht das Motiv der Huldigung eines Gottes durch die Götter der Behauptung der Unvergleichlichkeit eines Gottes (s.o. A.2.3, Anm. 36, S. 49f). Sie ist durch die „Sprechsituation des Hymnus" bedingt: Dieser „betrachtet ... nur *einen* Gott". „Das Gesamtgefüge der Götterwelt wird ausgeklammert. Diese Art von ,Monotheismus' schließt ... den polytheistischen Hintergrund keineswegs aus, sondern setzt ihn geradezu voraus." (STOLZ, Einführung 44f [Hervorhebung dort]). In der mythologischen Dichtung kann der Anspruch eines Königsgottes auf alleinige Herrschaft hervortreten, cf. CAT 1.4 VII 49–52 (s.u. B.4.4, S. 206).

199 Der artifizelle und motivgeschichtlich komplexe Baʿluzyklus bietet freilich nur Ausschnitte aus einer umfangreicheren und vielschichtigeren Mythologie: So deuten etwa die Titel des ʾIlu *bāniyu bunwati* („Schöpfer der Schöpfung", CAT 1.4 II 11 u.ö.) oder *ʾabu binī ʾilīma* („Vater der Göttersöhne", CAT 1.40:33 u.ö.) auf mythologische Hintergründe, über die sich aus CAT 1.1–6 nichts Näheres entnehmen lässt (dazu SMITH, Baal Cycle 83f; HERRMANN, Art. El אל [²DDD] 275f). Dass „die Eltradition keinen Anfang des Königtums Els" kennt, „weil El König der Götter als ihr Schöpfer ist" (JEREMIAS, Königtum 43), ist angesichts des lückenhaften Befundes nicht zwingend. Zu erinnern ist v.a. an die höchst dynamischen Mythologeme über die erste Generation der Götter im Enūma eliš (I), aber auch an die Sukzession der Göttergenerationen im hethitischen Kumarbi-Mythos (dazu SCHWEMER, Wettergottgestalten 447ff). Andere mythologische Texte aus Ugarit zeichnen Bilder von ʾIlu, die von dem Bild des Hochgottes, der weit über den Göttern thront, erheblich abweichen, cf. bes. CAT 1.114 und 1.23.

200 Cf. VAN DER TOORN, Art. YAHWEH יהוה (²DDD), 917.

201 Cf. die Inschriften von Panammuwa I. (KAI 214:1f.11.18): Hadad, El, Rešef, Rākib-El, Šamaš; ähnlich Panammuwa II. (KAI 215:22): Hadad, El, Rākib-El, Šamaš und alle Götter von Jaʾudi; Sfire (KAI 222 A 11): El neben ʿEljān und anderen Göttern; außerdem begegnet El in: Deir ʿAllā II 6 (TUAT II, 145); Aḥiqar VI 15 u.ö. (TUAT III, 331); pAmherst 63 XVIII, 3 (TUAT.E 202): Baʿl Schamain / El Saggi; KAgr(9):7:1.3 (HAE I, 59): El (Gottesbezeichnung oder GN?) / Baal (dazu s.o. A.4.7, S. 97); unsicher Kom(8):8 (HAE I, 215); BLay(7):2:1 (HAE I, 248): חנן אל יה. Insgesamt dazu HERRMANN, Art. El אל (²DDD), bes. 276f (mit weiteren Belegen und Literatur). Daneben ist daran zu erinnern, dass andere Texte im Alten Testament El offenbar durchaus von Jahwe unterscheiden (Ps 19,2; 36,7a [s.u. B.4.4, S. 209]; Ps 82,1; 104,21 [s.u. C.6, S. 229]; cf. עליון in Dtn 32,8).

202 Cf. grundsätzlich auch VAN DER TOORN, Art. YAHWEH יהוה (²DDD), 917.

Vor allem aber ist der Aufstieg eines göttlichen Kriegers zum König alles andere als singulär. Weil die Wettergötter im nordwestsemitischen Raum naturgemäß eine herausgehobene Rolle spielten, scheinen sie für den Aufstieg prädestiniert gewesen zu sein[203]. Im 1. Jahrtausend begegnet an mehreren Orten ein Wettergott als Haupt des lokalen Pantheons: Zu nennen sind die obermesopotamischen Städte Gūzāna (Tall Ḥalaf) und Urakka und die syrischen Städte Ḥalab (Aleppo), Karkemisch, Masuwari (Til Barsip) und Zincirli (Samʾal)[204]. Dasselbe lässt sich für Damaskus vermuten: Der Haupttempel der Stadt war einer lokalen Gestalt des Hadad gewidmet[205]. Mehrfach sprechen die Texte davon, dass der jeweilige Wettergott den lokalen Dynasten einsetzt[206]. Die enge Verbindung von Wettergott und Königtum zeigen zwei monumentale Stelen im jüngst entdeckten Tempel des Wettergottes von Ḥalab: Der König steht hier dem Wettergott unmittelbar gegenüber[207].

Im nächsten Umkreis der althebräischen Religion ist auf die Königreiche im Ostjordanland zu verweisen. Die Bauinschrift des Mēšaʿ aus dem moabitischen Dībān preist ausschließlich den Dynastiegott Kamoš[208]. Das lässt sich als praktische Monolatrie im Horizont der Königsherrschaft verstehen[209]. Zwar lässt sich über den Charakter des Kamoš wenig Bestimmtes sagen[210]; seine Darstellung in der Inschrift des Mēšaʿ erinnert aber an den kriegerischen König Jahwe. Für Ammon

---

203 Cf. dazu schon den Aufstieg des in der mittleren Euphratregion beheimateten kriegerischen Dagan zum thronenden König, der sich in der Ikonographie vom 3. zum 2. Jts. beobachten lässt (OTTO, Oberhaupt). Allerdings ging dieser Wandel damit einher, dass Dagan seine ursprünglichen Zuständigkeiten an den Wettergott Baʿal-Hadad als seinen Sohn abtrat (aaO 266). Letzterer steigt seinerseits schon im frühen 2. Jt. zum Hauptgott des Königreiches Yamḫad mit der Hauptstadt Ḥalab auf (aaO 267), wie der Mari-Brief A.1968 eindrucksvoll zeigt (s.o. A.2.6, 60ff).
204 SCHWEMER, Wettergottgestalten: Gūzāna (612–618), Urakka (618f), Ḥalab (620f), Karkamiš (621f), Masuwari (622), Zincirli (622f).
205 SCHWEMER, aaO 623f.
206 Für Zincirli cf. KAI 214 und 215; für Karkamiš und Masuwari Belege bei SCHWEMER, aaO 621f. Die Votivstele des Adaditi, des Statthalters von Gūzāna aus dem 9. Jh. (⁵KAI 309), die ursprünglich wohl in einem Adad-Tempel aufgestellt war (cf. DELSMAN, in: TUAT I, 634), spricht ausschließlich von Adad (nur ein einziges Mal mit seiner Gattin Šala/Sawl [aram. 18/akk. 29]). Auch sie zeigt, dass die Konzentration auf den Wettergott dem dynastischen Interesse des Statthalters entspricht.
207 Cf. GONNELLA/KHAYYATA/KOHLMEYER, Zitadelle 92f.
208 KAI 181:3–5.9.12–14.18f.32f. In Z.17 wird sogar der Gott ʿAštar mit Kamoš gleichgesetzt (zur monolatrischen Tendenz dieser Identifikation MÜLLER, in: TUAT II, 649, Anm. 17b); cf. daneben Kamoš in der Inschrift von Kerak (⁵KAI 306:2).
209 Cf. KRATZ, Mythos 161, der von einer „in ganz Syrien-Palästina verbreiteten, politische begründeten praktischen Monolatrie" spricht.
210 Zur Verbindung des Kamoš mit Aspekten der Fruchtbarkeit cf. WORSCHECH, Kemosch 398f.

und Edom sind ähnliche Entwicklungen zu vermuten[211]. Die Hervorhebung einzelner Dynastiegötter zeichnet sich auch in verschiedenen phönizischen Städten ab, wo aber die Götterwelt wie im aramäischen Raum insgesamt als vielfältiger erscheint[212].

Dass die Motive des Wettergottes Jahwe in Ps 93*; 97* und 29* (cf. Ps 18,4–20*) mit den Motiven des Götterkönigs Jahwe verbunden wurden, lässt im Hintergrund politische Vorgänge vermuten: Der König Jahwe dürfte der Gott der Dynastien von Samaria und Jerusalem gewesen sein. Wie sich das zu der ältesten Schicht der Kultlyrik verhält, die den Wettergott noch nicht ausdrücklich König nennt, lässt sich zwar kaum rekonstruieren. In jedem Fall spiegeln aber die königstheologischen Weiterdichtungen der Stücke über den Wettergott, dass die irdischen Machtverhältnisse gefestigt und ausgebaut wurden. Besonders deutlich zeigt sich die Verbindung des Königsgottes Jahwe zum irdischen König in Ps 21*, der auf die Thronbesteigung des irdischen Königs bezogen ist und wahrscheinlich auf derselben Ebene steht wie die Stücke über den königlichen Wettergott Jahwe[213].

Dass der Wettergott Jahwe zum König aufstieg, ist also keine Eigenheit der althebräischen Religion. Das Bild des königlichen Jahwe hebt sich nicht aus seinem religionsgeschichtlichen Kontext heraus. Eine exklusive Tendenz ist in den Texten nicht zu erkennen.

---

211 LEMAIRE, Déesses 142–145. Für Ammon cf. die Zitadelleninschrift aus Amman (⁵KAI 307:1 = AUFRECHT, in: HALLO/YOUNGER, Context II, 139).

212 Die aus dem Byblos des 10. Jhs. stammenden Inschriften des Jeḥīmilk (KAI 4), des ʾAbībaʿal (KAI 5), des ʾElībaʿal (KAI 6) und des Šipitbaʿal (KAI 7) heben die בעלת גבל auffällig hervor; die anderen Götter werden neben ihr i.d.R. nur summarisch erwähnt. Die phönizisch-hethitische Bilingue des Azitawadda aus dem 8. Jh. vom Karatepe (KAI 26) hebt den Dynastiegott Baʿal auffällig hervor, indem sie mehrfach von „Baʿal und den Göttern" spricht (A I 8 u.ö.), wobei neben Baʿal allerdings auch רשף צפרם (A II 10–12), אל קן ארץ und בעל שמם und שמש עלם (A III 18f) erwähnt werden. Zum aramäischen Raum cf. bes. die Götterlisten in Stele I von Sfire (KAI 222 A I 8–12) und in der Hadad-Inschrift des Panammuwa I. von Samʾal (KAI 214:2 u.ö.), s. Anm. 201, S. 129.
Einen weiteren Aspekt bietet der allmähliche Aufstieg des Gottes Baal Šamem in der Levante des 1. Jts.; cf. dazu den detaillierten Befund bei NIEHR, Baʿalšamem; zu Möglichkeiten einer Beeinflussung des Jahwebildes im königszeitlichen Israel und Juda durch den phönizischen Baal Šamem aaO 185ff (cf. DERS., JHWH 311–318). Die in der vorliegenden Untersuchung hervortretenden Züge im Bild des königlichen Wettergottes Jahwe zeigen freilich (noch?) keine spezifische Nähe zum Bild des Baal Šamem.

213 S.o. 5.7, S. 124.

5.9 Ergebnis

Kern von Ps 29* ist der beschwörende Gesang über die gewaltige Stimme des Wettergottes Jahwe, der in V.3–9* enthalten ist. Durch den Rahmen (V.1f*.9f*) wird das Stück zum Königshymnus. Das Ergebnis ist eine Erweiterung des Gottesbildes: Der im Gewitter nahende Jahwe ist in seinen göttlichen Palast eingezogen, um Huldigungen durch Götter und Menschen zu empfangen und sich als ewiger König feiern zu lassen. Ps 29* zeichnet den brüllenden Kämpfer als Herrscher, der für alle Zeiten auf der gezähmten Flut thront. Der aus Rahmen und Mittelteil komponierte Hymnus bietet eine Zusammenschau der wichtigsten Motive, die im Mythos des königlichen Wettergottes Jahwe enthalten sind.

6. Das fruchtbare Land und die bewahrte Welt: Ps 65,7–14

Das Zionslied Ps 65, das in seiner vorliegenden Gestalt theologiegeschichtlich späte Züge aufweist, enthält einen längeren Abschnitt, der
Jahwe dafür preist, dass er dem Land Regen und Fruchtbarkeit schenkt
(V.10–14). Die religionsgeschichtliche Bedeutung dieses Stückes wurde
bisher wenig beachtet[1]: Die Motive fügen sich in das Bild des Wettergottes ein. Zugleich enthält Ps 65 einen partizipialen Hymnus auf den
mythischen Herrscher des Kosmos (V.7f).

(1)   DEM MUSIKMEISTER, EIN PSALM DAVIDS. EIN LIED.

(2)   Dir <gebührt>[2] Lob, <Jahwe>[3] in Zion,
und dir erfüllt man Gelübde.

(3)   Der du Gebet erhörst,
zu dir kommt alles Fleisch.

(4)   Dinge von Sünden wurden mir[4] zu stark,
unsere Frevel, du sühnst sie.

(5)   Wohl dem, den du erwählst und nahen lässt,
er wohnt in deinen Vorhöfen.

     Wir wollen uns sättigen am Guten deines Hauses,
Heiliger deines Tempels!

(6)   Mit Furchtbarem in Gerechtigkeit antwortest du uns,
Gott unserer Rettung,

     auf den alle Enden der Erde vertrauen
und das Meer der Fernen.

(7)   **Der Berge mit seiner Kraft befestigt,
der mit Stärke umgürtet ist,**

(8)   **der das Tosen der Meere besänftigt,
das Tosen ihrer Wellen**
und den Lärm der Völker.

(9)   Und der Enden Bewohner fürchteten sich vor deinen Zeichen,
die Ausgänge von Morgen und Abend lässt du jubeln:

(10)   **Du hast das Land besucht und es überströmen lassen,
du machst es überaus reich,**

     ein Gotteskanal ist mit Wasser gefüllt,
du bereitest ihr[5] Korn,
ja so bereitest du es[6]!

---

1   Der wichtigste Beitrag dazu stammt von SCHROER, Psalm 65; cf. daneben KLINGBEIL,
Yahweh 110–119, 292–294; KEEL, Geschichte I, 228.

2   Lies דִּמְיָה (mit LXX).

3   Wegen der elohistischen Redaktion als ursprüngliches יהוה zu lesen.

4   L bietet gegen LXX und wenige hebräische Handschriften die lectio difficilior.

5   Sc. ישבי קצות (V.9a).

6   Sc. הארץ (V.10aα).

(11) **Du tränkst seine Furchen,
ebnest[7] seine Pflugbahnen,
im Regen lässt du es zerfließen,
du segnest sein Gewächs.**

(12) **Du hast gekrönt deiner Güte Jahr,
und deine Wagenspuren triefen von Fett.**

(13) **Es triefen der Steppe Auen,
und mit Jauchzen gürten sich die Hügel.**

(14) **Die Weiden haben sich mit Kleinvieh bekleidet,
und die Täler hüllen sich in Korn,**
     sie jauchzen einander zu, ja sie singen!

Partizipialer Hymnus auf den Bewahrer der Welt: V.7.8a.
Loblied an den Spender des Regens: V.10aα.bβ.11f.13.14a.
    Zionstheologische Komposition: V.2–6.8b.9.10.aβ.b.14b.
    ÜBERSCHRIFTEN: V.1.

6.1 Zum Gesamtgefüge des Psalms

Der Psalm ist unübersichtlich aufgebaut: V.2–6 werden durch die Anrede Jahwes und das Wir (V.4b.5a.6a) zusammengehalten. Nur in V.4a
begegnet das Ich eines einzelnen Beters[8]. V.7 bietet in zweierlei Hinsicht einen Einschnitt: In V.7–14 verschwindet das Wir, und im Unterschied zu V.6 (תעננו „*du* antwortest uns") gibt V.7 die Anrede Jahwes
auf (בכחו „mit *seiner* Kraft"). V.7f setzen aber den Partizipialstil von
V.6b fort. V.9 kehrt zur Anrede Jahwes zurück.

Gegenüber V.2–5 und V.7–9 dient V.6 als Überleitung[9]: Das Wir
von V.6a schließt sich an V.2–5 an und ist auf den Zion (V.2) und die
Themen Lob (V.2a), Gelübde (V.2b), Gebet (V.3a), Sühne (V.4b) und
den Aufenthalt im Tempel (V.5) bezogen. Gleichzeitig eröffnet V.6b mit
der partizipialen Prädikation des angeredeten Gottes (/ מבטח כל קצוי ארץ
וים רחקים „auf den alle Enden der Erde vertrauen / und das Meer der
Fernen") einen universalen Horizont, der über V.2–5 hinausgeht (cf.
allerdings כל בשר „alles Fleisch" in V.3b) und den Blick auf die Völker
(V.8b) und die Bewohner der Erde (V.9) vorbereitet.

---

7   Die infin. abs. רַוֵּה und נַחֵת stehen entweder für finite Formen (cf. GesK § 113 y) oder
    dienen als Imperative: „Tränke seine Furchen, / ebne seine Pflugbahnen ...", was in
    V.11b Jussive nach sich ziehen würde (so bes. HITZIG, Psalmen 61). Der im Kontext
    vorherrschende beschreibende Charakter deutet auf die erste Möglichkeit (cf. z.B.
    HOSSFELD, in: HOSSFELD/ZENGER, HThKAT 214).

8   S.o. Anm. 4, S. 133.

9   Cf. HOSSFELD, in: HOSSFELD/ZENGER, HThKAT 214f.

Gegenüber V.9 behalten V.10ff zwar die Anrede Jahwes bei, aber die Perspektive ändert sich. Am deutlichsten wird das an der unterschiedlichen Bedeutung von ארץ in V.6b.10a: In V.6b ist die gesamte Erde gemeint, während הארץ in V.10 den vom Regen durchtränkten Erdboden bezeichnet[10]. Gegenstand von V.10–14 ist die Fruchtbarkeit des Landes. Die universale Perspektive von V.6–9 tritt zurück.

In vielerlei Hinsicht weicht der Psalm von den klassischen Gattungsmustern ab[11]: Die Eröffnung ist in ihrer Art singulär und erinnert eher an das Danklied des Einzelnen[12]. Der Partizipialstil in V.7f passt formgeschichtlich nicht zur Anrede Jahwes[13]. Das Thema von V.10–14 wird durch die erste Hälfte des Psalms nicht vorbereitet. Dazu kommt das ab V.7 fehlende Wir. Außerdem ist die unübersichtliche poetische Anlage zu beachten: Der erste Teil bietet überwiegend Bikola im Metrum der Qînā[14], V.8.14 scheinen als Trikola angelegt zu sein, V.9.12f bieten längere Bikola, während die Gestalt von V.10f auf den ersten Blick schwer zu überschauen ist. Die Unterschiede in Form und Diktion sowie die verschiedenen sachlichen Ebenen deuten auf eine mehrstufige Entstehungsgeschichte.

6.2 Literarkritische Beobachtungen

Die entscheidende Frage betrifft das Verhältnis von V.10–14 zum übrigen Psalm: Die sprachliche und inhaltliche Eigenprägung lassen eine selbständige Überlieferung vermuten[15].

Allerdings sind auch in V.10–14 Spannungen zu beobachten. So fällt besonders die Gestalt von V.10 auf:

(10aα)	פקדת הארץ ותשקקה	Du hast das Land besucht und es überströmen lassen,
	רבת תעשרנה	du machst es überaus reich,
(10aβ)	פלג אלהים מלא מים	ein Gotteskanal ist mit Wasser gefüllt,
(10bα)	תכין דגנם	du bereitest ihr Korn,
(10bβ)	כי כן תכינה	ja so bereitest du es!

---

10   Cf. SCHROER, Psalm 65, 290; KÖRTING, Zion 99.

11   Cf. HOSSFELD, in: HOSSFELD/ZENGER, HThKAT 214f.

12   Cf. CRÜSEMANN, Studien 201f.

13   Cf. aaO 122f.

14   Nach BHS ist das in V.2–7 durchgängig der Fall (cf. GUNKEL, Psalmen 272). V.3b steht dem aber entgegen: Wahrscheinlicher ist die masoretische Verseinteilung, cf. z.B. BAETHGEN, ³HK II/2, 193f; SEYBOLD, HAT I/15, 252, und HOSSFELD, in: HOSSFELD/ZENGER, HThKAT 214.

15   Cf. GUNKEL, Psalmen 274; PETERSEN, Mythos 116; SCHROER, Psalm 65, bes. 291f.

Merkwürdig ist zum einen das Suffix von דגנם, das mit Symmachus und Syrohexapla gern in דגנה geändert wird[16]. Der Bezug von דגן auf eine Größe der 3. Ps. m. pl. wird aber schon durch die LXX bezeugt. In V.10a hat das Suffix jedoch kein Bezugswort: *„Ihr* Korn" kann sich nur auf die in V.6.9 benannten Bewohner des Erdkreises beziehen[17]. V.10bβ ändert den Bezug erneut: Das Suffix von תכינה „du bereitest *es"* greift auf die Suffixe der 3. Ps. f. sg. in V.10aα zurück, die sich auf הארץ als das vom Regen getränkte Land beziehen. Dieser Rückbezug setzt sich in V.11 fort. V.10bα unterbricht die Reihe. Dazu kommt die Wiederholung der von כון hi. gebildeten Verbform. Das Motiv des Korns hebt sich auch inhaltlich aus seiner Umgebung heraus: V.10aα1 beginnt mit dem Regen, was sich in V.11a fortsetzt. V.10bα nimmt mit dem Korn hingegen bereits die Ernte in den Blick (cf. im Unterschied dazu צמחה „sein Gewächs" in V.11bβ).

In diesem Zusammenhang ist das Augenmerk auch auf V.10aβ zu lenken: Das Motiv des mit Wasser gefüllten Gotteskanals (פלג אלהים) hebt sich vom Motiv des Regens ab. Die nächste Parallele findet sich in Ps 46,5, wo von den Kanälen der Gottesstadt die Rede ist (נהר פלגיו ישמחו עיר אלהים „ein Strom – seine Kanäle erfreuen die Gottesstadt"). Das Motiv des פלג אלהים, das an die Tempelquelle erinnert[18], deutet auf mesopotamischen Einfluss[19].

Es ist wahrscheinlich, dass die beiden Kola von V.10aβ.bα einen neuen Aspekt in das Stück eingetragen haben: V.10bα erweist sich als Wiederaufnahme, die das im Zusammenhang von V.10–14 ungewöhnliche Motiv des göttlichen Kanals (V.10aβ) durch den in דגנם enthaltenen Rückbezug auf den Vortext (cf. V.6b.9) eingefügt hat.

Auch die vorliegende Form von V.14 deutet auf Erweiterung:

(14aα)	לבשו כרים הצאן	Die Weiden haben sich mit Kleinvieh bekleidet,
(14aβ)	ועמקים יעטפו בר	und die Täler hüllen sich in Korn,
(14b)	יתרועעו אף ישירו	sie jauchzen einander zu, ja sie singen!

Das dritte Kolon (V.14b) hebt sich syntaktisch, poetisch und inhaltlich von den anderen beiden Kola ab: Im Vergleich mit V.12–14a fällt der asyndetische Anschluss von V.14b auf; der Parallelismus der beiden

---

16 Cf. DUHM, KHC XIV, 170; GUNKEL, aaO 274; SCHROER, aaO 287.

17 Cf. TATE, WBC 20, 137; HOSSFELD, in: HOSSFELD/ZENGER, HThKAT 214.

18 Cf. Jes 33,21; Ez 47,1–12; Sach 14,8.

19 פלג erweist sich möglicherweise sogar als Lehnwort vom akkadischen *palgu(m)* (AHw 815f), cf. HALAT 877 s.v. פֶּלֶג I. Die Vorstellung, dass „ein Kanal für den Regen den Himmelsozean durch das Firmament mit dem Luftraum über der Erde verbindet (vgl. Ijob 38,25 sowie Dtn 11,11 und Gen 7,11f.)" (HOSSFELD, in: HOSSFELD/ZENGER, HThKAT 218), ist kaum ursprünglich westsemitisch und findet sich nur in den genannten jungen Kontexten.

Kola von V.14a verbindet Synonyme (יעטפו / לבשו „sie haben sich bekleidet" / „sie hüllen sich") mit synthetischen Elementen (כרים הצאן ... בר ... עמקים ... / „Weiden ... Kleinvieh / ... Täler ... Korn"), während V.14b den Parallelismus nicht fortsetzt. Dazu kommt die inhaltliche Schwierigkeit, wie sich das Jauchzen und Singen zu den vorher genannten Subjekten כרים („Weiden") und עמקים („Täler") verhält: Will man hier keine zweite ungewöhnliche Metapher neben den Metaphern von V.14a annehmen[20], liegt es näher, an menschliche Subjekte zu denken[21]. Als solche kommen erneut die in V.6.9 genannten Bewohner des Erdkreises in Betracht. V.14b knüpft außerdem an V.9b an (מוצאי ערב ובקר תרנין „die Ausgänge von Morgen und Abend lässt du jubeln")[22]; das Einzelkolon schildert die Wirkung, die die in V.9b mit רנן hi.[23] benannte göttliche Tat zeitigt: Jahwe lässt alle Welt in Jubel ausbrechen. Auch V.14b schlägt also den Bogen zurück zum Vortext von V.10ff und hebt sich von dem Lied über die Fruchtbarkeit des Landes ab: Wahrscheinlich handelt es sich auch hier um einen Nachtrag.

Damit erhält die Annahme der ursprünglichen Selbständigkeit von V.10–14* zusätzliches Gewicht: Abgesehen von den nachgetragenen Bezügen auf V.6.9 in V.10bα.14b ist das Stück zu seinem Verständnis nicht auf den Vortext angewiesen. V.10aα lässt mit dem eröffnenden פקדת „du hast besucht" zwar eine Nennung des angeredeten Gottes vermissen, greift aber nicht notwendig auf die Anrede Jahwes in V.2–6.9 zurück (cf. בציון <יהוה> „Jahwe in Zion" in V.2a; אלהי ישענו „Gott unserer Rettung" in V.6a). Die sachliche Geschlossenheit von V.10–14* und das Fehlen sprachlicher und sachlicher Verbindungen zum Vortext zeigen, dass es sich um ein älteres Stück handelt. Es muss nicht vollständig erhalten sein[24]: Der unvermittelte Beginn lässt darauf schließen, dass die ursprüngliche Eröffnung abgeschnitten wurde.

Die motivische Spannung zum ersten Abschnitt lässt sich auf diese Weise erklären: V.2–9 wurden V.10–14* vorangestellt, um das Loblied an den Geber von Regen und Gedeihen zu einem Zionslied umzuformen.

An dieser Stelle ist das Augenmerk auf ein weiteres Phänomen zu lenken, das eine literargeschichtliche Erklärung erfordert. Aus V.2–9 hebt sich in V.7f ein kurzes eigengeprägtes Stück heraus[25]:

(6b)   מבטח כל קצוי ארץ ... auf den alle Enden der Erde vertrauen

---

20 So z.B. BAETHGEN, ³HK II/2, 196; HOSSFELD, in: HOSSFELD/ZENGER, HThKAT 218.
21 Cf. DUHM, KHC XIV, 171.
22 Cf. GUNKEL, Psalmen 275, der V.14b zu V.9 zieht; SEYBOLD, HAT I/15, 253.
23 In dieser Funktion sonst nur in Hi 29,13.
24 Cf. BRIGGS/BRIGGS, ICC, II, 81.
25 Cf. CRÜSEMANN, Studien 286.

	וים רחקים	und das Meer der Fernen.
(7a)	מכין הרים בכחו	Der Berge mit seiner Kraft befestigt,
(7b)	נאזר בגבורה	der mit Stärke umgürtet ist,
(8a)	משביח שאון ימים	der das Tosen der Meere besänftigt,
	שאון גליהם	das Tosen ihrer Wellen
(8b)	והמון לאמים	und den Lärm der Völker.
(9a)	וייראו ישבי קצות מאותתיך	Und der Enden Bewohner fürchteten sich vor deinen Zeichen ...

Die Anrede Jahwes wird in V.7f aufgegeben; der Partizipialstil scheint zwar an V.6b anzuknüpfen, der Inhalt unterscheidet sich aber deutlich: V.7f entfalten das mythische Handeln Gottes an Bergen und Meeren, während V.6b und V.9 die Erde und ihre Bewohner in den Blick nehmen. Die Spannung zeigt sich besonders am Motiv des Meeres, das V.6 als Ort der fernsten Erdbewohner nennt (ים רחקים), während V.8 von den „Meeren" spricht, die der gepriesene Gott „besänftigt". Die spannungsreiche Verbindung der zwei Ebenen zeigt sich auch in V.8 selbst: Die Aufzählung שאון ימים / שאון גליהם / והמון לאמים ist kaum ursprünglich; vielmehr ist die göttliche Besänftigung der Völker (V.8b) als nachträgliche Deutung des Kampfes gegen das tosende Meer zu erkennen[26]. Sie leitet zu V.9 über, der von Gottesfurcht und Jubel der Erdbewohner spricht. V.7.8a erweisen sich demgegenüber als partizipialer Hymnus, der bei der Erweiterung des älteren Liedes von V.10–14* zum Zionspsalm aus anderem Zusammenhang zitiert wurde.

Die Weiterdichtung von V.10–14* hat die Anliegen der Zionsgemeinde, die um Gelübde (V.2), Gebet (V.3) und Sühne (V.4) kreisen, in einen weltumspannenden Horizont gestellt. Die Verbindung partikularer und universaler Aspekte setzt Deuterojesaja längst voraus[27]. Die auffällige Aussage von V.3b (עדיך כל בשר יבאו „zu[28] dir kommt alles Fleisch") hat eine fast wörtliche Parallele in Jes 66,23 (יבאו כל בשר להשתחוות לפני)[29]. Der universale Horizont von V.6b (מבטח כל קצוי ארץ „auf den alle Enden der Erde vertrauen") berührt sich mit der theokratischen Fortschreibung von Ps 48* (V.11a: תהלתך על קצוי ארץ ... „...dein Lob [reicht] über die Enden der Erde")[30] und erinnert an das Motiv der weltweiten Verehrung Jahwes in Mal 1,11 und Ps 113,3. Gleichzeitig wird durch V.8b das Motiv des Völkerkampfes nach Jes 17,17f abgewandelt. Jahwes „Zeichen" (אותתיך in V.9), die die Erdbewohner in Furcht und Jubel versetzen, dürften die Ereignisse der Herausführung Israels aus Ägypten sein (cf. אתתיו in

---

26   Cf. GUNKEL, Psalmen 275; BRIGGS/BRIGGS, ICC, II, 82.
27   Cf. כל בשר (V.3) in Jes 40,5; 49,26 (daneben v.a. Jer 32,27; Joel 3,1; Ps 136,25; 145,21); V.9a (וייראו ישבי קצות מאותתיך) erinnert an Jes 41,5 (ראו איים וייראו קצות הארץ).
28   Zum ungewöhnlichen Gebrauch der Präposition עד cf. Jes 45,24; Mi 4,8; 7,12; Hi 4,5.
29   Cf. רחקים in Jes 66,19.
30   S.u. B.3.5, S. 191ff.

Dtn 11,3; Ps 78,43; 105,27); dasselbe gilt für die in V.6 erwähnten „furchtbaren Taten" (נוראות), mit denen Jahwe Israel „antwortet" (cf. Ps 106,22).

In diesen spannungsreichen Horizont wird das einzigartige Verhältnis der Zionsgemeinde zu Jahwe eingezeichnet: Die Sättigung im Tempel (V.5b) blickt auf das Loblied an den Geber der Fruchtbarkeit voraus (cf. טובתך in V.12 mit טוב ביתך in V.5b) und knüpft zugleich an alte Tempeltheologie an (cf. Ps 36,9[31]); dass der erwählte Verehrer Jahwes nicht nur Gast ist, sondern in den Vorhöfen wohnt (V.5a), geht über Ps 84,11 („besser ein Tag in deinen Vorhöfen als sonst tausend") noch hinaus und erinnert an Ps 15,1 („... wer darf wohnen auf deinem heiligen Berg?")[32]. Die „Entsühnung" (כפר pi.) der „Frevel" der Gemeinde (פשעינו) in V.4b hat Parallelen in Ps 78,38 und 79,9[33]; die in V.4a enthaltene Rede des Einzelnen (דברי עונת גברו מני „Sündendinge sind mir[34] zu mächtig geworden") dürfte auf das Klagelied Ps 38 anspielen (V.5: כמשא כבד / כי עונתי עברו ראשי יכבדו ממני „Denn meine Sünden sind über mein Haupt gegangen, / wie eine schwere Last sind sie mir zu schwer."). In der Frömmigkeit verschränken sich also gemeinschaftliche und individuelle Aspekte[35]: Das Gottesverhältnis hat seine Mitte sowohl im Lobgesang der Gemeinde (V.2a) als auch in Gelübden[36] und im Gebet Einzelner (V.2b.3a). Indem sich die Gemeinde auf den Zion ausrichtet (V.2a), knüpft sie an die dort beheimateten alten Überlieferungen des fürsorglichen Königsgottes an.

6.3 Zu Form und Gattung von V.10–14*: ein Loblied

Das Stück, das sich als literargeschichtlicher Kern des Zionspsalms in V.10–14* erhalten hat, besteht aus unterschiedlich gruppierten Versen:

(10aα)	פקדת הארץ ותשקקה	Du hast das Land besucht und es überströmen lassen,
	רבת תעשרנה	du machst es überaus reich,
(10bβ)	כי כן תכינה	ja so bereitest du es!
(11aα)	תלמיה רוה	Du tränkst seine Furchen,
(11aβ)	נחת גדודיה	ebnest[37] seine Pflugbahnen,
(11bα)	ברביבים תמגגנה	im Regen lässt du es zerfließen,
(11bβ)	צמחה תברך	du segnest sein Gewächs.
(12a)	עטרת שנת טובתך	Du hast gekrönt deiner Güte Jahr,
(12b)	ומעגליך ירעפון דשן	und deine Wagenspuren triefen von Fett.
(13a)	ירעפו נאות מדבר	Es triefen der Steppe Auen,
(13b)	וגיל גבעות תחגרנה	und mit Jauchzen gürten sich die Hügel.
(14aα)	לבשו כרים הצאן	Die Weiden haben sich mit Kleinvieh bekleidet,
(14aβ)	ועמקים יעטפו בר	und die Täler hüllen sich in Korn.

---

31 S.o. B.4.4, S. 206.
32 Dazu s.u. B.1.6, S. 164ff.
33 Zum möglichen kultischen Horizont cf. KÖRTING, Zion 100f.
34 S.o. Anm. 4, S. 133.
35 Cf. KÖRTING, Zion 99–102.
36 Cf. dazu Ps 22,26; 50,14; 56,13; 61,9; 66,13; 76,12; 116,14.18; 137,8.
37 S.o. Anm. 7, S. 134.

Am deutlichsten sind die Bikola von V.12–14a, die an der gleichmäßigen Länge, der chiastischen Wortstellung und den synthetischen Parallelismen zu erkennen sind. V.11 kann hingegen kaum als verlängertes Bikolon gedeutet werden[38]: Vielmehr handelt es sich um vier asyndetisch gereihte Kola, die zwei synthetische Parallelismen mit chiastischer und paralleler Wortstellung bieten und wohl als Tetrakolon zu lesen sind[39]. V.10* ordnet sich als Trikolon mit synthetisch parallelen Aussagen.

Das Stück erweist sich durch die Anrede an den Gott und durch sein Thema als Loblied, das die göttlichen Gaben mit einer Vielzahl von Bildern und Metaphern beschreibt. Gegen Ende (V.13f) tritt die Anrede an den Gott allerdings zugunsten der Schilderung des fruchtbaren Landes zurück. Der Schluss (V.14b) wirkt nicht vollständig: Nicht nur der ursprüngliche Beginn, sondern auch das Ende könnten bei der Rahmung durch V.2–9.10αβ.bα.14b abgeschnitten worden sein.

Weil die ursprüngliche Eröffnung fehlt[40], lässt sich nicht mit Sicherheit sagen, welchen Gott das Loblied besingt. Silvia Schroer hat nachgewiesen, dass es sich um einen Wettergott handelt, der als Spender von Regen und Fruchtbarkeit gepriesen wird[41]. Wie bei den Theophanien von Ps 18,8–16* und Ps 97,2–5* spricht aber nichts dagegen, das Stück mit dem Wettergott Jahwe zu verbinden. Schroers Annahme eines „kanaanäischen Baal-Regen-Hymnus"[42] ist nicht notwendig.

6.4 Der Wettergott und das fruchtbare Land

Das Loblied blickt auf eine landwirtschaftlich geprägte Welt: Der gepriesene Gott schenkt den Ertrag von Feld und Weide; Korn und Kleinvieh werden von ihm umsorgt. Am Anfang steht die Gabe des Regens (V.10f*). Dabei könnte das ambivalente [43]פקד (V.10*) andeuten, dass das gepriesene göttliche Handeln auch eine unheimliche Seite besitzt (cf. bes. Ps 29,3–9*[44]). Das Loblied stellt jedoch die heilvolle Seite in den Vordergrund: Der Wettergott hat das Land „überströmen las-

---

38 So z.B. SCHROER, Psalm 65, 287; SEYBOLD, HAT I/15, 252; HOSSFELD, in: HOSSFELD/
    ZENGER, HThKAT 213.
39 Cf. HITZIG, Psalmen 61.
40 S.o. 6.2, S. 137.
41 Psalm 65, bes. 292–296.
42 SCHROER, aaO 294.
43 Cf. ANDRÉ, Art. פָּקַד pāqad (ThWAT VI), .
44 S.o. A.5.5, S. 115ff.

sen" (ותשקקה), um ihm großen Reichtum zu schenken (רבת תעשרנה)[45]. In ähnlicher Weise wird Adad für Regen und Reichtum gepriesen; zu vergleichen sind etwa die Epitheta *mušaznin zunni nuḫši* („der reichliche Regengüsse fallen lässt")[46], *mušaznin nuḫši* („der Fülle regnen lässt")[47], מהנחת עסר („der Reichtum hinabschickt")[48], *muṭaḫḫid(u) nuḫši* („der die Fülle überreichlich macht")[49] oder der Eigenname *Adad-mušašri* („Adad ist einer, der reich werden lässt")[50].

Das Trikolon der Eröffnung wird mit der ungewöhnlichen Wendung כי כן תכינה „ja so bereitest du es" (V.10bβ) abgerundet. Sie spielt darauf an, dass die Gabe des Regens für das Leben entscheidend ist: Die Wurzel כון ist in anderem Zusammenhang auf die Bewahrung der gesamten Weltordnung bezogen, wie der in V.7f* eingebettete partizipiale Hymnus zeigt, der über die Befestigung der Berge gegen die tosenden Meere spricht[51] (cf. Ps 93,1b.2[52]; cf. 48,9*[53]; 24,2[54]).

Die Fortsetzung malt mit ungewöhnlich genauen Bildern aus, wie der Regen den Boden aufweicht (V.11a.bα: „Du tränkst seine Furchen, / ebnest[55] seine Pflugbahnen[56], / im Regen lässt du es zerfließen[57] ..."), und wendet dann den Blick zum aufsprossenden Getreide: Es empfängt den göttlichen Segen (צמחה תברך). Schroer hat darauf hingewiesen, dass diese Motivik an eine Regenbeschwörung im Kirtu-Epos (CAT 1.16 III 1–10[58]) erinnert[59]. Vergleichbar ist besonders der darin enthaltene Ruf nach dem Regen[60]:

[5] *li ʾarṣi maṭaru baʿli*	„Zur Erde (komme) der Regen Baʿlus
[6] *wa li šadî maṭaru ʿalīyi*	und zum Feld der Regen des Höchsten!

---

45   עשר hi. Mit dem Subjekt Jahwe begegnet nur noch in I Sam 2,7, allerdings in anderem Sinn.

46   BORGER, Asarhaddon 79 AsBbA Vs. 7 = SCHWEMER, Wettergottgestalten 711.

47   ABOU-ASSAF/BORDREUIL/MILLARD, statue 13; ⁵KAI 309 akk. 1f = SCHWEMER, ebd., mit weiteren Belegen.

48   ABOU-ASSAF/BORDREUIL/MILLARD, aaO 23; ⁵KAI 309 aram. 1f; Übersetzung: DELSMAN, in: TUAT I, 636).

49   WEIHER, Texte III 60 Vs. 7; TADMOR, Inscriptions 112f, Mila Mergi RR:6 = SCHWEMER, ebd.

50   WILHELM, Brief 431ff Vs. 1 = SCHWEMER, aaO 583.

51   S.u. 6.4, S. 143ff.

52   S.o. A.3.6, S. 75ff.

53   S.o. B.3.7, S. 195ff.

54   S.o. B.1.3, S. 154ff.

55   S.o. Anm. 7, S. 134.

56   Sc. die Ränder der vom Pflug erzeugten Furchen, cf. BAETHGEN, ³HK II/2, 196.

57   Zu תמגגנה cf. Am 9,13: כל הגבעות תתמוגגנה ... („... alle Hügel weichen auf").

58   Dazu auch s.u. B.1.2, S. 152.

59   SCHROER, Psalm 65, 292–295.

60   Dazu DIETRICH/LORETZ, in: TUAT III, 1246.

(7) *naʿīmu li ʾarṣi maṭaru baʿli*   Angenehm sei für die Erde der Regen Baʿlus
(8) *wa li šadî maṭaru ʿalīyi*   und für das Feld der Regen des Höchsten!

(9) *naʿīmu li ḥiṭṭati bi ʿn*   Angenehm sei er für den Weizen in der Pflugbahn,
(10) *bima nîrati ka sammīma*   im Neubruch wie Räucherwerk,
(11) *ʿalê talmi ka ʿṭrṭrt*   auf der Furche wie Krönungen!"

Der Begriff der Krönung (*עטר) begegnet auch in Ps 65* unmittelbar
nach der Beschreibung des Regens (V.12a). עטרת שנת טובתך ("Du hast
gekrönt deiner Güte Jahr") zeigt, dass das Lied den gesamten Jahres-
kreis im Blick hat: „Der fruchtbare Regen gewährt die Aussicht auf eine
reiche Ernte; deswegen darf das Jahr schon jetzt ein Jahr der Güte Jahves genannt werden"[61].

Das nächste Motiv blickt darauf zurück, dass der Wettergott mit einem Wagen das Land befahren hat. Diese Vorstellung wird etwa durch
ein Relief im jüngst entdeckten Tempel des Wettergottes von Ḥalab
illustriert, das zeigt, wie der Wettergott gerade seinen von Stieren gezogenen Wagen besteigt[62]. Auf den Wagen des Wettergottes wird auch
im Baʿlu-Zyklus, in Epitheta des Adad und in der althebräischen Literatur angespielt (cf. v.a. Ps 77,19; 68,34 und II Reg 2,11)[63].

Die von den Spuren des Wettergottes hinterlassene Fruchtbarkeit
wird mit einer eigenartigen Metapher gezeichnet (V.12b: ומעגליך ירעפון
דשן „und deine Wagenspuren triefen von Fett"): Sie könnte auf das
Opferfest im Tempel anspielen, wie aus dem Loblied von Ps 36* hervorgeht, das vom „Fett" in diesem Sinn spricht (V.9a: ירוין מדשן ביתך „sie
laben sich am Fett deines Hauses")[64].

V.13 nimmt den Begriff des „Triefens" (*עטף) auf[65] und verbindet
ihn mit den „Weiden der Steppe" (נאות מדבר). Derselbe Begriff findet
sich in Jer 9,9, einer Dürreklage, die ein Gegenstück zu Ps 65,13.14a
bietet. Die Erwähnung der Steppe erinnert außerdem an die „<heilige>
Steppe", die Jahwes Stimme nach Ps 29,8 zum „Kreißen bringt"[66]. Das
Bild der „triefenden" Steppe leitet die Beschreibung des Gedeihens ein,
das der „Besuch" des Wettergottes in den verschiedenen Gegenden des

---

61 BAETHGEN, ³HK II/2, 196.
62 In: GONNELLA/KHAYYATA/KOHLMEYER, Zitadelle 99; cf. das neohethitische Relief
    vom Löwentor in Malatya (s.o. A.2.5, Anm. 74, S. 56).
63 S.o. A.2.5, S. 55f; ähnlich, aber nicht identisch ist die Vorstellung der als Wagen
    dienenden Wolken in Ps 104,3, die dem ugaritischen Baʿlu-Epitheton *rākibu ʿarpāti*
    entspricht.
64 S.u. B.4.4, S. 206.
65 Die Wiederholung ist merkwürdig: Will man nicht Verschreibung annehmen (GUN-
    KEL, Psalmen 275, vermutet wegen des Parallelismus ursprüngliches יריעו), könnte es
    sich um die Spur einer literargeschichtlichen Verwerfung handeln, die wegen des
    fragmentarischen Charakters von V.10–14* allerdings schwer zu rekonstruieren ist.
66 S.o. A.5.5, S. 115ff.

Landes (V.10aα) ausgelöst hat: Neben der Steppe werden auch Hügel, Weiden und Täler in den Blick genommen (V.13b.14a).

Die jauchzenden Hügel (V.13b) erinnern an die jubelnden Berge in dem Thronbesteigungshymnus von Ps 98* (V.8)[67]. Eine weitere Parallele bietet ein auch mit Ps 98* vergleichbares Gebet an Adad[68]:

| (33) | *[in]a rigmi[ka ḫ]adū ḫursāni* | ... [be]i [deinem] Donner sind die Berge [e]rfreut, |
| (34) | *[qe]rbētu [ḫ]udā rīšū ugārū* | [die F]luren [fr]ohlocken, es jauchzen die Felder ... |

Ps 65* verbindet Hügel, Weiden und Täler darüber hinaus mit auffälligen Metaphern der Bekleidung (V.13b.14a), die vielleicht an die Investitur des Gottes anklingen (cf. V.7b[69] sowie Ps 93,1a[70] und 104,1b.2a[71]). Die Beschreibung endet mit dem Blick auf die üppige Fruchtbarkeit von Herden und Korn (V.14a).

Das kunstvolle Gotteslob von Ps 65,10–14* dürfte für einen festlichen Anlass gedichtet worden sein: Das Motiv der Krönung des Jahres (V.12a) lässt an den Jahreswechsel denken, der auf den Beginn der Regenzeit bezogen war[72]. Dass V.14a eine fortgeschrittene Jahreszeit zeichnet[73], spricht nicht dagegen: Das Lied bietet eine Zusammenschau der vom Besuch des Wettergottes hervorgerufenen Fruchtbarkeit. Die hymnischen Bilder und Metaphern in V.11–14a können im Blick auf das anbrechende Jahr beschwörenden Charakter gehabt haben[74].

6.5 Ein partizipialer Hymnus: der Wettergott und die bewahrte Welt

Auch das kurze Stück, das in V.7.8a zitiert wird, schließt sich an den Motivkreis des Wettergottes an, zeichnet jedoch eine ganz andere Seite seines Wirkens:

(7a)   מכין הרים בכחו   Der Berge mit seiner Kraft befestigt,

---

67   S.o. B.2.3, S. 174ff.
68   „Adad 4" (MAYER, UFBG 378): BMS 21 (K 2641+) + K 6588 + K 6612 (+) K 11345 = SCHWEMER, Wettergottgestalten 676; zum Vergleich mit Ps 98,7f, s.u. B.2.3, S. 178.
69   S.u. 6.5.
70   S.o. A.3.6, S. 75ff.
71   S.u. C.3.5, S. 220ff, und 3.6, S. 227ff.
72   Cf. SCHROER, Psalm 65, 299; dazu s.o. A.1.5, S. 36.
73   Cf. die Erklärung als „Frühlingslied" (GUNKEL, Psalmen 274; ähnlich BAETHGEN, ³HK II/2, 193) oder Erntelied (BRIGGS/BRIGGS, ICC, II, 80).
74   Cf. HITZIG, Psalmen 61; SCHROER, Psalm 65, 295, Anm. 25, erwägt für den „Wechsel in die Afformativformen im 3. Teil" (sc. V.10aα1.12a.14aα) einen „ursprüngliche[n] ‚Sitz im Leben' in Beschwörungsgebeten", „die die göttlichen Handlungen vorausgreifend als bereits geschehen (‚du hast dich angenommen', ‚du hast gekrönt') beschreiben".

(7b)   נאזר בגבורה   der mit Stärke umgürtet ist,
(8aα)   משביח שאון ימים*   der das Tosen der Meere besänftigt,
               שאון גליהם   das Tosen ihrer Wellen.

Die beiden Bikola haben die Form des partizipialen Hymnus, die auch in Ps 104 mit Motiven des Wettergottes verbunden ist[75]. Auffällig ist das Metrum der Qînā[76]. Es erinnert an den Klagegestus, mit dem das Triumphlied von Ps 93,3–5* eröffnet wird[77].

Auch motivgeschichtlich steht der Hymnus Ps 93* nahe: Das Bild der tosenden Meere und Wellen erinnert an die naturalisierende Zeichnung der mythischen Fluten in Ps 93,3f[78]. Die in Ps 65,7f* enthaltene Beschreibung des göttlichen Handelns an der Welt steht dabei bereits den Motiven nahe, die in der erweiterten Form von Ps 93* mit Jahwes Thronbesteigung verbunden sind[79]: Die göttliche Befestigung der Berge (כון hi.) erinnert an die in Ps 93,1b besungene Festigkeit des Erdkreises (כון ni.), die ihrerseits der Festigkeit des Gottesthrons entspricht (V.2a). Dass der Gott von Ps 65,7f* „mit Stärke gegürtet" ist (V.7b: נאזר בגבורה), ist eine Parallele zu dem Proklamationsruf von Ps 93,1a: „... mit Macht hat er sich umgürtet!" (עז התאזר ...) Beide Texte zeigen, dass die göttliche Wehrhaftigkeit nötig ist, damit die Fluten eingedämmt bleiben[80].

Ps 65,7f* wandelt den mythischen Kampf gegen das Meer eigentümlich ab: Die „Meere" (ימים)[81] werden von dem besungenen Gott „besänftigt"[82], also gezähmt[83]. Die Variante des Motivs dürfte damit zusammenhängen, dass der Hymnus die Bewahrung der Welt im Blick

---

75   S.u. C.5, S. 222f. Zur Form grundsätzlich CRÜSEMANN, Studien 83–154.
76   Cf. GUNKEL, Psalmen 272; HOSSFELD, in: HOSSFELD/ZENGER, HThKAT 214.
77   S.o. A.3.4, S. 71ff.
78   S.o. A.3.5, S. 73ff, und A.2.6, S. 59ff.
79   S.o. A.3.6, S. 75ff.
80   S.o. A.3.6, S. 75ff.
81   Der Plural unterscheidet sich von Ps 18,16* (txt. emd.); 77,20 und 93,4 und entspricht Ps 24,2; cf. außerdem Jes 17,12; Jona 2,4; Ps 46,3. Es fällt auf, dass von den „Meeren" auch in verschiedenen akkadischen Epitheta des Adad die Rede ist, cf. *musanbiʾ tâmāte* „der die Meere aufrührt" (RIMA III A.0.102.12:3 = SCHWEMER, Wettergottgestalten 710); [m]*uttabb[i]l šamê mātāti tâmāti* „[de]r Himmel, Länder (und) Meere verwalt[e]t" (BMS 21+ [MAYER, UFBG 378: „Adad Nr. 2"] Rs. 31 = SCHWEMER, aaO 711; *rāḫiṣ kibrāt nak(i)rī šadî tâmāti* „der die (an den Rändern liegenden) Länder der Feinde, die Berge und die Meere schlägt" (RIMA II A.0.87.1 I 9f = SCHWEMER, aaO 712, mit weiteren Belegen); (*ša) ana rigmīšu šamê u erṣeti* [...] [*ap*]*sâʾ itarraru iddallaḫū tâmāti nabnīt tâmt[i* ...] „bei dessen Gebrüll Himmel und Erde [schwanken], [der Ap]sû erzittert, die Meere aufgestört werden, die Geschöpfe des Meer[es ...]" (KAR 304 (+) 337 Rs. 16′f = SCHWEMER, aaO 713).
82   שבח hi. nur hier.
83   Unsicher ist, ob sich ein ugaritisches Wurzeläquivalent in der Rede der ʿAnatu über die Vernichtung (oder Zähmung?) des Meeresungeheuers Tunnanu (CAT 1.3 III 40) findet, cf. HALAT 1291 s.v. שבח II.

hat: Der Gott befestigt die Berge, die die bewohnte Erde umgeben, und sorgt dafür, dass die Fluten diese nicht überwältigen können[84]. Das Motiv der göttlichen Kraft (בכחו) verweist dabei erneut auf den Wettergott: Der Donnergesang von Ps 29,3–9* rühmt die Kraft der Stimme Jahwes (V.4a: קול יהוה בכח „Die Stimme Jahwes in Kraft ...!")[85].

Der partizipiale Hymnus von Ps 65* bietet eine wichtige Ergänzung zum Mythos des kämpfenden Wettergottes: Das Bild des Gottes, der die Berge befestigt und die Meere beruhigt, tritt neben die verschiedenen Aussagen, nach denen der Wettergott Berge und Erde erschüttert (Ps 18,8*[86]; 29,6[87]; 77,19[88]; 104,32[89]; cf. 97,5*[90]) und das Meer in die Flucht schlägt (Ps 18,16* [txt. emd.][91]; 77,17.20[92]). Es fällt auf, dass sich zu dem Motiv der Befestigung der Berge weder in ugaritischen noch in akkadischen Wettergottüberlieferungen genaue Parallelen finden. Vereinzelt wurde zwar auch von Adad die Festigung und Sicherung des Kosmos ausgesagt, wie die Epitheta *mukīl markas šamû u erṣeti* („der das Band von Himmel und Erde hält")[93] und [*nāṣ]ir napišti dadm[ê]* („Behüter des Lebens der Wohnstätten")[94] zeigen. In mesopotamischen Texten sind kosmologische Aussagen aber in der Regel mit anderen Göttern wie Šamaš oder Marduk verbunden[95]. Vielleicht lässt sich daher in Ps 65,7f* eine Eigenheit der althebräischen Wettergottvorstellung greifen.

Das Motiv des göttlichen Königtums ist in Ps 65,7f* noch nicht enthalten. Der Hymnus könnte deshalb zur Vorlage für die Weiterdichtung des Triumphliedes von Ps 93,3–5* zum Thronbesteigungslied geworden sein[96]. Auch bietet Ps 65,7a noch keine Aussage über eine anfängliche Schöpfungstat. Eine solche enthält erst die Proklamation von Ps 24,1f*, die den Mythos des königlichen Wettergottes erweitert, indem sie davon spricht, dass Jahwe das Erdengebäude über den Flu-

---

84 Sie wird in dem jüngeren Preislied von Ps 89,9–15, das bereits aus Ps 24,1f* zitiert (s.u. B.1.3, S. 162f), aufgegriffen: בשוא גליו אתה תשבחם „wenn seine Wellen sich erheben, besänftigst du sie (שבח pi.)" (V.10).
85 S.o. A.5.5, S. 115ff.
86 S.o. A.1.5, S. 29f.
87 S.o. A.5.5, S. 117f.
88 S.o. A.2.5, S. 56.
89 S.u. C.3.5, S. 226.
90 S.o. A.4.7, S. 97.
91 S.o. A.1.5, S. 35.
92 S.o. A.2.5, S. 57ff.
93 LAYARD, Inscriptions 73:6; KUB IV 8 Vs. 3'f (frg.) = SCHWEMER, Wettergottgestalten 710.
94 K 5147 Vs. 3'(MAUL, ‚Herzberuhigungsklagen', Eršaḫunga Nr. 18:13) = SCHWEMER, aaO 711.
95 S.o. A.3.6, S. 75ff.
96 S.o. A.3.6, S. 81.

ten gegründet hat und fortdauernd befestigt[97]. Im Hintergrund dieses Motivs dürfte neben Ps 93,1f auch Ps 65,7f* stehen.

6.6 Ergebnis

Der Zionspsalm 65 enthält das Fragment eines alten Lobliedes, das einem Wettergott für die Gabe von Regen und Fruchtbarkeit dankt (V.10–14*). Sein ursprünglicher Sitz im Leben ist erneut beim herbstlichen Neujahrsfest zu suchen. Bei der späten Weiterdichtung zum Zionslied wurde das Stück mit einem partizipialen Hymnus verbunden (V.7f*), der ebenfalls auf einen Wettergott bezogen ist und dessen mythisches Handeln in kosmischen Dimensionen zeichnet: Er preist den Gott dafür, dass er die bewohnte Welt vor den tosenden Fluten bewahrt.

---

97   S.u. B.1.3, S. 154ff.

B. Jahwes Königsherrschaft

1. Die Ankunft des Königs und die befestigte Welt: Ps 24

Die berühmte Eröffnung von Ps 24 und die Liturgie von V.7–10 geben wichtige Einblicke in die Geschichte der Jahwereligion[1]: In der Liturgie spiegelt sich ein altes Ritual, mit dem die Ankunft Jahwes als eines siegreichen Königs inszeniert wurde. Die hymnische Eröffnung (V.1f) preist Jahwe als alleinigen Herrn der Welt, der die Erde gegründet hat und dauerhaft vor den chaotischen Fluten bewahrt. Der Mittelteil (V.3–6) entfaltet, welches Verhalten den Empfang des Segens im Heiligtum ermöglicht, womit der Motivkreis des Königtums Jahwes eine ethische Vertiefung erfährt.

(1) VON DAVID. EIN PSALM.

Jahwe gehören die Erde und ihre Fülle,
der Erdkreis und die darauf wohnen,

(2) denn *er* hat sie über Meeren gegründet,
und über Strömen befestigt er sie!

(3) Wer darf hinaufziehen auf Jahwes Berg,
und wer darf stehen an seines Heiligtums Ort?

(4) Ein Schuldloser an den Händen und ein Reiner im Herzen,
der meine Lebenskraft nicht zur Lüge erhebt
und nicht zu Betrug schwört,

(5) wird davontragen Segen von Jahwe
und Gerechtigkeit vom Gott seines Heils.

(6) Dies ist das Geschlecht dessen, der nach ihm fragt,
die dein Angesicht suchen: Jakob.

SÆLĀ.

(7) „Erhebt, ihr Tore, eure Häupter,
und erhebt euch, ihr Pforten der Urzeit,
dass der König der Ehre einziehe!"

(8) „Wer ist dieser, der König der Ehre?"
„Es ist Jahwe, ein Mächtiger und ein Held,
Jahwe, ein Held der Schlacht! –

(9) Erhebt, ihr Tore, eure Häupter,
und <erhebt euch>[2], ihr Pforten der Urzeit,
dass der König der Ehre einziehe!"

---

1   Zur Forschungsgeschichte cf. LORETZ, Ugarit-Texte 249–274.
2   Lies והנשאו mit hebräischen Handschriften und den Versionen.

(10) „Wer ist dieser, der König der Ehre?"
      „Jahwe der Heerscharen,
      er ist der König der Ehre!"
          SÆLĀ.

Liturgie am Tor: V.7–9.10*.
   Hymnisches Bekenntnis: V.1*.2.
      Der Empfang des Segens: V.3–5.
         Nachtrag: V.6*.
         ÜBERSCHRIFT UND LITURGISCHE ANWEISUNGEN: V.1*.6*.10*.

1.1 Zur Gliederung des Psalms

Abgesehen von der Überschrift (לדוד מזמור) zerfällt der Psalm in drei
Teile: Die zwei Bikola von V.1(ab ליהוה).2 bilden eine hymnische Eröffnung, die sprachlich und inhaltlich selbständig ist. In V.3–6 folgt – an
V.2 asyndetisch angeschlossen und mit V.1f* nur durch den Gottesnamen יהוה verknüpft – eine Wechselrede von zwei Sprechern in Frage
(V.3) und Antwort (V.4–6). Das Ende des Abschnittes ist mit סלה markiert (V.6)[3]. V.7–10 enthalten – an V.6 erneut asyndetisch angeschlossen
– einen zweiten längeren Redewechsel: Er hat ebenfalls zwei Sprecher.
Die Fragen in V.8aα und V.10aα werden mit מי זה und מי הוא זה eingeleitet, was formal der Eröffnung des ersten Redewechsels in V.3 (מי ... ומי)
ähnelt. Auch nach dem dritten Abschnitt steht סלה (V.10).
    Die drei Abschnitte behandeln in „sinnvolle[r] Anordnung" die loci
„'De mundo', ,De homine' und ,De Deo'"[4]. Aus dieser sachlich einsich-
tigen Themenfolge folgt aber nicht notwendig die kompositorische Einheit des Psalms: Die drei Abschnitte sind sprachlich und inhaltlich
selbständig. Der Versuch, die Einheitlichkeit durch die Annahme einer
durchgehenden Festliturgie[5] – etwa für eine Prozession mit der Lade
zum Heiligtum – zu erweisen[6], hat keinen Anhalt am Text.
    Der dritte Abschnitt (V.7–9.10[ohne סלה]) hebt sich vielmehr deut-
lich aus dem Psalm heraus[7]: „Dieser Abschnitt ist eine in sich abge-
schlossene, durchaus selbständig vorstellbare Liturgie"[8]. Darauf deuten
schon die Trikola nach den Bikola in V.1–6 (mit Ausnahme von V.4).
Außerdem greift die Liturgie inhaltlich in keiner Weise auf die voraus-

---

3   Zur Gliederungsfunktion des סלה cf. SEYBOLD, Poetik 80f.
4   SPIECKERMANN, Heilsgegenwart 200.
5   So schon DUHM, KHC XIV, 75; nach MOWINCKEL, Psalms II, 245f, handelt es sich um
    ein einheitliches Lied zur Thronbesteigung.
6   Cf. z.B. KRAUS, BK I, 194f.
7   So schon EWALD, Dichter I/2, 16ff; cf. DUHM, KHC XIV, 100ff; GUNKEL, Psalmen 101.
8   SPIECKERMANN, Heilsgegenwart 204.

gehenden Abschnitte zurück. Sie unterscheidet sich klar von der Wechselrede in V.3–6: Zwischen den jeweiligen Sprechern ist keine Verbindung zu erkennen; die mit מי eingeleiteten Fragen zielen in V.3 auf die Besucher des Heiligtums, in V.8.10 hingegen auf die Identität des Königs der Ehre (מלך הכבוד). Es wird nicht deutlich, wie der Einzug (cf. יבוא in V.7.9) dieses Königs mit der Frage zusammenhängt, wer auf den Berg Jahwes hinaufziehen darf (V.3). Ebensowenig knüpfen V.7–10* an die hymnische Eröffnung von V.1f* an: Zwar legen beide Texte besonderen Nachdruck auf den Namen Jahwes (V.1a*.8aβ.b.10aβ.b*); Es ist aber nicht zu erkennen, dass V.7–10* den kosmologischen Inhalt von V.1f* aufnehmen. Es ist daher wahrscheinlich, dass V.7–10* den ältesten Kern des Psalms gebildet haben[9].

1.2 Eine Liturgie am Tor: der Einzug des Königs der Ehre (V.7–10*)

V.7–10* bestehen aus vier meist dreihebigen Trikola von ungefähr gleicher Länge. Erste und dritte Dreiergruppe und zweite und vierte Dreiergruppe sind parallel. Die Wechselrede von Aufforderung, Frage und Antwort vollzieht sich zwei Mal.

Eine auffällige formale Parallele zu der Wechselrede von V.7f//8f findet sich am Ende eines ugaritischen Rituals zur Beschwörung gegen Schlangengift (CAT 1.100): Der Gott Ḥôrānu fordert Einlass in das Haus, in dem die Beschwörung stattfindet, und spricht dazu die als Trikolon angeordneten Worte:

(71) ... pᵢtaḥ bêta mnt	Öffne das Haus der Beschwörung,
(72) pᵢtaḥ bêta wa ʾubûʾa	öffne das Haus, dass ich eintrete,
hêkala wa ʾištaqila	den Palast, dass ich nahetrete![10]

Der Parallelismus der ersten beiden Kola und die konsekutive Verwendung von w + PK entspricht der poetischen Gliederung von Ps 24,7.9 recht genau, auch wenn wa ʾubûʾa bereits am Ende des zweiten Kolons steht und das dritte Kolon das Objekt des Imperativs und die Verbform noch einmal variiert. Auf das Begehren des Ḥôrānu folgt eine Wechselrede in Bikola zwischen der im Haus befindlichen Göttin (wahrscheinlich Ištar[11]) und Ḥôrānu[12].

An der Wechselrede von Ps 24,7–10* sind zwei Sprecher beteiligt. Der erste Sprecher beginnt: „Erhebt, ihr Tore, eure Häupter, ... dass der König der Ehre einziehe!" (V.7) Der zweite Sprecher entgegnet: „Wer ist der König der Ehre?" (V.8aα). Der erste Sprecher antwortet: „Es ist Jahwe, ein Mächtiger und ein Held, Jahwe, ein Held der Schlacht!"

---

9   Cf. LORETZ, Ugarit-Texte 268; HARTENSTEIN, Unzugänglichkeit 95–98.
10 Übersetzung nach DIETRICH/LORETZ, in: TUAT II, 350.
11 AaO 345.
12 73–76.

(V.8aβ.b) Darauf wiederholt der erste Sprecher seine Aufforderung an
die Tore (V.9), und der zweite Sprecher entgegnet erneut mit der Frage
nach dem Namen des Königs, diesmal mit noch größerem Nachdruck
(V.10aα: מי הוא זה מלך הכבוד). Die Wechselrede gipfelt in der Antwort
des ersten Sprechers (V.10aβ.b): Sie beginnt mit der Proklamation des
Namens יהוה צבאות, der als einziges zweihebiges Kolon des gesamten
Abschnitts hervorgehoben wird[13], und wird in Aufnahme der emphatischen Frage מי הוא זה mit הוא מלך הכבוד abgerundet (V.10aβ.b).

Welche Szenerie wird von dieser Liturgie entfaltet? Oft dachte man
an die Prozession, in der die Lade zum Tempel hinauf und in den
Tempel hinein getragen wurde[14]. Dieser Vorgang wurde freilich aus II
Sam 6 eingetragen: Die Lade wird im Psalm nicht erwähnt[15]. Zudem ist
zu fragen, ob die Liturgie tatsächlich am Tempel verortet war. Nichts
spricht zwingend dafür, dass die angeredeten Tore zum Tempel gehören[16]: Die Verbindung der Begriffe שער und פתח bezieht sich viel häufiger auf das Stadttor[17], das oft pars pro toto für die Stadt selbst steht[18].
Außerdem ist zu beachten, dass Jahwe als Held der Schlacht (גבור
מלחמה) in die Tore einzieht (יבוא), um seinen Herrschaftsanspruch zu
bekunden. Das entspricht der Rückkehr des siegreichen Kriegers aus
der Schlacht (Jdc 11,34; I Sam 18,6). Ps 24,7–10* gehört ans Stadttor[19].

Bedeutsam ist, dass der Parallelismus in V.7.9 die „Tore" als „Pforten der Urzeit" (פתחי עולם) bezeichnet. Damit ist ein Schlüsselbegriff
genannt, der auf den Horizont des Mythos verweist: Die Tore haben
Teil an der göttlichen Raum- und Zeitsphäre[20]. Durch sie zieht Jahwe
seit der Urzeit, die sein Königtum begründet hat, immer wieder in

---

13 S.o. A.2.4, S. 53, zu Ps 77,20aα.
14 Cf. schon EWALD, Dichter I/2, 16.
15 Cf. SPIECKERMANN, Heilsgegenwart 205; JANOWSKI, Königtum 194.
16 Pluralisches שער begegnet auf den Tempel bezogen nur in Jer 7,2; Ez 40,18.38; 44,11.
    17; Ps 100,4; 118,19; I Chr 9,23; 22,3; II Chr 23,19; 31,2; offenbar auch Neh 11,9; 12,25;
    pluralisches פתח ist nie auf die Tempeltore bezogen.
17 Im Parallelismus membrorum nur in Prov 8,3; in der Verbindung שער(ה) שער/שערי :פתח
    von Städten in Jos 8,29; 20,4; Jdc 9,35.40.44; 18,16f; II Sam 10,8; 11,23; I Reg 22,10; II
    Reg 7,3; 10,8; 23,8; Jer 1,15; 19,2; Prov 1,21; 8,3 (par. membr.); II Chr 18,9; Neh 7,3;
    vom Tempel dagegen nur in den späten Zusammenhängen Jer 26,10; 36,10; Ez 8,3.14;
    10,19; 11,1; 40.11.13.40; 46,3; von der Stiftshütte in Num 4,26; 6,16.
18 Cf. die stereotype Rede von „deinen Toren" (שעריך) im deuteronomischen Gesetz
    (12,15; 16,18 u.ö.); außerdem z.B. Gen 19,1; I Sam 17,52; Jer 1,15; 17,19.21.24.27; Mi
    1,12; Nah 3,13; Thr 4,12; Neh 7,3; 13,19.
19 Cf. GRUBER, Aspects 600, allerdings in Verbindung mit einer fragwürdigen Deutung
    des Erhebens des Hauptes (s. Anm. 23, S. 151).
20 Cf. HARTENSTEIN, Unzugänglichkeit 96f, allerdings in Bezug auf den Tempel.

seine Residenzstadt (cf. Ps 48*[21]) ein: Im Ritual reicht das Ursprungsgeschehen in die Gegenwart hinein.

Der erste Sprecher, wohl ein Bote des nahenden Königs, ruft den Toren zu: „Erhebt eure Häupter!" Wenig sinnvoll ist die Frage, welcher Teil des Torgebäudes die „Häupter" (ראשיכם) sind[22]. Auch dürfte kaum gemeint sein, dass sich die Tore der Größe Jahwes anpassen sollen[23]. Vielmehr handelt es sich um eine poetische Personifizierung, die an eine mythische Erzählung denken lässt: Die Tore ließen die Häupter sinken wegen der Unsicherheit und Not, die der Auszug des Gottes zum Kampf gegen seine Feinde mit sich brachte[24]. Wer hingegen das Haupt erhebt, reagiert auf Freispruch, Genesung oder Sieg (cf. *נשא + ראש in Gen 40,13.19f; Jdc 8,28; II Reg 25,27/Jer 52,31; Hi 10,15; Ps 83,3; Sach 2,4[25]). Wie eng dieses Motiv mit dem mythischen Kampf verbunden ist, zeigt eine Parallele aus dem ugaritischen Baʿlu-Zyklus (CAT 1.2 I 21ff). Vor den Boten Yammus lassen die Götter die Häupter sinken; der zum Kampf herausgeforderte Baʿlu schreit zu ihnen (27–29):

(27) šaʾū ʾilīma raʾšātikumu	„... Erhebt, ihr Götter, eure Häupter
li ẓâri birkatêkumu	von euren Knien,
lina kaḥtī (28) zblkm	von euren fürstlichen Thronen!
wa ʾanāku ʿaniya malʾakê yammi	Ich aber will Yammus Boten antworten,
taʿûdata ṯāpiṭi nahari	der Gesandtschaft des Richters Fluss."
(29) tiššaʾū ʾilūma raʾšātihumu	Da erhoben die Götter ihre Häupter
li ẓâri birkatêhumu	von ihren Knien,
lina kaḥtī zblhm	von ihren fürstlichen Thronen.

Das erste Kolon von Baʿlus Aufforderung an die Götter stimmt formal mit dem jeweils ersten Kolon der Aufforderung überein, die Jahwes Herold an die Tore richtet (Ps 24,7aα.9aα):

שאו שערים ראשיכם	(27) šaʾū ʾilīma raʾšātikumu
Erhebt, ihr Tore, eure Häupter ...!	Erhebt, ihr Götter, eure Häupter ...!

---

21 S.u. B.3.7, S. 195ff.

22 Cf. z.B. KRAUS, BK XV/1, 205.

23 Cf. GRUBER, Aspects 605; kritisch dazu LORETZ, Ugarit-Texte 260; nach HARTENSTEIN, Unzugänglichkeit 97, Anm. 261, ist die „Geste ... sowohl als Huldigungsakt als auch als Anpassung an die ‚Größe' des einziehenden Gottes zu verstehen".

24 Cf. Jes 14,31, wo Tor und Stadt zum Klagegeschrei aufgefordert werden.

25 Cf. *רום + ראש in Ps 3,4; 27,6; ähnlich auch *נשא + פנים in Gen 19,21; 32,21 u.ö.; zum akkadischen rēšam našûm (CAD N/2, 108: „to pay attention, to honor, to exalt") cf. OTTO, Art. שׁער etc. (ThWAT VIII), 368, der auf die akkadische Wendung „möge der Tempel sein Haupt erheben" (bītum lū naši rēšu; cf. AHw II, 762) verweist. Kritisch dazu freilich HARTENSTEIN, Unzugänglichkeit 97, Anm. 262 (mit Literatur).

Der Vokativ (שערים/ʾilīma) steht jeweils zwischen dem eröffnenden Imperativ (שאו/šaʾū) und dem Objekt (ראשיכם/raʾšātikumu). Beide Texte stehen in derselben poetischen Tradition[26].

Der vom Wettergott errungene Sieg lässt den Kreislauf der Vegetation neu beginnen[27]. Das geht aus einer Stelle des Kirtu-Epos hervor, in der das Motiv der Erhebung des Hauptes im Anschluss an eine Regenbeschwörung begegnet (CAT 1.16 III 1ff[28]):

(5) li ʾarṣi maṭaru baʿli	„Zur Erde (komme) der Regen Baʿlus
(6) wa li šadî maṭaru ʿalīyi ...	und zum Feld der Regen des Höchsten ...“
(12) našaʾū raʾša hāriṯūma	Die Pflüger erhoben das Haupt,
li zâri ʿābidū dagāni	nach oben die Knechte des Getreides.

Der Herold von Ps 24,7–10* fährt fort, indem er die Ankunft des „Königs der Ehre" ankündigt (ויבא מלך הכבוד). Das Stichwort „Ehre" (כבוד) unterstreicht den universalen Herrschaftsanspruch des nahenden Gottes und verweist auf den Tempel als Palast des Götterkönigs: Der göttliche כבוד besitzt kosmische Dimensionen (Ps 57,6.12; Ps 104,31) und ist im Tempelkult gegenwärtig (Jes 6,3)[29]; der Titel „König der Ehre" (מלך הכבוד) erinnert an den „Gott der Ehre" (אל הכבוד) aus Ps 29,3[30].

Die Liturgie von Ps 24,7–10* inszeniert jedoch eine Situation, in der nicht von vornherein ausgemacht ist, wer als König der Ehre zu gelten hat. Der zweite Sprecher, der die Tore selbst oder den Torwächter verkörpert, entgegnet dem Herold, indem er nach der Identität des Königs fragt: „Wer ist dieser, der König der Ehre?" (V.8). In dieser Frage klingt erneut die Dynamik des mythischen Geschehens an, auf das sich das Ritual bezieht: Es könnte sein, dass ein Anderer, Fremder im Götterkampf obsiegt hat, den Königstitel beansprucht und Einlass in die Königsstadt begehrt. Wie nahe diese Gefahr liegt, zeigt der Sieg des Gottes Môtu über Baʿlu im ugaritischen Baʿlu-Zyklus (CAT 1.5). Mythos und Ritual spiegeln hier wie dort wider, dass die vom Königtum errichtete Weltordnung umkämpft bleibt: Wie die irdischen Herrscher streiten

---

26 So schon CROSS, Myth 98f, freilich im Zusammenhang eines vollkommen anderen religionsgeschichtlichen Bildes.

27 Zu diesem Zusammenhang am deutlichsten LORETZ, Ugarit-Texte 261f.

28 Cf. DIETRICH/LORETZ, in: TUAT III, 1246.

29 Cf. außerdem die Erwähnung des göttlichen כבוד in der theokratischen Bearbeitung von Ps 97,6b (s.o. A.4.4, S. 92). Eine entfernte Analogie bildet der in sumerischen und akkadischen Texten oft erwähnte göttliche Licht- und Schreckensglanz, cf. bes. den häufigen Begriff melammum, der sowohl auf Götter als auch Könige, z.T. sogar Szepter und Tempel bezogen werden kann (CAD M/II, 10–12); dazu HARTENSTEIN, Unzugänglichkeit 69ff). Unsicher ist, ob es ein ugaritisches Äquivalent für das hebräische Nomen כבוד gibt, cf. DEL OLMO LETE/SANMARTÍN, DULA I, 427, zu CAT 1.92:28. Cf. jedoch das ugaritische *kbd D „ehren etc." (aaO 424, mit Belegen).

30 S.o. A.5.7, S. 122ff.

auch die Götter um die Vorherrschaft[31]. Nichts spricht dafür, dass Jahwe von diesem Streit ausgenommen war.

In unserem Ritual antwortet der Herold, indem er den Namen des siegreichen Jahwe proklamiert (V.8.10). Die Epitheta „Mächtiger" (עזוז), „Held" (גבור) und „Held der Schlacht" (גבור מלחמה), von irdischen Helden und Berufskriegern auf Jahwe übertragen[32] und bezeichnenderweise ohne Artikel verwendet, zeigen noch einmal, dass im Hintergrund der Liturgie eine mythische Erzählung steht[33]. Auch der als Klimax enthüllte Titel „Jahwe der Heerscharen" (יהוה צבאות), der nach Rudolf Smend hier wahrscheinlich seinen ältesten Beleg hat[34], deutet in diese Richtung: Jahwe ist Anführer von Heerscharen, die mit ihm gegen die Feinde der Weltordnung kämpfen. Eine ähnliche Verbindung ist für den Gott Reschef im ugaritischen *rašpu ṣaba'i* belegt[35].

Zwar zeigt der Text nicht, wie der Sieg des יהוה צבאות vorgestellt ist. Ebensowenig gibt er zu erkennen, wer mit den „Heerscharen" gemeint ist[36]. Es spricht aber nichts dagegen, an den Chaoskampf zu denken, auf den die alten Hymnen auf den Wettergott anspielen[37]. Zugleich legt der Begriff צבאות eine Verbindung zur politischen Ebene nahe: Schon bei Addu von Ḥalab fließt der mythische Kampf gegen das Meer mit den irdischen Kämpfen des Königs zusammen[38]. Auch צבאות dürfte sowohl Jahwes himmlisches Gefolge[39] als auch das königliche Heer umfassen[40]. Jahwe, der sich im Himmel wie auf Erden als Sieger über

---

31 Cf. KRATZ, Mythos 151.

32 Cf. גבור חיל: Jdc 6,12; 11,1; I Sam 9,1; I Reg 11,28; II Reg 5,1; Ruth 2,1; איש מלחמה: I Sam 17,33; גבור חיל ואיש מלחמה: I Sam 16,18.

33 Cf. zu גבור מלחמה den Titel „Mann der Schlacht" (איש מלחמה) in Ex 15,3, der dort allerdings bereits mit dem heilsgeschichtlichen Motiv der Durchquerung des Schilfmeers verbunden ist; außerdem Jes 42,13 (יהוה כגבור יצא / כאיש מלחמות יעיר קנאה) „Jahwe zieht aus wie ein Held, / wie ein Mann der Schlachten erweckt er Eifer"), was sich auf die Wendung des Exilsgeschickes bezieht. In beiden Fällen dürfte es sich um Nachklänge der alten mythischen Motivik handeln.

34 Jahwekrieg 61.

35 CAT 1.91:15; cf. LIVERANI, La preistoria; KEEL, Geschichte I, 214.

36 Zur umfangreichen Diskussion cf. METTINGER, Art. YAHWEH ZEBAOTH etc. (²DDD), mit Literatur.

37 S.o. A.1.–5.

38 S.o. A.2.6, S. 59ff.

39 Cf. dazu „das Heer des Himmels" (צבא השמים) in I Reg 22,19 sowie Jes 6,3 und Ps 89,6–9. Auch beim ältesten außeralttestamentlichen Beleg von יהוה צבאות, einer judäischen Grabinschrift vom Ende des 8. Jhs. aus der Nähe von Ḥirbet el-Qōm (bei NAVEH, graffiti 198f), dürfte an die himmlischen Heere gedacht sein: Hier wird eine namentlich genannte Person bei „Jahwe der Heerscharen" verflucht. METTINGER, Art. YAHWEH ZEBAOTH etc. (²DDD) 921, bringt die himmlischen Heere Jahwes mit El-Traditionen in Verbindung, was nicht als zwingend ist.

40 Cf. KEEL, Geschichte I, 214, 391f.

die chaotischen Mächte erweist, zieht in seine Stadt ein (ויבא מלך הכבוד
in V.7.9), um die Königsherrschaft anzutreten (cf. Ps 98,9[41]: כי בא לשפט
הארץ).

Die Liturgie beweist, was die Thronbesteigungshymnen Ps 93,1–
5*[42]; 97,1–7*[43] und 98,4–9[44] vermuten lassen: Die Dynamik des mythischen Geschehens wurde im Kult vergegenwärtigt. Zu denken ist an
einen Anlass, der alle Jahre wiederkehrte: Ps 24,7–10* gehört wahrscheinlich zum Ritual des Neujahrsfestes, bei dem Jahwes Triumph
über die Fluten und seine Thronbesteigung als ewiger König der Erde
gefeiert wurden. Für die Verbindung der Theophanie (Ps 29,3–9*; 97,2–
5*; 18,8–16*; 77,17–20; 93,3–5*) mit dem göttlichen Königtum (Ps 93,1f;
97,1–7*; 29,1–10*; 18,4–20) bietet die Liturgie eine Schaltstelle: Sie
knüpft an Erscheinung und Triumph des Wettergottes Jahwe an und
inszeniert Jahr für Jahr aufs Neue, wie der siegreiche Krieger die Königswürde beansprucht und Einlass in die Königsstadt begehrt.

1.3 Gründung und Befestigung der Erde (V.1f*)

Die Eröffnung des ersten Abschnitts von Ps 24 (V.1f*) entspricht sachlich dem Ende der Torliturgie:

(1a*)	ליהוה הארץ ומלאה	*Jahwe* gehören die Erde und ihre Fülle,
(1b)	תבל וישבי בה	der Erdkreis und die darauf wohnen,
(2a)	כי הוא על ימים יסדה	denn *er* hat sie über Meeren gegründet,
(2b)	ועל נהרות יכוננה	und über Strömen befestigt er sie!

Bereits das erste Wort leitet die Proklamation des Gottesnamens ein
(ליהוה). Damit nimmt V.1* vorweg, was das Ritual am Stadttor in span-
nungsvoller Inszenierung enthüllt. Auch ein weiteres sprachliches De-
tail zeigt, dass V.1f* gezielt auf V.7–10* vorausgreifen: Der Nachdruck,
den V.2 mit dem Pronomen הוא auf die Identität Jahwes legt, verweist
auf das zweifache הוא in der Klimax von V.10. Die Betonung in V.2 ist
ihrerseits parallel zu dem emphatischen ליהוה am Anfang von V.1*[45].

Auch sachlich sind V.1f* auf die Liturgie von V.7–10* bezogen: V.1*
benennt nichts anderes als den Herrschaftsbereich des Königs der
Ehre[46], und V.2 liefert die Begründung: Weil Jahwe das Fundament der
Erde über den chaotischen Mächten gelegt hat und ihren Bestand

---

41 S.u. B.2.3, S. 174ff.
42 S.o. A.3.6, S. 75ff.
43 S.o. A.4.9, S. 99ff.
44 S.u. B.2.3, S. 174ff.
45 Eine ähnliche Emphase bietet das Logion Hag 2,8: לי הכסף ולי הזהב.
46 Cf. JEREMIAS, Königtum 23.

dauerhaft gewährt, erweist er sich als Eigentümer und Herrscher der Erde[47]. Die Eröffnung von V.1f* wurde vor V.7–10* gestellt, um das Motiv der Königsherrschaft Jahwes zu erweitern[48].

Die hinzugefügte Eröffnung erweist sich als kleine poetische Einheit: Die beiden Bikola sind mit strengen synonymen Parallelismen und im durchgehenden Dreiermetrum komponiert. Die Rede über Jahwe und die mit כי eingeleitete Begründung erinnern an einen Hymnus, auch wenn die Aufforderung zum Lob fehlt[49]. Die klare Sprache und die sehr übersichtliche Struktur machen das Gedicht zu einem der einprägsamsten poetischen Texte des Alten Testaments. Zusammen mit dem Inhalt lässt das nicht nur an eine Verwendung im Kult denken: Für sich genommen wirkt das Stück geradezu wie ein Bekenntnis[50].

V.1f* beginnen mit einer Eigentumsdeklaration, die mit den Begriffen „Erde" (ארץ) und „Erdkreis" (תבל) einen universalen Horizont umreißt[51]. Dieser hat immer schon zum Motivkreis des königlichen Wettergottes gehört: Noch einmal ist an das Epitheton des ugaritischen Wettergottes „Fürst, Herr der Erde" (zubbulu baʿlu ʾarṣi)[52] sowie an die hebräischen Titel „Herr der ganzen Erde" (אדון כל הארץ) in Ps 97,5 und „Gott der ganzen Erde" (אלהי כל הארץ) in einer Grabinschrift aus Ḫirbet Bēt Layy zu erinnern[53]. Diese steht Ps 24,1* überraschend nahe[54]:

| (1) | יהוה אלהי כל הארץ | *Jahwe* ist der Gott der ganzen Erde, |
| (1/2) | הרי יהודה לאלהי ירשלם | die Berge Judas gehören dem Gott Jerusalems. |

Zwar geht es hier nicht um Gründung und Bewahrung der Welt. Der Text der Grabinschrift wirkt jedoch ebenfalls wie ein Bekenntnis: Eigentümer der ganzen Erde (כל הארץ[55]) und der Berge Judas (הרי יהודה[56]) ist kein anderer als Jahwe, der Gott von Jerusalem (אלהי ירשלם[57]).

Sachlich entsprechend verweist Ps 24,1a* mit dem Begriff der Fülle (הארץ ומלאה) auf die Zentralaussage der Jerusalemer Tempeltheologie, die in Jes 6,3 enthalten ist:

---

47   Zu diesem Zusammenhang cf. METZGER, Eigentumsdeklaration, bes. 76–87.
48   Cf. SPIECKERMANN, Heilsgegenwart 204; HARTENSTEIN, Unzugänglichkeit 92.
49   Cf. GUNKEL/BEGRICH, Einleitung 42.
50   Cf. HOSSFELD, in: HOSSFELD/ZENGER, NEB I, 156.
51   Einen solchen haben auch die Eigentumsdeklarationen I Sam 2,8; Ps 47,10; 50,10–12; 95,4f im Blick, die in literarisch jüngeren Kontexten stehen; Ex 9,29 und 19,5 dürften Ps 24,1a* zitieren.
52   CAT 1.3 I 3 u.ö.
53   S.o. A.4.7, S. 95ff.
54   BLay(7):1:1 (HAE I, 245f).
55   Im Alten Testament findet sich der Titel אלהי כל הארץ erst in Jes 54,5.
56   Im Alten Testament nur in I Chr 21,11.
57   Im Alten Testament nur in II Chr 32,19 (im Mund assyrischer Beamter während der Belagerung Jerusalems); cf. aram. אלה ירשלם in Esr 7,19.

קדוש קדוש קדוש יהוה צבאות   Heilig, heilig, heilig ist *Jahwe der Heerscharen,*
מלא כל הארץ כבודו   der ganzen *Erde Fülle* ist seine *Ehre!*

Der Ruf der Serafim ist das sprachliche Bindeglied zwischen dem „Jahwe der Heerscharen" (יהוה צבאות), der in Ps 24,10 als „König der Ehre" (מלך הכבוד) proklamiert wird, und der universalen Eigentumsaussage von V.1[*58].

Traditionsgeschichtlich alte Wurzeln haben auch die in V.2 verwendeten Begriffe „Meere" (ימים)[59] und „Ströme" (נהרות), die Salzwasser und Süßwasser parallelisieren. Im Hintergrund steht ein und dieselbe mythische Größe: Das zeigt der Blick auf den ugaritischen Gott „Fürst Meer"/„Herrscher Strom" (*zubbulu yammu/ṯāpiṭu naharu*[60]), der nach dem Baʿlu-Zyklus die Vorherrschaft des Wettergottes Baʿlu herausfordert, von diesem jedoch besiegt wird (CAT 1.1f). In der althebräischen Poesie begegnen die Fluten zwar nicht als klar umrissene Göttergestalt[61]. Sie erweisen sich aber ebenfalls als mythische Macht, die Jahwes Vorherrschaft und den Bestand der Welt gefährdet: Ps 93,3–5*[62] besingt Jahwes triumphale Überlegenheit über Meer und Ströme (cf. Ps 98,7f[63]), und Ps 77,17–20 preist Jahwes Herrschaftsweg durch das Meer und die großen Wasser (V.20[64]). Auch die Gewittertheophanie von Ps 18,8–16* spielt auf den Kampf des Wettergottes gegen das Meer an (V.16a [txt. emd.][65]).

Ps 24,2 setzt diesen Motivkreis voraus: In der Präposition על, die vordergründig eine kosmologische Ortsangabe bietet („über Meeren/ Strömen"), lässt sich ein „gegen" mithören[66]. Noch einmal ist an Ps 29,3* zu erinnern[67]:

קול יהוה על המים   Die Stimme Jahwes über den Wassern,
יהוה על מים רבים   Jahwe über großen Wassern!

Der Gebrauch von על in Ps 24,2 entspricht dieser Aussage genau[68]: Jahwes Triumph über die Fluten steht auch hier im Hintergrund.

---

58   Cf. HARTENSTEIN, Unzugänglichkeit 91f.
59   Neben נהרות so nur hier; cf. ימים in Jes 17,12; Jon 2,4; Ps 46,3; 65,8 (s.o. A.6.5, S. 143ff).
60   CAT 1.2 IV 14f u.ö.
61   S.o. A.2.6, S. 59ff.
62   S.o. A.3.5, S. 73ff.
63   S.u. B.2.3, S. 176ff; cf. daneben auch Nah 1,3f* (dazu JEREMIAS, Theophanie 31f).
64   S.o. A.2.5, S. 53ff.
65   S.o. A.1.5, S. 29ff; jüngere Reflexe bieten Jes 50,2; Jon 2,4; Hab 3,8.
66   Cf. SEREMAK, Psalm 24, 138.
67   S.o. A.5.5, S. 115ff.
68   Cf. KOCH, Art. כּוּן etc. (ThWAT IV) 104; JEREMIAS, Königtum 23.

Im Vergleich zu Ps 93,3–5*; 77,17–20; 18,8–16* und 29,3* entwirft Ps 24,2 aber ein vollkommen anderes Bild. Jahwe wird als göttlicher Baumeister gezeichnet[69]:

| כי הוא על ימים יסדה | denn *er* <u>hat sie</u> über Meeren <u>gegründet</u>, |
| ועל נהרות יכוננה | und über Strömen <u>befestigt er sie</u>! |

Dabei ist an ein Ineinander von anfänglicher Gründungstat und fortdauernder Befestigung gedacht: Das zeigen die Koordination von Perfekt und Imperfekt[70] sowie das Nebeneinander des architektonischen יסד q.[71] und des semantisch weniger eingeschränkten כון pol., das ein Bereiten für einen bestimmten Zweck bezeichnet[72]. Dieser besteht hier offenbar darin, dass Jahwe die Erde über den gezähmten Fluten bewohnbar macht (cf. ישבי בה)[73].

Die Metapher des Weltenbaus ist traditionsgeschichtlich alt. Das geht aus einer Stelle des Baʿlu-Zyklus hervor, die beiläufig auf die Metapher anspielt (CAT 1.4 I):

| ... [38] ṯulḥāna ʾili dā malaʾa [39] mînīma | ... einen göttlichen Tisch, der gefüllt war mit Arten, |
| [40] dbbm d[74] môsadāti ʾarṣi | mit Getier von den Grundfesten der Erde ... |

Die Gründung des Weltengebäudes hat jedoch nicht von Anfang an zum Motivkreis des königlichen Wettergottes gehört[75]. Im Alten Testament lehrt dies der Vergleich mit dem Ende der Theophanieschilderung von Ps 18,8–16* (V.16a* [txt. emd.])[76]:

---

69   Cf. SPIECKERMANN, Heilsgegenwart 201.
70   Cf. ebd. Nach MICHEL, Tempora 250, ist der Wechsel der Tempora hingegen „unerklärbar": „Es ist zu erwägen, ob man hier nicht eine Textverderbnis annehmen und statt des impf. das perf. lesen soll."
71   Cf. MOSIS, Art. יָסַד etc. (ThWAT III) 670: „*jsd* ... meint zunächst das Fundament und den Grund eines festen Gebäudes bzw. seine Grundlegung und Fundierung. Dabei ist vor allem das Moment der Festigkeit und der gesicherten Dauer betont, die dem Gebäude durch das Fundament bzw. durch die Fundamentlegung gegeben wird." Dementsprechend wird die Wurzel abgesehen von den mit ihr formulierten kosmologischen Aussagen (dazu s.u.) meist entweder für die Gründung eines Tempels (I Reg 5,31; 6,37; Jes 44,28; Hag 2,18; Sach 8,9; Esr 3,10–12; II Chr 24,27) oder einer Stadt (Jos 6,26; I Reg 16,34; Jes 14,32; 54,11) verwendet (Jes 28,16 von der Grundsteinlegung).
72   Cf. KOCH, Art. כון etc. (ThWAT IV), bes. 101–104. Weniger spezifisch GERSTENBERGER, Art. כון etc. (THAT I) 815: „Das Polel sagt aus, daß jemand den Zustand der Festigkeit herbeiführt." Bezogen auf kosmische Größen begegnet כון pol. in Jes 45,18; Ps 8,4; Prov 3,19, wobei freilich jeweils bereits Ps 24,2 vorausgesetzt sein dürfte.
73   Cf. KOCH, Art. כון etc. (ThWAT IV) 104: „Über den unruhigen Meeren hat Gott der Erde Bestand gegeben ...".
74   Vielleicht Schreibfehler für *dt* (TROPPER, UG 236).
75   Cf. SMITH, Baal-Cycle 75–87, zur kosmogonischen Interpretation des Baʿlu-Zyklus.
76   Cf. dazu HARTENSTEIN, Wolkendunkel 132f.

<\יִם> ‹ירֵאוּ אֲפִיקֵי   Und es wurden sichtbar ‹des Meeres›[77] Betten,

‹יִגָּלוּ› מוֹסְדוֹת תֵּבֵל   ‹◇›[78] entblößt wurden des Erdkreises Grundfesten.

Wenn der kriegerische Gott im Gewitter erscheint, werden die Grundfesten des Erdkreises (מוֹסְדוֹת תֵּבֵל), die sonst von Meer umgeben sind, freigelegt[79]. Dass der Wettergott die Welt gründet, ist nicht im Blick. Wenn er die Fluten vertreibt, ist hingegen – ähnlich wie beim Sieg des ugaritischen Baʿlu über Yammu – ein längst bestehendes Weltengebäude vorausgesetzt. Die Aussage von Ps 24,2 hat im Unterschied zu V.1 in den Texten über den ugaritischen Wetter- und Königsgott keine Parallelen[80]; auch für andere Wettergötter lassen sich keine genauen Entsprechungen finden[81]: „... die Wettergottheiten ... setzen eine etablierte und eingerichtete Wirklichkeit als Handlungsraum voraus."[82]

Trotz dieser unterschiedlichen Perspektive knüpft Ps 24,2 aber an Motive an, die mit den königlichen Wettergöttern verbunden waren: So dürfte die Metapher der Weltgründung (יסד) in V.2a vom Motiv des Palastbaus entlehnt sein[83]. Im westsemitischen Raum ist dies für den ugaritischen Baʿlu bezeugt, der nach CAT 1.4 seinen Palast auf dem *Ṣapānu* errichtet, um von dort aus über den Kosmos zu herrschen[84].

Auch das Motiv der dauerhaften Befestigung der Erde (יכוננה) wurzelt in der Vorstellung des göttlichen Königtums. Der zum Proklamationslied erweiterte Ps 93* rühmt die Festigkeit der bewohnbaren Erde[85]:

(1b)   אַף תִּכּוֹן תֵּבֵל   Ja *befestigt ist* der Erdkreis,
              בַּל תִּמּוֹט   er kann nicht wanken!

---

77 A.1, Anm. 4, S. 19.

78 A.1, Anm. 5, S. 19.

79 S.o. A.1.5, S. 29ff.

80 S.o. Anm. 75, S. 157.

81 S. aber immerhin die in Anm. 104, S. 161, genannten Adad-Epitheta.

82 HARTENSTEIN, Wettergott 4.

83 Im Alten Testament begegnet die Wurzel יסד bezogen auf die Gründung von Jahwes Tempel zwar offenbar nur in späten Zusammenhängen (q. Ps 78,69; Esr 3,12; II Chr 24,27; ni. Jes 44,28; pi. I Reg 5,31; Sach 4,9; Esr 3,10; pu. I Reg 6,37; Hag 2,18; Sach 8,9; Esr 3,6; ho. Esr 3,6; II Chr 3,3; cf. יסודה in Ps 87,1). Es kann aber kaum bezweifelt werden, dass die Metapher in Ps 24,2 auf das Bild der Gründung eines Gebäudes zurückgreift, und dafür kommt nur das Haus der Gottheit bzw. ihr königlicher Palast als mythisches Äquivalent in Betracht (cf. SPIECKERMANN, Heilsgegenwart 83).

84 CAT 1.4, bes. V 50ff; VI 1–40. Der Bau selbst wird zwar von Kôṯaru-wa-Ḫasīsu ausgeführt, aber nach der Vollendung spricht Baʿlu selbst: „Ich habe mein Gebäude aus Silber gebaut, / meinen Palast aus Gold." (VI 36–38 [Übersetzung nach TUAT III, 1166]). Bezeichnend ist, dass kurz vor dem Palastbau an Baʿlu die Worte gerichtet werden: „[El] wird dich gründen (*ysdk*) [für immer], / und von Geschlecht zu Geschlecht [die Tage] deines Le[bens,] / und den Lebensgeist in [dir], oh Gott, der König ist." (III 6–9 [TUAT III, 1155]) Die ewige Gründung (**ysd*) wird hier also metaphorisch von Baʿlu ausgesagt, was im Bau des Palastes Gestalt gewinnt.

85 S.o. A.3.6, S. 75ff.

(2a)	נָכוֹן כִּסְאֲךָ מֵאָז	*Befestigt ist* dein Thron seitdem,
(2b)	מֵעוֹלָם אָתָּה	von Urzeit her bist du!

Seit Jahwes Thronbesteigung in mythischer Urzeit, auf die das Adverbiale „seit damals" (מֵאָז) zusammen mit dem eröffnenden Proklamationsruf „Jahwe ward König!" verweist, sind Gottesthron und bewohnbare Erde unerschütterlich befestigt. Das Bekenntnis von Ps 24,1f* geht aber über Ps 93,1b hinaus: Es macht das weltgestaltende Handeln Jahwes ausdrücklich zum Gegenstand. Indem Jahwe die Erde über den chaotischen Fluten gründet und befestigt, ermöglicht er das Leben auf ihr. Der thematische Überschuss deutet darauf, dass Ps 24,1f* bereits Ps 93,1–5* voraussetzt.

Der in Ps 24,2b verwendete Begriff כון pol. kann in ähnlichem Sinn auch auf die Gottesstadt bezogen sein, wie die Urform des Zionshymnus von Ps 48 zeigt (V.9b*)[86]:

<יהוה> יְכוֹנְנֶהָ עַד עוֹלָם <Jahwe>[87] befestige sie auf ewig!

Die wörtliche Übereinstimmung mit Ps 24,2b (וְעַל נְהָרוֹת יְכוֹנְנֶהָ) fällt auf. Ps 24,2 benennt aber im Unterschied zu Ps 48,9b* ein Geschehen, das in der Vergangenheit begann und in der Gegenwart fortwirkt: Genauso wie Jahwe die Erde anfangs gegründet hat, befestigt er sie auch auf Dauer. Ps 48,9b* hat hingegen nur den zukünftigen Bestand der Gottesstadt im Blick. Die indikativische und umfassendere Aussage von Ps 24,2b könnte in Anlehnung an Ps 48,9b* gebildet und mit dem Motiv der anfänglichen Gründung verbunden worden sein.

Das Motiv der Befestigung der Welt findet sich auch in der partizipialen Gottesprädikation, die in Ps 65,7f eingebettet ist[88]:

(7a)	מֵכִין הָרִים בְּכֹחוֹ	Der Berge mit seiner Kraft befestigt,
(7b)	נֶאְזָר בִּגְבוּרָה	der mit Stärke umgürtet ist,
(8aα)	מַשְׁבִּיחַ שְׁאוֹן יַמִּים	der das Tosen der Meere besänftigt,
(8aβ)	שְׁאוֹן גַּלֵּיהֶם	das Tosen ihrer Wellen.

Sprachlich fällt auf, dass hier ebenfalls – anders als in Ps 18,16*(txt. emd.); 77,20 und 93,4 – von den „Meeren" (יַמִּים) die Rede ist[89]. Der Plural in Ps 24,2 könnte von hier entlehnt sein. Inhaltlich wandelt der par-

---

86 S.u. B.3.6, S. 75ff. Eine vergleichbare, aber etwas anders gefüllte Aussage bietet die partizipiale Prädikation in der Doxologie Am 9,5f, die vom Bau eines kosmisch dimensionierten Tempels, der Himmel und Erde verbindet, und seiner *Gründung auf der Erde* spricht (V.6a: הַבּוֹנֶה בַשָּׁמַיִם מַעֲלוֹתוֹ / וַאֲגֻדָּתוֹ עַל אֶרֶץ יְסָדָהּ). Dies entspricht wahrscheinlich der Konzeption des Heiligtums von Bet-El (Gen 28,12f.17) und erinnert an die mesopotamischen Tempeltürme (cf. HARTENSTEIN, Wolkendunkel 153ff).

87 S.u. B.3, Anm. 5 (S. 181).

88 S.u. B.4.4, S. 205ff.

89 S.o. Anm. 59 (S. 156).

tizipiale Hymnus das Motiv des Meereskampfes auf eigentümliche Weise ab: Indem der zum Kampf gerüstete Wettergott (V.7b) die Berge befestigt (V.7a) und die Meere besänftigt (V.8a), bewahrt er die Welt vor dem Chaos. Mit diesem Gedanken, der sich vielleicht als Eigenheit der althebräischen Wettergottvorstellung erweist[90], dürfte Ps 65,7f* im Hintergrund von Ps 24,2 stehen.

Die kosmologische Aussage von Ps 24,1f* hat das altüberlieferte Bild vom Königtum des Wettergottes erweitert. Die königstheologischen Weiterdichtungen der alten Kultlieder über den Wettergott Jahwe, die Ps 93*[91]; 97*[92] und 29*[93] bieten, werden wahrscheinlich bereits vorausgesetzt: Der Nachdruck, den Ps 24,1f* auf den Namen Jahwes legt, erinnert an den Proklamationsruf יהוה מלך (93,1; 97,1): Dieser betont, dass Jahwe und kein anderer Gott den Königsthron bestiegen hat[94]; nach Ps 24,1f* erweist sich Jahwe und kein anderer als Eigentümer und Bewahrer der bewohnten Welt.

Die Weiterentwicklung des Bildes, die Ps 24,1f* zeigt, steht jedoch nach wie vor im Horizont des Mythos vom Bezwinger der Chaosfluten: Indem Jahwe nicht nur als Eigentümer, sondern auch als Gründer und Bewahrer der Welt gezeichnet wird, tritt das Motiv des Kampfes gegen die Fluten zwar in den Hintergrund; es verschwindet aber nicht aus dem Gesichtskreis[95]. Auf diese Weise entsteht eine eigentümliche Ambivalenz: Einerseits proklamiert V.1f* Jahwes Handeln, um die dauerhafte Festigkeit der Welt zu preisen. Andererseits muss diese Festigkeit gegenüber den Meeren und Strömen offenbar immer wieder beschworen werden: Weil das Weltengebäude über den gefährlichen Fluten erbaut ist, bleibt es auf Jahwes conservatio (יכוננה) angewiesen.

Außerhalb des Alten Testaments erinnert die kosmologische Vorstellung von Ps 24,1f* besonders an die Marduk-Theologie des *Enūma eliš*: Nach dem Sieben-Tafel-Epos[96], das beim babylonischen Neujahrsfest alljährlich rezitiert wurde[97], teilt Marduk den Leichnam der Tiāmat in zwei Hälften (IV 137); die eine Hälfte macht er zum Himmelsdach

---

90   S.o. A.6.5, S. 143ff.
91   S.o. A.3.6, S. 75ff.
92   S.o. A.4.9, S. 99ff.
93   S.o. A.5.7, S. 122ff.
94   S.o. A.3.6, S. 75ff.
95   Anders v.a. HARTENSTEIN, Unzugänglichkeit 94f, der vermutet, dass Ps 24,1f* „eine relativ junge, im Kontext weisheitlich-kosmologischer Vorstellungen am besten verständliche Aussage" ist (95). Sein Hauptargument ist, dass die Wasser hier ihre „bedrohlichen Potenzen" verloren hätten, da sie „immer schon in feste ‚architektonische' Schranken gewiesen" seien (ebd., im Original kursiv).
96   TUAT III, 565ff.
97   Cf. TUAT II, 217; cf. PONGRATZ-LEISTEN, Ina šulmi īrub 74–78.

(IV 138–140), die andere zum Fundament der Erde, indem er darauf die Berge häuft (V 54ff). Eine Zusammenfassung des Mythologems, die Ps 24,2 sprachlich und sachlich nahe steht, bietet eine partizipiale Prädikation Marduks am Ende der Dichtung, die einen seiner fünfzig Namen erläutert: „der die Erde auf dem Wasser erschuf und die Höhe des Himmels festmachte" (VII 82: *banû erṣetim eliš mê mukīn elâti*)[98]. Zur Zeit der Sargoniden trat Aššur teilweise an die Stelle Marduks[99], wobei Alleinherrschaft und schöpferische Macht Aššurs hervorgehoben wurden[100]: Unter Sanherib wurde wahrscheinlich für das assyrische Neujahrsfest eine assyrische Kosmogonie verfasst, eine Nachdichtung des *Enūma eliš*, in der Marduk durch den assyrischen Hauptgott Aššur ersetzt war[101]. Die Epitheta des Aššur *pātiq ḫuršāni* („der die Gebirge bildet")[102] und *ēpiš kullat dadmē* („Erbauer aller Wohnstätten")[103] stehen Ps 24,2 überraschend nahe[104]. Vielleicht lassen sich vor diesem Hintergrund die Aussagen über die Gründung von Erde und Bergen und die damit verbundene Veränderung des Mythologems vom Meereskampf auf neuassyrische Einflüsse zurückführen.

Die Eröffnung von Ps 24,1f* entfaltete im Alten Testament eine breite Wirkungsgeschichte. Der Inthronisationshymnus von Ps 98,4–9 zitiert wörtlich aus

---

98 Text: LAMBERT/PARKER, Enuma eliš 44; Übersetzung: LAMBERT in TUAT III, 599.

99 Cf. EBELING, Art. Aššur (RLA I), 197; VERA CHAMAZA, Omnipotenz, 239–241.

100 Nach VERA CHAMAZA, Omnipotenz 141–149, wurde unter Sanherib die schöpferische Macht Aššurs einerseits durch das Motiv der Zeugung anderer Götter, andererseits durch das Motiv des schöpferischen Handelns (*banû*, *patāqu*, *epēšu*) unterstrichen. Letzteres umfasste sowohl den König und als auch die Welt. Dabei trat das Motiv des Götterkampfes in den Hintergrund (aaO 148).

101 K 3445+ = VERA CHAMAZA, Omnipotenz 361–365; dazu FRAHM, Einleitung 222–224; VERA CHAMAZA, aaO 151–154.

102 K 3258 Vs. 15 = VERA CHAMAZA, aaO 491f; cf. hierzu daneben הרים יוצר in Am 4,13.

103 K 5413a Vs. 4 = VERA CHAMAZA, aaO 353f; VAT 9656 Vs. 10 = VERA CHAMAZA, aaO 359; cf. daneben die Epitheta *banû šūt šamê* „Schöpfer des Himmels" (K 3258 Vs. 15 = VERA CHAMAZA, aaO 491f), *pātiq ermi* ᵈ*anu u kigalli* „der das Firmament und die (Unter)welt formt" (K 5413a Vs. 4 = VERA CHAMAZA, aaO 353f; VAT 9656 Vs. 10 = VERA CHAMAZA, aaO 359).

104 Adad konnte selten „Erschaffer" (*bānîka* „dein Erschaffer" [STOL, Letters 119 Rs. 30 = SCHWEMER, Wettergottgestalten 705), einmal gar „Erschaffer von allem" (im Eigennamen *Adad-bān-kala*: SCHWEMER, aaO 705) genannt werden. Damit dürfte sich kein kosmologischer Horizont verbinden: Der Begriff *banû(m)* wurde in Verbindung mit Adad offenbar vornehmlich für die „Erschaffung" Einzelner verwendet (cf. die Namen *Adad-bāni-aḫḫē* „Adad ist der Erschaffer der Brüder" [SCHWEMER, aaO 629]; *Adad-bāni-zēri* „Adad ist der Erschaffer des Nachkommens" [SCHWEMER, aaO 653]).

Ps 24,1f*, um den gesamten Kosmos in den Krönungsjubel einzubeziehen[105].
Ähnlich verfährt der hymnische Abschnitt Ps 89,9–15*[106]:

(89,12a)	לך שמים אף לך ארץ	(24,1a*)	ליהוה הארץ ומלאה
(12b)	תבל ומלאה אתה יסדתם	(1b)	תבל וישבי בה
		(2a)	כי הוא על ימים יסדה
		(2b)	ועל נהרות יכוננה

(89,12a)	*Dir* gehört der Himmel, *dir* gehört die Erde,	(24,1a*)	**Jahwe** gehört die Erde und ihre **Fülle**,
(12b)	**der Erdkreis und seine Fülle, du hast sie gegründet!**	(1b)	**der Erdkreis** und die darauf wohnen,
		(2a)	denn **er hat sie** über Meeren **gegründet**,
		(2b)	und über Strömen befestigt er sie!

Hier wird ebenfalls betont, dass es um Jahwe und um keinen anderen geht (cf. V.9*): *Er* ist es, der die Chaosmächte besiegt hat (V.10f) und sich als Schöpfer und Eigentümer der Welt erweist (V.12f)[107].

Das Bekenntnis von Ps 24,1f* wird auch von Ps 104,5 aufgegriffen[108]. Außerdem wird das Motiv der Gründung der Erde durch Jahwe (יסד q.) mehrfach in jüngeren – oft partizipial formulierten – Gottesprädikationen zitiert (Jes 45,18; 48,13; 51,13.16; Sach 12,1; Ps 78,69; 102,26; 119,90; Hi 38,4; Prov 3,19); allerdings finden dabei die Meere als Untergrund des Weltengebäudes in der Regel keine Erwähnung mehr.

1.4 Zur Stellung des Mittelteils (V.3–6*)

Der Mittelteil von Ps 24 (V.3–6) setzt nach der hymnischen Eröffnung (V.1f*) neu an: Mit dem „Berg Jahwes" und „seinem Heiligtum" (V.3) wird ein bestimmter Ort eingeführt; im Mittelpunkt steht jetzt der Besucher des Tempels. Die universale Perspektive ist verlassen.

Dieser Themenwechsel könnte sich einer einheitlichen Komposition von V.1–6* verdanken, die die Abschnitte über die Erde und über den Menschen in sorgfältig gegliederter Folge vor die Liturgie von der Ankunft des siegreichen Königs gestellt hat[109]: Der Mittelteil des Psalms

---

105 S.u. B.2.3, S. 174ff.

106 Dasselbe dürfte auch für die Eigentumsdeklaration in Ps 50,10–12 gelten, die zwar nicht über die Weltgründung spricht, jedoch mit כי לי תבל ומלאה in V.12b sicherlich auf Ps 24,1* anspielt.

107 Cf. das emphatische אתה, das in 89,10–15 fünfmal begegnet. In dem hymnischen Stück Ps 74,13–17, das von Ps 89,9–15 abhängt, wird diese Form übernommen: Das emphatische אתה begegnet hier sogar siebenmal.

108 S.u. B.6.4, S. 217ff.

109 So SPIECKERMANN, Heilsgegenwart 201f; cf. auch OTTO, Kultus 174, der die „Schöpfungstheologie" von erstem und drittem Teil als „Begründungszusammenhang für

„drängt vom Weltkreis schnell weiter ins Innere"[110] und nimmt den einzelnen Menschen in seinem Verhältnis zu Jahwe in den Blick.

Die poetische und inhaltliche Geschlossenheit von V.1f* lässt jedoch eine gestaffelte Entstehungsgeschichte vermuten. Das hymnische Stück ist in keiner Weise darauf angewiesen, durch V.3–6 fortgesetzt zu werden: V.3 liest sich nach V.2 als überraschender Neueinsatz. Umgekehrt knüpft der Mittelteil nicht ausdrücklich an die Eröffnung des Psalms an. Die Szenerie ist aus sich heraus verständlich, was mit der formalen Eigenprägung des Abschnitts zusammenhängt. Außerdem stehen V.3–6 in erheblicher Spannung zu V.7–10*: Der in V.3 benannte Ort von Jahwes Heiligtum passt nicht zu der vermuteten Verortung der alten Liturgie von V.7–10* am Stadttor. Auf der Ebene von V.3–6* waren anscheinend der ursprüngliche Sinn der Liturgie und das entsprechende Ritual in Vergessenheit geraten. Das lässt daran denken, dass V.3–6 nicht mehr auf den Ersten Tempel bezogen sind[111]. Damit dürften sie sich wiederum auch von V.1f* abheben.

1.5 Ein kollektivierender Nachtrag (V.6*)

Das kurze Bikolon von V.6* (ohne סלה) fällt syntaktisch auf: Im Parallelismus von דור דרשו[112] („das Geschlecht dessen, der nach ihm fragt") und מבקשי פניך („die dein Angesicht suchen") wechselt V.6b* mit פניך in die Anrede Jahwes. Unvermittelt fügt V.6b* den Namen יעקב hinzu[113] – offenbar eine erklärende Apposition, die das Geschlecht der Jahwe Suchenden mit Jakob identifiziert[114]. Die unbeholfene Syntax, die plötzliche Anrede Jahwes (die nur hier im gesamten Psalm begegnet) und die deutende Diktion (cf. den Anschluss an V.5 durch זה) erweisen V.6* als sekundäres Interpretament[115].

---

die Handlungsnormen" entfaltet. Diese Deutung lässt sich mit einer literargeschichtlich gestaffelten Betrachtungsweise verbinden.

110 SPIECKERMANN, Heilsgegenwart 201.

111 Cf. z.B. jüngst KÖCKERT, Wandlungen 21, und HARTENSTEIN, Wettergott 8, die beide V.3–6 nicht zum vorexilischen Bestand von Ps 24 rechnen, wobei Köckert anders als Hartenstein V.1f* zum vorexilischen Bestand hinzunimmt.

112 Statt דרשו lesen das Qᵉrê, zahlreiche hebräische Handschriften und die LXX דרשיו. Einige LXX-Handschriften erweitern demgegenüber zu ζητούντων τὸν κύριον. Der Konsonantentext des Codex L bietet aber die lectio difficilior, cf. SPIECKERMANN, Heilsgegenwart 197, Anm. 3.

113 Die LXX glättet die unbeholfene Asyndese, indem sie den Text erweitert: ζητούντων τὸ πρόσωπον τοῦ θεοῦ Ιακωβ.

114 Cf. SPIECKERMANN, Heilsgegenwart 199.

115 Cf. ebd; vorausgesetzt auch von OTTO, Ethik 95.

Der Nachtrag kollektiviert die vorher entfalteten Bestimmungen über den Aufenthalt des Einzelnen im Heiligtum und lässt die Gruppe der Sprechenden ihre besondere Beziehung zu Jahwe betonen: דרשו erinnert an die Selbstbezeichnung der Frommen in Ps 9,11; 22,27; 34,11; 69,33, wobei in 22,27 und 69,33 parallel dazu die עניים genannt werden; Äquivalente zu מבקשי פניך finden sich in Hos 5,15; Ps 27,8; 105,7; I Chr 16,11 und II Chr 7,14.

1.6 Ethik und Segen (V.3–5)

Der Mittelteil wird von den parallelen Fragen „Wer darf hinaufziehen auf Jahwes Berg, / und wer darf stehen an seines Heiligtums Ort?" (V.3) eröffnet. Die Antwort fällt wesentlich länger aus: Sie wird eingeleitet durch נקי כפים ובר לבב („schuldlos an den Händen und rein im Herzen"). Diese Eigenschaften werden durch zwei Nebensätze erläutert, die wiederum streng parallel sind[116]: „der meine Lebenskraft nicht zur Lüge erhebt / und nicht zu Betrug schwört" (אשר לא נשא לשוא נפשי / ולא נשבע למרמה). Der erste Teil des Nebensatzgefüges wechselt in die Gottesrede, ohne dass dies eigens eingeleitet wird[117]. Schließlich führt der synonyme Teilparallelismus von V.5 die Aussage fort, wobei sowohl die Eigenschaften von V.4aα.β1 als auch ihre negativen Konkretionen in V.4β2.3.b zu Subjekten der Satzaussage werden. Die Gottesrede wechselt in V.5 wieder zur Rede über Jahwe.

Die merkwürdige Syntax deutet auf traditionsgeschichtliche[118] oder literargeschichtliche Spannungen[119]: Die unvermittelte Gottesrede in V.4aβ2.3 und der plötzliche Wechsel zwischen den kurzen adjektivalen Bestimmungen in V.4aα.β1 und den langen verbalen Ausführungen in V.4aβ2.3.b lassen an Erweiterung denken. Allerdings ist fraglich, ob sich die ältere Grundform noch rekonstruieren lässt. Zu verweisen ist auf Ps 15, der nahezu dieselbe Struktur hat: Auf zwei parallele Fragen (V.1*) folgen als Antwort zunächst drei kurze, partizipial gebildete positive Bestimmungen (V.2), die von einem längeren Katalog negativer verbaler Bestimmungen ergänzt werden (V.3–5a). Am Schluss steht auch in Ps 15 eine Aussage über die Frucht des gottgemäßen Verhaltens (V.5b).

---

116 Cf. Veijola, Gebot 8.
117 Hier wird der Text zwar gern mit einer Genizahandschrift, zahlreichen masoretischen Handschriften und den Versionen in נפשו verbessert, cf. z.B. Duhm, KHK XIV, 101; Gunkel, Psalmen 105; Kraus, BK XV/1, 342. Die Lesart des Codex L bietet aber eindeutig die lectio difficilior, cf. Koch, Tempeleinlaßliturgien 175, Anm. 19; Spieckermann, Heilsgegenwart 199, Anm. 5.
118 Cf. bes. Koch, Tempeleinlaßliturgien 175, der in Analogie zu Ps 15 die negativen Bestimmungen in V.4 für „nachträglich eingesetzt" hält. Otto, Kultus 165, deutet umgekehrt die „Kurzsätze" als „überlieferungsgeschichtliche Weiterentwicklung".
119 Cf. Spieckermann, Heilsgegenwart 199, der V.4aβ für sekundär hält.

Anders als in Ps 24 sind die einleitenden Fragen in Ps 15 (V.1*) als Gebet zu Jahwe gestaltet. Beide Texte rufen aber auf ähnliche Weise in Erinnerung, welche Grundvoraussetzungen das rechte Leben vor Jahwe hat. Weil das Stück in Ps 15 ein selbständiger Psalm ist, könnte es sich dort um die ältere Form handeln, die zur literarischen Vorlage von Ps 24,3–5 wurde[120].

Wenig wahrscheinlich ist, dass der Mittelteil von Ps 24 eine Liturgie für das Betreten des Heiligtums ist[121]: Das Stück lässt keine klar unterscheidbaren Rollen erkennen. Sein Sachgehalt geht zudem über die priesterliche Tora hinaus[122]: Die Bedingungen, die hier genannt werden, betreffen nicht die kultische Reinheit. Vielmehr bietet der Text eine umfassende ethisch-theologische Besinnung über das rechte Verhalten vor Jahwe, die in die Gestalt von Frage und Antwort gekleidet ist[123]. Die quaestio benennt den Gegenstand: מי יעלה בהר יהוה zielt auf die Wallfahrt[124] und מי יקום במקום קדשו auf den Aufenthalt im Heiligtum[125]. Die responsio gibt zunächst mit zwei Qualifikationen an, wer dazu befugt ist (V.4aα.β1): נקי כפים dehnt נקי, ursprünglich auf die Freiheit von Strafe, von bindenden Schwüren und sonstigen rechtlichen Verpflichtungen bezogen[126], auf die gesamte moralische Sphäre aus. Das zeigt die Verbindung בר לבב, die auf die Mitte der Person zielt: Der seltene, aber wenig bestimmte Begriff בר[127] ist mit Bedacht gewählt, da er gerade nicht die kultische Reinheit bezeichnet. Dieselbe

---

120 Cf. KOCH, Tempeleinlaßliturgien 175f. Anders SPIECKERMANN, Heilsgegenwart 201–203, Anm. 13: Auf literarischer Bekanntschaft mit Ps 24,3–5 beruht die Gestaltung von Ps 15" (202).

121 Cf. bes. KOCH, Tempeleinlaßliturgien 175f; OTTO, Kultus 164, mit Anm. 7; ähnlich HOSSFELD: „Einzugstora" (in: HOSSFELD/ZENGER, NEB I), 159.

122 Cf. SPIECKERMANN, Heilsgegenwart 203f.

123 WEINFELD, Instructions 231ff, verweist zum Vergleich auf spätägyptische Priesterlehren, die als Inschriften an Tempeleingängen erhalten sind und deren Tugendkataloge Ps 15 und 24 auffallend ähneln (Textbeispiele bei ASSMANN, Maʾat 142f). Die Analogien zeigen freilich umso deutlicher, worin das Spezifikum von V.3–5* liegt: Zum einen wird hier kein Priester angeredet, sondern die Fragen zielen auf jeden Besucher des Tempels. Zum anderen erweisen sich die Tugendregeln der ägyptischen Liturgien als auf das Priesteramt zugespitzte Paränesen, denen es um den Erhalt der kultischen Reinheit geht. Ps 15 und 24,3–5 gehen darüber deutlich hinaus und repräsentieren „a more refined standard of morality" (WEINFELD, Instructions 239); zur umfassenden ethischen Dimension der beiden Psalmtexte bes. OTTO, Kultus 164–169, der allerdings wie Weinfeld an der kultischen Situation festhält (164, Anm. 7; cf. DERS., Ethik 94f).

124 Cf. נעלה אל הר יהוה in Jes 2,3/Mi 4,2 (הר יהוה daneben nur in Gen 22,14; Num 10,33; Sach 8,3); außerdem עלה q. in Dtn 17,8; I Reg 12,27; Ps 122,4.

125 Cf. קום q. z.B. in Ex 33,8.10; מקום קדשו sonst nur in Esr 9,8; cf. מקום קדוש in Ex 29,31; Lev 6,9.19f; 7,6; 10,13; 16,24; 24,9; Ez 42,13; Koh 8,10.

126 Zu den verschiedenen Aspekten cf. z.B. Ex 21,28; Dtn 24, 5; Jos 2,19; dazu WARMUTH, Art. נָקָה etc. (ThWAT V), 595–597.

127 בר in ethischem Sinn sonst nur in Ps 19,9; Hi 11,4; cf. בַּר II in Ps 18,21.25; Hi 22,30.

Eigenschaft ist auch in Ps 73,1 (ברי לבב) belegt; sie erinnert an die Selbstbezeichnung der Frommen als ישרי לב[128].

Diese grundsätzlichen und allgemeinen Bestimmungen werden durch die folgenden Negativaussagen konkretisiert. Die Nähe der ersten negativen Bestimmung (לא נשא לשוא נפשי) zum Namensverbot des Dekalogs (Ex 20,7/Dtn 5,11: לא תשא את שם יהוה אלהיך לשוא) ist immer gesehen worden. Timo Veijola hat die Wendung mit einem ägyptischen Sündenbekenntnis eines Einzelnen aus dem Neuen Reich[129] verglichen und wahrscheinlich gemacht, dass in beiden Fällen der Meineid gemeint ist[130]: Demnach bedeutet שוא im rechtlichen Kontext dasselbe wie שקר[131], sind Jahwes „Lebenskraft" (נפש) und sein „Name" (שם) beim Schwur austauschbar[132] und erklären sich die Wendungen נשא ... נפשי und ... תשא את שם יהוה durch die Handerhebung bei der Eidesleistung[133]. Das passt zur Fortsetzung der ersten Negativbestimmung in V.4aα.β₁ durch V.4b (ולא נשבע למרמה[134]): Die beiden Kola bilden einen synonymen Parallelismus[135].

Die semantische Nähe zum Namensverbot des Dekalogs muss nicht dafür sprechen, dass hier der Dekalog zitiert wird: Die eigentümliche Ausdrucksweise (לא נשא לשוא נפשי / ולא נשבע למרמה) deutet eher darauf, dass die Negativbestimmungen noch zur Vorgeschichte des Dekalogs gehören[136].

Die Fortsetzung der Antwort durch V.5 schießt über die Fragen von V.3 hinaus: Wer die von V.4a* benannten Voraussetzungen erfüllt, wird „Segen" (ברכה) und „Gerechtigkeit" (צדקה) von Jahwe davontragen. Diese Auskunft ist der eigentliche Skopos des Stückes: Es geht weniger um den Aufenthalt im Heiligtum, sondern um das von Jahwe „gratuito"[137] verliehene Heil, wie auch die Bezeichnung Jahwes als אלהי ישע zu erkennen gibt[138]. Das deutet noch einmal auf die Distanz zur Priestertora[139].

In diese Richtung weist schließlich auch die redaktionelle Funktion von V.3–5: Durch diesen Abschnitt werden Ps 15 und Ps 24 aufeinander bezogen,

---

128 Ps 7,11; 11,2; 32,11; 36,11; 64,11; 94,15; 97,11 (dazu s.o. A.4.2, S. 87ff).

129 Z.B. bei Assmann, ÄHG Nr. 150; cf. auch Nr. 151.

130 Veijola, Gebot, bes. 4–12.

131 Veijola, aaO 9, verweist v.a. auf Ex 23,1.7; Jes 59,3f; Ps 144,8.11 und Prov 30,8 (parallel zu כזב).

132 Cf. Jer 51,14; Am 6,8 mit Jer 44,26 (Veijola, aaO 7).

133 Veijola, aaO 8.

134 נשבע in Verbindung mit מרמה nur hier im Alten Testament.

135 Cf. Veijola, aaO 6.

136 So auch Otto, Kultus 165, der für Ps 24,4 allerdings an einen ursprünglichen Bezug auf „magische[r] Praxis" denkt – im Ergebnis liegt das freilich nicht weit von Veijolas Deutung entfernt.

137 Spieckermann, Heilsgegenwart 204.

138 Cf. אלהי ישעי in Ps 18,47; 25,5; 27,9; ישעי in 18,3; 27,1; 62,8.

139 Koch, Tempeleinlaßliturgien 175f, der an der liturgischen Deutung von V.3–5* grundsätzlich festhält, hat anscheinend die Distanz zur ursprünglichen kultischen Situation bemerkt, wenn er zum Vergleich mit Ps 15* schreibt: „Schon bei der Pilgerfrage fehlt [in Ps 24,3–5*] die altertümliche Rede vom Gast-sein [sic] bei Jahwä und von seinem Zelt. Die Anrede an Jahwä fiel fort, von ihm ist jetzt in der dritten Person die Rede. Mit der Segenszusage ist jetzt der Jahwäname ausdrücklich verbunden (anders Ps 15), ein Zeichen späterer Zeit." (176, Anm. 22).

und gleichzeitig werden Verbindungen zu Ps 23 (V.3: צדק; V.6: בית יהוה), Ps 25 (V.5: אלהי ישעי) und Ps 26 (V.6: נקיון כפי; V.8: מקום משכן כבודך) hergestellt[140].

1.7 Ergebnis

Für die Motivgeschichte des königlichen Wettergottes Jahwe ist Ps 24 ein Schlüsseltext: Die alte Liturgie von der Ankunft des göttlichen Kriegers zeigt, dass der Mythos Jahwes Jahr für Jahr in einem kultischen Geschehen inszeniert wurde. Die vorangestellte Eröffnung hat das Motiv des göttlichen Königtums erweitert: Sie proklamiert, dass Jahwe das Weltengebäude sogar über den Meeren und den Strömen gegründet hat und es gegen ihren Ansturm befestigt. Dieser Gedanke erweist sich als wichtiger Schritt vom Bild des Wettergottes zum Bild des Schöpfers der Welt. Er bewegt sich aber immer noch im Rahmen des Mythos, der vom siegreichen Kampf des Wettergottes gegen die chaotischen Fluten erzählte. Erst viel später wurde die umfassende ethische Besinnung von V.3–6 in den Psalm eingearbeitet.

---

140 Cf. HOSSFELD, in: HOSSFELD/ZENGER, NEB I, 157f.

2. Der Königsjubel der Welt: Ps 98,4–9

Wie Ps 93 und Ps 97 zählt Ps 98 zu den theokratischen Psalmen 93–100[1]. Er beginnt zwar nicht mit dem Proklamationsruf יהוה מלך (Ps 93,1; 97,1; 99,1; 96,10), preist Jahwe aber ausdrücklich als König (המלך יהוה in V.6). In der Komposition der Psalmengruppe gehört Ps 98 mit Ps 96 zusammen: Beide Psalmen sind durch die Eröffnung „Singt Jahwe ein neues Lied" (שירו ליהוה שיר חדש) und verschiedene weitere Parallelen miteinander verknüpft. Gleichzeitig bilden Ps 96/98 eine Klammer um die יהוה מלך-Psalmen 97/99. Ps 100 wiederum greift besonders auf Ps 96/98 zurück[2].

Die theokratische Gruppe enthält eine universale und eine partikulare Perspektive: Jahwes Königsherrschaft gilt der gesamten Völkerwelt (96,1–3.7.10.13; 97,1.6; 98,2f.9; 99,1); ihre Mitte ist jedoch das Gottesvolk Israel (95; 98,3; 99,5–9), das sich um Jahwes Haus (93,5) und den Zion (97,8; 99,2) versammelt. In Ps 98 stehen beide Gesichtskreise nebeneinander: Jahwes Heilstat an Israel (V.1–3) ist Anlass für den Königsjubel von Welt und Völkern (V.4–9). Hier zeigen sich ebenso wie in Ps 96 deuterojesajanische Einflüsse. Oft wird aber übersehen[3], dass der Kern von Ps 98 ein alter Hymnus ist, der sich auf Jahwes Thronbesteigung bezieht[4].

(1)   EIN PSALM.

    Singt Jahwe ein neues Lied,
    denn Wunder hat er getan!

    Seine Rechte hat ihm Rettung bereitet
    und sein heiliger Arm.

(2)   Jahwe hat seine Rettung kundgetan,
    den Augen der Völker hat er seine Gerechtigkeit offenbart.

(3)   Er hat seiner Gnade und seiner Treue gedacht für das Haus Israel,
    alle Enden der Erde haben das Heil unseres Gottes gesehen.

(4)   Jauchzt Jahwe zu, die ganze Erde,
    freut euch, jubelt und spielt auf,

(5)   spielt auf für Jahwe mit der Zither,
    mit der Zither und dem Klang von Saitenspiel,

---

1   Cf. zur Verortung darin ZENGER, Weltenkönigtum 162; LEUENBERGER, Konzeptionen 227–229.

2   Cf. 100,1 mit 98,4 und 100,4 mit 96,2.8.

3   Cf. z.B. JEREMIAS, Königtum 131–136; HOSSFELD, in: HOSSFELD/ZENGER, HThKAT 687–690; WATSON, Chaos 195–202.

4   Cf. GUNKEL, Psalmen 427; KRATZ, Reste 58f. LEUENBERGER, Konzeptionen 163, erkennt in V.7–9 „traditionsgeschichtlich ältere Motive aus dem Jhwh-König-Kontext".

(6)   mit Trompeten und dem Klang des Horns
      jauchzt vor dem König Jahwe!

(7)   Es donnere das Meer und seine Fülle,
      der Erdkreis und die darauf wohnen,

(8)   die Ströme sollen in die Hände klatschen,
      gemeinsam sollen die Berge jubeln

(9)   vor Jahwe,
      denn er ist gekommen, zu herrschen über die Erde,

      er wird herrschen über den Erdkreis durch Gerechtigkeit
      und über die Völker durch das Recht!

      Hymnus zur Akklamation Jahwes: V.4–9.
           Theokratische Bearbeitung: V.1*.2f.
                ÜBERSCHRIFT: V.1*.

2.1 Eine theokratische Bearbeitung (V.1–3)

Ps 98 lässt sich in zwei hymnische Abschnitte gliedern. Er beginnt mit
der Aufforderung „Singt Jahwe ein neues Lied!" (שירו ליהוה שיר חדש).
Sofort folgt – mit כי eingeleitet – die für den Hymnus typische Begründung. Sie wird in V.1b–3 breit ausgeführt. V.4 setzt mit „Jauchzt Jahwe
zu, die ganze Erde!" (הריעו ליהוה כל הארץ) neu an. Diesmal sind die Pro-
portionen umgekehrt: Die Aufforderung zum Lob umfasst V.4–8. Erst
in V.9 folgt die wieder mit כי angeschlossene Begründung.

Die beiden Abschnitte unterscheiden sich auch inhaltlich: In V.1–3*
geht es um Jahwes Heilstat an Israel, die den Völkern sichtbar ist. In
V.4–9 tritt dieses Thema zurück. Zwar wird auch hier ein universaler
Horizont in den Blick genommen (V.4.7.9a), und erneut werden die
Völker erwähnt (V.9b). Der Jubel hat aber einen anderen Anlass: „Jah-
we ist gekommen, zu herrschen über die Erde" (V.9a); dass Jahwes
Herrschaft seinem Volk Israel gilt, ist dem Text nicht zu entnehmen.

Diese Differenz geht mit einem formalen Einschnitt einher: Beide
Abschnitte haben unterschiedliche Adressaten. Zwar wird im ersten
Abschnitt nicht gesagt, an wen sich die eröffnende Aufforderung
„Singt Jahwe ein neues Lied!" wendet. Die ausführliche Begründung in
V.1–3 legt aber nahe, dass an Israel gedacht ist[5]: V.3 redet von Jahwes
Gnaden- und Treueerweis „am Haus Israel", und anschließend wird
Jahwe – wie in dem Credo von Dtn 6,4 – „unser Gott" (אלהינו) genannt;
die Angeredeten sind diejenigen, die sich zu Jahwe als ihrem Gott be-

---

5   Cf. HOSSFELD, in: HOSSFELD/ZENGER, HThKAT, 688.

kennen. In V.4–9 werden hingegen die Welt und ihre Bewohner angeredet (V.4.7.9), außerdem Meer, Ströme und Berge (V.7f).

Zwar könnte sich die Ausweitung des Horizonts kompositorischer
Absicht verdanken[6]. Die inhaltlichen Verbindungslinien zwischen bei-
den Abschnitten beschränken sich aber auf die Motive der Erde (V.3/
4.9) und der Völker (הגוים in V.2/עמים in V.9). V.4–9 lassen sich ohne
V.1–3 verstehen. Der Lobaufruf „Jauchzt Jahwe zu, die ganze Erde!"
(הריעו ליהוה כל הארץ) in V.4 ist eine selbständige hymnische Eröffnung.
Das zeigen Ps 66,1 und 100,1, die mit demselben Aufruf beginnen. Der
Neueinsatz von V.4 ist der ursprüngliche Anfang[7]. V.1–3 wurden dem
Hymnus nachträglich vorangestellt, um den Psalm mit der Rede über
Jahwes Heil für Israel zu eröffnen und so in Anknüpfung an die hym-
nische Überlieferung tatsächlich „ein neues Lied" zu formen.

Man kann einwenden, dass die oft festgestellte Nähe zu Deuterojesaja für die literarische Einheit des Psalms spricht. Die Parallelen zeigen
aber das Gegenteil: Eindeutige Entlehnungen finden sich nur im ersten
Abschnitt. Im Hintergrund von V.1b–3 steht Jes 52,10:

חשף יהוה את זרוע קדשו לעיני כל הגוים   Jahwe hat seinen heiligen Arm enthüllt vor den
                                             Augen aller Völker,
וראו כל אפסי ארץ את ישועת אלהינו   und alle Enden der Erde werden das Heil
                                             unseres Gottes sehen.

In Ps 98,1b–3 sind die Wendungen auf mehrere Kola verteilt. Die deuterojesajanische Aussage erscheint in abgeänderter Form und ist durch
mehrere Zusätze angereichert.

Ps 98,1b fügt die Wendung זרוע קדשו („sein heiliger Arm") in die
Aussage הושיע לו ימינו / וזרוע קדשו ein („Seine Rechte hat ihm Rettung bereitet / und sein heiliger Arm"). Dabei dürfte gleichzeitig ein tritojesa-
janischer Vers im Hintergrund stehen: ותושע לו זרועו / וצדקתו היא סמכתהו
(Jes 59,16: „Sein Arm hat ihm Rettung bereitet, / und seine Gerechtigkeit, sie hat ihn gestützt"; leicht abgewandelt in Jes 63,5)[8]. Der Begriff
ימינו wird auch in zahlreichen anderen Psalmen mit Jahwe verbunden[9].

Die Wendung לעיני [כל] הגוים aus Jes 52,10a nimmt Ps 98 in V.2 auf:

הודיע יהוה ישועתו   Jahwe hat seine Rettung kundgetan,

---

6   So SEYBOLD, HAT I/15, 386; HOSSFELD, in: HOSSFELD/ZENGER, HThKAT, 688.
7   Cf. GUNKEL, Psalmen 427; KRATZ, Reste 48.
8   JEREMIAS, Königtum 133, Anm. 2.
9   Ex 15,6.12; Jes 48,13; 62,3; Jer 22,24; Hab 2,16; Ps 16,11; 17,7; 18,36; 20,7; 60,7; 63,9;
     74,11; 77,11; 78,54; 80,16.18; 89,14; 108,7; 110,1.5; 118,15f; 138,7; 139,10. Im Gebetsruf
     des Einzelnen kann der Arm Jahwes bei der an Jahwe gerichteten Bitte um Rettung
     erwähnt werden (Ps 60,7/108,7; 138,7).

גלה 10 צדקתו לעיני הגוים　den Augen der Völker hat er seine Gerechtigkeit offenbart.

Neben Deuterojesaja stehen weitere geprägte Wendungen im Hintergrund. Das erste Kolon („Jahwe hat seine Rettung kundgetan") verbindet ישועה aus Jes 52,7.10 mit einer Wendung, die in dem theokratischen Loblied von Ps 77* (V.15) eine Parallele hat[11]: הודעת בעמים עזך („Du hast kundgetan unter den Völkern deine Macht") steht auch inhaltlich Ps 98,2a nahe. V.2b lehnt sich wiederum an eine wichtige tritojesajanische Formulierung an. Der Begriff צדקה wird nur noch in Jes 56,1 mit der Wurzel גלה verbunden[12]: כי קרובה ישועתי לבוא / וצדקתי להגלות („Denn mein Heil ist nahe, einzutreffen, / und meine Gerechtigkeit, offenbart zu werden").

Die zweite Hälfte von Jes 52,10 wird in V.3 wörtlich zitiert. Nur die Kopula bei ראו fehlt. Die Änderung des perfectum consecutivum in das indikativische Perfekt ist inhaltlich begründet: Ps 98,3 hebt gegenüber Deuterojesaja hervor, dass die „vollgültige ,Enthüllung' des göttlichen Heils (V.2) ... Wirklichkeit geworden" ist[13]. Dementsprechend geht die erste Hälfte von V.3 über Deuterojesaja hinaus und erklärt, was unter dem Heil zu verstehen ist:

זכר חסדו ואמונתו לבית ישראל　Er hat seiner Gnade und seiner Treue gedacht für das
Haus Israel ...

Das erinnert an die priesterschriftliche Formel, nach der „Jahwe seines Bundes gedenkt" (Gen 9,15f; Ex 2,24; 6,5)[14]. Auch verschiedene jüngere Gebete sprechen vom Gedenken Jahwes[15]. Eine nahe Parallele zu Ps 98,3aα enthält das späte Akrostichon Ps 25 (V.6): זכר רחמיך יהוה וחסדיך („Gedenke deiner Erbarmungen, Jahwe, und deiner Gnadenerweise").

Schließlich dürfte auch die Eröffnung des Psalms Deuterojesaja entlehnt sein[16]: שירו ליהוה שיר חדש („Singt Jahwe ein neues Lied!") eröffnet den Hymnus von Jes 42,10–13. Mit derselben Wendung[17] beginnt Ps 96, der seinerseits allerdings bereits Ps 98,4–9 und einige weitere Psal-

---

10　Das כל aus Jes 52,10 könnte aus metrischen Gründen ausgelassen worden sein: Nach quantitierendem System können die beiden Kola von V.2 mit 3 + 3 oder 3 + 4 Hebungen gelesen werden. Eine Streichung von לעיני הגוים metri causa (cf. GUNKEL, Psalmen 428; BHS z. St.) kommt hingegen einer metrischen petitio principii gleich.

11　S.o. A.2.3, S. 47ff.

12　Cf. JEREMIAS, Königtum 133, Anm. 2.

13　JEREMIAS, aaO 134.

14　Cf. auch Lev 26,42.45; Jer 14,21; Ez 16,60; Ps 105,8; 106,45; 111,5.

15　Cf. v.a. Ex 32,13; Dtn 9,27; Jdc 16,28; I Sam 1,11; II Reg 20,3//Jes 38,3; Ps 74,2.18.22; 89,48; 115,12; 119,49; 132,1; Thr 3,19f; 5,1; Neh 1,8; 5,19; 6,14; 13,14.22.29.31; II Chr 6,42.

16　Cf. JEREMIAS, Königtum 126, 133f; HOSSFELD, in: HOSSFELD/ZENGER, HThKAT 689.

17　Cf. außerdem Ps 33,3; 149,1, sowie im Loblied des Einzelnen Ps 40,4; 144,9.

men zitiert, die um Jahwes Königsherrschaft kreisen[18]. Die Begründung für den Lobaufruf in Ps 98,1 geht erneut über Deuterojesaja hinaus: Die Wendung „Wunder hat er getan" (נפלאות עשה) bezieht sich meist ausdrücklich auf die Heilsgeschichte[19].

Anders als in V.1–3 ist in V.4–9 die Nähe zu Deuterojesaja höchstens indirekter Art. Die Wendung פצחו ורננו („freut euch und jubelt") in Ps 98,4 hat zwar eine Parallele in Jes 52,9 (also unmittelbar vor dem in Ps 98,1–3 zitierten Vers): פצחו רננו יחדו חרבות ירושלם („Freut euch, jubelt miteinander, ihr Trümmerstätten Jerusalems!"). Ps 98,4 richtet sich aber nicht an Jerusalem, sondern an „die ganze Erde" (כל הארץ). Ganz anders die Art, in der V.1–3 Jes 52,10 zitieren: Hier wird ausdrücklich an die deuterojesajanische Verbindung von Heilspartikularismus und universalem Horizont angeknüpft. Hingegen spricht die bloße Übereinstimmung zweier Imperative (פצחו und רננו), die mit einer erheblichen inhaltlichen Differenz verbunden ist, nicht für literarische Abhängigkeit[20]. Sie zeigt vielmehr, dass Deuterojesaja aus der geprägten Sprache der hymnischen Überlieferung schöpft.

Das gilt auch für zwei weitere Motivparallelen: Die jubelnden Berge in Ps 98,8b begegnen auch in Jes 44,23//49,13; 55,12, dort wiederum in Verbindung mit dem seltenen פצח[21]. 55,12 enthält zudem das Motiv, dass die Bäume in die Hände klatschen, was an die klatschenden Ströme in Ps 98,8a erinnert. Auch der Jubel der Natur ist bei Deuterojesaja durch Jahwes Heilstat an Israel begründet. Aus Ps 98,4–9 lässt sich das nicht entnehmen. Auch hier ist wahrscheinlich, dass sich Deuterojesaja zur Verkündigung seiner Heilsbotschaft sprachlich und motivisch an die hymnische Überlieferung anlehnt, zu der Ps 98,4–9 gehört.

2.2 Zu Form und Gattung von V.4–9

Vordergründig betrachtet sind V.4–9 ein gattungstypischer Hymnus, wie die Aufforderung zum Lob und die mit כי eingeleitete Begründung

---

18   Ps 96 erweist sich als späte hymnische Anthologie. Aus den in V.6 und V.8 enthaltenen Anspielungen auf den Tempel lässt sich schließen, dass die Imperative in V.3 und V.10, die zur Verkündigung von Jahwes universaler Königsherrschaft in der Völkerwelt aufrufen, an Israel gerichtet sind, also wohl vor allem an die Diaspora. Diese soll die Kunde von Jahwes Königtum (V.10), seiner Erhabenheit über die Götter (V.4) und seinen Wundertaten (V.3) an die Völker weitergeben. Wie die große Kompilation von Ps 96 im liturgischen Gebrauch der Gemeinde weiter angereichert wurde, lässt sich aus I Chr 16 entnehmen.

19   Ex 3,20; 34,10; Ps 78,4; 105,5; in umfassendem Sinn in 72,18; 86,10; 136,4.

20   Anders JEREMIAS, Königtum 133.

21   Jes 14,7; 44,23//49,13; 52,9; 54,1; 55,12.

zeigen[22]. Das Stück erweist sich indes als höchst originelles Gedicht, das die klassischen Formelemente ungewöhnlich gestaltet und angeordnet hat. Schon die Eröffnung setzt überraschend breit an: Die Aufforderung zum Lob beginnt mit sechs Imperativen in drei Bikola (V.4–6); in zwei weiteren Bikola (V.7f) wird die Aufforderung mit Jussiven fortgesetzt. Die Begründung folgt erst in V.9 und unterscheidet sich schon durch ihre Kürze von dem zweistufigen Aufgesang.

Das Gedicht erhält dadurch seine eigentümliche Kraft, dass es die hymnische Grundform aufgesprengt und mit einer Kette von chiastisch und parallel verschränkten Anaphern gefüllt hat. Das Muster, das dem Stück zugrunde liegt, lässt sich am Anfang (V.4) und am Ende (V.9) erkennen:

הריעו ליהוה Jauchzt Jahwe zu,
כי בא לשפט הארץ denn er ist gekommen, zu herrschen über die Erde!

Diese klassische Form erinnert an den Hymnus Ex 15,21:

שירו ליהוה Singt Jahwe,
כי גאה גאה ... denn in Hoheit hat er sich erwiesen ...!

Auch der Inhalt beider Texte lässt sich verbinden: Das Mirjamlied besingt einen mythischen Sieg des Helden Jahwe[23]; Ps 98* feiert seinen Herrschaftsantritt[24].

Ausgehend von der Grundstruktur lässt sich die kompositorische Technik nachzeichnen:

(4a)	הריעו ליהוה כל הארץ	Jauchzt Jahwe zu, die ganze Erde,
(4b)	פצחו ורננו וזמרו	freut euch, jubelt und spielt auf,
(5a)	זמרו ליהוה בכנור	spielt auf für Jahwe mit der Zither,
(5b)	בכנור וקול זמרה	mit der Zither und dem Klang von Saitenspiel,
(6a)	בחצצרות וקול שופר	mit Trompeten und dem Klang des Horns
(6b)	הריעו לפני המלך יהוה	jauchzt vor dem König Jahwe!
(7a)	ירעם הים ומלאו	Es donnere das Meer und seine Fülle,
(7b)	תבל וישבי בה	der Erdkreis und die darauf wohnen,
(8a)	נהרות ימחאו כף	die Ströme sollen in die Hände klatschen,
(8b)	יחד הרים ירננו	gemeinsam sollen die Berge jubeln
(9aα)	לפני יהוה	vor Jahwe,
(9aβ)	כי בא לשפט הארץ	denn er ist gekommen, zu herrschen über die Erde,
(9aγ)	ישפט תבל בצדק	er wird herrschen über den Erdkreis durch Gerechtigkeit
(9b)	ועמים במישרים	und über die Völker durch das Recht!

Die Eröffnung greift auf das Ende voraus, indem sie „die ganze Erde" anredet. Die Aufforderung „jauchzt!" (הריעו) wird im nächsten Kolon

22 Cf. CRÜSEMANN, Studien 31–35.
23 Cf. BECKER, Exoduscredo 86f.
24 S.u. B.2.3, S. 174ff.

(V.4b) erweitert: „freut euch, jubelt und spielt auf!". Ein weiteres Kolon (V.5a) wiederholt „spielt auf!" (זמרו) und greift mit ליהוה auf V.4a zurück; V.5b wiederholt בכנור aus V.5a in chiastischer Wortstellung. V.6a ist mit der Präposition ב sowie mit וקול parallel zu V.5b gebildet. V.6b schlägt den Bogen zurück zum Anfang: הריעו לפני המלך יהוה („Jauchzt vor dem König Jahwe!") entspricht der hymnischen Eröffnung הריעו ליהוה („Jaucht Jahwe zu!").

Die Bikola von V.7f sind lockerer gereiht, was traditionsgeschichtliche Gründe hat[25]. Der in V.4–6 greifbare Gestaltungswille lässt sich aber auch hier erkennen: So sind Prädikat und Subjekt in V.7a und V.8a chiastisch angeordnet. V.8b greift mit dem Jussiv „sie sollen jubeln" (ירננו) auf den Imperativ רננו („jubelt!") in V.4b zurück.

Auch am Ende zeigt sich die Anaphorik: לפני יהוה nimmt לפני המלך יהוה aus V.6b auf. Dabei setzt לפני יהוה (V.9aα) V.8 im Enjambement fort und gehört formal noch zum Lobaufruf. Gleichzeitig bildet es jedoch ein neues Kolon[26]. Die metrische Verkürzung erzeugt ein starkes Gefälle zum folgenden Kolon, das nun endlich das Formelement der Begründung bringt: כי בא לשפט הארץ („denn er ist gekommen, zu herrschen über die Erde"). Die Anapher von שפט eröffnet das vorletzte Kolon ישפט תבל בצדק („er wird herrschen über den Erdkreis durch Gerechtigkeit"), das zugleich תבל aus V.7b aufgreift, und das letzte Kolon ergänzt im klassischen Teilparallelismus ועמים במישרים („und über die Völker durch das Recht").

Die anaphorische Struktur, die sich vom Anfang bis zum Ende durchzieht, erzeugt eine mitreißende Dynamik: Der Lobaufruf, der sich von הריעו ליהוה („Jauchzt Jahwe zu …!") in V.4 bis zu לפני יהוה („vor Jahwe") in V.9 erstreckt, lässt sich als ein einziger großer Spannungsbogen lesen. Die schwungvolle Diktion dürfte dem Charakter des festlichen Anlasses entsprochen haben, für den das Stück verfasst wurde.

2.3 Der Königsjubel des Kosmos

Welches Bild entwirft das festliche Gedicht von Jahwes Königsherrschaft? Schon der Beginn gibt darüber Aufschluss: רוע hi. ist neben dem Kriegs- und Siegesgeschrei[27] der rituelle Jubel bei der Thronbesteigung

---

25　S.u. 2.3, S. 174ff.

26　Mit der masoretischen Verseinteilung gegen die Druckanordnung der BHS. Die LXX hat die poetisch ungewöhnliche Struktur von V.9 durch Auslassung des לפני יהוה vereinfacht. Cf. auch das Zitat von 98,9a (bis הארץ) in 96,13a (bis הארץ), wo die Verkürzung des Bikolons durch Wiederholung von כי בא aufgehoben wird.

27　Cf. Jos 6,20; Jdc 7,21; 15,14; I Sam 4,5; I Sam 17,20.52; Jes 42,13; Ps 41,12 u.ö.

des Königs[28]. „Der Klang des Schofar" (קול שופר) macht die Thronbe-steigung im Land kund[29]. Das Händeklatschen (מחא כף)[30] gehört eben-falls zum Krönungsritual und dient der Akklamation des neuen Kö-nigs[31]. Alle drei Elemente finden sich in Ps 47, der die Inthronisation Jahwes als König der Völker besingt[32].

Die Huldigung des Königs Jahwe wird nach Ps 98* auch musika-lisch ausgestaltet, was erneut Ps 47 entspricht[33]. Zwar wird dieses Mo-tiv in den wenigen im Alten Testament enthaltenen Schilderungen des Inthronisationsrituals nicht ausdrücklich erwähnt[34]. Das festliche Ritual der Thronbesteigung des Königs lässt sich aber kaum ohne Musik vor-stellen. Auf Abbildungen von Huldigungsszenen für Götter und Köni-ge erscheinen oft auch Musikanten[35]. Außerdem erinnern die in Ps 98* erwähnten Instrumente daran, dass auch der aus der siegreichen Schlacht heimkehrende Krieger von tanzenden und musizierenden Frauen empfangen wird[36]: Nach dem Mirjamlied (Ex 15,20f) hat der Hymnus hier einen typischen Sitz im Leben[37].

In dieselbe Richtung weist die Begründung. כי בא kann kaum an-ders als perfektiv-ingressiv gedeutet werden[38]: „Er ist (herein-)gekom-men" lässt an die Rückkehr des triumphierenden Kriegers denken (vgl. בוא in Jdc 11,34; I Sam 18,6). Der Hymnus von Ps 98* bietet somit eine Fortsetzung zu der Liturgie von Ps 24,7–10*, mit der man den Einzug des siegreichen „Königs der Ehre" durch die Tore der Residenzstadt gefeiert hat[39]. Das „er ist gekommen" (כי בא) entspricht dem Sachgehalt des Proklamationsrufs „Jahwe ward König!" (יהוה מלך)[40].

---

28 I Sam 10,24; Sach 9,9; cf. תרועה מלך in Num 23,21.
29 II Sam 15,10; I Reg 1,41; II Reg 9,13.
30 Nur noch in Jes 55,12 (dazu s.o. B.2.1, S. 169ff) und (als Zeichen höhnischer Freude) in Ez 25,6.
31 II Reg 11,12.
32 Dazu s.o. A.4.4, S. 93, mit Anm. 33.
33 Cf. den späten Reflex dieses Motivs in Ps 150,3–5.
34 Cf. die Nennung von חצצרות in II Reg 11,14, die allerdings nachgetragen sein dürfte (LEVIN, Sturz 66). Zur Herkunft der חצצרה aus Ägypten KEEL, Bildsymbolik 320.
35 Als berühmtes und zugleich lehrreiches Beispiel sei eine spätbronzezeitliche Elfen-beinschnitzerei aus Megiddo (13./12. Jh.) erwähnt (z.B. bei FRANKFORT, Art 270): Die Szene der rituellen Siegesfeier, bei der die Sklaven den König bewirten und eine festlich gekleidete Frau die Leier spielt, steht parataktisch neben der Szene der siegreichen Rückkehr des Königs aus der Schlacht (zum Zusammenhang der beiden Szenen cf. SCHMITT, Herrschaftsrepräsentation 45f).
36 Cf. LEVIN, Gebetbuch 310.
37 Cf. Jdc 11,34; I Sam 18,6f.
38 Cf. JEREMIAS, Königtum 135; s. auch aaO 130 zu Ps 96,13.
39 S.o. B.1.2, S. 149ff; eine Sachparallele bietet Jes 40,10 (cf. JEREMIAS, ebd.); in Sach 9,9 ist die Vorstellung der Ankunft auf den messianischen König übertragen.
40 Dazu s.o. A.3.6, S. 75ff.

Jahwes Herrschaft gilt der gesamten Welt: Bei כל הארץ (V.4.9) ist nicht nur an das Land gedacht[41], wie die Verbindung mit תבל (V.7.9) zeigt. Dieser Horizont entspricht den Titeln „Herr der ganzen Erde" (אדון כל הארץ) in Ps 97,5[42] und „Gott der ganzen Erde" (אלהי כל הארץ) in der Grabinschrift von Ḫirbet Bēt Layy[43]. Darüber hinaus nimmt Ps 98* die auf dem Erdkreis lebenden Völker in den Blick (עמים in V.9). Diese werden zwar sonst wahrscheinlich nur in jüngeren Psalmen erwähnt[44]. Ps 98* beweist jedoch, dass das Motiv der Völker[45] zum Vorstellungskreis des göttlichen Königtums hinzugehört hat[46].

Am auffälligsten sind die kosmischen Größen Meer, Ströme und Berge, die zusammen mit dem Erdkreis und seinen Bewohnern zur Akklamation des Weltenkönigs aufgerufen werden (V.7f). Wichtig ist, in welcher Reihenfolge der Hymnus die vier Subjekte aufzählt: „das Meer und seine Fülle" / „der Erdkreis und die darauf wohnen" / „Ströme" / „Berge" (הים ומלאו / תבל וישבי בה / נהרות / הרים). Das klassische Paar Meer und Ströme[47] wird mit dem Festland und den Bergen verschränkt. V.7 bietet zudem einen außergewöhnlichen Inhalt: Der rituelle Huldigungsjubel umfasst sogar das „Donnern" des Meeres, und noch überraschender ist, dass nicht nur „das Meer und seine Fülle" (הים

---

41 So SEYBOLD, HAT I/15, 386.
42 S.o. A.4.7, S. 95ff.
43 BLay(7):1:1 (HAE I, 245f). Die (wahrscheinlich zu lesende) Fortsetzung der Inschrift („die Berge Judas gehören dem Gott Jerusalems") zeigt zugleich, dass der universale Horizont von Jahwes Königsherrschaft mit der partikularen Zueignung des staatlichen Territoriums an den in der Königsstadt residierenden Gott Hand in Hand geht (s.o. B.1.3, S. 155).
44 Zu erinnern ist vor allem an Ps 47* (dazu s.o. A.4.4, S. 93, mit Anm. 33). Auch Ps 67,5 (כי תשפט עמים מישור) dürfte Ps 98,9 bereits voraussetzen. Cf. außerdem die nachträgliche Einleitung des alten Wettergotthymnus Ps 77,17–20 in V.14f (s.o. A.2.3, S. 47ff).
45 Dabei muss (noch) nicht an ethnisch homogene nationale Entitäten gedacht sein: In phönizischen, aramäischen und kanaanäischen Inschriften bezeichnet עם sämtliche Bewohner eines Landes (עם ארץ in KAI 10:10) oder einer Stadt (KAI 26:A III 7; C IV 7; Nr. 181:11.24; Nr. 222 A 30 u.ö.). Das entspricht dem ursprünglichen Sinn von עם הארץ im Alten Testament, der sich z.B. in II Reg 11,20; 15,5 greifen lässt (cf. LEVIN, Sturz 66–69).
46 In den ugaritischen Texten werden die „Völker" (liʾmūma) mehrfach mit der Göttin ʿAnatu, der Schwester des Königsgottes Baʿlu, in Verbindung gebracht: Sie trägt den Titel „Schwägerin der Völker" (yamamtu liʾmīma [CAT 1.3 III 12; IV 21f u.ö.]) und wird als „Brust der Völker" (ṯadû liʾmīma [CAT 1.13:19f]) bezeichnet.
    Die mehrfach vorgeschlagene Lesung der Stalaktit-Inschrift von EGed(8):2:5f als: „Gepriesen sei Jahwe[...], gepriesen sei er bei den Völ[kern] als König. Gepriesen sei mein Herr." (JAROŠ, Inschriften 60; SMELIK, Dokumente 146f; CONRAD, in: TUAT II, 561), ist aus syntaktischen Gründen unwahrscheinlich; die zweite ברך-Formel dürfte eher einen Namen eingeleitet haben (HAE I, 174f, mit Anm. 4).
47 Cf. neben Ps 93,3f (s.o. A.3.5; S. 73ff) und 24,2 (s.o. B.1.3, S. 154ff) Jes 50,2; Nah 1,4; Hab 3,8f; Ps 74,15 und 89,26.

ומלאו), sondern auch „der Erdkreis und die darauf wohnen" (תבל וישבי
בה) „donnern" sollen. Auffällig ist schließlich auch die Wendung „das
Meer und seine Fülle" (הים ומלאו)[48], die wohl als Variation des gängigen
„die Erde und ihre Fülle" (ארץ ומלאה)[49] zu verstehen ist.

Im Hintergrund lässt sich die kosmologische Eröffnung von Ps 24
(V.1f*) erkennen:

(1a*)	ליהוה הארץ **ומלאה**	*Jahwe* gehören die Erde **und** ihre **Fülle,**
(1b)	**תבל וישבי בה**	der Erdkreis und die darauf wohnen,
(2a)	כי הוא על **ימים** יסדה	denn *er* hat sie über **Meer**en gegründet,
(2b)	ועל **נהרות** יכוננה	und über **Strömen** befestigt er sie!

Die Verschachtelung in Ps 98,7f erklärt sich aus der Entlehnung: Ps 98*
macht alle kosmischen Größen, die in der hymnischen Proklamation
von Ps 24,1f* genannt werden, zu Subjekten des Krönungsjubels. Die
Fluten, „über denen" und „gegen die" (על) Jahwe nach Ps 24,1f* die
Erde befestigt[50], sollen gemeinsam mit der Erde und ihren Bewohnern
an Jahwes Huldigung teilhaben. Um das Motiv der Fluten und das
Motiv des Festlandes ineinander zu schieben, greift Ps 98* aus Ps 24,1*
den Parallelismus „die Erde und ihre Fülle, / der Erdkreis und die darauf wohnen" (הארץ ומלאה / תבל וישבי בה) auf und ersetzt הארץ durch
הים[51]. Der Grund dafür ist, dass הארץ schon am Anfang und am Ende
des Hymnus steht. Um den Parallelismus in V.7f aufzufüllen, werden
in V.8 als weitere kosmische Größe die Horizontberge (הרים) eingeführt.

Oft wird behauptet, dass Meer und Ströme hier entmythisiert sei-
en[52]. Bei dieser Auslegung wird jedoch die Mehrdeutigkeit der Stelle
übersehen: רעם, eigentlich Begriff für den Donner[53], ist in V.7a auf das
Meer übertragen; das Meer stimmt in den Huldigungsjubel ein, indem
es mit seiner Äußerung an den Wettergott selbst erinnert (cf. רעמך in
77,19[54]). Gleichzeitig beweist sein „Donnern" seine chaotische Macht,
was an das Triumphlied von Ps 93,3–5* anklingt[55]. Entsprechendes gilt
für das Händeklatschen der Ströme. Beide Metaphern lassen sich kaum

---

48 Sonst nur in Jes 42,10.
49 Dtn 33,16; Jes 34,1; Jer 8,16; 47,2; Ez 19,7; 30,12; 32,15; Mi 1,2; Ps 24,1. Eine ähnliche
    Abwandlung der Wendung in anderem Kontext dürfte עיר ומלאו (Am 6,8) bieten.
50 Dazu s.o. B.1.3, S. 154ff.
51 Cf. HOSSFELD, in: HOSSFELD/ZENGER, HThKAT 689.
52 Cf. GRAY, Doctrine 67f; LORETZ, Ugarit-Texte 357; BRETTLER, God 157; WATSON,
    Chaos 202.
53 Cf. רעם hi in I Sam 2,10; 7,10; II Sam 22,14//Ps 18,14; 29,3; Hi 37,4f; 40,9; das Nomen
    רעם in Jes 29,6; Ps 77,19 (s.o. A.2.5, S. 55); 81,8; 104,7 (s.u. C.4, S. 218); Hi 26,14.
54 S.o. A.2.5, S. 53ff.
55 S.o. A.3.5, S. 73ff.

auf dichterische Hyperbole reduzieren; die Dynamik, die sie entfalten, verweist auf die Gewalt, die Meer und Ströme im Mythos innehaben[56].

Zu beachten ist außerdem, welcher Kreis hier abgeschritten wird: Meer, Ströme und Berge umgeben das bewohnbare Festland, sind selbst aber dem Menschen entzogen. Der Hymnus fordert nicht nur den Erdkreis samt seinen Bewohnern, sondern auch alle anderen kosmischen Mächte dazu auf, dem König Jahwe zu akklamieren. Im Horizont eines aspekthaften Denkens ist die mythische Dimension damit keineswegs ausgeschlossen. Mit anderen Worten: Nachdem die Fluten von dem göttlichen Krieger niedergeworfen und eingehegt sind, müssen auch sie seine Überlegenheit anerkennen; zusammen mit Jahwes Untertanen sind sie aufgefordert, in den Krönungsjubel einzustimmen. Entsprechendes gilt für die Berge als Sitze der Götter[57].

Aufschlussreich ist der Vergleich mit einem Handerhebungsgebet an Adad[58]:

(30) [n]ašū berqi bēl abūbi	... [der] den Blitz trägt, Herr der Flut,
(31) [m]uttabb[i]l šamê mātī tâmāti	[de]r Himmel, Länder (und) Meere verwalt[e]t,
(32) [šu]mūka [sīrū?] šemū zikirka	deine [Na]men [sind erhab]en, dein Wort ist gehört,
(33) [in]a rigmi[ka ḫ]adū ḫursāni	[be]i [deinem] Donner sind die Berge [e]rfreut,
(34) [qe]rbētu [ḫ]udā rīšū ugārū	[die F]luren [fr]ohlocken, es jauchzen die Felder,
(35) [niš]ū ḫitbu[sū] idallalā qurdīka	[die Leu]te [sind] fröhlich, sie besingen deine Taten ...

Auch hier geht es um den Huldigungsjubel der Welt, und von einer mythischen Qualität von Himmel, Meeren und Bergen ist vordergründig nichts zu erkennen. Der festliche Lobpreis von Adads Weltregierung wird aber kaum zufällig mit den Epitheta „der den Blitz trägt, der Herr der Flut" (našū berqi bēl abūbi) eingeleitet: Der Blitz gehört zu Adads Waffen, und als Bezwinger der Flut erweist er sich als Herrscher der Welt. Wie Ps 98* lässt sich auch dieser Text mit mythischen Aussagen über die Flut oder die Berge verbinden[59].

Die Klimax von Ps 98* enthält den sachlichen Kern des Hymnus (V.9); nach der Gesamtheit des Kosmos nimmt der Dichter jetzt die bewohnbare Welt (הארץ/תבל) allein in den Blick: Sie ist die Mitte von

---

56 S.o. A.2.6, S. 59ff.

57 Zur kosmischen und zugleich numinosen Qualität der Berge cf. Num 23,7f; Dtn 32,22; 33,15; Mi 1,4; Nah 1,5; Hab 3,6.10; Ps 18,8 (s.o. A.1.5, S. 29ff); 65,7 (s.o. A.6.5, S. 143); 72,3.16; 87,1; 148,9.

58 „Adad 4" (MAYER, UFBG 378): BMS 21 (K 2641+) + K 6588 + K 6612 (+) K 11345, Transliteration und Übersetzung: SCHWEMER, Wettergottgestalten 676, eigene Transkription.

59 Dies zeigt auch der Umstand, dass das Epitheton bēl abūbi in einem ähnlichen Text im Zusammenhang mit einer Anspielung auf den Anzû-Mythos begegnet: „Adad 1a" (MAYER, UFBG 378): LKA 53 Vs. 5 ‖ BMS 20 (+) 49 Rs. 3f ‖ KUB IV 26 Frg. A 3' Vs. 5 = SCHWEMER, Wettergottgestalten 671/673:5.

Jahwes Reich. Jahwes Ankunft bedeutet den Beginn seiner Herrschaft (cf. das Imperfekt ישפט). Diese wird mit dem politischen Begriff שפט bezeichnet, der sich sowohl auf das Führen von Kriegen als auch auf die Begründung und Durchsetzung des Rechts beziehen kann[60]. Das umfassende Verständnis von Herrschaft wird durch בצדק näher bestimmt, was auf die Vorstellung der Weltordnung verweist, die vom Königsgott errichtet und bewahrt wird[61]: Eine entsprechende Aussage bietet der Thronbesteigungshymnus Ps 97,1–7*, wenn er „Gerechtigkeit" (צדק) und „Recht" (משפט) als Fundament von Jahwes Thron bezeichnet (V.2b[62]). Nach Ps 98,9 bringt der inthronisierte König den צדק auf der von ihm regierten Erde zur Geltung. Im Blick auf die Völker wird צדק mit dem seltenen Begriff מישרים verbunden, der hier משפט ersetzt[63].

Ps 98* entwirft ein höchst dynamisches Bild vom Königtum Jahwes. Die Motive der rituellen und festlich inszenierten Akklamation und der Ankunft Jahwes lassen an einen mythischen Vorstellungsrahmen denken. Damit ergänzt der Jahwe-Königs-Hymnus Ps 98* die bisher vorgestellten Hymnen, die Jahwe als kriegerischen und königlichen Wettergott zeichnen. Am deutlichsten lässt sich das im Verhältnis zu Ps 97* zeigen, dessen Rahmen von der Königsmotivik bestimmt ist[64]: Auf den Proklamationsruf „Jahwe ward König!" (יהוה מלך) folgt dort der Aufruf zur rituellen Königsfreude von Erde und Inseln (V.1). Ps 98* ist dessen poetische Entfaltung.

Die kunstvolle Gestalt des Hymnus und der Motivkreis der Thronbesteigung deuten auf den königlichen Tempelkult als Sitz im Leben. Wenn die Vorstellung der Inthronisation auf Jahwe übertragen wird,

---

60 Cf. z.B. MOWINCKEL, Psalms I, 108; nach NIEHR, Herrschen 396–400, bedeutet die protosemitische Wurzel špṭ eine nicht näher spezifizierte Herrschaftsausübung im politisch administrativen Bereich. Im Alten Testament ist v.a. auf die Stellen hinzuweisen, in denen das Partizip שופט im Parallelismus zu מלך (Hos 7,7; Ps 2,10; 148,11) oder äquivalenten Begriffen wie שר (Hos 13,10; Am 2,3; Zeph 3,3) oder רזן (Jes 40,23) begegnet.
61 Cf. SCHMID, Gerechtigkeit 78–82, bes. 79; KOCH, Ṣädäq 232–235, zum „göttliche[n] Ursprung positiven sittlichen Verhaltens" (232).
62 S.o. A.4.9, S. 99ff.
63 Sowohl מישרים (im Sinn von „Recht" auch in Jes 45,19; Ps 9,9; 58,2; 75,3; 96,10; 99,4. 9,9; 96,10 und 99,4 dürften dabei jeweils bereits von 98,9 abhängig sein) als auch das verwandte מישור (im Sinn von „Gerechtigkeit, Geradheit" auch in Jes 11,4; Mal 2,6; Ps 45,7) stehen morphologisch dem akkadischen mīšarum nahe (cf. HALAT 547f; CAD M/2, 117f). Das Begriffspaar צדק und מישרים kann damit an das akkadische kittum u mīšarum erinnern. מישרים wird allerdings anders als mīšarum nicht konkret-applikativ verwendet (dazu CAD M/2, 117), weshalb צדק ומשפט (Ps 97,2/89,15) oder das häufige משפט וצדקה semantisch deutlichere Parallelen zu kittum u mīšarum darstellen (dazu auch A.4.9, S. 99ff).
64 S.o. A.4.9, S. 99ff.

handelt es sich – ähnlich wie in Ps 97* – um mehr als bloße Metaphorik: Dass der Hymnus Jahwes Herrschaftsantritt besingt, deutet auf eine zyklisch wiederkehrende kultische Begehung. Der wahrscheinlichste Anlass ist erneut das Fest des Jahresbeginns[65]. Die unübersehbaren Entsprechungen zum Krönungsritual der Könige lassen erahnen, welche ideologische Dimension dieses Fest gehabt haben muss.

2.4 Ergebnis

Der zweite Abschnitt von Ps 98 (V.4–9), der ursprüngliche Kern des Psalms, erweist sich als Hymnus zur Thronbesteigung Jahwes, der zur Liturgie des Neujahrsfestes gehört haben dürfte. Er feiert die Ankunft des siegreichen Wettergottes und den Beginn seiner Herrschaft. Das Stück knüpft sachlich an die Torliturgie von Ps 24,7–10*[66] und die Thronbesteigungslieder Ps 93*[67] und Ps 97* an[68]. Die kosmologische Aussage von Ps 24,1f*[69] wird wahrscheinlich bereits vorausgesetzt.

---

65   MOWINCKEL, Psalms I, 122; cf. auch DAY, Psalms 67–85.
66   S.o. B.1.2, S. 149ff.
67   S.o. A.3.6, S. 75ff.
68   S.o. A.4.9, S. 99ff.
69   S.o. B.1.3, S. 154ff.

3. Der Zion als Gipfel der Erde: Ps 48

Der Tempel hat nach altorientalischer Vorstellung Dimensionen, die die vordergründige Wirklichkeit transzendieren und mit dem gesamten Kosmos verbunden sind. Das lässt sich auch für die Jahwereligion der Königszeit zeigen: Im Hintergrund von Jahwes Tempel steht der göttliche Palast. Er ist der Fluchtpunkt des Weltbildes: Hier thront Jahwe in der Höhe (Ps 18,17; cf. 93,4), hier huldigen ihm die Götter (Ps 29,1f*; 97,7b), und von hier aus regiert er über die Erde und hält die Fluten im Zaum (Ps 29,10). Zur Sphäre des Tempels gehört auch seine Umgebung: Die Residenzstadt des Königs, in der er steht, ist zugleich die Stadt des göttlichen Königs. Ps 48, einer der Haupttexte der alttestamentlichen Zionstheologie, verleiht diesen Bezügen poetischen Ausdruck: Er besingt den Zion, auf dem sich Tempel und Königsstadt befinden, als mythischen Gipfel der Erde. Die Grundform des Psalms fügt sich in das Bild des königlichen Wettergottes Jahwe ein.

(1) EIN LIED. EIN PSALM FÜR DIE SÖHNE KORACH.

(2) Groß ist Jahwe
und sehr zu preisen[1]
in der Stadt unseres Gottes.

Berg seines Heiligtums,
(3) schön an Höhe,
Freude der ganzen Erde!

Berg Zion,
Gipfel des Ṣāpôn,
Stadt eines großen Königs!

(4) <Jahwe>[2] ist in ihren Palästen,
er hat sich als Burg erwiesen.

(5) Denn siehe, die Könige hatten sich versammelt,
sie waren gemeinsam herübergezogen.

(6) Sie haben gesehen, so haben sie gestaunt,
sie sind erschrocken, sie sind geflohen.

(7) Ein Beben hat sie dort ergriffen,
Wehen wie eine Gebärende.

---

1 Cf. GesK § 116 e.
2 Wegen der Zugehörigkeit zum elohistischen Psalter 42–83 hier und im Folgenden emendiert. HOSSFELD/ZENGER, die die alte Ersetzungshypothese in Zweifel ziehen, sehen in der Grundschicht von Ps 48 (sc. V.2–9.13–15) „Elohistic tendencies" (Psalter 49). Zwar lässt sich auch das Gegenteil nicht beweisen; es ist aber fraglich, ob die Wendung זה אלהים אלהינו (V.15) ursprünglich sein kann. Auch im Blick auf das relativ hohe Alter des literarischen Kerns von Ps 48, ist nach wie vor die Annahme der Ersetzung von יהוה durch אלהים die beste Erklärung für das אלהים in V.4.9–11.15. Bemerkenswert sind die Fälle, in denen im elohistischen Psalter der Jahwename steht: In 48,2 dürfte der Grund im Eigengewicht der zitablen Wendung גדול יהוה ומהלל מאד liegen, in V.9 im Gottesnamen יהוה צבאות.

(8)   Mit einem Ostwind
             zerbrichst du Tarsisschiffe.

(9)   Wie wir gehört,
             so haben wir gesehen
             in der Stadt Jahwes der Heerscharen,
             in der Stadt unseres Gottes.
       \<Jahwe\> befestige sie auf ewig!
             SÆLĀ.

(10)   Wir haben, \<Jahwe\>, deine Gnade verglichen
             inmitten deines Tempels.

(11)   Wie dein Name, \<Jahwe\>,
             so reicht dein Lob
             über die Enden der Erde!

             Mit Gerechtigkeit ist deine Rechte gefüllt.

(12)   Es freue sich der Berg Zion,
             jubeln sollen die Töchter Judas
             um deiner Gesetze willen!

(13)   Umkreist Zion und umrundet sie[3],
             zählt ihre Türme!

(14)   Richtet euer Herz auf ihre Vormauer,
             durchwandert (?[4]) ihre Paläste,

             damit ihr erzählen könnt
             einem künftigen Geschlecht!

(15)   Denn dieser ist \<Jahwe\>, unser Gott,
             immer und ewig wird er uns führen.

             \<AUF ᶜALĀMÔT\>[5]

Hymnisches Lied über Jahwes Zion: V.2a.bα.3f.9a*.
     Theokratische Bearbeitung: V.11f.
          Bearbeitung zur Wallfahrtsliturgie: V.2b*.9a.10.13f.15*.
               Jahwekriegserzählung: V.5–7.
                    Eschatologischer Nachtrag: V.8.
                         ÜBERSCHRIFTEN UND LITURGISCHE ANWEISUNGEN: V.1.9b*.15*.

---

3   Sc. Zion als Stadt, s.u. 3.4, S. 190.

4   פסג pi. nach palästinisch mittelhebräisch (HALAT 892).

5   Die rätselhafte Wendung על מות wird im Konsonantenbestand schon durch die LXX
     bezeugt: Die Übersetzung εἰς τοὺς αἰῶνας deutet den Text offenbar als femininen Plu-
     ral von עולם. Ein solcher ist im Alten Testament allerdings nicht belegt, cf. HALAT
     755. Peschitta und Hieronymus interpretieren die Wendung hingegen als „über den
     Tod", was an eine Überleitung zu 49 denken lässt. Vielleicht handelt es sich aber
     auch um eine liturgische Überschrift zu Ps 49, die bei der Satzeinteilung irrtümli-
     cherweise zu 48,15 gezogen wurde; dazu wäre entweder עלמות לבן in 9,1 zu verglei-
     chen, oder על מות könnte durch Haplographie aus על עלמות entstanden sein, was in
     der Überschrift von Ps 46 begegnet. Vor diesem Hintergrund ist es kaum möglich, על
     מות mit den Masoreten mit הוא ינהגנו in V.15b zu verbinden: Das adverbielle עולם ועד
     in V.15a dürfte nicht zu dem nominalen \<יהוה\> זה\>, אלהינו\>, sondern zu dem verbalen
     הוא ינהגנו gehören, da die zeitliche Bestimmung für die Identitätsaussage von V.15a
     weniger sinnvoll ist als für den durativen Sachverhalt von V.15b*.

3.1 Zum Gesamtgefüge des Psalms

Eine erste Gliederung von Ps 48, den die Überschrift (V.1) in die vordere Korachsammlung 42–49 einordnet, bereitet nur geringe Schwierigkeiten. Den wichtigsten Einschnitt bildet das Ende von V.9, was auch die liturgische Anweisung סלה markiert: Die Formel עד עולם („auf ewig") schließt den Gedankengang von V.2–9 ab; V.10 setzt mit der Anrede Jahwes neu an[6].

Der erste Teil lässt einen deutlichen Einschnitt nach V.4 erkennen: V.2–4 entfalten das Hauptthema des Psalms, indem sie Jahwe und den Zion besingen. V.5 leitet mit כי הנה das neue Thema der Könige ein. V.8 hebt sich durch die Anrede Jahwes vom vorausgehenden Text ab, gehört aber zur Beschreibung der Könige in V.5–7. V.9 leitet zum Anfang (V.2–4) zurück: Von Jahwe wird hier wieder in der dritten Person geredet, und erneut geht es um die Gottesstadt selbst.

V.10–15 zerfallen in zwei Abschnitte: Die hymnische Anrede Jahwes verbindet V.10–12. In V.13 wechselt die Sprechrichtung: Eine Reihe von Imperativen wendet sich an ein pluralisches Subjekt, während V.15 von Jahwe wieder in der dritten Person redet.

Der Psalm ist poetisch nicht einheitlich gestaltet: Die Einzelkola sind unterschiedlich gruppiert, und es bestehen erhebliche Ungleichgewichte in Syntax, Parallelismen und Inhalt.

Nach Konrad Schmid ist in der Klagedichtung Jer 6,22–26 eine „negative[n]"[7] oder „subversive Rezeption"[8] von Ps 48 zu greifen: „Offenbar setzt Jer 6,22–26 den Ablauf von Ps 48 voraus und folgt ihm grob"[9] Schmid untermauert das mit einer Reihe von wörtlichen und sachlichen Bezügen auf Ps 48,3.7.9a.11–15. Unter Voraussetzung der vorexilischen Entstehung von Jer 6,22–26 wäre damit die im folgenden entwickelte literarkritische Reduktion des Grundbestandes von Ps 48 infrage gestellt. Die meisten der von Schmid behaupteten negativen Entsprechungen sind aber nicht eindeutig:

(Ps 48,3)	... הר ציון ירכתי צפון	(Jer 6,22)	הנה עם בא מארץ צפון
			וגוי גדול יעור מירכתי ארץ
(12)	... תגלנה בנות יהודה	(23)	... עליך בת ציון
(9)	כאשר שמענו כן ראינו	(24)	שמענו את שמעו רפו ידינו
(7)	רעדה אחזתם שם חיל כיולדה		צרה החזיקתנו חיל כיולדה

---

6 Cf. z.B. SCHARBERT, Umfeld 302; KÖRTING, Zion 166, mit Anm. 10; wegen der in V.9 und in V.10 begegnenden 1. Ps. Pl. wird V.9 mitunter auch zu V.10–12 gezogen, so z.B. bei SCHREINER, Sion 231, und KRAUS, BK I, 512f. Im Unterschied zu V.10 ist der sachliche Rückbezug von V.9 auf V.2–8 jedoch deutlich.

7 Buchgestalten 332.

8 SCHMID, Propheten (in: GERTZ [Hg.], Grundinformation) 341f.

9 SCHMID, Buchgestalten 332.

(13)   **סבו** ציון והקיפוה ... (25)   אל תצאי השדה
ובדרך אל תלכי
כי חרב לאיב מגור **מסביב**

(15)   ... הוא ינהגנו (26)   ... כי פתאם יבא השדד עלינו

(Ps 48,3) ... Berg Zion, **Gipfel des Ṣāpôn!**   (Jer 6,22) Siehe, ein Volk kommt aus dem
Land des **Nordens** (Ṣāpôn),
und ein großes Volk macht sich auf
vom **äußersten Ende** der Erde.

(12)   ... jubeln sollen die **Töchter** Judas ...   (23) ... gegen dich, **Tochter** Zion!

(9)   ... wie **wir gehört**, so haben wir   (24) Kaum **hatten wir** seine Kunde
gesehen ...   **gehört**, da sanken unsere Hände,

(7)   Ein Beben hat sie dort ergriffen,   Bedrängnis hielt uns fest, **Wehen**
Wehen wie eine Gebärende.   **wie eine Gebärende.**

(13)   **Umkreist** Zion und umrundet sie ...!   (25) Geh nicht hinaus aufs Feld
und geh nicht auf den Weg,
denn da ist des Feindes Schwert
und Schrecken von **ringsum!**

(15)   ... er wird uns führen.   (26) ... denn plötzlich kommt der
Verwüster über uns!

„Tochter Zion" in Jer 6,23 muss nicht auf „Töchter Judas" in Ps 48,12 anspielen; viel wahrscheinlicher ist, dass die Bezeichnung der judäischen Landstädte als בנות יהודה die fest geprägte Verbindung בת ציון abwandelt. Dass das Allerweltsverb „hören" in beiden Texten im Perfekt der 1. Pl. begegnet, kann kaum als Argument für literarische Abhängigkeit gelten, ebenso wenig die Präposition סביב in Jer 6,25 neben dem Imperativ סבו in Ps 48,13. Die Wendung חיל כיולדה in Ps 48,7 muss keine Vorlage für Jer 6,24b sein, sondern kann als Topos des Erschreckens umgekehrt durch Stellen wie Jer 6,24, aber auch 22,23, dem innerjeremianischen Zitat von 6,24 in 50,43 sowie Ex 15,14; Mi 4,9 beeinflusst sein[10]. Abgesehen davon zeigt die Zeichnung des Feindvolks aus dem Norden in Jer 6,22f keine Nähe zum Motiv der Könige in Ps 48,5–7. Vor diesem Hintergrund sind die von Schmid angenommenen Entgegensetzungen der negativen Imperative (f. sg.!) in Jer 6,25a zu den Imperativen in Ps 48,13 (m. pl.) sowie des Kommens des Verwüsters in Jer 6,26b zum Motiv der ewigen Führung durch Jahwe in Ps 48,15b* nicht zwingend.

Diskutabel ist höchstens die begriffliche Nähe des Parallelismus מארץ צפון / מירכתי ארץ in Jer 6,22 zu ירכתי צפון in Ps 48,3[11], wobei Jer 6,22 das Motiv des Gottesberges[12] gerade nicht enthält. Natürlich ist anzunehmen, dass der Verfasser der Klage Jer 6,22–26 den wichtigen und in seinem Kern alten Zionshymnus Ps 48[13] gekannt hat; dass er auf den Psalm in seiner literarischen Endgestalt angespielt hat, lässt sich aber aus Jer 6 nicht entnehmen.

---

10   S. Anm. 25 und 26, S. 186f.
11   Cf. FISCHER, HThKAT 277f.
12   Dazu s.u. 3.6, S. 195ff.
13   S.u. 3.6, S. 193ff, und 3.7, S. 195ff.

3.2 Die Zerstörung der Tarsisschiffe (V.8)

Leicht zu erkennen ist die Sonderstellung von V.8. Auffällig ist vor
allem die unvorbereitete Anrede Jahwes (תשבר)[14]. Sie begegnet erst wieder in V.10, leitet dort aber einen neuen Abschnitt ein. Das Imperfekt
תשבר hebt sich zudem von den Perfekten in V.5–7.9a ab. Des weiteren
sind V.5–7.9a durch synonyme oder synthetische Parallelismen geprägt, während ברוח קדים תשבר אניות תרשיש („mit einem Ostwind zer-
brichst du Tarsisschiffe") kein Parallelismus ist und sich nur mit Mühe
als poetisches Bikolon verstehen lässt[15]. Auch sachlich bietet V.8 Anstoß: Wie passen die Tarsisschiffe zu einer Belagerung des Zion? Zwar
schmückt das Motiv die Szenerie von V.5–7 aus: Die Zerstörung der
Schiffe soll offenbar der Höhepunkt in der Vereitelung des von den
Königen geplanten Krieges sein. Das Motiv ist aber nur lose mit V.5–7
verknüpft. V.8 dürfte gegenüber V.5–7 nachgetragen worden sein[16].

Die Ergänzung spielt möglicherweise auf eine Vorlage an: Die weittragen-
den Tarsisschiffe[17], Symbole für den mächtigen Handel der Phönizier[18], werden
nach Ez 27,25f bei Jahwes Gericht über Tyrus von einem Ostwind zerschmettert[19]. Die Assoziation könnte durch eine eschatologische Deutung ausgelöst
worden sein. Das Motiv der רוח קדים fügt sich gut zur geographischen Lage des
Zion: Von hier aus sendet Jahwe einen Sturm zum Mittelmeer, um die dort
ankernden Handelsschiffe zu zerstören. Auch in dem literargeschichtlich späten V.8 klingt also die Motivik des Wettergottes Jahwe nach[20].

---

14 Deshalb liest man hier gern mit wenigen hebräischen Handschriften כרוח, womit רוח
    zum Subjekt von תשבר wird (cf. z.B. GUNKEL, Psalmen 207; ZENGER, in: HOSSFELD/
    ZENGER, NEB I, 296). L repräsentiert jedoch die lectio difficilior (so auch LXX).
15 Cf. die Differenz zwischen der Verseinteilung der Masoreten und der poetologi-
    schen Deutung durch die Druckanordnung der BHS.
16 So schon OLSHAUSEN, KeH 14, 209; cf. SPIECKERMANN, Heilsgegenwart 188f; KRATZ,
    Reste 31; KÖRTING, Zion 166f.
17 Cf. I Reg 10,22/II Chr 9,21; Jes 60,9.
18 Cf. Jes 23,1.14.
19 Ähnlich auch Jes 2,16, wo die Tarsisschiffe zu dem Hohen zählen, das an Jahwes Tag
    erniedrigt werden wird.
20 Zum Motiv des Schiffe zerbrechenden Jahwe findet sich eine Parallele in der
    Fluchsektion des Staatsvertrages zwischen Asarhaddon und Baal von Tyrus (K 3500
    + K 4444 + K 10235: „So mögen Baal-sameme, Baal-malage und Baal-Saphon einen
    bösen Wind sich gegen eure Schiffe erheben lassen, ihr Schiffstau lösen, ihren
    Schiffspfahl herausreißen; eine gewaltige Flut möge sie ins Meer versenken ..." (IV,
    10'–13' (Text: BORGER, Inschriften 107–109; Übersetzung: DERS., in: TUAT I, 159).

3.3 Ein Jahwekrieg am Zion (V.5–7)

Nach der überwiegend nominal konstruierten Eröffnung (V.2–4) folgen in V.5–7 ausschließlich Verbalsätze. Nach dem Lob des Zion überrascht der durch die Perfektformen bedingte erzählende Duktus[21]. Er deutet auf ein gattungsfremdes Element. Auch das Metrum der Qînā[22] hebt sich vom Kontext (V.2–4.9) ab. Die Eröffnung bereitet die Erzählung von V.5–7 zudem in keiner Weise vor. V.9 greift seinerseits deutlich auf das Lob Jahwes und des Zions in V.2–4 zurück: „In der Stadt unseres Gottes" wird aus V.2 wiederholt, und V.9a („... so haben wir gesehen *in* der Stadt Jahwes der Heerscharen ...") kann nicht die Könige von V.5–7, sondern nur die Stadt und ihren in V.2–4 besungenen Glanz meinen. Die hymnische Beschreibung des Zion ist zu ihrem Verständnis nicht auf den Abschnitt über die Könige angewiesen. Wahrscheinlich handelt es sich bei V.5–7 um eine Ergänzung, die den Zusammenhang von V.4.9 unterbrochen hat[23].

Der Abschnitt liest sich als kleine poetische Einheit: Es handelt sich um drei Bikola mit einem synthetischen Parallelismus (V.5) und zwei synonymen Parallelismen (V.6f). Der Nachtrag knüpft an den Vortext an: Die Könige sind erschrocken, weil Jahwe sich als Burg erwiesen hat. Das Adverb שם in V.7 lokalisiert die Szenerie am Zion. Gleichzeitig greifen V.5–7 auf V.9 voraus: Sowohl in V.6a und in V.9aα sind die Satzteile durch כן koordiniert. Dazu kommt die chiastische Stellung von ראה in V.6a und V.9aα: Das Sehen der Könige soll als Gegensatz zum Sehen der Sänger des Psalms erscheinen: Beide haben den Zion in Augenschein genommen; die Könige wurden von ihm in Schrecken versetzt, die Psalmsänger preisen ihn.

Was am Zion geschehen ist, wird nur angedeutet: „Die Könige hatten sich versammelt" – offenbar zum Kampf gegen den Zion. Damit dürfte kaum auf ein historisches Ereignis angespielt sein, wie man immer wieder mit Blick auf die Rettung Jerusalems vor Sanherib 701 v. Chr. gemeint hat[24]. Vielmehr wird ein idealtypisches Ereignis konstruiert: In einer nicht näher charakterisierten Vergangenheit wurde eine von namenlosen Königen geplante Eroberung des Zion durch einen Gottesschrecken vereitelt[25]. Das erinnert an die Jahwekriege

---

21   Cf. Zenger, in: Hossfeld/Zenger, NEB I, 297: „Erzählung".

22   Cf. Gunkel, Psalmen 204.

23   Cf. Kratz, Reste 56, der die sekundäre Hinzufügung von V.5–7 erwägt.

24   Cf. z.B. Scharbert, Umfeld 305.

25   V. 6 (המה ראו) verschweigt zwar, wen oder was die Könige gesehen haben; gemeint ist aber wohl nicht nur der Zion, sondern auch Jahwe selbst, der auf ihm wohnt (cf. Gunkel, Psalmen 206; Wanke, Zionstheologie 76f). Die Begriffe und Wendungen, mit denen in V.6f das Erschrecken der Könige beschrieben wird, verweisen auf die prophetische Literatur und könnten von dort stammen: Die auffälligste Häufung von Parallelen findet sich in Jes 13,8: וְנִבְהָלוּ צִירִים וַחֲבָלִים יֹאחֵזוּן יְחִילוּן כַּיּוֹלֵדָה יִתְמָהוּ אִישׁ אֶל רֵעֵהוּ. Die Wendung חִיל כַּיּוֹלֵדָה begegnet neben Jer 6,24 (dazu s.o. 3.1, S. 183ff); 22,23; 50,43; Mi 4,9 nur in Ex 15,14 (s. Anm. 26). Die Verbindung von רעדה und אחז findet

in Israels Frühzeit[26]. Zugleich wird eine eschatologische Hoffnung eröffnet: Einst hat sich der Zion als uneinnehmbar erwiesen; er wird es auch für alle Zeiten bleiben[27].

Eine sachliche Parallele im nahen Umfeld bietet Ps 46,9–12, eine eschatologische Fortschreibung des Zionsliedes Ps 46*[28]: Jahwe wird die Waffen zerbrechen, um die weltweiten Kriege zu beenden. Die Intention ist ähnlich: Am Zion erweist sich zu allen Zeiten Jahwes Überlegenheit über die Völker und ihre Herrscher. Durch die Bearbeitung erhält Ps 48 für die eschatologische Lektüre des Psalters Gewicht[29].

3.4 Eine Bearbeitung zur Wallfahrtsliturgie (V.2b.9a.10.13f.15*)

Als Subjekt des Lobpreises tritt schon zu Beginn ein „Wir" hervor (בעיר אלהינו in V.2bα). Dieses Wir begegnet auch in V.9.10.15* (ohne על מות)[30]; es prägt die vorliegende Gestalt des Psalms: Er gibt sich als Lied einer Gruppe von Menschen zu erkennen, die Jahwe ihren Gott nennen (אלהינו in V.2.9.15*) und im Tempel über seine Gnade meditieren (V.10).

Die Imperative von V.13f verlassen zwar die 1. Person Plural, was einen Sprecherwechsel anzeigt. Auch dieser Abschnitt steht aber in engem sachlichen Zusammenhang zu den Wir-Passagen: Es legt sich nahe, dass sich die Aufforderungen von V.13f an die Sprecher von V.2.9.10 richten. Nach dem Aufenthalt im Tempel (V.10) sollen diese den Zion umrunden und seine Bauten in Augenschein nehmen[31].

---

sich auch in dem apokalyptischen Passus Jes 33,14, der davon redet, dass die Sünder vor dem Zion erschrecken. Signifikant ist daneben auch בהל ni. (Ex 15,15 [s. Anm. 26]; Jes 13,8; Jer 51,13; Ez 7,27; 26,18; Zeph 1,18; Ps 6,11; 83,18); weniger deutlich תמה (Gen 43,33; Jes 13,8; 29,9; Jer 4,9; Hab 1,5; Hi 26,11; Koh 5,7).

26 So bes. WANKE, Zionstheologie 76f. Zu V.5 (עברו יחדו / נועדו המלכים הנה כי) ist Jos 11,5 zu vergleichen, wo ein nahezu ähnlicher Wortlaut begegnet: ויבאו האלה המלכים כל ויועדו ויחנו יחדו. Die Nähe muss nicht auf literarische Abhängigkeit deuten, sondern kann durch die entsprechende Szenerie bedingt sein. Auffällige Parallelen zu V.6b.7 finden sich in Ex 15,14f, wo das Erschrecken der Völker über die Kunde vom Meerwunder geschildert wird (V.14: חיל; V.15: רעד יאחזמו ... נבהלו).

27 Cf. KÖRTING, Zion 171f, mit Anm. 39.

28 Cf. OTTO, Art. ציון (ThWAT VI), 1013f.

29 Cf. einerseits die konsequent eschatologische Deutung des Psalms im Midrasch Tehillim z.St., bes. zu V.13ff (WÜNSCHE, Midrasch 297f), andererseits GUNKELs Deutung als „eschatologischer Zionshymnus" (Psalmen 205).

30 Dazu s.o. Anm. 5, S. 182.

31 Cf. DUHM, KHC XIV, 136: „Jetzt fordert der Dichter seine Reisegefährten – selbstverständlich doch nicht die Bewohner der Stadt – auf, die Stadt genau zu besichtigen." Unwahrscheinlich ist hingegen, dass V.13f die Könige von V.5–7(.8) anreden (so ZENGER, in: HOSSFELD/ZENGER, NEB I, 294): Die Aufforderung, „das Herz" auf die Bauten des Zion „zu richten" (cf. Anm. 36), die die Weitergabe der Kunde vom Zion an künftige Generationen zum Ziel hat, passt nicht zu dem in V.5–7 geschilderten Erschrecken der Könige.

Mehrfach sah man hier einen Aufruf zu einer kultischen Prozession[32]. Bei einer Prozession werden aber keine Türme gezählt (V.13). Die Besichtigung zielt vielmehr darauf, dass einem künftigen Geschlecht vom Zion erzählt werden kann[33]. Das passt nur zu Besuchern, die den Zion zum ersten und vielleicht einzigen Mal in ihrem Leben sehen.

Zu denken ist an Wallfahrer aus der Diaspora[34]: Bislang haben sie von der Stadt ihres Gottes (V.2bα) nur gehört, jetzt sehen sie sie (V.9a). Im Tempel „vergleichen" sie Jahwes Gnade (V.10)[35], die darin greifbar ist, dass Gehörtes und Gesehenes übereinstimmt. In V.13f fordern andere Sprecher – vielleicht Priester im Tempel – die Pilger auf, sich vor der Heimreise das Bild des Zion möglichst genau einzuprägen[36]: Sie sollen die Kunde von ihm unter den Juden in der Zerstreuung mündlich weitergeben können[37]. Abschließend ergreifen noch einmal die Pilger das Wort und bekennen sich zu Jahwe als ihrem Gott (V.15). In Sprache und Vorstellung steht dieses Bild vor allem dem Wallfahrtslied Ps 122 nahe[38]. Daneben ist an die Perspektive des Pilgers aus der Diaspora in Ps 42/43 zu erinnern[39]. Die Wir-Passagen in V.2.9.10.15* und der imperativische Abschnitt V.13f machen auch Ps 48 zum Wallfahrtslied.

Das Wir und die damit verbundene Perspektive sind allerdings nur lose im Psalm verankert[40]. Darauf deutet schon die auffällige Stellung von בעיר אלהינו in V.2bα: Das Adverbiale greift auf V.9a voraus. Die Ortsangabe schließt sich holprig an die Eröffnung „Groß ist Jahwe und sehr zu preisen" an. In Ps 96,4 (→ I Chr 16,25) und Ps 145,3 wird das Bikolon גדול יהוה / ומהלל מאד ohne die Fortsetzung בעיר אלהינו zitiert. Die Wendung wird dort vom Preis des Zion getrennt und in andere hymnische Zusammenhänge eingebettet.

---

32 Cf. z.B. KITTEL, KAT XIII, 179; WEISER, ATD 14/15, 258f; KRAUS, BK I, 511f; OTTO/
    SCHRAMM, Fest 55f.

33 Aus diesem Grund kann nicht an eine militärische Inspektion des Zion gedacht sein,
    wie SPIECKERMANN, Heilsgegenwart 193f, vermutet: Eine solche wäre nur für die
    jeweilige Gegenwart sinnvoll.

34 Cf. DUHM, KHC XIV, 137; KRINETZKI, Poetik 82; SEYBOLD, HAT I/15, 197.

35 Cf. דמה pi. in Jes 40,18.25; 46,5; Cant 1,9; Thr 2,13; in absolutem Gebrauch im Sinn
    von „in Gleichnissen reden" in Hos 12,11.

36 Cf. שית + לב: Ex 7,23; I Sam 4,20; Jer 31,21; Ps 62,11; Prov 24,32; 27,23.

37 Cf. דור אחרון in Ps 78,4.6; 102,19 ebenfalls mit Bezug auf den Zion; dazu DUHM, KHC
    XIV, 137: „Die Pilger werden daheim ihren Kindern die Grösse ihres Gottes deutlich
    machen an den Schilderungen der Gottesstadt ...".

38 Cf. den Parallelismus von חיל und ארמנות in Ps 48,14 und 122,7 und die Eröffnung
    von Ps 122: שמחתי באמרים לי / בית יהוה נלך / עמדות היו רגלינו / בשעריך ירושלם (V.1f).

39 Cf. die Erwähnung der Wallfahrt in Ps 42,5.

40 Cf. KRATZ, Reste 30–32.

Auch die Syntax zeigt, dass בעיר אלהינו nachgetragen wurde: Durch בעיר אלהינו hat die Wendung הר קדשו die Stellung einer Apposition zu בעיר אלהינו inne[41]. Dementsprechend teilen die Masoreten V.2 in zwei Bikola. Die Parallelität von הר קדשו und הר ציון in V.3 deutet aber darauf, dass beide Wendungen ursprünglich jeweils eine Satzaussage eröffnet haben[42]. Der Nachtrag בעיר אלהינו verschiebt die poetische Form[43].

Die Perspektive der Pilger begegnet wieder in V.9a. Auch hier dürfte es sich um einen Nachtrag handeln: Die Aussage von V.9b* („<Jahwe> befestige sie auf ewig") ist weder syntaktisch noch poetisch mit V.9a verknüpft; V.9a bietet mit כאשר שמענו / כן ראינו / בעיר יהוה צבאות / בעיר אלהינו / („wie wir gehört, / so haben wir gesehen / in der Stadt Jahwes der Heerscharen, / in der Stadt unseres Gottes") ein Tetrakolon, neben dem das Monokolon <יהוה> יכוננה עד עולם (V.9b*) vollkommen unverbunden steht. V.9b* lässt sich zudem ohne V.9a verstehen: Das Suffix von יכוננה („er befestige sie") kann sich ursprünglich über V.4 (בארמנותיה „in ihren Palästen") auf קרית מלך רב („Stadt eines großen Königs") in V.3 bezogen haben. Auch sachlich lässt sich V.9b* gut mit V.4 verknüpfen[44]. Der Zusammenhang mit V.2bα macht wahrscheinlich, dass auch V.9a nachgetragen wurde[45]. Der Vergleich כַאשר שמענו / כֵן ראינו („wie wir gehört, / so haben wir gesehen") dürfte dabei in Anlehnung an den Vergleich ... כשמך <יהוה> / כֵן תהלתך („wie dein Name, <Jahwe>, / so reicht dein Lob ...") in V.11a gebildet worden sein[46].

Mehrfach werden auch V.10–12 für sekundär erklärt. Die auffallende Anrede Jahwes nach V.2–9 sowie sprachliche und inhaltliche Unterschiede zum umgebenden Text scheinen auf einen Nachtrag des ganzen Abschnitts zu deuten[47]. Dabei ist allerdings die Stellung von V.10 im Verhältnis zu V.11f zu betrachten: „Wir vergleichen, Jahwe, deine Gnade inmitten deines Tempels" (V.10), ist meditierende Reflexion[48], während V.11f in preisender Rede Jahwes weltweites Lob und die Freude des Zion besingen. V.11 bietet zudem einen hymnischen Neueinsatz: „Wie dein Name, <Jahwe>, so reicht dein Lob ...", setzt V.10 in keiner Weise voraus. Dazu kommt, dass das Wir von V.10 in

---

41 So auch LXX z. St.

42 Cf. DUHM, KHC XIV, 135.

43 Dazu s.u. 3.6, S. 193ff; cf. SPIECKERMANN, Heilsgegenwart 188.

44 S.u. 3.7, S. 195ff.

45 Cf. WANKE, Zionstheologie 15f, der freilich erwägt, dass V.9 im Ganzen einen Zusatz in dem sonst einheitlichen Psalm darstellt.

46 Dazu s.u. 3.5, S. 191ff.

47 Cf. ZENGER, in: HOSSFELD/ZENGER, NEB I, 294; SPIECKERMANN, Heilsgegenwart 189f; KRATZ, Reste 55f; KÖRTING, Zion 160.

48 Die Semantik von דמה pi. lässt sich kaum mit hymnischem Gotteslob vereinbaren, cf. Anm. 35 und HALAT 216.

V.11f verschwindet; stattdessen sind nach V.12 der Zion und die Töchter Judas die Subjekte des Lobpreises. Es ist daher wahrscheinlich, dass V.10 nachträglich vor den literargeschichtlich älteren Abschnitt von V.11f gesetzt wurde.

Von V.11f heben sich auch die Aufforderungen zur Besichtigung des Zion in V.13f ab. Sie werden gewöhnlich zum Grundbestand des Psalms gerechnet[49]. Das Verhältnis zu V.11f kann aber genausogut umgekehrt sein: Die Imperative von V.13 setzen nach den Jussiven von V.12 neu an. Dazu kommt, dass jeweils unterschiedliche Subjekte genannt werden: V.12 fordert den Zion und „die Töchter Judas" zum Jubel auf, während sich V.13f an die Besucher des Zion richten. V.13f blicken zudem auf die Stadt, wie der feminine Gebrauch von ציון zeigt[50], während V.12 in Anlehnung an V.3 über den „Berg Zion" (הר ציון) spricht.

Zwar lässt sich keine zwingende Entscheidung darüber treffen, ob V.13f älter oder jünger sind als V.11f. Der Inhalt legt aber den Zusammenhang mit dem Thema der Wallfahrt nahe: Obwohl hier nicht das Wir von V.2bα.9a.10.15* begegnet, können sich die Aufforderungen nur an Besucher des Zion richten: Wer am Zion wohnt, muss sich das Bild seiner Türme und Paläste nicht einprägen[51]. Auch V.13f dürften auf die Pilger aus der Diaspora bezogen sein. Indem hier der Gruppe, die in V.2bα.9a.10.15 spricht, andere Sprecher gegenübertreten, wird der Psalm zur Liturgie.

Auch bei V.15* spricht die Stellung im Kontext nicht für die Zugehörigkeit zum ursprünglichen Psalm: Zwar kann die Gottesbezeichnung <יהוה> אלהינו zusammen mit V.2 (גדול יהוה ... בעיר אלהינו) als Rahmen um den gesamten Psalm betrachtet werden[52]. Der Inhalt von V.15* lässt sich aber kaum von den anderen Wir-Passagen in V.2bα.9a.10 trennen: Das mit der auffälligen Deixis זה eingeleitete אלהינו <יהוה> erinnert an das Šᵉmaᶜ und lässt V.15* wie ein abschließendes Bekenntnis erscheinen. Das mit עולם ועד הוא ינהגנו („immer und ewig wird er uns führen") benannte Motiv verbindet das späte Bild, dass Jahwe sein Volk wie ein Hirte führt[53], mit der gängigen Formel עולם ועד[54]. Diese

---

49 Cf. z.B. SPIECKERMANN, Heilsgegenwart 193f; ZENGER, in: HOSSFELD/ZENGER, NEB I, 294f; KRATZ, Reste 55f; KÖRTING, Zion 166, 168 (mit Anm. 14), die allerdings V.14b für nachgetragen hält.

50 Cf. DUHM, KHC XIV, 136.

51 S. Anm. 31, S. 187.

52 Cf. OTTO, Art. ציון 1014.

53 Cf. נהג pi. in Jes 49,10; 63,14; Ps 78,52; in Dtn 4,27 und 28,37 wird dagegen ausgesagt, dass Jahwe sein Volk in die Zerstreuung führt.

54 Sonst in Ex 15,18; Mi 4,5; Ps 9,6; 10,16; 21,5; 45,7.18; 52,10; 104,5; 119,44; 145,1f.21; Dan 12,3.

Verbindung lehnt sich zwar an V.9b* (יהוה יכוננה עד עולם <יהוה> „Jahwe befestige sie auf ewig") an; die Aussage passt aber nicht zu dem in V.2–4*.9b*.11f entfalteten Lobpreis von Zion und Jahwe, sondern fügt sich in die Perspektive der Wallfahrer ein: Auch fern von der Gottesstadt wird Jahwe die zerstreute Judenheit für immer geleiten.

Die Bearbeitung von V.2bα.9a.10.13f.15* zeigt ein redaktionelles Interesse: Durch sie sind im Zusammenspiel mit Ps 42/43 der erste und der vorletzte Psalm der ersten Korachsammlung durch die Motive von Diaspora und Pilgerfahrt zum Zion geprägt. In entsprechender Anordnung stehen Ps 84 und 87 in der zweiten Korachsammlung (Ps 84f.87f)[55], wobei Ps 87 auf Ps 48 zurückgreift[56]. Zudem wird Jahwes חסד in beiden Sammlungen mehrfach an herausgehobener Stelle erwähnt[57].

3.5 Eine theokratische Bearbeitung (V.11f)

Ohne die Bearbeitung von V.2bα.9a.10.13f.15* schließen V.11f den Psalm ab. Hier werden inhaltliche Linien aus V.2–9* fortgeführt: V.11a verweist mit תהלתך („dein Lob") auf מהלל מאד („sehr zu preisen") in V.2a, und wie in V.3 umreißt ארץ einen universalen Horizont. V.12 schlägt mit dem Zion ebenfalls den Bogen zurück zu V.3.

Trotzdem heben sich auch V.11f vom Kern des Psalms in V.2–9* ab. Sprachlich zeigen das der Neueinsatz in V.11 und die Anrede Jahwes, die hier zum erstenmal begegnet. Umgekehrt lässt sich das volltönende עד עולם („auf ewig") in V.9b* gut als ursprüngliches Ende vorstellen. Dazu kommt, dass V.11f ein Bild des Zion entwerfen, das sich von V.2–9* unterscheidet: „Der Berg Zion ist, anders als sonst im Psalm, ... nicht als Gottes- und Weltberg anvisiert, sondern als Zentrum der ‚Töchter Judas' = der judäischen Kleinstädte; während der Zion in [2–4.13–15] Objekt des Lobpreises ist, soll er in [12] selbst jubeln."[58] Bereits bei V.11f dürfte es sich daher um eine Weiterdichtung des Zionsliedes handeln.

Die poetische Struktur des hinzugefügten Abschnitts ist nicht leicht zu erfassen. Das liegt vor allem an der isolierten Stellung von V.11b (צדק מלאה ימינך „mit Gerechtigkeit ist deine Rechte gefüllt"), der weder zu V.11a noch zu V.12 eine Parallelaussage bietet. Am ehesten sind V.11a und V.12 als zwei Trikola zu betrachten, die das einzeln stehende Kolon von V.11b rahmen.

Passend zur Form ist der Inhalt gestaffelt: V.11a eröffnet die Strophe mit dem auffälligen Vergleich על קצוי ארץ / כַּן תהלתך / <יהוה> כְּשמך („Wie dein Name,

---

55 Cf. daneben die jeweils letzten Psalmen der Sammlung, Ps 49 und 88, die beide das Thema des Todes behandeln.
56 Cf. Zenger, in: Hossfeld/Zenger, HThKAT 555.
57 Ps 42,9; 44,27; 85,8.11; 88,12.
58 Zenger, in: Hossfeld/Zenger, NEB I, 294.

Jahwe, / so reicht dein Lob / über die Enden der Erde"). Jahwes Name und sein Lob entsprechen einander; beide umspannen die Welt. Dass Jahwes Lob ans Ende der Erde reicht, erinnert besonders an den deuterojesajanischen Hymnus Jes 42,10–13 (V.10: שירו ליהוה שיר חדש / תהלתו מקצה הארץ „Singt Jahwe ein neues Lied, / sein Lob vom Ende der Erde!"). Die Verbindung dieses Motivs mit dem Thema des Jahwenamens steht außerdem bereits Mal 1,11 und Ps 113,3 nahe, die vom weltweiten Lob des Namens Jahwes reden[59].

Als Begründung für das Lob enthält V.11b das sachliche Zentrum der Strophe. Wieder wird eine ungewöhnliche Aussage formuliert: Sie verbindet das gängige Motiv von Jahwes rechter Hand[60] mit dem Abstraktum צדק („Gerechtigkeit"), womit das Bild gesprengt wird. Daraus geht hervor, welches Gewicht V.11b auf den Begriff צדק legt. Dieser unterscheidet sich hier von seinem ursprünglichen Sinn, der auf die Weltordnung bezogen war und dem Mythos nahe stand (cf. v.a. Ps 97,2b.6a[61]): Die Rede von der Rechten Jahwes, die mit Gerechtigkeit gefüllt ist, hat die nächste Parallele in ימין צדקי („meiner Gerechtigkeit Rechte") in Jes 41,10. צדק in Ps 48,11 dürfte wie bei Deuterojesaja[62] Jahwes Heilstat an Israel bezeichnen[63].

Dazu passt die Fortsetzung durch V.12: Das klassische Begriffspaar שמח und גיל ruft den „Berg Zion" und „die Töchter Judas" zur Königsfreude auf (cf. 97,1[64]). Das erinnert an „die Freudenbotin Zion" und „die Städte Judas" in Jes 40,9, die den König Jahwe empfangen. Ps 48,12 geht aber gleichzeitig über Deuterojesaja hinaus und benennt bereits Jahwes משפטים als Anlass für die Königsfreude. Damit dürften die in der Tora enthaltenen Gottesgesetze gemeint sein[65].

Mit diesen Motiven schlägt die Fortschreibung einen Bogen zur Gruppe der theokratischen Psalmen 93–100, deren Bild des Königtums Jahwes durch die eigentümliche Verbindung von universalen, partikularen und gesetzestheologischen Aspekten geprägt ist[66]. Gleichzeitig dürfte die Nachbarschaft zu dem Hymnus von Ps 47 prägend gewesen sein, der Jahwes Inthronisation als König der Völker besingt[67]. Die Fortschreibung Ps 48,11f verstärkt das theokratische Motiv nicht nur innerhalb von Ps 48 selbst, sondern auch im Horizont der kleinen Gruppe von Zionspsalmen 46–48.

---

59 Cf. auch Ps 8,2.10 und das Motiv der weltweiten Furcht des Namens Jahwes in Jes 59,16 und Ps 102,16.
60 Ex 15,6.12; Dtn 33,2; Jes 41,10; 48,13; 62,8; Jer 22,24; Ps 16,11; 17,7; 18,36; 20,7; 44,4; 60,7/108,7; 63,9; 74,11; 77,11; 78,54; 80,16.18; 89,14; 98,1; 110,1; 118,15f; 138,7; 139,10; Thr 2,3; II Chr 18,18.
61 S.o. A.4.9, S. 99ff.
62 Cf. bes. Jes 42,6.21; 45,8.13.19; 51,5.
63 Cf. VON RAD, Theologie I, 370.
64 S.o. A.4.9, S. 99ff; שמח und גיל finden sich außerdem in Jes 9,2; 25,9; 29,19; 66,10; Joel 2,21.23; Hab 1,15; Sach 10,7; Ps 14,7/53,7; 16,9; 21,2; 31,8; 51,10; 96,11; 118,24; 149,2; Prov 2,14; 23,24f; 24,17; Cant 1,4; I Chr 16,31. Ps 97,8 ist von 48,12 abhängig (s.o. A.4.4, S. 90ff).
65 V.12 wird in 97,8 bereits zitiert (s.o. A.4.4, S. 90ff).
66 Cf. 93,5a (s.o. A.3.2, S. 65ff); 97,6b.9 (s.o. A.4.4, S. 90ff); 98,1–3 (s.o. B.2.1, S. 169ff); außerdem 96; 99; 100.
67 Zu Ps 47 s.o. A.4.4, S. 93, mit Anm. 33.

3.6 Zu Form und Gattung des ältesten Kerns (V.2a.3f.9b*)

Der literargeschichtliche Kern (V.2a.3f.9b*) ist sehr kunstvoll gestaltet:

(2aα)	גדול יהוה	Groß ist Jahwe
(2aβ)	ומהלל מאד	und sehr zu preisen!
(2bβ)	הר קדשו	Berg seines Heiligtums,
(3a)	יפה נוף	schön an Höhe,
	משוש כל הארץ	Freude der ganzen Erde!
	הר ציון	Berg Zion,
	ירכתי צפון	Gipfel des Ṣāpôn,
(3b)	קרית מלך רב	Stadt eines großen Königs!
(4a)	<יהוה> בארמנותיה	<Jahwe> ist in ihren Palästen,
(4b)	נודע למשגב	er hat sich als Burg erwiesen.
(9b*)	<יהוה> יכוננה עד עולם	<Jahwe> befestige sie auf ewig!

Der Eröffnungssatz (V.2a) ist ein kurzes Bikolon im Teilparallelismus[68]. Ein Bikolon bietet auch V.4: Die Verbindung des adverbialen Nominalsatzes יהוה בארמנותיה (V.4a) mit dem verbalen נודע למשגב (V.4b) ergibt einen synthetischen Parallelismus[69]. V.9b* setzt neu an und erweist sich als Monokolon, das mit dem abschließenden עד עולם eine volltönende Klimax bildet. Dass sie der ursprüngliche Abschluss des Psalms war, zeigt auch die chiastische Stellung des Gottesnamens im ersten und im letzten Kolon (V.2aα: גדול יֿהוֿה / V.9b*: <יֿהוֿה> יכוננה עד עולם).

Besonderes Augenmerk verdient die Poetik der im Zentrum stehenden Nomina (V.2bβ.3): Sie sind als zwei asyndetische Reihungen von jeweils drei Constructus-Verbindungen angeordnet. Werden sie mit den beiden kurzen Bikola in V.2a.4 verbunden und wird der parallele Aufbau berücksichtigt, können V.2bβ.3 nur als zwei Trikola gelesen werden[70]. Die syntaktische Offenheit legt nahe, dass es sich um asyndetisch gereihte hymnische Ausrufe handelt, die zwischen der preisenden Rede *über* Berg und Stadt und der *Anrede* von Berg und Stadt schillern:

(2bβ)	הר קדשו	Berg seines Heiligtums,
(3a)	יפה נוף	schön an Höhe,
	משוש כל הארץ	Freude der ganzen Erde!
	הר ציון	Berg Zion,
	ירכתי צפון	Gipfel des Ṣāpôn,
(3b)	קרית מלך רב	Stadt eines großen Königs!

---

68 Cf. Spieckermann, Heilsgegenwart 186.
69 Cf. Krinetzki, Poetik 77.
70 Cf. Koch, Ḥazzi 173.

Eine wichtige formgeschichtliche Parallele bietet Jer 17,12, ein kurzer
Hymnus auf das Heiligtum[71]:

כסא כבוד   Thron der Ehre,
מרום מראשון   Höhe von Anfang her,
מקום מקדשינו   Ort unseres Heiligtums!

Die drei kurzen Kola bilden eine asyndetische Reihe dreier nominaler
Ausdrücke, für die sich ebenso die Deutung als hymnische Anrede
nahe legt[72]. Thematisch ist Jer 17,12 ebenfalls dem Mittelteil von Ps 48*
verwandt: Das kurze Stück preist die kosmischen Dimensionen des
Heiligtums[73]. Die Parallele lässt vermuten, dass es eine Gattung derartiger kurzer, aber wuchtiger Hymnen auf das Heiligtum des Königsgottes Jahwe gegeben hat.

Im Mittelteil von Ps 48* (V.2bβ.3) erhöht sich der poetische Effekt
durch die Verdoppelung der Grundeinheit dieses Hymnentyps. Die
beiden Trikola sind dabei parallel gestaltet: Die Eröffnung bildet jeweils
der Begriff הר, und das längste Glied in der Reihe steht in beiden Fällen
klimaktisch am Ende:

	(2bβ)	הר ציון	הר קדשו
	(3a)	ירכתי צפון	יפה נוף
(3b)		קרית מלך רב	משוש כל הארץ

(2bβ)	Berg seines Heiligtums,	Berg Zion,
(3a)	schön an Höhe,	Gipfel des Ṣāpôn,
	Freude der ganzen Erde! (3b)	Stadt eines großen Königs!

Die Parallelität deutet auf inhaltliche Entsprechungen: „Sein Heiligtum" ist der Zion, die Prädikate יפה נוף und ירכתי צפון sind poetische Metaphern, und die Ausrufe „Freude der ganzen Erde" und „Stadt eines
großen Königs" entsprechen einander in ihrer universalen Dimension.

Einen außeralttestamentlichen Vergleichstext bietet ein akkadischer
Hymnus auf die Stadt Arbela (SAA 3,8):

(Vs. 1) *Arbaʾilu Arbaʾilu*	Arbaʾilu, Arbaʾilu!
(2) *šamê ša lā šanāni Arbaʾilu*	Himmel ohnegleichen: Arbaʾilu!
(3) *āl nigūti Arbaʾilu*	Stadt der Jubelgesänge: Arbaʾilu!
(4) *āl isinnāti Arbaʾilu*	Stadt der Festlichkeiten: Arbaʾilu!
(5) *āl bēt ḫidāti Arbaʾilu*	Stadt der Häuser voll Freuden: Arbaʾilu!
(6) *aiak Arbaʾilu aštammu ṣīru*	Heiligtum von Arbaʾilu, erhabenes Gasthaus!
(7) *ekurru šundulu parakku ṣīḫāti* ...	Geräumiger Tempel, Hochsitz der Lustbarkeiten![74] ...

---

71 Cf. METZGER, Thron 152–154.
72 Cf. aaO 153; HARTENSTEIN, Unzugänglichkeit 45, Anm. 60.
73 Zur Interpretation cf. HARTENSTEIN, Unzugänglichkeit 45f.
74 Transkription nach NISSINEN, City 177; Übersetzung: HECKER, in: TUAT II, 769.

Obwohl dieses Stück insgesamt viel länger ist als der Kern von Ps 48, ist die Diktion überraschend ähnlich: Auch hier werden nominale Prädikationen asyndetisch aneinander gereiht. Auch hier lässt sich nicht entscheiden, ob die Stadt angeredet oder emphatisch gepriesen wird. Schließlich ist – trotz der unterschiedlichen Kosmologie – auch der Sinn beider Texte ähnlich: Die Residenzstadt des jeweiligen Gottes wird als mythisches Zentrum des Kosmos gepriesen[75].

3.7 Der Zion als Jahwes Ṣāpôn

Der Beginn preist den althebräischen Gott mit dem Epitheton „groß", das im Alten Orient sowohl für Götter als auch für Könige gebräuchlich war[76]. Ps 48,2a parallelisiert diese Metapher mit der Wendung מהלל מאד („sehr zu preisen"). Sie verweist auf den Tempelkult, in dem Jahwes Größe gefeiert wird[77]. Auf die Verbindung von גדול und מאד könnte bereits das große Loblied von Ps 104* anspielen (V.1b: יהוה אלהי / גדלת מאד „Jahwe, mein Gott, / du bist sehr groß")[78].

Die Rede über den Ort des Lobpreises schließt sich organisch an. Sie handelt nicht nur vom Heiligtum selbst: הר קדשו[79] kann „seines Heiligtums Berg" oder „sein heiliger Berg" bedeuten[80]. Die Heiligkeit des Tempels strahlt auf den Berg aus; der ganze Zion wird zu Jahwes Heiligtum.

Aber noch mehr: Die Prädikationen יפה נוף und משוש כל הארץ verweisen auf das Königtum. Das Motiv der Schönheit ist oft mit dem König verbunden[81]; Ps 48* verbindet es mit dem hapax legomenon נוף, für

---

75 SAA 3, 8; cf. dazu NISSINEN, aaO 176ff.

76 Cf. TALLQVIST, Götterepitheta 169f; ägypt. *nṯr* ʿ3 (WB II, 361). Im Alten Testament vergleichbar ist die Bezeichnung Jahwes als גדול אל in Ps 95,3; eine Erweiterung bildet die Aussage גדול יהוה מכל האלהים (Ex 18,11; cf. Ps 135,5).

77 Cf. Ps 18,4/II Sam 22,4, wo der Begriff מהלל als Gottesepitheton bei der Anrufung Jahwes verwendet wird (s.o. A.1.7, S. 40). Der entsprechende aktive Begriff הלל pi. begegnet allerdings nur in jüngeren Psalmen. Im hymnischen Lobaufruf alter Stücke sind v.a. שירו (Ex 15,21; Ps 68,5.33*), הריעו (Ps 98,4 [s.o. B.2.2; S. 172]) und זמרו (Ps 68,5. 33*) belegt.

78 S.u. C.6, S. 227. Zu den späten Zitaten von Ps 48,2* s.o. B.3.4, S. 188.

79 So auch Ps 3,5; 99,9; הר קדשי: Jes 11,9; 56,7; 57,13; 65,11.25; 66,20; Ez 20,40; Joel 2,1; 4,17; Ob 16; Zeph 3,11; Ps 2,6; הר קדשך: Ps 15,1; 43,3; Dan 9,16.20; הר קדש אלהים: Ez 28,14; הררי קדש: Ps 87,1.

80 Das häufige Abstraktum קדש kann in abgeleiteter Bedeutung auch das Heiligtum selbst bezeichnen, wie z.B. Ps 20,2; 60,8; 150,1 zeigen; cf. dazu KORNFELD, Art. קדש (ThWAT VI), 1182.

81 Cf. bes. Ps 45,3: יפיפית מבני אדם; außerdem יפה in I Sam 16,12; יפי Jes 33,17; aber auch תאר in: Jdc 8,18; I Sam 16,18; I Reg 1,6.

das ein ugaritisches Wurzeläquivalent mit der Bedeutung „hoch sein"
belegt ist[82] und das hier für die „Höhe" des Zion steht[83]. Das seltene
Wort dient dazu, die tatsächlichen Verhältnisse dichterisch zu überhö-
hen und die Einzigartigkeit des Zion hervorzuheben. משוש כל הארץ
(„Freude der ganzen Erde") erinnert an die rituelle Freude bei der
Thronbesteigung: Auf ähnliche Weise besingen Ps 97,1 und 98,4–9* die
weltweite Freude über Jahwes Königsherrschaft. Nach Ps 48* hat sogar
Jahwes Berg als Ort seiner Residenz königlich-göttliche Eigenschaften[84].

Das folgende ירכתי צפון bietet eine weitere Steigerung. Es deutet an,
dass der Zion mythisch-kosmische Dimensionen hat. Denn צפון lässt
sich hier kaum, wie sonst im Alten Testament, als Bezeichnung der
Himmelsrichtung Norden verstehen: Eine Lokalisierung des Zion „im
äußersten Norden"[85] ergäbe wenig Sinn[86]. Der Begriff ירכה steht jedoch
nicht nur für die Hinterseite oder den entferntesten Bereich eines Raumes oder einer Landschaft, sondern auch für den höchsten oder tiefsten
Punkt[87]. ירכתי צפון ist zudem Parallele zu יפה נוף. Deshalb kann צפון hier
nur als Name eines Berges gedeutet werden, und ירכתי bezeichnet seinen „Gipfel"[88].

Seit der Entdeckung Ugarits ist klar, welcher Berg gemeint ist[89]: der
uralte Götterberg Ṣapānu, den rituelle und mythologische Texte aus
der nordsyrischen Metropole als Sitz des königlichen Wettergottes
nennen[90]. Das mythologische Epos erzählt, dass Baʿlu nach seinem Sieg
über Yammu auf dem Ṣapānu seinen Königspalast errichtet (CAT 1.3f),

---

82 Cf. bes. DIETRICH/LORETZ, *NŪP*.

83 Cf. HALAT 644f.

84 Dieses Bild blieb über den Untergang des Königtums hinaus im Gedächtnis: In
    Anspielung auf Ps 48,3 blickt Thr 2,15 darauf zurück, dass man von der zerstörten
    Stadt einst als כלילת יפי משוש לכל הארץ sprach. Von der Schönheit des Zion reden
    daneben auch die späten Texte Ps 50,2 und I Makk 2,12, und Jes 60,15 nennt den
    Zion „eine Freude" (משוש).

85 In dieser Bedeutung begegnet die Wendung ירכתי צפון in Ez 38,6.15; 39,2. Cf. auch Jer
    6,22, wo der Parallelismus: מארץ צפון / מירכתי ארץ das Land des Nordens als äußerstes
    Ende der Erde prädiziert (dazu s.o. B.3.1, S. 183ff).

86 So mit Recht KOCH, Ḥazzi 174.

87 ירכתי בור: Jes 14,15; Ez 32,23; ירכתי הספינה in Jon 1,5 bezeichnet den Schiffsrumpf.

88 Cf. II Reg 19,23, wo ירכתי לבנן wegen des Parallelismus מרום הרים nicht als „der äu-
    ßerste Teil des Libanon", sondern als „der Gipfel des Libanon" zu verstehen ist. In
    demselben Sinn begegnet ירכתי צפון in Jes 14,13 und bezeichnet dort im antithetischen
    Parallelismus zu ירכתי בור (V.15) den Thronsitz des Weltenherrschers. Anders dage-
    gen KOCH, Ḥazzi 174, der die Wendung in Ps 48,3 gerade im Unterschied zu Jes
    14,13 als „äußersten Ausläufer des Ṣafon" deutet: „der eigentliche Ṣafon wäre dann
    tatsächlich ein Berg im Norden, der Zion aber stünde mit ihm in geheimnisvoll-un-
    tergründiger Verbindung, ohne jenen völlig zu ersetzen."

89 Zuerst EISSFELDT, Baal Zaphon 1–11.

90 Cf. NIEHR, Art. ZAPHON צפון (²DDD) 927–929.

dass er nach seiner Ermordung durch Môtu hier von seiner Schwester ʿAnatu begraben wird (1.6 I, 15–18) und dass er hierher aus der Unterwelt zurückkehrt, um seine ewige Herrschaft anzutreten (1.6 VI). Eine Reihe von Epitheta nennt den Ṣapānu Baʿlus Berg[91], sein Erbe[92] und Heiligtum[93], Berg der Lieblichkeit und des Triumphes[94], heilige und mächtige Burg[95]. Der Gebetsruf an Baʿlu richtet sich zum Ṣapānu[96], und der Hymnus besingt, dass Baʿlu auf dem Ṣapānu thront und von dort dem Land Gewitter und Regen bringt[97].

Mit dem Untergang von Ugarit hörte die Verehrung des Berges und des Gottes, der auf ihm residierte, nicht auf: Sie ist durch das ganze 1. Jahrtausend hindurch bezeugt[98]. Obwohl der Kult des Baal Ṣāpôn tiefgreifenden Wandlungen unterworfen war[99], blieb das Bild des mythischen Berges weithin bekannt. Ps 48* zeigt, dass das Motiv auch im eisenzeitlichen Juda übernommen wurde. Die Gleichsetzung des Zion mit dem Ṣāpôn enthält dabei mehr als eine poetische Hyperbole: Der Ṣāpôn dürfte Chiffre sein für die Mythologeme, die mit dem Berg in der westsemitischen Überlieferung verbunden waren[100]: In judäischer Perspektive ist der Zion der Mittelpunkt der Welt. Hierher kehrt Jahwe nach seinem Sieg über die Chaosmächte zurück, um in seinem Heiligtum als König zu residieren und von hier aus über den Kosmos zu herrschen.

Partikulare und universale Dimension verschränken sich auch in der Wendung קרית מלך רב („Stadt eines großen Königs"). Sie lässt die Stadt auf dem Berg als Hauptstadt eines großen Reiches erscheinen. Zwar wird nicht ausdrücklich gesagt, wer mit dem großen König gemeint ist. Der Kontext legt aber fast zwingend nahe, dass der im Alten

---

91 CAT 1.3 III 29; 1.16 I 6f u.ö.
92 CAT 1.3 III 30.
93 CAT 1.3 III 30.
94 CAT 1.3 III 31; 1.19 III 31.
95 CAT 1.16 I 7f; II 45f.
96 CAT 1.100:9 im Kontext einer Beschwörung gegen Schlangen.
97 CAT 1.101:1–9; zu CAT 1.101 s.o. A.3.6, S. 85, und s.u. B.4.5, S. 209f.
98 Dazu KOCH, Ḫazzi 212–218.
99 Die Phönizier ordneten den Baal Ṣāpôn dem Himmelsgott Baal Šamem unter, verehrten ihn aber als Gott der Seefahrt weiter. Ein Kult des Baal Ṣāpôn entstand im östlichen Nildelta, wo dem Gott eine Anhöhe geweiht wurde (KOCH, Ḫazzi 212f). Auch die aramäische Tradition kannte den Ṣāpôn und einen mit ihm verbundenen Gott, lokalisierte ihn aber in Mesopotamien (NIEHR, Art. ZAPHON צפון [²DDD] 928). In der griechischen Überlieferung wurde der nordsyrische Jebel al-Aqraʿ unter dem Namen Kasion verehrt, der dem hetitisch-hurritischen Namen Ḫazzi entlehnt war, und die mit dem Ṣāpôn verbundenen Mythologeme des Chaoskampfes lebten im Motiv des von Zeus besiegten Ungeheuers Typhon weiter (KOCH, Ḫazzi 214–217).
100 Cf. NIEHR, Gott 107.

Testament singuläre Titel Jahwe selbst bezeichnet. Meist denkt man an eine Entlehnung von dem akkadischen *šarrum rabûm*[101], das als Königstitel bereits für die hethitischen Könige, in der Amarnakorrespondenz für die Pharaonen, sodann besonders für die Herrscher des neuassyrischen Reiches, schließlich auch für die persischen Großkönige belegt ist[102]. Es wird vermutet, dass der Titel in Ps 48,3 auf Jahwe übertragen wurde, um seinen politischen Gebrauch zu überbieten[103].

Allerdings ist fraglich, ob sich aus Ps 48,3 tatsächlich ein solcher Überbietungsgestus entnehmen lässt: Auch der Wettergott Adad konnte vereinzelt als *šarru rabû* bezeichnet werden, wie der theophore Personenname *Adad-šar-rabû* zeigt[104]. Ein entsprechender Titel ist für den hethitischen Sonnengott belegt[105]. Außerdem ist nicht sicher, ob מלך רב unmittelbar von *šarrum rabûm* herzuleiten ist. Eine Inschrift aus Samaria[106] und II Reg 18,19.28/Jes 36,4.13 bieten nicht מלך רב, sondern מלך גדול als hebräisches Äquivalent zu dem akkadischen Titel[107]. Demgegenüber könnte die Verbindung des Adjektivs רב mit dem Königsbegriff gut westsemitisch sein, worauf Passagen aus den Sfire-Stelen und einer Inschrift des Barrākib von Sam'al deuten[108]. Zudem begegnet רב in aramäischen Inschriften des 1. Jahrtausends mehrfach als Gottesepitheton[109], teils sogar mit dem Titel מלך verbunden[110]. Es ist wahrscheinlich, dass der in Ps 48,3 genannte Titel מלך רב diesen Gottesbezeichnungen nahe steht[111]. Er bringt nichts anderes zum Ausdruck

---

101 So bereits GUNKEL, Psalmen 205.

102 Cf. SEUX, Épithètes 298–300.

103 Cf. WANKE, Zionstheologie 62; SPIECKERMANN, Heilsgegenwart 192f; ZENGER, in: HOSSFELD/ZENGER, NEB I, 297. KNAUF, Manasseh 182f, weist hingegen darauf hin, dass ein proassyrischer Judäer zur Zeit Manasses den Ausdruck als „die Stadt des assyrischen Großkönigs" verstehen konnte, da die Stadt unter der assyrischen Vasallität prosperierte.

104 Name eines Königs aus mittelelamischer Zeit (Siegelinschrift bei STEVE/GASCHE/DE MEYER, Susiane 139, Nr. 11, 3 = SCHWEMER, Wettergottgestalten 427, Anm. 3539).

105 CTH 372 Vs. I 22 (Übersetzung: TUAT II, 797).

106 Als Beutestück in Kalḫu gefunden (ND. 10 150; Übersetzung: TUAT II, 564).

107 Cf. Koh 9,14; im Plural: Jer 25,14/27,7; Ps 136,17.

108 KAI 222 B 7 (Sfire I) bezeichnet den König Barga'jā von KTK – allerdings in einem nicht näher bestimmbaren Kontext – als מלך רב. Barrākib nennt in einer Inschrift (KAI 216) die am assyrischen Hof befindlichen Vasallenkönige, die als Entourage des assyrischen Königs „am Rad ihres Herrn" laufen, מלכן רברבן (10.13).

109 Cf. die Titel אלהא רבא und אלהתא רבתא und רבא als Apposition zum Gottesnamen (Belege: DISO 270f).

110 Cf. die Bezeichnung Bels als רבא מלכא (RÉS 1785 G; dazu NIEHR, Gott 108).

111 Cf. NIEHR, Gott 102–108, der Ps 48 allerdings im Ganzen nachexilisch datiert und den Titel מלך רב und die Motivik von Ps 48,2–4* bereits in die religionsgeschichtliche Entwicklung zum höchsten Gott einordnet. Für den hymnischen Kern von Ps 48 ist das in keiner Weise zwingend.

als die Titel אדון כל הארץ („Herr der ganzen Erde" in Ps 97,5[112]) und אלהי כל הארץ („Gott der ganzen Erde" in BLay[7]:1,1[113]): Der Gott, der in der Stadt (קריה) Jerusalem[114] wohnt, erhebt einen weltumspannenden Herrschaftsanspruch. Darin muss keine Kritik an irdischen Großkönigen enthalten sein.

Die im engeren Sinn ideologischen Aspekte des Zionshymnus Ps 48* treten am deutlichsten in V.4 hervor: Dass Jahwe nicht nur im Heiligtum, sondern auch in den „Palästen" der Stadt gegenwärtig ist[115], zeigt seine Bindung an das judäische Königtum[116]. In dieselbe Richtung weist das Motiv der „Burg"; dass Jahwe sich als eine solche erwiesen hat (ידע ni.), spielt auf Erfahrungen der Belagerung an[117]. Die nächsten Parallelen enthält Ps 46, der Jahwe ebenfalls im Bild der Burg preist (V.8)[118] und von seiner Anwesenheit in der Stadt spricht (V.6), darüber hinaus aber bereits Chaoskampf und Völkerkampf verschmilzt (V.3f.7).

Die Klimax von V.9b* lässt sich am besten als Wunsch verstehen[119]: Der große König Jahwe möge durch seine Anwesenheit die Stadt auf ewig befestigen (כון pol.[120]). Das entspricht dem Motiv des ewigen Thronens Jahwes am Ende des königstheologischen Rahmens von Ps 29,1–10* (V.10b: וישב יהוה מלך לעולם)[121].

Auch das Motiv der dauerhaften Befestigung einer Stadt durch die Gottheit dürfte die Jahwereligion mit ihrer Umwelt geteilt haben. So preist der zitierte Hymnus auf Arbela die Stadt der Ištar mit den Worten: „ihre Fundamente sind befestigt wie die Himmel" (išdāšu kunnā kî ša[māmi][122]). Fast gleichlautend mit Ps 48,9b* ist der Name der Stadtmauer von Dūr-Šarrukīn: „Ninurta ist der, der das Fundament seiner

---

112 S.o. A.4.7, S. 95ff.
113 S.o. B.1.3, S. 154ff.
114 Cf. I Reg 1,41.45; Jes 1,21.26.
115 ארמנות sind die mehrstöckigen und befestigten Bauten, in denen der König und der städtische Adel residieren, cf. bes. I Reg 16,16; II Reg 15,25; Prov 18,19.
116 Ps 48* kann daher nicht erst am Zweiten Tempel verfasst worden sein, wie WANKE, Zionstheologie 35f, NIEHR, Gott 102–108, und KÖRTING, Zion 177, meinen.
117 Negativ in Jer 48,1.
118 Cf. משגב in Ps 18,3; 59,10.17f; 62,3.7; 94,22; 144,2.
119 Cf. SPIECKERMANN, Heilsgegenwart 186, 193.
120 Für das Motiv der Städtegründung cf. Jes 62,7; Hab 2,12; Ps 107,36; Gründung eines Heiligtums Ex 15,17; als Schöpfungsaussage Jes 45,18; Ps 8,4; Prov 3,19. Eine sprachliche und inhaltliche Analogie zu Ps 48,9b* bietet die in der Verheißung der ewigen Dynastie Davids enthaltene Aussage וכננתי את כסא ממלכתו עד עולם (II Sam 7,13; cf. V.16.24).
121 S.o. A.5.7, S. 122ff.
122 Vs. 15.

Stadt für alle kommenden Tage befestigt" (*Ninurta-mukīn-temen-ālišu-ana-labār-ūmē-rūqūti*)[123].

Eine wichtige Parallele innerhalb des Alten Testaments bietet der partizipiale Hymnus Ps 65,7f*, der darüber spricht, dass der Wettergott die Berge gegen das tosende Meer befestigt[124]. Die hymnische Eröffnung von Ps 24 (V.1f*), die dieses Motiv übernimmt und weiterführt, berührt an einer Stelle sogar den Wortlaut von Ps 48,9b*:

(1a*)	ליהוה הארץ ומלאה	*Jahwe* gehören die Erde und ihre Fülle,
(1b)	תבל וישבי בה	der Erdkreis und die darauf wohnen,
(2a)	כי הוא על ימים יסדה	denn *er* hat sie über Meeren gegründet,
(2b)	ועל נהרות **יכוננה**	und über Strömen **befestigt er sie**!

Ps 24,2b bildet mit יכוננה[125] eine Aussage, die Ps 48,9b* sachlich entspricht: Genauso wie Jahwe seine Stadt befestigt, befestigt er die ganze Erde. Ps 24,2a verbindet diesen Gedanken mit dem architektonischen Bild der Gründung der Erde. Gleichzeitig wird der Wunsch von Ps 48,9b* („er befestige sie") durch den Indikativ ersetzt. Außerdem wird das Motiv der gezähmten Fluten, das an den mythischen Triumph des Wettergottes anknüpft, in das Gesamtbild des Kosmos eingezeichnet[126]. Diese umfassende kosmologische Vorstellung wird in Ps 48,9b* wahrscheinlich noch nicht vorausgesetzt. Vielmehr dürfte die Erweiterung des Jahwemythos, die Ps 24,1f* bietet, unter anderem in Anlehnung an die Klimax des Zionshymnus von Ps 48* entstanden sein[127].

3.8 Ergebnis

Das kunstvolle hymnische Lied, das der älteste Kern von Ps 48 ist, erweist sich als einer der wichtigsten Texte über den Mythos des königlichen Wettergottes Jahwe. Es besingt den Zion als Jahwes Ṣāpôn: Er ist der Gipfel, der in der Mitte von Jahwes Weltreich liegt. Im Lobpreis des Tempelkultes (V.2a) und in Jahwes Anwesenheit in den königlichen Palästen der Stadt (V.4) kann dieser unsichtbare Hintergrund des Zion erfahren werden.

---

123 LYON, Keilschrifttexte 18:91; *kunnum* begegnet häufig auch bezogen auf den Tempelbau, cf. Ee IV, 144; V 8; VI 64 (weitere Belege: CAD K, 164).

124 Dazu s.o. A.6.5, S. 143ff.

125 Die Form יכוננה begegnet daneben nur noch in dem späten Zionslied Ps 87 in einem schwer deutbaren Zusammenhang (V.5b), der auf Ps 48,9b anspielen dürfte.

126 Dazu s.o. B.1.3, S. 157ff.

127 Dazu s.o. B.1.3, S. 158ff.

4. Jahwes königliche Huld: Ps 36,6–10

Aus den hymnischen Rahmenstücken von Ps 29,1–10* geht hervor, dass die Feier von Jahwes Königsherrschaft im Tempel einen mythischen Hintergrund eröffnet[1]: Der Gottesdienst vereint Götter und Menschen zur Anbetung Jahwes (cf. Ps 97,7*[2]). Die Transparenz des Kultes kommt besonders beim Fest zur Geltung: Wer daran teilnimmt, erfährt die Weltordnung, die von dem göttlichen König begründet und verteidigt wird, in größtmöglicher Dichte. In Ps 36 hat sich ein altes Loblied erhalten, das diese Dimensionen eindrucksvoll zur Darstellung bringt. Gleichzeitig zeichnet es die Koordinaten des Weltbildes, das auf Jahwes Königtum ausgerichtet war.

(6)   Jahwe, an den Himmeln ist deine Huld,
       deine Treue reicht bis zu den Wolken!

(7)   Deine Gerechtigkeit ist wie die Berge Els,
       dein Rechtsspruch <wie>[3] die große Urflut.

       Mensch und Vieh rettest du,

Jahwe, (8) wie kostbar ist deine Huld,
Götter und Menschenkinder
bergen sich im Schatten deiner Flügel!

(9)   Sie laben sich am Fett deines Hauses,
       und mit dem Bach deiner Wonnen tränkst du sie.

(10)   Denn bei dir ist eine Quelle des Lebens,
       in deinem Licht sehen wir das Licht.

Jahwes Fürsorge im Tempel: V.7b*.8–10.
Jahwes weltumspannende Herrschaft: V.6.7a.b*.

4.1 Zur Ausgrenzung des Mittelteils

Ps 36 besteht aus drei Abschnitten: Die Eröffnung zeichnet – als Spruch des personifizierten Frevels (פשע) eingeleitet[4] – Einstellung und Verhalten des Gottlosen (רשע). Der Mittelteil (V.6–10) wendet sich an Jahwe und preist seine Huld (חסד). Der dritte Abschnitt (V.11–13) äußert die Bitte, dass Jahwe die Frommen vor den Gottlosen bewahren möge (V.11f), und blickt abschließend auf den Sturz der Frevler (V.13).

---

1   Dazu s.o. A.5.7, S. 122ff.
2   S.o. A.4.9, S. 99ff.
3   Lies כתהום (Haplographie).
4   MT bietet in V.2 gegenüber den Versionen die lectio difficilior, cf. HOSSFELD, in: HOSSFELD/ZENGER, NEB I, 225: „Ein Spruch des Frevels zu dem Gottlosen / (ist) inmitten meines Herzens: ...".

Die drei Abschnitte scheinen sich aufeinander zu beziehen: Die im Mittelteil entfaltete Größe von Jahwes Huld und Gerechtigkeit erweist sich darin, dass Jahwe seine Frommen bewahrt (V.11f) und dass das Trachten des Gottlosen (V.2–5) in den Untergang der Übeltäter (פעלי און) mündet (V.13). Die Entsprechung von erstem und drittem Teil zeigt sich auch daran, dass in beiden Teilen das Ich eines Beters begegnet: Was der Frevel nach der Einleitung (V.2) dem Gottlosen (רשע) zuraunt (נאם), hat der Beter in seinem Herzen[5]; er vollzieht in seinem Innern nach, was im Gottlosen vorgeht[6]. In V.12 begegnet das Ich erneut, wobei der Zusammenhang mit V.11 zeigt, dass sich der Beter zu denen, die Jahwe kennen (ידעיך), zählt. Diese Gruppe ist offenbar auf das Wir von V.10 bezogen, das sich als Subjekt des hymnischen Gotteslobs von V.6ff zu erkennen gibt. Wegen dieser Zusammenhänge wird der Psalm gern als einheitliche Komposition betrachtet, die den weltweiten Horizont des Lobpreises (V.6–10) mit dem unüberwindlichen Gegensatz zwischen Gottlosen und Frommen verbindet[7].

Dieser Annahme steht entgegen, dass sich der Rahmen deutlich vom Mittelteil abhebt: V.6 setzt nach V.2–5 vollkommen neu an: Der Vokativ יהוה leitet – nach den moralischen Betrachtungen von V.2–5 überraschend – eine preisende Anrede Jahwes ein; sachlich greifen V.6–10 in keiner Weise auf V.2–5 zurück. V.6–10 zeichnen Jahwes weltumspannende Eigenschaften; die Kollektiva אדם („Menschen" in V.7b) und בני אדם („Menschenkinder" in V.8a) lassen keine Scheidung zwischen Frevlern und Frommen erkennen. Auch wird von V.6–10 her nicht klar, wie Jahwes Huld (חסד in V.6.8), Treue (אמונה in V.6), Gerechtigkeit (צדקה in V.7) und Rechtsspruch (משפט in V.7) auf Frevel (פשע in V.2), Sünde (עון in V.3), Betrug (מרמה in V.4) und Täuschung (און in V.4f) sowie auf den Gegensatz von gut und böse (טוב in V.5; cf. V.4; רע in V.5) bezogen sind. Begriffliche, syntaktische oder inhaltliche Verbindungen von V.6–10 zu den Betrachtungen von V.2–5 sind nicht zu erkennen. Schon Bernhard Duhm grenzte daher V.6ff als eigenen Psalm ab[8].

Die Spannung ist aber auch im Verhältnis zu V.11–13 zu beobachten: Mit V.10 erreicht das hymnische Gotteslob einen Abschluss. V.11 wiederholt zwar die Begriffe חסדך und צדקתך aus V.6f, setzt aber mit der Bitte nach dem Lobpreis neu an. Umgekehrt bereitet V.10 den Übergang zu V.11ff nicht vor: Das Wir von V.10b, das die Gemeinde des Lobpreises spricht, muss nicht auf die in V.11 genannten Frommen

---

5　　S. Anm. 4.

6　　Nach HOSSFELD, in: HOSSFELD/ZENGER, NEB I, 223, erscheint dadurch „das Verhalten des Sünders gerade auch als Möglichkeit des Beters ‚im eigenen Herzen'".

7　　Cf. HOSSFELD, in: HOSSFELD/ZENGER, NEB I, 223; SEYBOLD, HAT I/15, 150.

8　　Cf. DUHM, KHC XIV, 102–105. V.13 gehöre dabei nicht zu V.6–12, sondern zu V.2–5.

bezogen sein, deren exklusive Stellung in ihrem besonderen Verhältnis zu Jahwe (ידעיך „die dich kennen") und in ihrer inneren Geradheit (ישרי לב) besteht. Von V.6ff her sieht es hingegen so aus, als ob das Wir von V.10 die ganze Menschheit umfasst (cf. V.8: בני אדם „Menschenkinder"); eine Abgrenzung von den Frevlern ist nicht zu erkennen. V.6–10 sind also nicht darauf angewiesen, durch V.11–13 fortgesetzt zu werden. Der hymnische Lobpreis lässt sich als eigener Psalm lesen und verstehen. Der Rahmen in V.2–5.11–13 erweist sich als Fortschreibung des Mittelteils, die die Aussagen über Jahwes Güte und Gerechtigkeit auf den Gegensatz zwischen Frommen und Frevlern bezogen hat[9].

4.2 Götter und Menschenkinder

Der ursprünglich selbständige Mittelteil (V.6–10) enthält eine Schwierigkeit, die von vielen Auslegern übersehen wird. Sie hängt mit der Satzgrenze im Übergang von V.7 zu V.8 zusammen[10]:

(7b)	אדם ובהמה תושיע יהוה	Mensch und Vieh rettest du, Jahwe,
(8aα)	מה יקר חסדך	wie kostbar ist deine Huld …!

Gegenüber der Umgebung fällt die Länge von V.7b auf; stilistisch merkwürdig ist aber vor allem der Vokativ יהוה am Ende des Satzes אדם ובהמה תושיע („Mensch und Vieh rettest du"). Die Verstrennung deutet an, dass das nächste Kolon parallel dazu mit אלהים enden soll[11]:

(8a)	מה יקר חסדך אלהים	… wie kostbar ist deine Huld, Gott!

Wegen der Fortsetzung durch ובני אדם („und Menschenkinder") ist das freilich kaum möglich, wie auch die masoretische Akzentuierung anzeigt: ובני אדם בצל כנפיך יחסיון („und Menschenkinder bergen sich im Schatten deiner Flügel") kann nicht ein einziges Kolon bilden.

Vielmehr kann der Vokativ יהוה in V.7b nur zur Eröffnung von V.8aα gedient haben[12], wie besonders die Parallelität zu V.6a zeigt:

(6a)	יהוה בהשמים חסדך	Jahwe, an den Himmeln ist deine Huld …!
	… …	
(7b*.8aα)	יהוה מה יקר חסדך	Jahwe, wie kostbar ist deine Huld …!

Auf diese Weise wird der Zusammenhang deutlich, in dem das אלהים in V.8aβ steht:

---

9   Cf. LEVIN, Gebetbuch 303f.
10 Cf. z.B. SEYBOLD, HAT I/15, 149; anders HOSSFELD, in: HOSSFELD/ZENGER, NEB I, 223, der hier (wie bei V.5) von einem „Dreizeiler" redet.
11 Cf. Ps 104,24aα: מה רבו מעשיך יהוה.
12 Cf. bereits DUHM, KHC XIV, 103.

(8aβ)	אלהים ובני אדם	Götter und Menschenkinder
(8b)	בצל כנפיך יחסיון	bergen sich im Schatten deiner Flügel.

אלהים ובני אדם erweisen sich als Subjekte von יחסיון[13]. Die beiden Begriffe bezeichnen in einer geläufigen Wendung „Götter und Menschen"[14]. Erst die Verstrennung hat die Wortfolge entgegen der poetischen Anlage verschoben, um אלהים parallel zu יהוה zu setzen und den ursprünglichen Sinn zu verdecken[15].

4.3 Die zweistufige Entstehung des Loblieds

Die dogmatische Verschiebung der Syntax, die sich an der Versgrenze zwischen V.7 und V.8 ablesen lässt, könnte indirekt durch eine alte literargeschichtliche Verwerfung ausgelöst worden sein: V.7b* („Mensch und Vieh rettest du") scheint zusammen mit dem folgenden Bewunderungsruf „Jahwe, wie kostbar ist deine Huld" ein Bikolon zu bilden, das sich in eine Reihe von insgesamt sechs Bikola einordnet:

(6a)	יהוה בהשמים חסדך	Jahwe, an den Himmeln ist deine Huld,
(6b)	אמונתך עד שחקים	deine Treue reicht bis zu den Wolken!
(7aα)	צדקתך כהררי אל	Deine Gerechtigkeit ist wie die Berge Els,
(7aβ)	משפטך <כתהום> רבה	dein Rechtsspruch <wie>[16] die große Urflut.
(7b)	אדם ובהמה תושיע	Mensch und Vieh rettest du,
(7b*.8aα)	יהוה מה יקר חסדך	Jahwe, wie kostbar ist deine Huld!
(8aβ)	אלהים ובני אדם	Götter und Menschenkinder
(8b)	בצל כנפיך יחסיון	bergen sich im Schatten deiner Flügel.
(9a)	ירוין מדשן ביתך	Sie laben sich am Fett deines Hauses,
(9b)	ונחל עדניך תשקם	und mit dem Bach deiner Wonnen tränkst du sie.
(10a)	כי עמך מקור חיים	Denn bei dir ist eine Quelle des Lebens,
(10b)	באורך נראה אור	in deinem Licht sehen wir das Licht.

Der Bewunderungsruf von V.7b*.8aα bietet eine auffällige Parallele zu V.6a: „Jahwe, an den Himmeln ist deine Huld ...!" (V.6a) und „Jahwe, wie kostbar ist deine Huld ...!" (V.7b*.8aα) ist so kurz nacheinander merkwürdig redundant. Zudem wirkt V.7b*.8aα wie eine Eröffnung und lässt sich mit den beiden folgenden Kola als Trikolon lesen:

(7b*.8aα)	יהוה מה יקר חסדך	Jahwe, wie kostbar ist deine Huld,
(8aβ)	אלהים ובני אדם	Götter und Menschenkinder
(8b)	בצל כנפיך יחסיון	bergen sich im Schatten deiner Flügel!

---

13   Cf. LE MAT, Criticism 21–23; RIDDERBOS, Psalmen 264; LOHFINK, Das Böse 328, Anm. 2; LEVIN, Gebetbuch 303.

14   Cf. Gen 32,29; Jdc 9,9.13.

15   Cf. LEVIN, Ps 36,6–10, 52.

16   S.o. Anm. 3, S. 201.

Der Preis von Jahwes kostbarer Huld greift nicht auf deren kosmische Größe nach V.6a zurück, sondern leitet das Bild des bergenden Schutzes (V.8aβ.b) ein. Die Szenerie der Bewirtung im Tempel (V.9) und die Bilder der Quelle und des Lichtes (V.10) knüpfen daran nahtlos an.

V.6–10 dürften also nicht aus einem Guss sein: Wahrscheinlich bieten V.7b*.8–10 ein älteres Lied, das aus einem Trikolon (V.7b*.8) und zwei Bikola bestand (V.9f), und durch die fünf Kola von V.6f* zu der vorliegenden Reihe von sechs Bikola erweitert wurde[17].

4.4 Das Gotteshaus als Ort der Lebensfülle

Der Ausruf, mit dem das ursprüngliche Loblied wahrscheinlich begonnen hat (V.7b*.8aα), lässt sich als Überschrift lesen: Das Lied besingt, wie die Kostbarkeit von Jahwes Huld erfahren wird. Der einleitende Bewunderungsruf selbst (מה יקר חסדך „wie kostbar ist deine Huld!") ist eine geprägte Form, die in verschiedenen Psalmen begegnet[18].

Mit dem Begriff חסד ist einer der wichtigsten Begriffe der Theologie des Ersten Tempels genannt. Das belegt die mehrfache Erwähnung von חסד im Klage- und Danklied des Einzelnen[19]. Die Vorstellung ist mit dem Motivkreis des göttlichen Königtums verbunden: Indem Jahwe, der in seinem mythischen Palast thront, sich im Tempelkult dem Beter und der feiernden Gemeinde zuwendet, gewährt er seinen חסד. Dieses Geschehen entspricht dem Gunsterweis des Königs in der Audienz[20].

Jahwes Huld wird zuerst durch die beiden mit dem Bewunderungsruf verknüpften Kola (V.8aβ.b) näherbestimmt: In dem polytheistischen Horizont, der durch die Erwähnung der Götter angedeutet wird, erweist sich Jahwes herausragende Würde: „Götter und Menschenkinder / bergen sich im Schatten deiner Flügel". Die Flügel versinnbildlichen Jahwe schützende Macht[21]: Zu verweisen ist auf Darstellungen geflügelter ägyptischer Götter und Göttinnen, die die schützende Funktion des göttlichen Flügelpaares zeigen. Die Motivik wurde sowohl im phönizisch-syrischen Raum[22] als auch in der Jerusalemer

---

17   Ähnlich LEVIN, Gebetbuch 303, der mit einer Urgestalt in V.6.8aβ.b.9 und einer Ergänzungsschicht in V.7.8aα.10 rechnet.
18   Cf. Ps 8,2.10; 31,20; 66,3; 92,6; 104,24 [dazu s.u. C.6, S. 231]).
19   Cf. z.B. Ps 5,8; 6,5; 13,6; 26,3; 31,8; 40,12.
20   Cf. dazu z.B. II Sam 3,8; 10,2; I Reg 2,7; nach Prov 20,28 bewahren חסד und אמת den König, und durch חסד befestigt er seinen Thron.
21   Cf. dazu grundsätzlich SCHROER, Schatten 11.
22   Cf. KEEL, Bildsymbolik 170–172; KEEL/UEHLINGER, GGG Nr. 210–213; KLINGBEIL, Yahweh 234–238.

Tempeltheologie übernommen[23]. Sie fließt mit dem Bild des Schattens zusammen, der seinerseits den Schutz symbolisiert, den sowohl Gott als auch der König gewähren[24]: Indem Götter und Menschen im Schatten von Jahwes Flügeln Zuflucht suchen, nehmen sie in Anspruch, dass sie nur seine überlegene Macht vor den Mächten des Chaos bewahren kann[25].

Die Nähe zur Vorstellung des Königsgottes zeigt sich auch an V.9: Mit dem Fett (דשן[26]) von Jahwes Haus ist auf das Gemeinschaftsopfer angespielt[27]. In ihm nimmt Jahwe nimmt die Rolle des Gastgebers ein, wie תשקם („du tränkst sie") in V.9b als Parallele zu ירוין („sie sättigen sich") in V.9a zeigt. Die Wendung נחל עדניך („Bach deiner Wonnen") dürfte auf den Wein anspielen, der beim Opferfest getrunken wird[28].

Zum Motiv der Sättigung von Göttern und Menschen durch den königlichen Gott findet sich im ugaritischen Baʿlu-Zyklus eine überraschend nahe Parallele (CAT 1.4 VII 49–52):

[49][…] ʾaḥadî dū yam[50]luku ʿalê ʾilīma   … Ich bin der einzige, der als König über die
                                                                          Götter herrscht,

dū[29] yumarriʾu [51] ʾilīma wa našīma   der fett macht Götter und Menschen,
dū yišba[52][ʿu] hmlt ʾarṣi   der sättigt die Mengen der Erde.

Das emphatische ʾaḥadî ist nicht monolatrisch zu verstehen, sondern hebt das einzigartige fruchtbringende Wirken des königlichen Wettergottes hervor[30]. Ähnliche Aussagen finden sich für Adad: Dieser konnte als „König der Götter" (šar ilī/ilānī)[31] gepriesen werden und galt als nādin balāṭi ana mimma šakin napišti („der allen Lebewesen [ihren] Lebensunterhalt gibt")[32], als nādin ṭuḫ[di u … ana(?)] tenēšē[te] („der Fül[le und … für] die Mensch[en] gibt")[33], als nādin išqu u nindabê ana ilānī aḫḫēšu („der die Opferzuteilung und das Brotopfer für die Götter, seine

---

23 Cf. Ps 17,8; 57,2; 61,5; 63,8; 91,4. Abgesehen von Ps 36,8 beziehen alle Stellen das Motiv auf den Schutz, den ein Einzelner bei Jahwe findet.
24 Cf. BORDREUIL, l'ombre 372–378.
25 Für den Einzelnen konkretisiert sich dies in der Funktion des Heiligtums als eines schützenden Asyls, cf. חסה q. z.B. in Ps 7,2; 31,2.
26 דשן kann entweder das Fett des Ölbaumes (Jdc 9,9; cf. דשן pi. In Ps 23,5) oder das Fett des Opfers bezeichnen (cf. Jer 31,14; Ps 63,6); metaphorisch: Ps 65,12 (s.u. A.6.3, S. 142); Jes 55,12; allgemein: Hi 36,16. Die vom Bezug auf das Opfer abgeleitete Bedeutung „Fettasche" ist davon zu trennen (Lev 1,16; 4,12; 6,3f u.ö.).
27 Cf. Jer 31,14; Ps 63,6.
28 Cf. z.B. I Sam 1,14; Hos 4,11.
29 Geschrieben: l, als d zu lesen (nach CAT).
30 Cf. LORETZ, Einzigkeit 57–60.
31 KAR 158 Vs. ? I 32' = SCHWEMER, Wettergottgestalten 715; für den Eigennamen Adad-šar-ilī/ilānī cf. aaO 307, 364, 383, 396, 430, 584.
32 A. 1258+ Vs. 15 = SCHWEMER, aaO 711.
33 LAYARD, Inscriptions 73:5f = SCHWEMER, ebd.

Brüder, gibt")[34] oder als [*šākin*(?) *ṭ]uḫdu u mešrû ana ilānī* („[der] den Götter[n R]eichtum und Wohlstand [gewährt]")[35].

Die Einleitung des abschließenden Bikolons (V.10) mit כִּי erinnert an die Begründung im imperativischen Hymnus. Dem entspricht, dass sich in V.10b das „Wir" der singenden Gemeinde (נראה) zeigt. Das Bikolon verbindet das Lob von Jahwes Huld mit zwei weiteren wichtigen Bildern: Die „Quelle des Lebens" spiegelt die Vorstellung einer Tempelquelle wider. Das Motiv zeigt, dass die weisheitliche Metapher מְקוֹר חַיִּים[36] einen kultischen Ursprung hat. Als weiteres Bild wird Jahwes Licht (אוֹרְךָ)[37] genannt: Es ist nicht einfach das, was Jahwes Verehrer sehen; das Lied sagt genauer, dass die Gemeinde *in ihm* das Licht (אוֹר) zu sehen vermag. Friedhelm Hartenstein hat gezeigt, dass die Verbindung dieser Metapher mit dem „Sehen" (נראה) die „Konzeption der heilvollen Audienz vor dem Königsgott" erkennen lässt, was zusammen mit dem Schatten der göttlichen Flügel die Vorstellung „*desselben göttlichen Thronraums*" ergibt[38].

Das Bild des Lichtes wurzelt also ebenfalls im Motivkreis des Königtums[39]. Es erinnert an den Sonnengott, muss hier aber nicht eine Solarisierung Jahwes bedeuten[40]. Das Licht wurde schon früh auch mit königlichen Wettergöttern verbunden: Zu vergleichen sind die Namen *Ūrī-Addu* („Mein Licht ist Addu")[41] und *Adad/Adda-nūrī* („Adad/Adda ist mein Licht")[42], die dem althebräischen אוריהו / אריו („Mein Licht ist Jahwe"[43]) entsprechen; beides erinnert an den Beginn von Ps 27,1 (יהוה אוֹרִי)[44]. Das Epitheton des Adad *munammeru parakkī* („Erheller der

---

34   ABOU-ASSAF/BORDREUIL/MILLARD, statue 13; 5KAI 309 akk. 3–5 = SCHWEMER, Wettergottgestalten 711.

35   BiMes 24, 51 Vs. 12 = SCHWEMER, aaO 715.

36   Prov 10,11; 13,14 →14,27; 16,22.

37   Cf. Ps 43,3, wo אור und אמת „wie *Hofbeamte* JHWHs" erscheinen, die wie in „*Einführungsszenen* der altorientalischen Ikonographie" den Beter zu Tempel und Altar bringen (HARTENSTEIN, Angesicht 180, Anm. 108 [Hervorhebung dort]).

38   AaO 181 (Hervorhebung dort).

39   Cf. für den irdischen König Prov 16,15: ... באור פני מלך חיים „In des Königs Angesicht Licht ist Leben ..." (dazu HARTENSTEIN, Angesicht 188f). Die Fortsetzung ... ורצונו כעב מלקוש „... und sein Gefallen ist wie des Spätregens Wolke" erinnert an das Entsprechungsverhältnis, das zwischen König und Wettergott besteht.

40   Cf. HARTENSTEIN, aaO 200f.

41   Belege: SCHWEMER, Wettergottgestalten 44, 270.

42   Belege (Ur III, altbabylonisch, neuassyrisch und spätbabylonisch): SCHWEMER, aaO 161, 333, 355, 389, 395, 630, 655.

43   Sam(8):1.50,2 und 6,4 (HAH I, 103, 141; II/1, 60).

44   Cf. HARTENSTEIN, Angesicht 177f.

Heiligtümer")[45] deutet eine ähnliche Verbindung von Licht und Tempel an. Außerdem ist auf den Beginn von Ps 104* zu verweisen, nach dem sich der Wettergott Jahwe in Lichtglanz hüllt (V.2a), wozu sich wiederum Parallelen in Epitheta des Adad finden[46].

Der Kern von Ps 36* zeichnet Jahwes Haus als Ort der Lebensfülle[47]: Dort empfangen Götter und Menschen bei der im Kult gewährten Audienz die huldvolle Zuwendung des königlichen Wettergottes, der Schutz gewährt und reiche Nahrung spendet.

4.5 Grundbegriffe von Jahwes Herrschaft

Die Weiterdichtung in V.6.7* zieht die Linien aus und benennt, worin die von Jahwe errichtete Weltordnung besteht: Dazu ergänzt V.6 die in V.8f ausgemalte göttliche Huld (חסד) um den Aspekt der beständigen Treue (אמונה[48]); V.7a fügt die auf Jahwe bezogenen Größen צדקה und משפט hinzu. Die Reihenfolge des formelhaften משפט וצדקה („Recht und Gerechtigkeit")[49] wird dabei umgekehrt: Auf der göttlichen Ebene ist der Rechtsspruch (משפט) nicht Voraussetzung der Gerechtigkeit (צדקה), sondern deren Folge[50].

Um die überwältigende königliche Macht Jahwes zu zeichnen, werden alle vier Begriffe mit Größen in Beziehung gesetzt, die dem Menschen entzogen sind und sich jenseits der bewohnbaren Welt befinden: V.6 spricht davon, dass sich Jahwes Huld und Treue bis an den Himmel und die Wolken, also bis ans Ende des Gesichtskreises ausdehnen. Damit wird ein Motiv des Wettergottes abgewandelt: Nach Ps 68,35 sind Jahwes Hoheit und Macht in den Wolken (גאותו ועזו בשחקים[51]). Die Verbindung des Wolkenhimmels mit den abstrakten Begriffen der

---

45   Inschrift Sargons II. auf der Türschwelle des Adad-Tempels von Ninive (FUCHS, Inschriften 282:1f = SCHWEMER, Wettergottgestalten 710).

46   S.u. C.3.6, S. 223.

47   Cf. JANOWSKI, Tiere 26.

48   Cf. JEPSEN, Art. אָמַן etc. (ThWAT I), 345: „אמונה ist Gottes Verhalten, in dem er dem Wesen seiner Gottheit entspricht": „seine Beständigkeit".

49   Das Begriffspaar ist 23 mal belegt, wobei auffällt, dass es meist auf menschliches Handeln bezogen ist (vom König: II Sam 8,15/I Chr 18,15; I Reg 10,9/II Chr 9,8; Jer 22,3.15; 23,5/33,15; cf. Ez 45,9; Jes 32,16; von den Israeliten: Ez 18,5.19.21.27; 33,14.16. 19; Am 5,7.24; hypostasiert: Jes 32,16; 59,14; von Jahwe nur in Jes 33,5; Jer 9,23; Ps 99,4).

50   Cf. Ps 33,5; 103,6; von der Weisheit Prov 8,20. Daneben begegnet die Folge צדקה – משפט nur in Gen 18,19; Dtn 33,21; Jes 58,2; Prov 21,3, wo sie menschliches Tun bezeichnet, das in verschiedener Hinsicht als Folge des Gottesgehorsams erscheint.

51   על ישראל dürfte sich als Glosse erweisen, die in תנו עז ל>יהוה< / גאותו ועזו בשחקים hineingeschrieben wurde.

Königsherrschaft könnte sich als geprägte Metapher erweisen. Das legt
Ps 57,11/108,5 nahe, der fast denselben Wortlaut bietet wie Ps 36,6[52]:

(11a)   כי גדול עד שמים חסדך   Denn groß bis an die Himmel ist deine Huld
(11b)   ועד שחקים אמתך   und bis an die Wolken deine Treue!

V.7a bringt zwei weitere kosmische Größen ins Spiel: Die Begriffe des
Rechts צדקה und משפט werden mit den Bergen (הררי אל) und der Flut
(תהום רבה) verglichen. Beides verweist auf mythische Hintergründe. Die
Wendung הררי אל[53] erinnert mit dem Gottesnamen אל[54] an den ugaritischen ʾIlu, dessen Wohnsitz mit verschiedenen Gebirgsmassiven verbunden wurde[55]. Ebenso deutlich ist die mythische Dimension bei der
großen Urflut: תהום – verwandt mit dem akkadischen têmtu(m)[56] – bezeichnet die chaotischen Wassermassen, die sich in den Abgründen
unterhalb der Erde befinden. Die Verbindung mit dem Chaoskampf
geht aus Ps 77,17 deutlich hervor[57].
    Die Vergleiche von V.7a haben eine überraschende Parallele in der
Eröffnung des ugaritischen Baʿlu-Hymnus CAT 1.101:

(1) *baʿlu yaṯiba ka ṯibti ġûri*   Baʿlu thront **wie das Thronen eines Berges**,
haddu ra[biṣa] (2) *ka mdb*   Haddu l[agert] **wie eine Flut**[58],
bi tôki ġûrihu ʾili ṣapāni   inmitten seines göttlichen Berges, des Sapānu,
bi tô[ki] (3) *ġûri talʾiyati*   inmitten des Berges des Triumphes[59].

Indem der Hymnus Baʿlus Thronen und Lagern mit Berg und Flut vergleicht, verleiht er der königlichen Würde des Gottes Ausdruck. Ps
36,7a verfährt genauso, vergleicht aber nicht Jahwe selbst, sondern
seine Gerechtigkeit (צדקה) und seinen Rechtsspruch (משפט) mit Bergen
und Flut. Damit wird noch deutlicher als im ugaritischen Hymnus die
unüberwindliche Macht des Königsgottes unterstrichen: Wenn das mit
Jahwes Königtum verbundene Recht (cf. Ps 97,2b[60]) Wirkungen zeitigt,
die so gewaltig wie die Berge Els und die widergöttlichen Fluten sind,

---

52 Cf. außerdem Ps 71,19: וצדקתך ... עד מרום.
53 Cf. dazu הררי קדם in Num 23,7; Dtn 33,15.
54 So auch in Ps 82,1; vielleicht auch Ps 104,21b (s.u. C.3.6, S. 229) sowie 19,2.
55 Cf. NIEHR, Wohnsitze 327–340.
56 תהום ist freilich kein Lehnwort aus dem Akkadischen, sondern geht vielleicht auf
    eine gemeinsemitische Wurzel zurück, cf. HALAT 1557f, s.v. תְּהוֹם.
57 S.o. A.2.5, S. 53ff; cf. daneben die jüngeren Belege Gen 49,25; Dtn 33,13; Ez 31,4.15;
    Jon 2,6; Hab 3,10 (dazu s.o. A.2.5, S. 53f); Ps 42,8, die Verbindung mit dem Motiv der
    Sintflut in Gen 7,11; 8,2; wahrscheinlich auch in Ez 26,19; Am 7,4; Ps 104,6, sowie die
    Verbindung mit dem Motiv des Schilfmeerwunders in Ex 15,5.8; Jes 51,10; 63,13.
    תהום רבה begegnet neben Ps 36,7 in Gen 7,11; Jes 51,10; Am 7,4; Ps 78,15.
58 S.o. A.3.6, S. 85, Anm. 145.
59 S.o. A.3.6, S. 85, Anm. 146.
60 S.o. A.4.9, S. 99ff.

kann es keine Feinde geben, die Jahwes Herrschaft ernsthaft herausfordern und die Welt ins Chaos stürzen können.

Das Bild der Herrschaft Jahwes wird außerdem mit seiner Macht zur Rettung verbunden (V.7b*: אדם ובהמה תושיע). Dieses Motiv verweist noch einmal auf das Königtum[61]. Die Erwähnung von Mensch und Vieh erinnert an das Loblied von Ps 65*, das den Geber des Regens für die Fruchtbarkeit von Getreide und Vieh preist (V.14a[62]), und an Ps 104*, der schildert, wie der Wettergott den Menschen mit Brot und das Vieh mit Gras ernährt (V.14f[63]).

Die Weiterdichtung von Ps 36* hat die Tempeltheologie in kosmische Dimensionen hinein erweitert[64]: Dem heilvollen Ort des Tempels entspricht die von Jahwes Königtum durchwaltete Welt. Ps 36* schließt sich damit eng an die hymnischen Lieder über Jahwes Thronbesteigung und Königsherrschaft an (Ps 93,1–5*[65]; 97,1–7*[66]; 29,1–10*[67]; 98,4–9[68]; 48,2–9*[69]).

4.6 Ergebnis

Der in seiner vorliegenden Form theologiegeschichtlich späte Ps 36 enthält einen alten Kern (V.6–10). Er ist wahrscheinlich in zwei Stufen entstanden: Gegenstand des ursprünglichen Loblieds (V.7*.8–10) ist Jahwes Huld, die er im Festkult seines Hauses gewährt. Eine Weiterdichtung (V.6.7*) preist die kosmische Größe von Jahwes Eigenschaften und seine königliche Rettungsmacht. Die Motive beider Ebenen sind auf die Vorstellung des königlichen Wettergottes bezogen, der durch die Gaben der Fruchtbarkeit Götter, Menschen und Vieh ernährt und dessen Herrschaft die ganze Welt umspannt.

---

61   Cf. für den menschlichen König nur II Sam 14,4; II Reg 6,26; für Jahwe z.B. Ex 14,30; Jdc 3,9; Jes 43,12; Jer 17,14; Ps 3,8; 57,4; 59,3 etc.
62   S.u. C.2.3, S. 143f.
63   S.o. A.6.4, S. 142f.
64   Cf. HARTENSTEIN, Angesicht 179, Anm. 107: „In Ps 36,6–10 wechseln im Sinne der *Entsprechungslogik* der Jerusalemer Tempelsymbolik ... die *Perspektiven von ‚Außen'* und ‚Innen', von Kosmos und Tempel" (Hervorhebungen dort).
65   S.o. A.3.6, S. 75ff.
66   S.o. A.4.9, S. 99ff.
67   S.o. A.5.7, S. 122ff.
68   S.o. B.2.3, S. 174ff.
69   S.o. B.3.7, S. 195ff.

C. Der Wettergott und die umsorgte Welt: Ps 104

Der Blick auf Ps 104 ist geeignet, das Bild abzurunden: Auch hier finden sich zahlreiche Motive des Wettergottes. Allerdings sind sie in das Bild des Schöpfers und Erhalters der Welt eingebettet: Im Ganzen kann der Psalm als Kompendium der alttestamentlichen Schöpfungstheologie gelten. Seit der Entdeckung des Großen Aton-Hymnus des Echnaton hält man Ps 104 zudem für direkt oder indirekt von der ägyptischen Sonnentheologie her beeinflusst[1]. Syrisch-palästinische Wettergottüberlieferungen haben jedoch für die Entstehung des Psalms viel größeres Gewicht gehabt[2].

(1)   Lobe Jahwe, meine Seele!
   Jahwe, mein Gott, du bist sehr groß!
      In Hoheit und Pracht hast du dich gekleidet,
(2)   **gehüllt in Licht wie in den Mantel,**
      Himmel ausspannend wie das Zelttuch,
(3)   **der in den Wassern seine Obergemächer zimmert.**
      Der Wolken zu seinem Wagen bestimmt,
      der einherfährt auf Sturmesflügeln,
(4)   **macht Stürme zu seinen Boten,**
      zu seinen Dienern Feuer (und) Flamme.
(5)   Er hat die Erde auf ihre Fundamente gegründet,
         sie kann nicht wanken für immer und ewig.
(6)   Mit der Urflut wie mit einem Kleid hast du <(sie)> zugedeckt,
         <und>[3] auf den Bergen standen die Wasser.

---

1   Cf. z.B. RANKE, Art. Aegypten ([1]RGG I) 207; GUNKEL, Psalmen 453; BLACKMAN, Psalms 191; CRÜSEMANN, Studien 287f, Anm. 3; SPIECKERMANN, Heilsgegenwart 38; ASSMANN, Ägypten 248; KEEL, Geschichte I, 281–284.
2   Cf. DION, YHWH 48–58; UEHLINGER, Leviatan 512ff; KRATZ, Reste 56f; KÖCKERT, Beobachtungen 263f.
3   MT: „Die Urflut, wie mit dem Kleid hast du sie (sc. mask. תהום) zugedeckt (כִּסִּיתוֹ)"; כסיתו ist wegen V.9b jedoch wahrscheinlich als וְ כִּסִּיתָ zu lesen, cf. Aquila, Theodotion, Targum und Hieronymus (iuxta Hebr.), die jeweils die Verbform der 2. Sg. m. mit einem pronominalen Objekt verbinden, das sich auf die Erde in V.5 bezieht (cf. SEIDL, „... Mit der Urflut ..."); diese Lesart braucht nicht notwendig ein Suffix der 3. Sg. f. (so BHS). Eine Alternative bietet DUHMs Konjektur כְּסָתָה „sie (sc. die Urflut) hat sie (sc. die Erde) zugedeckt" (KHC XIV, 242). Die LXX bietet τὸ περιβόλαιον αὐτοῦ, was auf hebräisches כְּסוּתוֹ zurückgehen könnte und eine lectio facilior darstellt.

(7)   Vor deinem Schelten flohen sie,
           vor deines Donners Stimme hasteten sie fort.

(8)   Sie liefen auf Berge hinauf, in Täler hinab,
           an einen Ort, den du für sie gegründet hast.

(9)   Eine Grenze hast du gesetzt, die sie nicht überschreiten dürfen,
           sie dürfen nicht wieder die Erde bedecken.

(10)   **Der Quellen in die Bachtäler sendet,**
           zwischen Bergen fließen sie dahin.

(11)   **Sie tränken alles Getier des Feldes,**
           Wildesel stillen ihren Durst.

(12)   Über ihnen wohnen des Himmels Vögel,
           zwischen Laub lassen sie ihre Stimme erklingen.

(13)   **(Der) Berge tränkt aus seinen Obergemächern,**
           von deiner Werke Frucht sättigt sich die Erde,

(14)   **(der) sprossen lässt Gras für das Vieh**
           und Saatgrün für des Menschen Arbeit,

           um Brot aus der Erde hervorzubringen,

(15)   und dass „Wein des Menschen Herz erfreue",

           um das Antlitz glänzen zu lassen von Öl,
           und dass Brot des Menschen Herz stärke.

(16)   Die Bäume Jahwes sättigen sich,
           des Libanon Zedern, die er gepflanzt hat.

(17)   Worin Vögel nisten,
           der Storch – Wachholderbüsche sind sein Haus.

(18)   <Die>[4] höchsten Berge gehören den Steinböcken,
           Felsen sind eine Zuflucht für die Klippdachse.

(19)   Er hat den Mond gemacht für Feste,
           die Sonne kennt ihres Untergangs Zeit.

(20)   Bereitest du Finsternis, wird es Nacht[5],
           in der sich alles Getier des Waldes regt.

(21)   Die jungen Löwen brüllen nach der Beute,
           und um von Gott ihre Speise zu fordern.

(22)   Strahlt die Sonne auf, ziehen sie sich zurück
           und lagern sich in ihren Verstecken.

(23)   Der Mensch geht hinaus zu seinem Tun
           und zu seiner Arbeit bis an den Abend.

(24)   Wie zahlreich sind deine Werke, Jahwe,
           sie alle hast du in Weisheit gemacht,
           die Erde ist voll von deinem Eigentum!

(25)   Dies ist das Meer, groß und von weitem Raum,
           dort ist ein Gewimmel ohne Zahl,
           die kleinen Tiere mit den großen.

(26)   Dort ziehen Schiffe dahin,
           der Leviatan, den du gebildet hast, um mit ihm zu spielen.

---

4   Lies ההרים für הרים (Haplographie).
5   PK-Kurzformen im Konditionalsatz (cf. GesK § 109 h).

(27)   Sie alle warten auf dich,
        dass du ihre Speise gebest zur jeweiligen Zeit:
(28)   Gibst du ihnen, lesen sie auf,
        öffnest du deine Hand, sättigen sie sich mit Gutem.
(29)   Verbirgst du dein Antlitz, erschrecken sie,
        ziehst du ihren Atem zurück, vergehen sie
                und kehren zu ihrem Staub zurück.
(30)   Sendest du deinen Atem aus, werden sie erschaffen[6],
        und du erneuerst des Erdreichs Antlitz.
(31)   Die Ehre Jahwes sei ewig,
        Jahwe freue sich an seinen Werken!
(32)   **Der zur Erde blickt, <dass sie>[7] erbebt,**
        schlägt auf die Berge, dass sie rauchen.
(33)   Ich will Jahwe singen in meinem Leben,
        ich will meinem Gott spielen, solange ich bin.
(34)   Mein Sinnen sei bei ihm angenehm,
                ich will mich freuen an Jahwe.
(35)   Die Sünder sollen umkommen von der Erde
                und die Frevler nicht mehr sein.

                Lobe Jahwe, meine Seele!
                Halleluja!

Zitate aus Hymnen auf den Wettergott: V.2–4.10f.13a.14.32.
        Loblied auf den Weltherrscher: V.1–4.10f.13–15.20–23.24aα.b. 27f.29a.
        30–33.
                Schöpfungstheologische Nachträge: V.5.19.24aβ.29b.
                Weitere Ergänzungen: V.6–9.12.16–18.25f.
                Redaktioneller Rahmen: V.1aα.34.35b.
                Nachtrag zum Ende der Frevler: V.35a.

1. Zur Anlage des Psalms

Deutlich ist eine sachliche Gliederung zu erkennen: Beginn (V.1–4) und
Ende (V.31–35) handeln von Jahwe und seiner gewaltigen Erscheinung.
Der Mittelteil (V.5–30) beschreibt, wie die Welt von Jahwe gegründet
und erhalten wird. Das Lob des Schöpfers rahmt das Lob der Schöpfung.
        Nach der Eröffnung (V.1–4), die Jahwes Wirken im Himmel preist,
richtet der Psalm den Blick auf die Erde (V.5ff). Dabei steht das Thema
der creatio prima voran: V.5–9 erzählen, wie Jahwe die Erde gegründet
und die chaotischen Urfluten vertrieben hat. Danach wendet sich der
Psalm der creatio continua zu: In wiederholtem Anlauf schildern V.10–

---

6   Alternative: „kommen sie zum Leben" (ברא II), s.u. S. 233, mit Anm. 151.
7   Lies וְתִרְעָד.

30, wie Jahwe das Leben in seiner Vielfalt umsorgt. Mehrfach wandert der Blick zwischen Pflanzen, Tier und Mensch hin und her. Eine Übersicht über die verschiedenen Bilder ist nicht leicht zu gewinnen.

V.10–30 lassen sich in drei größere Abschnitte gliedern. Einen ersten Abschnitt bilden V.10–18. Hier rahmen Beschreibungen der außermenschlichen Natur (V.10–12//16–18) einen Mittelteil (V.13–15)[8]; dieser gipfelt in der Nennung von Brot (V.14b//15b), Wein und Öl (V.15a).

In V.19 beginnt mit der Erwähnung von Mond und Sonne ein zweiter Abschnitt (V.19–23). Jetzt geht es um die Zeiten des Tageslaufs, die als unterschiedliche Räume des Lebens vorgestellt werden: Die Nacht gehört den wilden Tieren (V.20–22); der Tag ist für die Arbeit des Menschen bestimmt (V.23).

Der bewundernde Ausruf von V.24, der die Fülle der Werke Jahwes preist, leitet zu einem dritten Abschnitt (V.25–30) über. Er wendet sich zwei Themen zu: V.25f richten den Blick auf das Meer als Lebensbereich von Tier und Mensch, und V.27–30 fassen die Gesamtheit der Lebewesen ins Auge, die von Jahwe Speise und Atem erhalten.

Nach dem breiten Mittelteil lenken V.31f den Blick zu Jahwe selbst zurück, und in V.33–35 tritt noch einmal kurz der Beter mit seinen Anliegen in den Vordergrund.

Mit all dem entwirft der Psalm eine umfassende Theologie des Lebens[9]. Er besingt, wie das Leben in seinen verschiedensten Facetten auf seinen Schöpfer angewiesen ist[10]: Kein Raum des Kosmos ist Jahwe entzogen; als himmlischer Herrscher (V.1–4) hat er die Welt gegründet und vor dem Chaos bewahrt (V.5–9); er sättigt die Erde (V.13) und sorgt für die Lebewesen, die auf ihr wohnen (V.10–12.14ff). Der Mensch wird etwa in der Mitte des Psalms genannt (V.14f.23): Er steht der außermenschlichen Natur nicht gegenüber, sondern gehört in den Gesamtzusammenhang hinein, der von Jahwe belebt, erhalten und umgrenzt wird. Auf ästhetisch ansprechende Weise lädt der Psalm seine Beter ein, den Schöpfer und Erhalter der Welt zu loben.

Der Schlüssel für das Verständnis liegt in der Literargeschichte: Handelt es sich um eine einheitliche Komposition, die im Horizont der späten Weisheit eine eigene Schöpfungstheologie entwirft[11]? Oder ver-

---

8   Cf. z.B. KRÜGER, „Kosmo-theologie" 98f.
9   Cf. STECK, Wein 257f.
10   Cf. KRÜGER, „Kosmo-theologie" 104f.
11   Cf. bes. STECK, Wein, bes. 247–257; JEREMIAS, Königtum 46–50; ZENGER, Angesicht 77–83; KRÜGER, „Kosmo-theologie", bes. 93ff; HARTENSTEIN, Wolkendunkel 164–166.

dankt sich die verwirrende Fülle von Motiven einem mehrstufigen Wachstum, das bereits in der Königszeit begonnen hat[12]?

Es mangelt nicht an Versuchen, die Kohärenz des Psalms nachzuweisen[13]. Die brüchige sprachliche Gestalt und die unübersichtliche, in Einzelheiten widersprüchliche Verbindung von Motiven erfordern jedoch eine literarkritische Lösung.

2. Das Ende der Frevler

Der Wunsch von V.35a („die Sünder sollen umkommen von der Erde ...") wirkt wie ein Fremdkörper[14]: Dass die Menschenwelt in Gerechte und Frevler geschieden ist, deutet sich sonst nirgends an; wenn vom Menschen die Rede ist (V.14f.23), sind alle Menschen gemeint. Die eschatologische Perspektive des Wunsches (ורשעים עוד אינם ... „... und die Frevler *sollen nicht mehr sein*") sprengt zudem den Horizont der vorher gezeichneten Bilder: Der Psalm schildert die Vielfalt des vorhandenen Lebens; der Blick auf die Zukunft ist ihm fremd. Schließlich stört V.35a den Zusammenhang zwischen V.34 und V.35b: „Lobe Jahwe, meine Seele" schließt sich nahtlos an „mein Sinnen sei bei ihm angenehm, ich will mich freuen an Jahwe" an.

V.35a erweist sich als Zusatz[15], der den Psalm in den Horizont von Ps 1 stellt[16]. Der Ausblick auf den Untergang der Frevler dürfte durch V.32 veranlasst sein: Das Bild des erderschütternden Gottes ließ an das Gericht denken, das die Sünder von der Erde verschwinden lässt.

3. Der redaktionelle Rahmen

Ps 104 beginnt, wie Ps 103 endet: Das ברכי נפשי את יהוה („Lobe Jahwe, meine Seele!") rahmt beide Psalmen (Ps 103,1a.2a.22b; 104,1aα.35bα). Im Alten Testament findet sich diese Selbstaufforderung nur hier[17]. Für den Anfang von Ps 104 ist zweierlei entscheidend: Zum einen fährt

---

12   Cf. SPIECKERMANN, Heilsgegenwart 21–49; KÖCKERT, Beobachtungen, bes. 260–271; KRATZ, Reste 56f; LEUENBERGER, Konzeptionen 192.

13   Cf. z.B. GIRARD, Psaumes III, 50–78; KRÜGER, „Kosmo-theologie" 92–116; PODELLA, Lichtkleid 232–240.

14   Cf. WELLHAUSEN, Geschichte 203, mit Anm. 2.

15   Cf. BRIGGS/BRIGGS, ICC, II, 339; SPIECKERMANN, Heilsgegenwart 24; LEVIN, Gebetbuch 298; KÖCKERT, Beobachtungen 277; KRATZ, Reste 56f; LEUENBERGER, Konzeptionen 190f.

16   So bes. LEVIN, Gebetbuch 298; KÖCKERT, Beobachtungen 277.

17   Eine ähnliche Wendung bietet Ps 146,1: הללי נפשי את יהוה.

104,1aβ unvermittelt mit der Anrede Jahwes fort: „Jahwe, mein Gott, du bist sehr groß" ist keine bruchlose Fortsetzung von „Lobe Jahwe, meine Seele!"[18]. Das zeigt der Vergleich mit Ps 103, der die Anrede Jahwes vermeidet und konsequent *über* Jahwe spricht. In Ps 104 erscheint die Selbstaufforderung hingegen als isolierte Überschrift für den folgenden Lobpreis. יהוה אלהי („Jahwe, mein Gott") in V.1aβ lässt sich zudem gut als vokativischer Beginn eines Gebets lesen[19]. Dazu kommt ein zweites Argument: „Lobe Jahwe, meine Seele" ist eng mit Ps 103,1–5 verbunden, wo ein Einzelner für die erfahrene Vergebung der Sünde, für Heilung von Krankheit und Rettung vor dem Tod dankt. Die Anrede an die eigene נפש passt hingegen viel weniger zu Ps 104, in dem die Anliegen des Einzelnen nicht im Vordergrund stehen. Es legt sich daher nahe, dass die Wendung ברכי נפשי את יהוה in 104,1aα.35bα der concatenatio von Ps 103 und 104 dient[20].

Auf dieselbe Ebene könnte V.34 gehören: Zwar entspricht die Freude des Beters an Jahwe (V.34b) Jahwes Freude an seinen Werken (V.31b), und der Wunsch von V.34a (יערב עליו שיחי „mein Sinnen sei bei ihm angenehm") kann als Fortsetzung des Lobgelübdes von V.33 gelesen werden. Zwischen dem Wunsch und dem Gelübde besteht jedoch eine sachliche Spannung: Was in V.33 noch unhinterfragtes Vorhaben des Beters ist, wird in V.34a zum Gegenstand des Gebets. Wahrscheinlich ist das klangvolle Lobgelübde von V.33 der ursprüngliche Abschluss des Psalms, zumal אלהי in V.33b auf die Eröffnung mit יהוה אלהי in V.1* zurückgreift[21]. Außerdem hebt sich V.34 von dem übrigen Psalm dadurch ab, dass er dessen jubelndes Gotteslob als fromme Meditation, als שיח bezeichnet. Die Wurzel שיח schlägt eine Brücke zu den Anfängen der benachbarten Psalmen 102 (V.1) und 105 (V.2). Wahrscheinlich lässt sich auch hier eine redaktionelle Absicht greifen.

Offensichtlich ist der redaktionelle Zweck für die letzten Worte des Psalms: Das הללו יה rahmt Ps 105 (V.45b) und Ps 106 (V.1aα.48b) und bindet Ps 104 in die Coda des vierten Psalmenbuches ein[22].

---

18 Um die beiden aufeinander stoßenden Nennungen des Gottesnamens zu vermeiden, lassen wenige hebräische Handschriften das vokativische יהוה aus; so auch BAETHGEN, HAT II/2, 311; GUNKEL, Psalmen 454.

19 Cf. als Beginn eines Bittgebets in Ps 7,2; nicht unmittelbar am Anfang, wohl aber als Teil der Eröffnung eines Dankliedes in 30,3.

20 Cf. SPIECKERMANN, Heilsgegenwart 26f; ZENGER, Weltenkönigtum 172.

21 Cf. SPIECKERMANN, aaO 42.

22 Cf. LEUENBERGER, Konzeptionen 191f.

4. Schöpfungstheologische Bearbeitungen

Mit der Vielfalt seiner Bilder führt Ps 104 vor Augen, wie die Erschaffung der Welt und die creatio continua ineinander verflochten sind. Die vorliegende Gestalt des Textes zeigt allerdings, dass dieser Zusammenhang nicht ursprünglich ist[23]: Hermann Spieckermann hat nachgewiesen, dass verschiedene Motive der kanonischen Schöpfungstheologie, in deren Mittelpunkt die creatio prima steht, in den Psalm nachträglich eingearbeitet wurden[24].

Das ist schon an V.5–9 zu erkennen, die schildern, wie Jahwe die Erde gegründet und die urzeitlichen Fluten gebändigt hat. Zwar kann beides als Voraussetzung für die Entstehung des Lebens gelten, über das V.10–30 sprechen[25]. V.5–9 fügen sich aber nicht nahtlos in den Kontext ein: V.5 verlässt den Partizipialstil von V.2–4[26]. Von der Gründung der Erde ist zu spät die Rede, da in V.3f bereits Wolken und Stürme erwähnt werden. Umgekehrt muss das Ausspannen des Himmels in V.2b nicht mit der Gründung der Erde verbunden sein, wie Ps 18,10; Hi 9,8 und Jes 40,22 zeigen[27]. Auch der Bau von Jahwes Obergemächern in V.3 setzt ein bereits bestehendes Weltengebäude voraus. Das Bild des göttlichen Palastes wird in V.13 wiederaufgenommen und mit der Gabe des Regens verknüpft: Jahwe tränkt die Berge aus seinen Obergemächern, die in die himmlischen Wasser hineinragen. Anders V.6–9, die beschreiben, dass Jahwe den gebändigten Urfluten *auf der Erde* Orte zugewiesen hat. Entsprechendes gilt für das Verhältnis zu V.10: V.10a setzt den Partizipialstil von V.2–4 fort. Das Bild der Wasser, die vor Jahwes Schelten auf die Berge und in die Täler geflohen sind (V.7f), steht unausgeglichen neben dem Bild der Bäche, die zwischen den Bergen fließen (V.10). V.10 lässt sich hingegen nahtlos an V.4 anschließen. V.5–9 erweisen sich als sekundäre Erweiterung.

Innerhalb des hinzugefügten Abschnitts könnte noch einmal zu differenzieren sein: V.5 liest sich als abgerundete Aussage, die nicht auf die Fortsetzung durch V.6–9 angewiesen ist. Die Anrede Jahwes ab V.6 (cf. V.7–9) setzt gegenüber V.5 neu an. Das Bild von V.8, dass Jahwe für die Wasser einen Ort „gegründet" hat (יסדת), konkurriert mit V.5, wo-

---

23 Cf. schon HITZIG, Psalmen II, 283: „Planmässige Ordnung herrscht in dem Ps., wie er vorliegt, keine; und wofern wirklich 1 Mos. Cap. 1. zum Vorbilde genommen ist, erscheint allenthalben die Entwicklung der Gedanken durchkreuzt und unterbunden."
24 Cf. SPIECKERMANN, Heilsgegenwart 29ff.
25 Cf. KRÜGER, „Kosmo-theologie" 96–98.
26 Die Lesart des MT wird vom Großteil der LXX (ἐθεμελίωσεν) bestätigt. 4QPs^d, Alexandrinus, die lukianische LXX-Rezension, Teile der Vetus Latina, Targum und Hieronymus gleichen die Verbform hingegen an den Partizipialstil an.
27 Cf. KÖCKERT, Beobachtungen 261; zu Ps 18,10 s.u. 5., S. 223.

nach Jahwe die Erde auf ihre Fundamente gegründet hat (יסד ארץ על
מכוניה ...). Auch die Aussage, die wahrscheinlich in V.6a zu lesen ist,
steht in Spannung zu V.5: הרים יעמדו מים <ועל> / <כפסית> תהום כלבוש ("Mit
der Urflut wie mit einem Kleid hast du <(sie)> zugedeckt, / <und> auf
den Bergen standen die Wasser.")[28] „Es erscheint ... nicht als sinnvolle
Sequenz, daß die gerade vollzogene Gründung der Erde (V. 5) sofort
wieder in den Fluten der Chaoswasser verschwindet (V. 6)."[29]

V.5 und V.6–9 haben zudem unterschiedliche literarische Bezüge:
V.5b (בל תמוט עולם ועד „sie kann nicht wanken für immer und ewig")
zitiert mit Ps 93,1b (בל תמוט / בל תכון תבל אף „Ja, befestigt ist der Erdkreis, /
er kann nicht wanken") einen der wichtigsten Texte über Jahwes Königtum, und V.5a greift das Bild der Gründung des Weltengebäudes
aus Ps 24,2[30] auf (cf. יסדה / יכוננה)[31].

V.6–9 nehmen einen ganz anderen Vorgang in den Blick: Dass
Jahwe die Erde einst mit Urflut (תהום) bedeckt hat und die Wasser über
den Bergen gestanden haben, ist kein Schöpfungsakt, sondern die Sintflut[32]. Das Bild der Wasser, die auf den Bergen standen (V.6b: על הרים
יעמדו מים), steht sprachlich und sachlich Gen 7,19 nahe. Auf die Sintflut
spielt auch V.9b an (בל ישובון לכסות הארץ „sie dürfen *nicht wieder* die Erde
bedecken"[33]; cf. Gen 9,11). Dabei fällt auf, dass die urzeitliche Flut hier
mit dem Chaoskampf verbunden wird: V.7a zitiert mit מן גערתך („vor
deinem Schelten") aus der Theophanie von Ps 18,8–16 (V.16[34]) und V.7b
mit קול רעמך („deines Donners Stimme") aus dem Preislied an den
Kämpfer gegen die Fluten von Ps 77,17–20 (V.19[35]).

Ein weiterer Nachtrag ist in V.19 zu erkennen[36]: עשה hebt sich von
der Anrede Jahwes in V.20 ab; in V.19b wird שמש maskulin, in V.22a
feminin gebraucht. Außerdem wird die Erschaffung der Gestirne merkwürdig spät erwähnt, nachdem schon in V.2–4 verschiedene Himmels-
phänomene genannt sind[37]. Mit den Festzeiten (מועדים) dürfte V.19 auf

---

28   S.o. Anm. 3, S. 211.

29   SPIECKERMANN, Heilsgegenwart 31.

30   Zu Ps 24,1f* s.o. B.1.3, S. 154ff.

31   Dabei erweist sich das Motiv der Fundamente der Erde (מכוניה) als eigentümliche
      Neuprägung: Das neben Ps 104,5 nur im Singular belegte מכון bezeichnet sonst stets
      die Fundamente von Gottesthron und Tempel (Ex 15,17; I Reg 8,13.39.43.49; Jes 18,4;
      Ps 33,14; 89,15/97,2; Esr 2,68; II Chr 6,2.30.38f; Dan 8,11; vom Zion: Jes 4,5). Diese
      Vorstellung wird hier auf die gesamte Erde übertragen.

32   Cf. JEREMIAS, Königtum 49.

33   Cf. Jer 5,22; Hi 38,11; Prov 8,29.

34   S.o. A.1.3, S. 26.

35   S.o. A.2.5, S. 55.

36   Cf. SPIECKERMANN, Heilsgegenwart 37.

37   עשה ist dabei anders als in V.4 eindeutig Terminus der creatio prima.

Gen 1,14 (והיו לאתת ולמועדים ולימים ושנים ...) anspielen. Dass Mond und Sonne zur Bestimmung der Zeit dienen, unterscheidet sich aber von der Perspektive auf Nacht und Tag in V.20–23[38].

Auch die vorliegende Gestalt von V.24 deutet auf Erweiterung[39]. Formal fällt schon das Trikolon nach einer langen Reihe von Bikola auf. Das zweite Kolon (V.24aβ) hebt sich zudem aus seiner Umgebung heraus: עשית („du hast gemacht") steht in Spannung zu מעשיך („deine Werke"), und כלם („sie alle") nimmt den Anfang von V.27 (כלם אליך ישברון „sie alle warten auf dich") vorweg. Das erste und das dritte Kolon von V.24 preisen die Vielzahl von Jahwes Werken, die *gegenwärtig* die Erde füllen; „sie alle *hast du* in Weisheit *gemacht*", lässt hingegen an Jahwes *anfängliche* Schöpfungstat denken; die Wendung hat in Prov 3,19 oder Jer 10,12 wichtige Parallelen.

Ein weiterer Nachtrag ist in V.29b zu greifen[40]: Hier schießt das dritte Kolon über die kunstvolle chiastische Anlage von V.29a.30 hinaus[41]. Die Aussage „und sie kehren zu ihrem Staub zurück" (ואל עפרם ישובון) setzt nicht nur voraus, dass der Staub ein geprägtes Bild der Vergänglichkeit ist, wie es im nahen Kontext in Ps 103,14 begegnet, sondern spielt zugleich auf den Fluch von Gen 3,19 an. Beides sprengt den Horizont der Aussagen von V.29a, die davon reden, dass Jahwe das Leben begrenzt.

Auch V.25f haben wahrscheinlich nicht zur Grundform des Psalms gehört[42]. Wenn es in V.27a heißt: „*Sie alle* warten auf dich ...", sind damit kaum schon die in V.26 genannten Schiffe im Blick[43]. כלם lässt sich hingegen gut auf die in V.24b mit קנינך bezeichneten Geschöpfe beziehen. Formal heben sich zudem V.25 als weiteres Trikolon und V.26 durch die Überlänge des zweiten Kolons aus ihrer Umgebung heraus[44]. Die hier geschilderte Bildwelt des Meeres greift wahrscheinlich auf die Vorstellung der gezähmten und umgrenzten Wasser nach V.8f zurück[45]. Das Motiv der wimmelnden Meerestiere lehnt sich an Gen 1,21

---

38 S.u. 6., S. 229f.
39 Cf. BRIGGS/BRIGGS, ICC, II, 336; SPIECKERMANN, Heilsgegenwart 40; KÖCKERT, Beobachtungen 262; LEUENBERGER, Konzeptionen 192.
40 Cf. BRIGGS/BRIGGS, aaO 336; SPIECKERMANN, aaO 24; ZENGER, Weltenkönigtum 173; KÖCKERT, aaO 270, Anm. 51, 277f; LEUENBERGER, aaO 190.
41 11QPsᵃ (frg. E ii, Kol. 8:8) streicht hingegen das erste Kolon V.29aα (DJD XXIII, 33; cf. DAHMEN, Psalmen- und Psalterrezeption 115).
42 Cf. SPIECKERMANN, aaO 41f; KÖCKERT, aaO 262; LEUENBERGER, aaO 192.
43 Cf. schon HITZIG, Psalmen II, 289, zu V.26. Das Motiv der auf Jahwe harrenden Schiffe begegnet zwar auch in ganz anderem Zusammenhang in Jes 60,9; dort geht es aber nicht um die Versorgung von Lebewesen, sondern um die Rückkehr der Diaspora, bei der Tarsisschiffe eingesetzt werden.
44 Das Trikolon von V.25 lehnt sich bereits an die erweiterte Form von V.24 an.
45 V.26b ist außerdem auffallend parallel zu V.8b formuliert.

an, und das Bild zu Jahwes Spiel erschaffenen Leviathan dürfte aus Hi 40,29 entwickelt sein[46]. Die Entmachtung des Ungeheuers[47] wird zusätzlich durch die ruhig dahinfahrenden Schiffe[48] illustriert[49].

In der Naturschilderung von V.10–18 lassen sich ebenfalls Nachträge vermuten: Die ausführliche Beschreibung von Bäumen, Vögeln und Bergtieren (V.16–18) setzt nach dem Blick auf die dem Menschen gewidmeten Gaben Brot, Wein und Öl (V.15) neu an und führt motivisch die Schilderung der außermenschlichen Natur in V.10–12 weiter. V.16 hebt sich zudem von der Anrede Jahwes in V.13b und vom Partizipialstil in V.10.13a.14 ab. Die von Jahwe gepflanzten Bäume erinnern an den Garten von Gen 2[50], und die Art und Weise, in der V.17f über wilde Tiere sprechen, konkurriert mit dem Schema von Nacht und Tag in V.20ff. Wahrscheinlich sind V.16–18 eine Erweiterung, die den schöpfungstheologischen Bearbeitungen von V.5.19.24aβ.29b nahesteht[51].

Schließlich ist auch die Erwähnung der Vögel in V.12 im Kontext nicht fest verankert: עליהם („über ihnen") in V.12a „bezieht sich über V.11 hinweg auf die Berge in V.10"[52]; der Aramaismus [53]עפאים greift auf das Motiv der Bäume in V.16 voraus. Außerdem kommt der Blick auf die Vögel des Himmels nach V.11 überraschend. Erneut fällt – anders als in V.10f – die Nähe zu Gen 1,21ff auf. Möglicherweise gehört daher V.12 zu den Bearbeitungen, die den Psalm auf den Horizont der kanonischen Schöpfungstheologie bezogen haben[54].

5. Zitate aus Hymnen auf den Wettergott

Auch ohne die Bearbeitungen bietet der Psalm keinen glatten Text. Wiederholt wechselt das Gedicht zwischen der *Anrede* Jahwes (V.1*. 13b.20–30) und der Rede *über* Jahwe (V.3f.10f.13a.14f.31–33). Dazu

---

46   Cf. HITZIG, Psalmen II, 289; SPIECKERMANN, Heilsgegenwart 41.

47   Cf. Ps 74,14; Jes 27,1; Hi 3,8 und CAT 1.5 I 1–3//27–30.

48   UEHLINGER, Leviathan 522–524, verweist auf Abbildungen phönizischer Schiffe, auf denen „der Bug dieser Schiffe sehr häufig in Tierprotome auslief" (522), womit die Einreihung der Schiffe unter die Lebewesen des Meeres verständlich werde.

49   Mit anderem Ziel, aber in der Haltung zu Jahwes souveräner Herrschaft über das Meer vergleichbar, spricht Ps 107,23ff über die Seefahrt, die durch Stürme gefährdet ist.

50   Cf. außerdem die Gotteszedern von Ps 80,11 sowie Num 24,6.

51   Cf. KÖCKERT, Beobachtungen 262.

52   SPIECKERMANN, Heilsgegenwart 33.

53   Cf. עפי in Dan 4,9.11.18; dazu WAGNER, Aramaismen 223.

54   Cf. SPIECKERMANN, Heilsgegenwart 33f.

kommt der eigentümliche Wechsel zwischen finiten Verbformen und Partizipien (V.2–4.10a.13a.32a): Die partizipialen Stücke heben sich von der Anrede Jahwes ab (V.3f.13a.32).

Die Eigenprägung der Partizipialreihe wird schon am Anfang deutlich. Die Eröffnung „Jahwe, mein Gott, du bist sehr groß" ist Überschrift für die Gottesprädikationen von V.1b–4. Diese sind offenbar als Erklärungen des Einleitungssatzes gedacht[55]. Dabei fällt aber der stilistische Bruch ins Auge:

(1aβ*)	יהוה אלהי גדלת מאד	Jahwe, mein Gott, du bist sehr groß!
(1b)	הוד והדר לבשת	In Hoheit und Pracht hast du dich gekleidet,
(2a)	עטה אור כשלמה	gehüllt in Licht wie in den Mantel,
(2b)	נוטה שמים כיריעה	Himmel ausspannend wie das Zelttuch.
(3a*)	המקרה במים עליותיו	Der in den Wolken seine Obergemächer zimmert,
(3a*)	השם עבים רכובו	der Wolken zu seinem Wagen bestimmt,
(3b)	המהלך על כנפי רוח	der einherfährt auf Sturmesflügeln,
(4a)	עשה מלאכיו רוחות	macht Stürme zu seinen Boten,
(4b)	משרתיו אש להט	zu seinen Dienern Feuer (und) Flamme.

Während V.1b mit לבשת an das Perfekt גדלת aus dem Eröffnungssatz anknüpft, bieten V.2–4 eine rein partizipiale Aussagereihe. Zwar ist V.1b offenbar als Parallelaussage zu V.2a gebildet. Es ist jedoch schwer vorstellbar, dass das indeterminierte עטה („gehüllt") ursprünglich als Fortsetzung von לבשת („du hast dich gekleidet") gebildet wurde. Dazu kommt, dass V.2a streng parallel zu V.2b ist: עטה אור כשלמה und נוטה שמים כיריעה gehören zusammen. Für den Übergang von V.1b zu V.2a bietet sich daher eine literargeschichtliche Erklärung an: Der Dichter von V.1aβ.b hat in V.2–4 eine ältere Partizipialreihe wörtlich zitiert. Auf diese Weise erklärt sich die poetische Zwischenstellung von V.2a als *inhaltliche* Parallele zu V.1b und als *formale* Parallele zu V.2b.

Dass die partizipialen Abschnitte auf literarische Überlieferung zurückgehen, ist auch in V.13–15 zu erkennen:

(13a)	משקה הרים מעליותיו	(Der) Berge tränkt aus seinen Obergemächern,
(13b)	מפרי מעשיך תשבע הארץ	von deiner Werke Frucht sättigt sich die Erde,
(14aα)	מצמיח חציר לבהמה	(der) sprossen lässt Gras für das Vieh
(14aβ)	ועשב לעבדת האדם	und Saatgrün für des Menschen Arbeit,
(14b)	להוציא לחם מן הארץ	um Brot aus der Erde hervorzubringen,
(15aα)	ויין ישמח לבב אנוש	und dass „Wein des Menschen Herz erfreue",
(15aβ)	להצהיל פנים משמן	um das Antlitz glänzen zu lassen von Öl,
(15b)	ולחם לבב אנוש יסעד	und dass Brot des Menschen Herz stärke.

V.13b hebt sich schon durch die unvermittelte Anrede Jahwes („von *deiner* Werke Frucht") aus dem Kontext heraus. Das Einzelkolon stört

---

55 Cf. SPIECKERMANN, Heilsgegenwart 27.

zudem den poetischen Zusammenhang der parallel formulierten Phrasen V.13a und V.14aα: משקה הרים מעליותיו und מצמיח חציר לבהמה dürften wie die beiden Kola von V.2 ursprünglich zusammengehört haben. V.13b hingegen deutet erneut auf den Dichter des Psalms, der die partizipialen Stücke zitiert hat. Seine Hand ist wahrscheinlich auch in V.15 zu erkennen: Zwar sind die drei Kola von V.15 mit V.14b recht kunstvoll teils chiastisch, teils parallel verschränkt; die Aussagen wirken aber eigentümlich redundant, was darauf zurückgehen dürfte, dass der Dichter an die ältere Aussage über das Brot aus der Erde ein Sprichwort über den Wein angefügt und die Reihe zu der Trias von Brot, Wein und Öl erweitert hat.

Besonders deutlich ist die Eigenprägung der Partizipialreihe in V.32:

(31a)	יהי כבוד יהוה לעולם	Die Ehre Jahwes sei ewig,
(31b)	ישמח יהוה במעשיו	Jahwe freue sich an seinen Werken!
(32a)	**המביט לארץ ותרעד**	**Der zur Erde blickt, \<dass sie\>[56] erbebt,**
(32b)	**יגע בהרים ויעשנו**	**schlägt auf die Berge, dass sie rauchen.**

Zwar wird V.32 offenbar eingeführt, um den in V.31 besungenen Jahwe zu prädizieren. Die motivische Spannung zwischen Jahwes Freude über seine Werke und dem erderschütternden Handeln des in V.32 gezeichneten Gottes ist aber unübersehbar[57].

Die partizipial gebildeten Phrasen sind Fragmente[58]. Ihre Prägung lässt sich jedoch formgeschichtlich eindeutig zuordnen: Die Stücke gehören zur Gattung des partizipialen Hymnus, die in den Amos-Doxologien[59] und einer Reihe weiterer Einzelstücke wie Ps 65,7f[60] Parallelen hat[61]. Außerhalb des Alten Testaments begegnen partizipiale Prädikationen von Göttern in den verschiedensten hymnischen Zusammenhängen[62].

---

56 S.o. Anm. 7, S. 213.

57 Cf. schon HITZIG, Psalmen II, 290, der V.32 für Zusatz aus 144,5 hält; ähnlich z.B. BRIGGS/BRIGGS, ICC, II, 337.

58 Grammatisch auffällig ist zudem der Wechsel zwischen indeterminierten Partizipien (V.2.4.13a.14a) und durch den Artikel determinierten Partizipien (V.3.10a.32a). Er deutet vielleicht darauf, dass die Partizipien syntaktische Zusammenhänge gebildet haben, in denen die indeterminierten Partizipien prädikative Funktion hatten: Dass die determinierten Partizipien tatsächlich als Subjekte gelesen werden können, zeigt V.32, der המביט statt durch ein indeterminiertes Partizip durch יגע fortsetzt.

59 Am 4,13; 5,8; 9,5f.

60 Erweitert in Jer 10,12f/51,15f.

61 Cf. außerdem v.a. Ps 147,8; Jes 51,15 → Jer 31,35; Hi 9,8–10 (erweitert um V.5–7); in Hi 26,5–14 ist die ursprüngliche Prägung der Form noch in V.7–9 zu erkennen, sie befindet sich jedoch bereits erkennbar in Auflösung; weitere Beispiele bei CRÜSEMANN, Studien 83–135.

62 Cf. z.B. die bei CRÜSEMANN, Studien 135–152, angeführten akkadischen Belege.

Matthias Köckert hat darauf hingewiesen, dass die hymnischen Partizipialprädikationen in Ps 104 durch ein gemeinsames religionsgeschichtliches Profil zusammengehalten werden: Die zitierten Stücke zeichnen einen Wettergott[63]. Die Motive lassen sich auch bei Wettergöttern in Israels Umwelt greifen.

Der Vorstellungshorizont der partizipialen Reihe wird schon am Anfang deutlich. Wenn der Gott „Himmel ausspannt wie das Zelttuch" (V.2b: נוטה שמים כיריעה), ist nicht die Erschaffung des Himmels gemeint. Das Bild erschließt sich vielmehr über den Vergleich mit der schwarz gefärbten Zeltdecke[64]: Das indeterminierte שמים steht für den finsteren Wolkenhimmel, den der Wettergott bei seiner Ankunft ausbreitet[65]. Genau dasselbe Bild begegnet in der Gewittertheophanie von Ps 18,8–16* (V.10a: ויט שמים וירד „und er spannte Himmel aus und stieg herab"[66]). Sachlich dasselbe ist für Adad belegt, von dem gesagt wird, dass er „die Gesamtfläche des Himmels bedeckt" (ērim siḫip šamāmē[67]), „Wolken [auf]türmt inmitten des Himmels" ([šāpi]k erpēti ina qereb šamê[68]) und „den Tag verfinstert" (muṣallil ūmi[69]).

Dass der Gott von Ps 104 sich gleichzeitig „in Licht hüllt wie in den Mantel" (V.2a: עטה אור כשלמה), ist dazu kein Widerspruch: Die Metapher des Lichtkleids ist nicht auf den Sonnengott beschränkt. Auch Adad galt als der, „der mit Glanz ganz bekleidet ist" (ša ḫitlupu namrīrī)[70] und „[dessen Str]ahlen die [W]eltgegenden hell mach[en]" ([ša šar]ūrūšu unamm[arū k]ibrāti[71])[72]; daneben sprechen auch Eigennamen wie „Licht-des-Adad" (Nūr-Adad[73]) oder „Baal-strahlte-auf" (Yapaʿa-Baʿlu[74]) eine deutliche Sprache.

---

63   KÖCKERT, Beobachtungen 263f; ähnlich DION, YHWH 48–58.
64   Cf. Cant 1,5.
65   Cf. Dtn 33,26; Ps 68,34.
66   S.o. A.1.5, S. 32.
67   KAR 304 (+) 337 Rs. 16′ ‖ unpubl. BM ass. ‖ BM bab. = SCHWEMER, Wettergottgestalten 707.
68   LKA 53 Vs. 14,16 ‖ BMS 20 (+) 49 Rs. 15 ‖ KUB IV IV 26 Frg. A:8′f = SCHWEMER, aaO 715.
69   BMS 21+ Rs. 28 = SCHWEMER, aaO 710.
70   RIMA III A.0.104.6:3 = SCHWEMER, aaO 713.
71   BMS 21 + Vs. 9 = SCHWEMER, aaO 714.
72   Cf. außerdem: „der in w[üt]ende Strahlen gewandet ist" (ḫālip melammē ez[zū]te): RIMA III A.0.104.6:4 = SCHWEMER, aaO 708.
73   Cf. z.B. neuassyrisch ND 3486 Vs. I 15 = SCHWEMER, aaO 632; zu weiteren Belegen (Ur III, alt-, mittel- und spätbabylonisch) SCHWEMER, aaO 1000.
74   CAT 4.116 Rs. 19′; 4.224 Vs. 6′.

V.3f entwerfen die Szenerie eines Hofes. So lässt V.3aα das Bild des göttlichen Palastes erkennen: Die von dem Gott mit Balken errichteten[75] Obergemächer[76] ragen in das Wasserreservoir hinein, aus dem der Gott die Quellen speist und die Berge tränkt (V.10a.13a)[77]. Das Motiv der kühlen Obergemächer kann als mythischer Hintergrund des Tempels erscheinen[78].

Der Gott von Ps 104* wird sodann als Fahrer eines Wagens vorgestellt[79]. Das Motiv der als רכוב dienenden Wolken lässt erneut an den ugaritischen Baʿlu und sein Epitheton *rākibu ʿarpāti* denken[80]; an einer Stelle des Baʿlu-Zyklus ist vom „Wagen im Sturm"[81] die Rede. Das Bild der „Sturmesflügel" (כנפי רוח) ist auch in der Gewittertheophanie von Ps 18 (V.11) belegt[82] und erinnert an das Epitheton des Adad „der auf den (wilden) Stürmen einherfährt"[83]. Abgerundet wird die Szenerie des Hofstaates durch das Bild der Stürme und Feuerflammen, die Boten und Diener des Gottes sind[84]. Zu vergleichen sind besonders die Epitheta des Adad *bēl šāri u bereq šamê* („Herr des Windes und des himmlischen Blitzes"[85]) und *nāš dipā[rā]ti u išāti* („der Fac[kel]n und Feuer trägt"[86])[87].

---

75   Dass hier der Wettergott selbst als Erbauer seiner Obergemächer gepriesen wird und nicht ein Handwerkergott wie Kôṯaru-wa-Ḫasīsu (cf. CAT 1.4 V 41ff), ist kein echter Unterschied: Auch Baʿlu rühmt sich, sein Haus selbst errichtet zu haben (VI 36–38).

76   Cf. Jdc 3,20ff; II Sam 19,1; II Reg 1,2 etc.

77   Ps 104,2–4 unterscheidet sich damit von Am 9,5f, wo vom Bau der göttlichen „Stufen" im Himmel und der Gründung des göttlichen „Bandes" auf der Erde die Rede ist, Vorstellungen, in deren Hintergrund mesopotamische Tempeltheologie zu erkennen ist.

78   Cf. KRÜGER, „Kosmo-theologie" 114.

79   Cf. das neo-hethitische Relief vom Löwentor aus Malatya (um 1000 v.Chr.; z.B. bei KLINGBEIL, Yahweh 262f) sowie die kürzlich wiederentdeckte Darstellung im Tempel des Wettergottes von Aleppo (bei GONNELLA/KHAYYATA/KOHLMEYER, Zitadelle 99).

80   CAT 1.2 IV 91 u.ö.

81   CAT 1.4 V 7: *ṯkt bi galṯi* (dazu s.o. A.2.5, S. 55).

82   S.o. A.1.5, S. 32.

83   [r]ākib ūmū (BiMes 24, 51 Vs. 8 = SCHWEMER, Wettergottgestalten 712); [rākib] ūmī ezzūte (K 9759:6′ = SCHWEMER, ebd.); rākib [ūm]ī rabûti (RIMA III A.0.104.6:3f = SCHWEMER, ebd.).

84   Die Winde der vier Himmelsrichtungen sind in akkadischen Texten als göttliche Diener der Götter Ea, Anum, Enlil, Adad, Ninurta, Ninlil und Sin belegt, cf. die bei LIVINGSTONE, Works 74ff, angegebenen Belege.

85   K 100 Vs. 12f; cf. auch „[der den S]turm [aufstehen lässt] ([mušatbi(?) me]ḫê: K 9759:5′ = SCHWEMER, aaO 711, mit der Bemerkung „Adad?") sowie „des Sturmes" (ša meḫê): A n : Anu ša amēli 57 (YBC 2401 Rs. XI 152 ‖ CT XXIV 20–46 (K 4349+) Rs. XI 47 = SCHWEMER, Wettergottgestalten 74.

86   LKA 53 Vs. 12 ‖ BMS 20 (+) 49 Rs. 13 = SCHWEMER, aaO 711.

87   Die asyndetische Wortverbindung אש להט erinnert zudem an die in CAT 1.3 III 45f als Töchter ʾIlus erwähnten Gottheiten ʾišitu „Feuer" und ḏbb „Flamme" (cf. DIET-

Die übrigen Abschnitte der partizipialen Reihe (V.10–14*.32) schildern, wie der besungene Gott an der Erde handelt. V.10f nehmen zunächst die Peripherie des menschlichen Lebenskreises in den Blick: Jahr um Jahr füllen sich die Bachtäler mit Quellen[88]. An den unzähmbaren Wildeseln[89] wird deutlich, dass der Wettergott auch für Bereiche sorgt, die dem Menschen entzogen sind. In ähnlicher Weise spricht Ps 29,9 über die Fruchtbarkeit der Hinden, die der Wettergott Jahwe hervorruft[90]. Umgekehrt wird in der Dürre das traurige Schicksal von Wildeseln und Hinden zum Gegenstand der Klage (Jer 14,6).

Im Folgenden (V.13a.14) wird der Wettergott zur landwirtschaftlich geprägten Lebenswelt des Menschen in Beziehung gesetzt: Er tränkt die Horizontberge, gibt dem zahmen Vieh[91] Futter, und lässt für den Menschen Getreidepflanzen sprossen[92]; die Reihe gipfelt in der einprägsamen Metonymie „um Brot aus der Erde hervorzubringen" (V.14b: להוציא לחם מן הארץ). Dass der Mensch das heilvolle Wirken des Wettergottes am unmittelbarsten im Wachstum des Getreides erfährt, besingt die ugaritische Epik etwa mit den Worten: „Angenehm sei für die Erde der Regen Baʿlus / und für das Feld der Regen des Höchsten! / Angenehm sei er für den Weizen in der Pflugbahn ..."[93]. In diesem Zusammenhang werden die Ackerbauern als „Getreidearbeiter (ʿābidū dagāni)[94]" bezeichnet, was der Rede von „der Arbeit des Menschen" (עבדת האדם) in Ps 104,14 entspricht. Auch Adad wird in ganz ähnlichen Wendungen wie in Ps 104* als der gepriesen, „der das Grün gedeihen lässt" (mudeššû urqīti[95])[96], „der allen Lebewesen Lebensunterhalt gibt"

RICH/LORETZ, in: TUAT III, 1143, mit Anm. 80 [Literatur]), sowie an die phönizische Trias „Licht", „Feuer" und „Flamme" (Philo Byblios bei Euseb, praep. ev. I 10,9); dazu WATSON, Art. Fire אש (²DDD), 331f. Das Feuer dürfte seinerseits mit dem Blitz korrespondieren, wie der Vergleich mit Ps 18,13–15 und 97,3f nahelegt. Cf. außerdem die Motivik des feurigen Wagens, der Elia im Sturm in den Himmel führt (II Reg 2,11) sowie Jes 30,30 (dazu s.o. A.1.5, S. 31).

88 Dass die Quellen vom Regen gespeist werden, wird deutlich, wenn die Bachtäler austrocknen, weil der Regen ausbleibt, cf. I Reg 17,7.

89 Cf. Hi 39,5–8.

90 S.o. A.5.5, S. 119.

91 Cf. z.B. Gen 2,20; 3,14; 47,18.

92 Cf. עשב in diesem Sinn z.B. in Gen 3,18; Jer 12,4; Am 7,2; Ps 72,16.

93 Kirtu: CAT 1.16 III 7ff (dazu s.o. A.6.4, S. 141, und B.1.2, S. 152); cf. negativ Aqhat: 1.19 II 13ff.

94 CAT 1.16 III 13.

95 Sm. 1117 Vs. 5, 7 (MAYER, UFBG 378: „Adad 6 [?]") = SCHWEMER, Wettergottgestalten 710; KAR 304 (+) 337 Rs. 19' = SCHWEMER, ebd.

96 Cf. auch RIMA III A.0.102.12:5: mušabšû urqēti („der das Grün ins Dasein ruft") = SCHWEMER, aaO 710; K 4456 + K 5879 + K 11709 lk. Kol. 3': pātiqu urqīti („der das Grün formt") = SCHWEMER, aaO 712.

(*nādin balāṭi ana mimma šakin napišti*[97]), „der die Verpflegung für das Vieh der Götter gibt" (*nādin te'ûti ana būl ilānī*[98]) oder „der Weide und Tränke für die Leute aller Städte gibt" (*nādin rîti u mašqîte ana nišī kal alānī*[99]). Aus der althebräischen Poesie erinnert Ps 104,13a.14 vor allem an den Hymnus Ps 65,10–14*, der ebenfalls die Fruchtbarkeit von Getreide und Vieh ausmalt[100].

Das Wirken des Wettergottes ist jedoch ambivalent. Das macht die letzte Partizipialprädikation in V.32 deutlich, die in ganz anderer Weise über das göttliche Handeln an der Erde spricht: Der Blick des Gottes löst ein Erdbeben aus (V.32a: המביט לארץ ותרעד), und indem er auf die Berge schlägt, bringt er sie zum Rauchen (V.32b: יגע בהרים ויעשנו)[101]. Der Spender der Fruchtbarkeit ist zugleich ein unheimlicher Kämpfer: Zu vergleichen ist, wie der ugaritische Ba'lu in seinem Palast ein Fenster für den Regen anbringen lässt und durch dasselbe Fenster mit seiner Stimme die Erde zum Zittern bringt, sodass seine Feinde in die Berge fliehen[102]. Dass die Feinde des Wettergottes auch von den Bergen selbst verkörpert werden können, zeigen verschiedene Epitheta des Adad: Dieser gilt etwa als *mulatti šadî* („der die Berge spaltet"[103]) oder als [*m*]*u'abbit šadî mēlê u abnī* („[der] das Gebirge [ze]rschlägt, die Höhe und die Felsen"[104]). Das Gebet, dem letztgenannte Prädikation entstammt, fügt kurz danach hinzu: *šaqû anqullê mušaznin nuḫši* („der die Mittagshitze tränkt (und) Fülle herabregnen lässt"[105]). Diese beiden Aspekte gehören auch in Ps 104 untrennbar zusammen.

---

97   A.1258+ Vs. 15 = SCHWEMER, aaO 711.

98   K 100 Vs. 13 = SCHWEMER, ebd.

99   ABOU-ASSAF/BORDREUIL/MILLARD, statue 13; ⁵KAI 309 akk. 2f = SCHWEMER, aaO 711.

100   S.o. A.6.4, S. 140ff. Cf. außerdem Ps 147,7f.

101   → Ps 144,5. Der Rauch erinnert an die Sinaitheophanie (cf. Ex 19,18). Das Bild muss sich nicht auf einen Vulkan beziehen (so z.B. JEREMIAS, Theophanie 21; cf. KEEL, Geschichte I, 203–5): „Treffender kann man das Bild nicht beschreiben, das der Hermon, aber auch das west- und ostjordanische Bergland im Winter bieten, wenn die Regenwolken, die ersehnten, vom Norden oder Westen heranziehen, bald als dunkle, geballte Masse die Gipfel verhüllen, bald sich in einzelne Schwaden auflösen, die durch die Täler ziehen und um die Sporne und Spitzen spielen." (KNAUF, Midian 60)

102   CAT 1.4 VII 15–28; 31–41; cf. V 58–VI 15 (zu 1.4 VII 29–37 s.o. A.1.5, 29f).

103   K 5209 Vs. 21 (MAUL, 'Herzberuhigungsklagen', Eršaḫunga Nr. 21:20f = SCHWEMER, Wettergottgestalten 710).

104   LKA 53 Vs. 13 ‖ BMS 20 (+) 49 Rs. 14 ‖ KUB IV 26 Frg. A:7'f ([*m*]*ušabbit*) = SCHWEMER, aaO 709.

105   LKA 53 Vs. 17 = SCHWEMER, aaO 672.

6. Die Grundform des Psalms: der Wettergott als Weltherrscher

Die literarische Grundform von Ps 104 ist das Gedicht, in das die partizipialen Hymnen auf den Wettergott eingebettet sind. Von Anfang
(V.1aβ) und Ende (V.33) her kann diese Grundform als Danklied eines
Einzelnen gelten. Der Inhalt ist freilich für diese Gattung ungewöhnlich: Der Beter preist Jahwe nicht im Blick auf Widerfahrnisse aus seinem eigenen Leben. Gegenstand seines Gotteslobs sind vielmehr Jahwes majestätische Erscheinung im Himmel und sein heilvolles Wirken
auf der Erde. Das wiederum steht dem Hymnus nahe.

In der Eröffnung lehnt sich der Dichter eng an die älteren Hymnen
an: Einleitend nennt er Jahwe seinen Gott (יהוה אלהי)[106] und preist ihn
mit einem verbreiteten Epitheton als „sehr groß"[107], worin der Zionshymnus Ps 48* anklingt (V.2: גדול יהוה ומהלל מאד / „<u>Groß</u> ist Jahwe, / und
<u>sehr</u> zu preisen")[108]. V.1b spitzt die Metapher der Größe im Blick auf
den Beginn der partizipialen Reihe zu. Dabei wird das Motiv des Gottes, der in eine Aura von Licht gehüllt ist, als Investitur gedeutet: „Hoheit und Pracht" (הוד והדר) sind die Attribute, die Jahwe dem irdischen
König verleiht (Ps 21,6; cf. 45,4)[109]; hier wird gesagt, dass er selbst sich
in sie „gekleidet" hat (לבשת)[110]. Diese Vorstellung entspricht der Proklamation von Ps 93,1, nach der sich Jahwe bei seiner Thronbesteigung „in
Hoheit gekleidet hat" (גאות לבש). Ohne dass Ps 104* Jahwe ausdrücklich
„König" nennt, klingt also schon von seinem Beginn her die Vorstellung des göttlichen Königtums an[111].

In diesem Rahmen sind die folgenden Motive zu deuten: Jahwe
(V.1aβ.b) umsorgt die Erde und die Wesen, die auf ihr leben. Dafür
wird an drei Stellen der Begriff der „Werke" (*מעשים) Jahwes verwendet (V.13b.24*.31). Er bezeichnet hier nicht die creatio prima[112], sondern
die stete Erhaltung und heilvolle Ordnung der Welt.

Um das auszuführen, lehnt sich der Dichter zunächst wieder an
seine Vorlage an: Er zitiert aus ihr in V.10–13a*, um Jahwe für die
Quellen und die Gabe des Regens zu preisen, und fährt in V.13b mit
eigenen Worten fort: „... von deiner Werke Frucht sättigt sich die Erde"

---

106 Cf. יהוה אלהי in Ps 7,2; 30,3 und אלהי z.B. in Ps 18,7 (dazu s.o. A.1.7, S. 40).
107 Cf. das Epitheton des Adad bēlu šurbû ša šamê u erṣeti („übergroßer Herr des Himmels und der Erde"), BMS 21+ Vs. 1, 3 = SCHWEMER, Wettergottgestalten 705, mit
   weiteren Belegen, und die Übersicht zu šurbû bei TALLQVIST, Götterepitheta 172.
108 Dazu s.o. B.3.7, S. 193ff.
109 Cf. Ps 8,6, wo die Investitur mit כבוד והדר auf den Menschen übertragen wird.
110 Zu הדר in Ps 29,4; הוד והדר לפניו in 96,6 dürfte 104,1 bereits in Kombination mit 97,3
   zitieren.
111 Cf. JEREMIAS, Königtum 47.
112 So nur in Ps 8,4.7; 19,2; 102,26.

(מפרי מעשיך תשבע הארץ). Diese ungewöhnliche Aussage[113] fasst zusammen, was V.10–14* über die vom Wettergott gespendete Fruchtbarkeit sagen[114]. Die Metapher der Sättigung der Erde dürfte in Entsprechung zur Sättigung der Lebewesen gebildet sein, von der in V.28 die Rede ist. Das Motiv verweist erneut auf das göttliche Königtum. Der ugaritische Baʿlu sagt von sich: „Ich bin der einzige, der als König über die Götter herrscht, ... der sättigt die Massen der Erde." (CAT 1.4 VII 49–52)[115].

In V.15 führt der Dichter den Gedanken weiter, indem er den Menschen in den Blick nimmt. Dabei ergänzt und vertieft er die Aussage des älteren Hymnus: Als Frucht von Jahwes Werken kommt dem Menschen nicht nur das Brot zu; auch Wein und Öl zählen zu den heilvollen Gaben, und das Brot ist nicht nur Erzeugnis harter Feldarbeit, sondern gilt wie der Wein dem Herzen des Menschen.

Mit ויין ישמח לבב אנוש (V.15aα) dürfte der Dichter ein ursprünglich selbständiges Sprichwort zitieren: Darauf lassen die formale und inhaltliche Gebundenheit der Aussage, die Verwendung von אנוש statt אדם (V.14.23), die weisheitliche Prägung der Wendung „das Herz erfreuen"[116] und die eigene Wirkungsgeschichte der Sentenz schließen[117]. „Dass der Wein des Menschen Herz erfreut", meint in Ps 104* aber nicht nur die von der Weisheit beobachtete Erfahrung: Das Motiv lässt vielmehr an das kultische Fest denken, bei dem der Wein „Götter und Menschen erfreut" (Jdc 9,13)[118]. Entsprechendes gilt für das Öl, das „das Angesicht[119] glänzen lässt" (V.15aβ: להצהיל פנים משמן), und für das Brot, das „des Menschen Herz stärkt" (V.15b: ולחם לבב אנוש יסעד), wie der Dichter mit alt geprägter Wendung sagt[120].

Der nächste Abschnitt (V.20–23) nimmt den Wechsel von Nacht und Tag in den Blick: Mit einer Folge einzelner Bilder wird zunächst die Nacht als Lebenszeit der wilden Tiere gezeichnet. Danach wird der Mensch in den Blick genommen: Weil mit Nacht und Tag die Zeiten

---

113 Cf. die Konjekturvorschläge in BHS. Zum Kontext der Metapher jedoch BOOIJ, Psalm 104,13b, der u.a. auf die Äquivalente פרי מעללים (Jes 3,10; Jer 17,10; 21,14; 32,19; Mi 7,13) sowie פרי דרך (Prov 1,31) verweist (409f).

114 Die Weisheit kann von der Sättigung der Erde auch ganz anders sprechen: ארץ לא שבעה מים in Prov 30,16.

115 S.o. B.4.4, S. 206f.

116 Cf. שמח pi. + לב in Prov 15,30; 27,9.11.

117 Koh 10,19; Sir 31,27f; 40,20. Cf. SPIECKERMANN, Heilsgegenwart 35, Anm. 36, der aus dem ganzen V.15 eine ältere „Sentenz" rekonstruiert.

118 Cf. die in Ugarit mit dem ersten Monat des neuen Jahres raʾšu yêni verbundenen Opfer (CAT 1.41 [TUAT II, 311–314).

119 Cf. פנים in Prov 15,13; negativ in 25,23.

120 Cf. Gen 18,5.

von Tier und Mensch geschieden sind, kann der Mensch tagtäglich seiner Lebensaufgabe nachgehen[121].

Auffällig ist, wie der Dichter die Wendepunkte zwischen Nacht und Tag benennt. Nur einmal erwähnt er Jahwes Tun: „*Bereitest du Finsternis, wird es Nacht*" (V.20a: תשת חשך ויהי לילה). Die Wende zum Tag hingegen lässt der Dichter durch das „Aufstrahlen" der Sonne bestimmt sein (תזרח השמש in V.22a). Dass Gott Finsternis bereitet, wird in anderem Zusammenhang vom Wettergott gesagt: Dieser „bereitet" im Gewitter „Finsternis zu seinem Versteck" (ישת חשך סתרו in Ps 18,12[122]). Die Wendung תשת חשך in Ps 104,20 könnte der Theophanieschilderung von Ps 18,8–16* entnommen und umgeprägt worden sein: Jahwe bereitet nicht nur in den herbstlichen Gewittern Finsternis, sondern auch in jeder Nacht, um für den regelmäßigen Tageslauf zu sorgen[123].

Eigentümlich ist, wie die Nacht beschrieben wird. V.21 gibt für das in V.20b genannte Getier des Waldes ein eindrucksvolles Beispiel: In der Nacht brüllen die dem Menschen gefährlichen Löwen[124] und „fordern" (בקש pi.) von einem „Gott" (אל) Nahrung[125]: Damit ist vielleicht eine noch nicht mit Jahwe gleichgesetzte Gottheit gemeint, die als Herr der Tiere[126] für das Wild sorgt.

Ein Abschnitt aus dem Großen Sonnenhymnus des Echnaton, der oft für das Vorbild von Ps 104 gehalten wird, zeigt eine auf den ersten Blick überraschend ähnliche Motivfolge. Sie ist die deutlichste Parallele zwischen dem Aton-Hymnus und dem Psalm:

[44] *htp=k m 3ḫ.t jmn.t*	... Gehst du unter im westlichen Horizont,
[45] *t3 m kk* [46] *m shr nj mwt*	ist die Erde in **Finsternis**, in der Verfassung des Todes.
[47] *sḏr.w m ššp.t* [48] *tp.w ḥbs(.w)*	Die Schlafenden sind im Schlafgemach, die Häupter sind verhüllt,
[49] *n ptr.n jr.t sn-nw.t=s*	nicht sieht ein Auge das andere.
[50] *jṯ3=tw jḫ.wt=sn nb(.t)*	Dass man alle ihre Sachen raubt,
[51] *jw=w ḥr tp.w=sn* [52] *n ʿm=sn*	die unter ihren Köpfen sind, merken sie nicht.
[53] *m3j nb pr(.w) m rwrw.tj=f*	Jeder **Löwe** ist **aus seiner Höhle** gekommen,
[54] *ḏdf.t nb(.t) psḥ=sn*	und alles Gewürm, es beißt.
[55] *kk ḥ3w(.t)* [56] *t3 m sgr*	Finster ist das Herdfeuer, das Land ist im Schweigen,

---

121 Cf. SPIECKERMANN, Heilsgegenwart 39.

122 S.o. A.1.5, S. 33.

123 Eine Weiterführung dieser Linie bietet die Doxologie Am 5,8, die den Wechsel von Tag und Nacht mit der Erschaffung der Sternbilder verbindet: עשה כימה וכסיל והפך לבקר צלמות ויום לילה החשיך. Auch sie knüpft an den Motivkreis des Wettergottes an, wie die Fortsetzung הקורא למי הים וישפכם על פני הארץ zeigt.

124 Zum Zusammenhang zwischen dem Gebrüll des Löwen und der Beute v.a. Am 3,4.

125 Hi 39,39–41 dürfte auf diesen Passus und Ps 147,9 anspielen.

126 Zum ikonographischen Hintergrund in der EZ II B cf. KEEL/UEHLINGER, GGG 205ff.

(57) *p3 jrj sn* (58) *ḥtp(.w) m 3ḫ.t=f*	da der, der sie erschaffen hat, untergegangen ist in seinem Horizont.
(59) *ḥḏ-t3* (60) ***wbn.tj m 3ḫ.t***	Das Land wird hell, sobald du **aufgegangen** bist am Horizont,
(61) *psḏ.t(j) m Jtn m hrw*	sobald du leuchtend geworden bist als Aton am Tag.
(62) *rwj=k kk* (63) *dj=k **stw.t=k***	Du vertreibst die Finsternis, indem du deine **Strahlen** gibst.
(64) *t3.wj m ḥ3b* (65) *ḥnmm.t rs(.w)*	Die beiden Länder sind im Fest, indem das Sonnenvolk erwacht ist
(66) *ʿḥ3(.w) ḥr rd.wj* (67) *ṯsj.n=k sn*	und auf beiden Beinen steht, nachdem du sie aufgerichtet hast.
(68) *wʿb(.w) ḥʿ.w=sn* (69) *šsp(.w) wnḫw*	Wenn sie ihre Körper gereinigt und Kleidung angelegt haben,
(70) *ʿ.wj=sn m j3w* (71) *n ḫʿw=k*	sind ihre beiden Arme beim Loben deines Erscheinens.
(72) *t3 r-ḏr=f jrj=sn **k3.t=sn***	Das ganze Land, sie tun **ihre Arbeit**. ...[127]
(20)	תשת **חשך** ויהי לילה בו תרמש כל חיתו יער	... Bereitest du **Finsternis**, wird es Nacht, in der sich alle Tiere des Waldes regen.
(21)	**הכפירים** שאגים לטרף ולבקש מאל אכלם	Die jungen **Löwen** brüllen nach der Beute, und um von Gott ihre Speise zu fordern.
(22)	**תזרח השמש** יאספון **ואל מעונתם** ירבצון	**Strahlt die Sonne auf**, sammeln sie sich und lagern sich **in ihren Verstecken**.
(23)	יצא אדם לפעלו **ולעבדתו** עדי ערב	Der Mensch geht hinaus zu seinem Tun und zu **seiner Arbeit** bis an den Abend. ...

Beide Texte verbinden die Nacht mit den Löwen und gehen dann zum Sonnenaufgang über, um danach die Arbeit des Menschen zu erwähnen. Abgesehen davon lassen sich fast nur Unterschiede benennen: Der Aton-Hymnus schildert die Nacht als negativen Hintergrund, um zu zeigen, wie das Leben ausschließlich von dem am Tag leuchtenden Aton abhängig ist[128]. Die Nacht ist der Zustand des Todes, der nicht nur von Löwen, sondern auch von Räubern beherrscht wird, was die Abwesenheit der Sonnenscheibe unterstreicht. Zwar zeichnet auch Ps 104 einen scharfen Kontrast zwischen Nacht und Tag; als Zeit der Gottesferne erscheint die Nacht hier aber kaum. Umgekehrt unterscheidet Ps 104 eindeutig zwischen der Sonne und Jahwe (cf. V.20a. 22a). Das im Aton-Hymnus wichtige Motiv des Festes, das der morgendliche Aufgang des Aton stiftet, fehlt in Ps 104*. Gemeinsam ist beiden Texten also nur ein wenig spezifisches Schema von Nacht und Tag. Mit Carsten Knigge ist zu fragen, ob derartige Schemata – ohne die theologischen Zuspitzungen der Amarnazeit – nicht auch in anderen ägypti-

---

127 Transkription nach SANDMAN, Texts 93–96, und BAYER, Echnaton 10f (= ÄHG 92,27–45); eigene Übersetzung, poetische Einteilung nach KAHL, Stilmittel 76–79.
128 Cf. ASSMANN, in: ÄHG 41f.

schen Hymnen zu finden sind[129]. Ps 104* muss nicht von dem mehrere Jahrhunderte älteren und nach dem Tod Echnatons nicht weiterüberlieferten Hymnus beeinflusst sein[130].

V.24aα.b eröffnet den nächsten Abschnitt: Der bewundernde Ausruf „Wie zahlreich sind deine Werke, Jahwe"[131] blickt auf die bisher genannten „Werke" Jahwes zurück und leitet zugleich die umfassenden Aussagen von V.27–30* ein. Dieser Übergang hat sachliches Gewicht: מעשיך werden mit קנינך parallelisiert[132]. Die Abfolge von V.24b und V.27 bestimmt Jahwes קנין als die „Gesamtheit" der Wesen, die von ihm umsorgt werden. Jahwes „Werke" begründen also ein Eigentumsverhältnis: קנין[133] ist auch andernorts im Alten Testament nie Schöpfungsterminus, sondern bezeichnet stets das durch Kauf Erworbene[134]. Die Übertragung dieses Begriffs auf die Lebewesen, die von Jahwe ernährt werden[135], fügt sich in das Bild der Gottesherrschaft ein: In der Sorge für die Welt erweist sich der göttliche König als ihr Eigentümer. Sachlich liegt das auf der Linie der klassischen Eigentumsdeklaration von Ps 24,1[136]. Zugleich verbindet Ps 104,24b das Eigentumsmotiv mit dem ebenfalls königstheologischen Motiv der Fülle: Die Aussage „die Erde ist voll von deinem Eigentum" verweist auf das tempeltheologische Credo von Jes 6,3: „die Fülle der ganzen Erde ist seine Ehre"[137].

Die Fortsetzung in V.27–30* verdeutlicht, dass jedes Leben ganz und gar von Jahwe abhängig ist. Dazu wird ein facettenreiches Bild

---

129 Cf. dazu die Hinweise bei KNIGGE, Überlegungen 106–109, sowie z.B. den Hymnus der Stele Leiden V 70, 13–17 (ÄHG Nr. 90; erste Nachamarnazeit), der das aus dem Großen und Kleinen Aton-Hymnus bekannte Schema nahezu unverändert wiederholt, aber die Wertung der Nacht als Zustand des Todes vermeidet. Als weitere Parallelen zum Nacht-Tages-Schema in GAH 27–45 sind zu vergleichen: Hymnus auf der Stele der Baumeister Suti und Hor (BM 826 = ÄHG Nr. 89), 27–30; Kleiner Aton-Hymnus (SANDMAN, Texts 10–16 = ÄHG Nr. 91), 26–29; Hymnus im Grab des Pentu (SANDMAN, Texts 48f = ÄHG Nr. 94), 14–19; Hymnus im Eingang der Gräber des Ahmes, Merire und Haja (SANDMAN, Texts 6–10 = ÄHG Nr. 95), 11f.

130 Cf. KNIGGE, Überlegungen, bes. 97f; DERS., Lob 2f.

131 Cf. Ps 36,8 (s.o. B.4.4, S. 205); 8;2.10; 31,20; 66,3; 92,6.

132 Der Parallelismus und das Suffix von כלם zeigen, dass קנין hier als Kollektivum dient.

133 Gegen eine Genizahandschrift und zahlreiche jüngere hebräische Codices, die קניניך bieten, dürfte der Leningradensis mit dem Singular die ursprüngliche Lesart bewahrt haben (cf. LXX; z.B. gegen KRAUS, BK XV, 878f). Auch sonst begegnet קנין im Alten Testament nur im Singular.

134 Lev 22,11: קנין כספו; Gen 31,18; 34,23; 36,6; Jos 14,4; Ez 38,12f; Ps 105,21; Prov 4,7.

135 Sie ist im Deutschen schwer wiederzugeben: „Luthers ‚Güter' [...] kommen der Sache nahe, erfassen jedoch nicht den in קנין implizierten kreatürlichen Bereich." (SPIECKERMANN, Heilsgegenwart 23, Anm. 11). Die Übersetzung als „Geschöpfe" (aaO 23) suggeriert hingegen einen schöpfungstheologischen Hintergrund, den der Begriff in der Grundform von Ps 104 nicht hat.

136 S.o. B.1.3, S. 155f.

137 Cf. die jüngere Variante des Motivs der Fülle in Ps 33,5: חסד יהוה מלאה הארץ.

gezeichnet: V.27a beginnt mit dem Motiv der Lebewesen, die auf Jahwe warten[138]. Das Stichwort כלם deutet an, dass jetzt an Tier und Mensch gleichermaßen gedacht ist. V.27b fährt fort: „[...] dass du ihre Speise gebest zur jeweiligen Zeit." (לתת אכלם בעתו) Besonderes Gewicht liegt auf der geprägten Wendung בעתו[139], die auf אכל zu beziehen ist: Dass die Nahrung von Jahwe kommt, erweist sich bei jeder einzelnen Mahlzeit. V.28a führt den Gedanken ähnlich konkret weiter: Bei ילקטון ist besonders an das Auflesen von Ähren zu denken[140]. V.28b ist wieder eine umfassende Aussage: Dabei wird das anthropomorphe „du öffnest deine Hand" mit dem Motiv der Sättigung verknüpft, das nach V.13b zum zweiten Mal begegnet. Die Begriffe שבע und טוב erinnern noch einmal an die Sprache der Weisheit[141], und die Wendung „satt werden mit Gutem" ist auch in einem Sprichwort belegt (Prov 12,14). Erneut ist das Motiv auf das kultische Fest transparent (cf. Ps 36,9[142]).

Die folgenden beiden Bikola nehmen auf andere Weise in den Blick, dass das Leben von Jahwe abhängig ist:

(29aα)	תסתיר פניך יבהלון	Verbirgst du dein Antlitz, erschrecken sie,
(29aβ)	תסף רוחם יגועון	ziehst du ihren Atem zurück, vergehen sie.
(30a)	תשלח רוחך יבראון	Sendest du deinen Atem aus, werden sie erschaffen,
(30b)	ותחדש פני אדמה	und du erneuerst des Erdreichs Antlitz.

Die Motive dürften erneut zum göttlichen Königtum gehören. Hinter V.29aα ist das Bild der Audienz zu erkennen[143]: Verbirgt der König sein Antlitz, droht sein Zorn[144]. In Klage und Gebet des Einzelnen kann dieses Motiv auf Jahwe übertragen werden[145]: Der Wortlaut von V.29aα findet in Ps 30,8 eine nahe Parallele (הסתרת פניך הייתי נבהל „du verbargst dein Antlitz, ich erschrak") und könnte von dort übernommen sein.

---

138 Negativ gewendet begegnet das Motiv in Jes 38,18 von den Toten, die nicht auf Jahwes Treue warten.

139 Sie hat immer einen ganz spezifischen Sinn und kann die Zeit des Regens (Dtn 11,14; 28,12; Jer 5,24; Ez 34,26), des Getreides (Hos 2,11; Hi 5,26), der Frucht eines Baumes (Ps 1,3), eines Sternbildes (Hi 38,32) oder auch eines rechten Wortes (Prov 15,23) bezeichnen. In Koh 3,11 bezieht sie sich auf den Zeitabschnitt der urzeitlichen prima creatio. Ps 145,15 zitiert bereits Ps 104,27f. Cf. auch Sir 39,16.33.

140 Cf. Lev 19,9; 23,22; Jes 17,5; Ruth 2 passim.

141 Cf. שבע q. z.B. in Prov 12,11; 14,14; 18,20; 20,13; 25,16; טוב neben den מן ... טוב-Sprüchen z.B. in 11,27; 12,25; 13,15; 15,23.

142 S.o. B.4.4, S. 205ff.

143 Cf. HARTENSTEIN, Angesicht 220.

144 Dies lässt sich z.B. aus Prov 16,15 erschließen: באור פני מלך.

145 Cf. bes. Ps 13,2; daneben 22,25; 27,9; 51,11; 69,18; 88,15; 102,3; 143,7; Hi 13,2. Das Motiv begegnet im Alten Testament außerdem in Dtn 31,17f; 32,20; Jes 8,17; 54,8; 64,6; Jer 33,5; Ez 39,23f.29; Mi 3,4; Ps 10,11; 44,25. Hi 34,29 expliziert das Motiv im Hinblick auf Jahwes Überlegenheit über den Menschen.

Im Blick auf die Fortsetzung fällt auf, dass der Dichter die Begriffe
פנים und רוח chiastisch, aber mit jeweils anderem Bezug verschränkt[146]:
Jahwe „zieht" den Atem der Lebewesen „zurück, dass sie vergehen"[147],
aber er sendet[148] *seinen* Atem aus, um sie zu beleben; er verbirgt *sein*
Antlitz, aber er „erneuert das Antlitz der Erde". Die Begrenzung des
Lebens und die Gabe neuen Lebens gehören also untrennbar zusammen. In einem Teilaspekt dürfte auch hier die Vorstellung des Wettergottes im Hintergrund stehen: „Du erneuerst des Erdreichs Antlitz"
(V.30b) lässt an den Wiederkehr der Vegetation denken, der alljährlich
durch den Beginn der Regenfälle gestiftet wird. Gewichtiger ist jetzt
aber die Parallelaussage in V.30a: Hier begegnet der Begriff ברא[149]; um
die creatio prima im Sinn von Gen 1 handelt es sich dabei allerdings
nicht[150]. In der Lebensgabe von Jahwes Atem erweist sich vielmehr seine königliche Macht: In anderem Kontext wird der König „der Atem
unserer Nasen" (רוח אפינו) genannt (Thr 4,20). In diesem Zusammenhang könnte ברא hier mit G. R. Driver als ברא II „wieder gesund werden, zum Leben kommen" zu deuten sein[151].

Das Motiv der belebenden רוח hebt sich vom Vorstellungskreis des
Wettergottes ab. Es stammt vermutlich aus Ägypten: Auch dort galt
der Atem des Königs als Spender des Lebens[152]. Außerdem finden sich
in Hymnen aus der Ramessidenzeit, die vornehmlich an den Weltgott
Amun-Re gerichtet sind, Wendungen, die Ps 104,30a überraschend ähneln[153]. Zu vergleichen ist etwa: „Die du auf Erden geschaffen hast, sie
atmen durch dich"[154], oder: „die Nasenlöcher, sie atmen die Luft, die

---

146 11QPsᵃ (frg. E ii, Kol. 8:8f = DJD XXIII, 33) ändert רוחם in V.29aβ in רוחכה und retu-
schiert damit das angedeutete Wechselverhältnis zwischen der רוח Jahwes und der
רוח der Lebewesen (cf. DAHMEN, Psalmen- und Psalterrezeption 115).

147 Cf. גוע q. in Ps 88,16 und Thr 1,19. Hi 34,15 (mit V.14) dürfte bereits auf Ps 104,29 in
der ergänzten Form anspielen.

148 שלח pi. wird im Alten Testament auffallend häufig mit dem Subjekt Jahwe verbunden, meist jedoch im Zusammenhang mit dem geschichtsmächtigen Wirken Jahwes
(cf. z.B. Ex 23,27; Lev 26,25; Dtn 7,20; Jer 8,17). Eine mit Ps 104,30a vergleichbare
Aussage findet sich nicht.

149 Ps 104,30 dürfte der älteste Beleg von ברא im Alten Testament sein, cf. SPIECKER-
MANN, Heilsgegenwart 45f, Anm. 61.

150 ברא ni. sonst in Bezug auf die Weltschöpfung in Gen 2,4; 5,2; Ps 148,5; für die
Erschaffung von Wundern (נפלאת) in Ex 34,10; von etwas Neuem in Jes 48,7; parallel
zur Geburt: Ez 21,35; 28,13.15; Ps 102,19 (von den Nachkommen des Gottesvolkes).
SPIECKERMANN, ebd., verweist auf die Nähe zur Schöpfungsvorstellung von Gen 2.

151 Resurrection 20f, cf. HALAT 147; dazu AUFFRET, Hymnes 195f.

152 Cf. z.B. CG 34025:3 (Siegesstele des Merenptah, Übersetzung: KAPLONY-HECKEL, in:
TUAT I 547); dazu WESTENDORF, Art. Atem (LÄ I), 518.

153 Cf. KÖCKERT, Beobachtungen 272f; KNIGGE, Überlegungen 120f.

154 Aus dem Grab des Hohenpriesters Nebwenenef (13. Jh. v.Chr.): Theben, Nr. 157(8),
ASSMANN, Sonnenhymnen Nr. 157:24 (ÄHG Nr. 100).

du gibst"[155]. Diese Texte waren noch im 8. und 7. Jh. in Gebrauch, als zwischen Juda und Ägypten enge Kontakte bestanden[156]. Es ist anzunehmen, dass der Dichter des Lobliedes, der am Jerusalemer Tempel zu suchen ist, den Topos ägyptischer Überlieferung entnommen und in die Theologie des Königtums Jahwes eingebettet hat[157].

Der letzte Abschnitt lenkt zu Jahwe selbst zurück. Sachliches Gewicht hat hier die Stellung von V.31 und V.33: Die beiden Bikola rahmen das Bild des gefährlichen Kämpfers. Mit dem Zitat von V.32 unterstreicht der Dichter, dass die Weltordnung ohne die überlegene Macht des Königsgottes nicht bestehen kann.

Passend zu diesem Zusammenhang führt V.31 die „Ehre Jahwes" (כבוד יהוה) ein. Damit ist das Hauptmotiv der Königstheologie ausdrücklich genannt: Nach der Liturgie von Ps 24,7–10 erweist sich Jahwe als „König der Ehre" (מלך הכבוד)[158], und nach Ps 29 (V.1f*.9f) hat die göttliche Ehre in Mythos und Tempelkult entscheidendes Gewicht[159]. Vor diesem Hintergrund ist das eigentümliche Anliegen zu verstehen, das der Dichter von Ps 104* in V.31 nennt:

(31a)   יהי כבוד יהוה לעולם   Die Ehre Jahwes sei ewig,
(31b)   ישמח יהוה במעשיו   Jahwe freue sich an seinen Werken!

Dieser Wunsch verweist auf die Dynamik, die der Vorstellung des göttlichen Königtums ursprünglich innegewohnt hat: Im Horizont des mythischen Denkens erscheint es nie als unangefochten, sondern als stets bedroht, genauso wie man die lebensnotwendige Ordnung der Welt immer als zerbrechlich empfand. Angesichts dessen wünscht der

---

155 Aus dem pBerlin 3049 (10. Jh. v.Chr.) A 111 (MÖLLER, Papyrus II, 11,2 = ASSMANN, ÄHG Nr. 127A); cf. auch: „Du bist die Luft, die die Kehle atmen lässt, kein Raubtier lebt, das deiner entbehrt", aus dem Grab des Tjanefer (12. Jh. v.Chr.): TT 158(5) H 16 (ASSMANN, Sonnenhymnen Nr. 156 = ÄHG Nr. 108); außerdem Theben, Grab 23(15):28–30 (ASSMANN, Sonnenhymnen Nr. 17 = ÄHG Nr. 98): „Du hast aber auch deine Gestalt angenommen als Lufthauch, um ihn an die Nasen zu geben, auf daß man lebe, wenn du es willst." Die hier greifbare Identifikation des Gottes mit dem Lufthauch/Atem des Lebens wird in Ps 104,30a allerdings vermieden. Außerdem wird das Motiv des Lebensatems in den ramessidischen Hymnen an den Sonnengott oft mit der Motivik des Lichts parallelisiert (cf. z.B. ASSMANN, Sonnenhymnen Nr. 150 = ÄHG Nr. 107,14f), was ebensowenig für Ps 104 gelten kann.

156 Cf. SCHIPPER, Israel 197f, 283f; KÖCKERT, Beobachtungen 273f.

157 KÖCKERT, Beobachtungen 273f, verbindet dies mit Überlegungen zur Solarisierung Jahwes seit dem 8. Jh.: „In diesem Traditionsstrom ist die Konzeption der Du-Schicht religionsgeschichtlich einzuordnen: Jahwe trägt Züge eines solarisierten El (V.21)." In V.21 wird אל freilich nicht mit Jahwe gleichgesetzt. Auch sonst ist zu fragen, ob die königstheologischen Motive der Du-Schicht Sonnenmotive sind. Der Psalm unterscheidet zudem klar zwischen Jahwe und der Sonne (V.22).

158 S.o. B.1.2, S. 149ff.

159 S.o. A.5.7, S. 122ff.

Dichter, dass Jahwes „Ehre" (כבוד) ununterbrochen bestehen und unbegrenzt dauern möge.

In V.31b verknüpft er diesen Wunsch mit dem vorher breit ausgemalten Bild der Welt, die von Jahwe umsorgt wird. Dabei überträgt er das Motiv der rituellen Königsfreude auf Jahwe selbst: „Jahwe freue sich an seinen Werken". Das lässt besonders an den Beginn von Ps 21, eines Liedes zur Inthronisation des irdischen Königs, denken: „Jahwe, über deine Macht freut sich der König ...!" (V.2a: יהוה בעזך ישמח מלך)[160] Genauso soll sich Jahwe selbst seiner eigenen Weltherrschaft erfreuen.

Nach dem Theophaniehymnus von V.32 schließt der Dichter den Psalm mit einem Lobgelübde ab. Dass er hier die zum Klage- und Danklied gehörende Form[161] verwendet, könnte für die Gesamtdeutung des Psalms wichtig sein: Wahrscheinlich wurden diese Gattungen ursprünglich für einen königlichen Beter gedichtet[162]. Denkt man den König auch als Beter von Ps 104*, findet die offensichtlich beabsichtigte Entsprechung der Zeitsphären von V.31 (לעולם „auf ewig") und V.33 (בחיי/בעודי „in meinem Leben"/„solange ich bin") die beste Erklärung: Dass der Beter die ewige Dauer von Jahwes Ehre wünscht, entspricht seinem eigenen Gelübde, Jahwe sein Leben lang preisen zu wollen; in der irdischen Königsherrschaft, die idealerweise ein Menschenalter umspannt, bildet sich die Königsherrschaft Gottes ab[163].

7. Ergebnis

Die Grundform von Ps 104 ist ein Loblied eines Einzelnen, das ein facettenreiches Bild von Jahwes Sorge für die Lebewesen zeichnet. Gerüst des großen Gedichtes ist eine Reihe von partizipialen Hymnen auf einen Wettergott. Der Dichter des Lobliedes hat diese Hymnen zitiert und in den Horizont einer umfassenden Theologie der Weltordnung gestellt, die auf Jahwes Königsherrschaft verweist. Gleichzeitig steht Ps 104* manch weisheitlicher Sprach- und Denkfigur nahe: In der Königszeit waren das ordnende Denken der Weisheit und die vom Königtum Gottes erfüllten Kultgesänge verschiedene Weisen, die Welt zu erschließen. Ps 104* zeigt, dass sie denselben Horizont geteilt haben.

---

160 Dazu s.o. A.5.7, S. 124.
161 Cf. שירה und זמרה nebeneinander in Ps 27,6; 57,8/108,2; 101,1; 144,9; Jdc 5,3; שירה alleine in Ps 13,6; Ex 15,1.
162 Das lässt sich besonders aus den militärischen Bildern von Ps 3,7 (Bittgebet vor der Schlacht) und Ps 27,3 (Vertrauenslied) erschließen. Die Klage von Ps 13 ist weniger eindeutig, lässt sich aber ebenfalls mit militärischer Bedrängnis verbinden (cf. V.5).
163 Eine ähnliche Verschränkung, die auch im Wortlaut Ps 104,31.33 nahe steht, bietet das Lobgelübde von Ps 30: יהוה אלהי לעולם אודך (V.13b). Auch hier ist der König als Beter vorstellbar.

Ergebnis

Die vorgestellten Texte zeigen, dass Jahwe ursprünglich als Wettergott verehrt wurde: Sie preisen den althebräischen Gott als gewaltigen Krieger, der die Herrschaft über die Erde und den Kosmos beansprucht, der die Fluten zähmt und den Regen spendet, der König wird, von den Göttern Huldigungen empfängt und von seinem Palast aus die Ordnung der Welt errichtet und verteidigt.

Die Gottesvorstellung, die sich in den untersuchten Psalmen ausgeprägt hat, bewegt sich vollständig im Horizont des mythischen Denkens. Die meisten Motive sind auch für Wettergötter aus dem Umkreis der frühen Jahwereligion belegt. Jahwes weltumspannender Herrschaftsanspruch hat Parallelen in den Herrschaftsansprüchen anderer Götter. Die monolatrische Tendenz, die in den Texten zu beobachten ist, hat keine exklusiven Züge. Sie ordnet sich in religionsgeschichtliche Entwicklungen in der ersten Hälfte des ersten Jahrtausends ein.

Mehrfach sind Motive des kämpfenden Wettergottes von der Bildwelt des Königsgottes eingerahmt. Der entsprechende traditionsgeschichtliche Sachverhalt hat ein literargeschichtliches Profil: Immer wieder ist zu erkennen, dass ältere Gedichte über den Wettergott Jahwe durch Verse über Jahwes Königsherrschaft erweitert wurden.

In Ps 93* wurde die erste Strophe, die Jahwes Thronbesteigung proklamiert, erst nachträglich vor das Lied gestellt, das Jahwes Triumph über die Fluten besingt[1]. Ps 97,1–7* enthält ein Stück über einen Wettergott, das zu einem Hymnus zu Jahwes Thronbesteigung umgestaltet wurde[2]. In Ps 29,1–10* hebt sich der hymnische Rahmen, der Jahwes ewige Königsherrschaft feiert, von einem älteren Lied über die gewaltigen Wirkungen von Jahwes Donnerstimme ab[3]. Ps 18,4–20* enthält ein episches Fragment über die Erscheinung eines kriegerischen Wettergottes; es wurde zu einem Danklied erweitert, das den in seinem Palast thronenden Jahwe als Retter vor dem Tod zeichnet[4]. In der Grundfassung von Ps 104 wurden partizipiale Hymnen auf einen

---

1   S.o. A.3.3, S. 68ff.
2   S.o. A.4.5, S. 93ff.
3   S.o. A.5.3, S. 107ff.
4   S.o. A.1.2, S. 36ff.

Wettergott in ein großes Gedicht aufgenommen, das Jahwes heilvolle Weltherrschaft besingt[5].

Andere Texte lassen sich nur einer Ebene zuordnen: Das Preislied von Ps 77,17–20 zeichnet Jahwe als kriegerischen Gott des Gewitters, der seine überlegene Macht an den Fluten beweist[6]. Der partizipiale Hymnus von Ps 65,7f* lobt den Wettergott dafür, dass er die Berge befestigt und die tosenden Fluten besänftigt[7]. Das festliche Lied von Ps 65,10–14* dankt dem Wettergott für den Regen und die Fruchtbarkeit des Landes[8]. Das Königtum des Wettergottes wird hingegen in Ps 36,6–10 vorausgesetzt: Der älteste Kern des Lobliedes zeichnet Jahwes königliche Huld im Festkult des Tempels; eine Weiterdichtung preist die kosmische Größe von Jahwes Eigenschaften[9]. In ähnlicher Weise besingt Ps 48,2–9* den Zion als mythischen Gipfel der Erde und die darauf gelegene Stadt als Mitte von Jahwes Weltreich[10]. Das kurze hymnenartige Stück von Ps 24,1f* erweitert den Mythos des göttlichen Königtums: Es proklamiert Jahwe als Eigentümer der Welt, der das Erdengebäude über den gezähmten Fluten gegründet hat und dauerhaft bewahrt[11]. Der Hymnus von Ps 98,4–9, der Ps 24,1f* bereits voraussetzt, bezieht sich erneut auf Jahwes Thronbesteigung und schließt sachlich eng an die Thronbesteigungslieder von Ps 93* und 97* an[12].

Eine Schlüsselstellung für das Verhältnis beider Motivkreise hat die Liturgie von Ps 24,7–10* inne: In ihr spiegelt sich ein Ritual, das die Rückkehr Jahwes aus mythischer Schlacht und seinen Anspruch auf die Königswürde in Szene gesetzt hat[13].

1. Theophanien des Wettergottes Jahwe

Die Texte der ältesten Schicht bilden einen althebräischen Wettergottmythos ab[14]. Sie zeichnen Jahwe[15] als gewaltigen Krieger: Der Donner

---

5   S.o. C.5 und C.6, S. 220ff.
6   S.o. A.2.5, S. 53ff.
7   S.o. B.5.4, S. 143ff.
8   S.o. B.5.3, S. 139ff.
9   S.o. B.4.4, S. 205ff, und 4.5, S. 208ff.
10 S.o. B.3.6, S. 195ff.
11 S.o. B.1.3, S. 154ff.
12 S.o. B.2.3, S. 174ff.
13 S.o. B.1.2, S. 149ff.
14 Ein tragfähiger Mythosbegriff bezeichnet in diesem Zusammenhang nicht einfach die Göttergeschichte (so z.B. GUNKEL, Genesis XIVf; KOCH, Mythos 321), sondern die Erzählung von αἰτίαι der Lebenswelt (zu diesem Mythosverständnis SCHMIDT, Art. Mythos [TRE XXIII], 626f). Es gilt also, den Sinn der mythischen Motive zu verstehen

kündet von seinem Nahen (Ps 29,3–9*). Er breitet den finsteren Wolkenhimmel aus (Ps 18,10; 104,2), macht Stürme und Flammen zu seinen
Dienern (Ps 104,2–4), reitet auf einem Keruben (Ps 18,11), fährt mit den
Wolken als Wagen einher (Ps 77,19; 104,3; cf. 65,12) und kämpft gegen
seine mythischen Feinde (Ps 18,15; 77,18; 97,3). Er beweist seine Macht,
indem er Zedern zerbricht (Ps 29,5), die Berge und den Erdkreis erschüttert (Ps 18,8*; 29,6; 77,19; 104,32; cf. 97,5) und die Fluten vertreibt
(Ps 18,16*; 29,3*; 77,17.20; cf. 93,3f). Sein Donner bringt die heilige Steppe und die Hinden zum Kreißen (Ps 29,8f*); unter der Wirkung seiner
Blitze kreißt sogar die ganze Erde (Ps 97,4).

Das unheimliche Handeln des Wettergottes hat eine heilvolle Kehrseite: Er befestigt die Berge und zähmt die tosenden Meere (Ps 65,7f*).
Er bringt den Regen (Ps 77,18), lässt die Berge und das Land überströmen (Ps 65,10f*; 104,10.13a), tränkt das Wild (Ps 104,11) und schenkt
dem Vieh seine Weide (Ps 65,13f; 104,14). Er segnet das Gewächs des
Landes (Ps 65,11), lässt die Erde Brot hervorbringen (Ps 104,14; cf.
65,14a) und krönt das Jahr mit seinen Gaben (Ps 65,12).

Die unheimlichen und die heilvollen Wirkungen des Gottes sind
eng miteinander verknüpft. Die aggressiven Züge stehen im Vordergrund[16]: Das Gewitter zeugt von den gewaltigen Kämpfen, in denen
der Wettergott die Fluten zurückdrängt und seine Vorherrschaft über
den Kosmos durchsetzt (Ps 18,8–16*; 29,3–9*; 77,17–20; 97,2–5*). Die

---

und die ihnen eigene Denkform zu erfassen, ohne vorschnell das Kriterium des monotheistischen Gottesverständnisses in Anschlag zu bringen: In den rekonstruierten
Texten geschieht Jahwes Wirken in zeitlichen und räumlichen Dimensionen, die mit
der wahrnehmbaren Wirklichkeit nur in indirekter Verbindung stehen, jedoch in
Analogie zu dieser gedacht sind. Gleichzeitig erweist das von Jahwe erzählte dramatische Geschehen eine die wahrnehmbare Wirklichkeit begründende Funktion.

15 Im erhaltenen Text der Theophanien von Ps 18,8–16* und 97,2–5*, der partizipialen
Hymnen von Ps 65,7f* und Ps 104,2–4.10f.13a.14.32 sowie des Lobliedes von Ps
65,10–14* findet sich kein Gottesname. Seine Einführung muss bei der jeweiligen
Weiterdichtung ersetzt worden sein. Es ist möglich, dass die hier gezeichneten Wettergottgestalten ursprünglich von Jahwe unterschieden waren. Allerdings nehmen
die Rahmungen die Gleichsetzung mit Jahwe vor, ohne dass sich darin eine Spannung bemerken ließe. Außerdem zeichnen die ältesten Kerne von Ps 29; 77 und 93
Jahwe selbst als Wettergott, wobei sich die Motive mehrfach mit Ps 18,8–16*; 97,2–5*;
65,7f*.10–14* und Ps 104 überschneiden. Damit legt es sich nahe, dass es sich auch
bei den Gottesgestalten dieser Texte um keinen anderen als Jahwe selbst handelt
(s.o. A.1.4, S. 27ff, A.4.7, S. 95ff, A.6.4, S. 143ff, A.6.3, S. 139ff, C.5, S. 220).

16 Das entspricht dem Bild, das sich in der palästinischen Ikonographie bereits in der
späten Bronzezeit abzeichnet und sich in der frühen Eisenzeit fortsetzt: Die mit dem
Wettergott verbundenen Aspekte der Fruchtbarkeit treten in den Hintergrund; Symbole von Kampf- und Unterwerfung bestimmen die Gottesdarstellungen, cf. KEEL/
UEHLINGER, GGG 86ff, 129ff.

Gabe von Regen und Fruchtbarkeit erscheint mehrfach als Folge dieses mythischen Geschehens (Ps 29,8f*; 77,18; 97,4; cf. 65,7f* und 10–14*)[17].

Der Begriff des Königs ist in der ältesten Schicht noch nicht enthalten. Einige Bilder stehen aber dem Motivkreis des Königtums nahe: Der Wettergott trägt den Titel „Herr der ganzen Erde" (Ps 97,5*), er kleidet sich in Licht und ist von einem Hofstaat umgeben (Ps 104,2–4); ein gezähmter Kerub dient ihm als Reittier (Ps 18,11). Er baut sich einen Palast, dessen Obergemächer in die Fluten ragen (Ps 104,3).

Im einzelnen sind die Vorstellungen nicht immer deckungsgleich; teilweise scheinen sie sich zu widersprechen. Das ist durch den metaphorischen Charakter der mythischen Rede bedingt[18]. Statische Aspekte sind mit höchst dynamischen Bildern verbunden: Jahwe befindet sich in der Höhe (Ps 93,4) und ist von Wolken umgeben (Ps 18,12*; 97,2a); er reitet durch das Gewitter und steigt zur Erde herab (Ps 18,10f), er zerbricht mit seiner Donnerstimme Zedern (Ps 29,5) und schießt Blitzpfeile gegen seine Feinde (Ps 18,15f*; 77,18; cf. 97,3f). Er erschüttert die Erde und schlägt die Berge (Ps 18,8*; 29,6; 77,19; 104,32; cf. 97,4), aber er befestigt die Berge auch gegen die tosenden Meere (Ps 65,7) und tränkt sie mit seinem Regen (Ps 104,13a). Die Fluten fliehen vor ihm (Ps 18,16*; 77,17.20) und werden von ihm gezähmt (Ps 65,8*); Jahwe triumphiert über sie in der Höhe (Ps 93,3–5*).

Zwei zeitliche Perspektiven stehen nebeneinander: Das Wirken des Wettergottes wird teils im Rückblick (Ps 18,8–16*; 29,5b.6.9aβ*; 77,17–20; 97,4f*), teils als gegenwärtiges Geschehen gezeichnet (Ps 29,3*.4.5a. 7f.9aα; 93,3–5*; 97,2a.3). Bisweilen gehen präsentische Aussagen in präteritale Aussagen über (Ps 97,2–5*) oder sind beide Ebenen verschränkt (Ps 29,3–9*). Die präteritalen Schilderungen begegnen besonders dann,

---

17 Nach KEEL, Geschichte I, 199–212, stammt Jahwe v.a. wegen Jdc 5,4f; Hab 3,3 und dem *jhwh tmn* in der Inschrift auf Pithos II aus Kuntillet ʿAǧrūd (KAgr(9):9 [HAE I, 62f]; genaue Nachzeichnung: AHITUV, God 66) aus dem Süden und war ursprünglich mit vulkanischen Phänomenen verbunden (Keel verweist auf Ex 19,18; Mi 1,4; Ps 97,5; 104,32; 144,5 sowie Ex 14,19.24; 40,38). Sein Kommen habe im Unterschied zum Kommen des Wettergottes statt Freude Schrecken ausgelöst (204). In Palästina sei Jahwe nicht als Wetter- und Fruchtbarkeitsgott, sondern als Sturm- und Kriegsgott nach dem Bild des ägyptischen Seth dargestellt worden, der seinerseits in Ägypten mit Baal identifiziert wurde: „Wenn JHWH früh und ganz im S in bedeutendem Umfang mit Baal identifiziert worden ist, dann mit diesem von der Gestalt Seths modifizierten Baal, nicht mit dem klassischen Wettergott Baal. Dieser wird unbeschadet des neuen Baal-Seth-Typs weiter verehrt worden sein. Die Identifizierung JHWHs mit diesem alten Wettergott Baal erfolgte erst später im Nordreich ..." (208). Die Trennung zwischen Wetter-/Fruchtbarkeitsgott und Sturm-/Kriegsgott wirkt unter palästinischen Bedingungen jedoch künstlich: Auch wenn bei Jahwe und Baal-Seth die kriegerischen Züge im Vordergrund stehen, ist die Verbindung zu Regen und Fruchtbarkeit nicht ausgeschlossen. Zur Herkunft Jahwes s.u. S. 243.

18 Cf. MÜLLER, Mythos 219, zur „Widerspruchstoleranz" des Mythos.

wenn über die Erschütterung von Erde, Bergen und Fluten gesprochen wird (Ps 18,8*.16a*; 29,5b.6; 77,17.19f; 97,4.5*).

Die Verbindung der beiden Aspekte hat für den Sachgehalt entscheidendes Gewicht: Einerseits verweisen die Stücke auf eine mythische Urzeit, in der der Wettergott seine Vorherrschaft über den Kosmos errungen hat. Andererseits unterstreichen die iterativen und durativen Aussagen, dass die Macht des urzeitlichen Kämpfers die Gegenwart durchdringt: Sie kann in den gewaltigen Erscheinungen des Gewitters erfahren werden, findet aber auch in der jeweiligen Gegenwart der kultischen Vollzüge Darstellung.

Die Gedichte sind vielfältig gestaltet: Als kleine poetische Formen begegnen die aus der ugaritischen Dichtung bekannten Trikola im Stufenparallelismus (Ps 77,17[19]; 93,3[20]), zahlreiche Bikola mit meist synthetischen Parallelismen (Ps 18,8–16*[21]; 97,2–5*[22]), aber auch der Wechsel von repetierenden Bikola, Monokola und einem Trikolon in Ps 29,3–9*[23]. Mehrere Stücke sprechen über den Wettergott (Ps 18,8–16*; 29,3–9*; 97,2–5*; 104,2–4.10f.13a.14.32), andere reden ihn preisend an (Ps 65,10–14*; 77,17–20). In Ps 93,3–5* geht die Anrede, die zunächst an ein Klagelied erinnert, in die preisende Schilderung über[24].

Die unterschiedlichen Formen dienen unterschiedlichen Sprechakten: Teils wird vom Wirken des Wettergottes erzählt (Ps 18,8–16*; 97,2–5*), teils wird es beschworen (Ps 29,3–9*; cf. 65,10–14*) oder gepriesen (Ps 77,17–20; 93,3–5*): Der Lobpreis bezieht sich einerseits darauf, dass der Gott seine Herrschaft in mythischer Urzeit errungen hat (Ps 18,8–16*; 77,17–20; 97,2–5*). Andererseits ruft er das mächtige göttliche Handeln in der Gegenwart herbei (Ps 29,3–9*; cf. 65,10–14*; 104,2–4.10f.13a.14.32). Beides verweist auf einen kultischen Sitz im Leben: Weil das Wirken des Wettergottes auf die herbstliche Gewitter bezogen ist, legt es sich nahe, dass die vorgestellten Stücke für das Neujahrsfest verfasst wurden. Zwar lässt sich das nicht beweisen, da die Texte keine ausdrücklichen Aussagen über das Fest enthalten. Eine plausiblere Möglichkeit, die Lieder über den Wettergott zu verorten, ist aber nicht in Sicht. Mowinckels Annahme, es habe ein Thronbesteigungsfest Jahwes gegeben[25], erweist sich mutatis mutandis als tragfähig.

---

19   S.o. A.2.4, S. 51ff.
20   S.o. A.3.4, S. 71ff.
21   S.o. A.1.4, S. 27ff.
22   S.o. A.4.6, S. 95ff.
23   S.o. A.5.4, S. 109ff.
24   S.o. A.3.4, S. 71ff.
25   S.o. Einleitung, 1., S. 2ff.

Zur religionsgeschichtlichen Stellung des Gottesbildes lässt sich Folgendes festhalten: Der Gott, der in diesen Texten gezeichnet wird, ist mit anderen Wettergöttern des zweiten und ersten Jahrtausends verwandt. Zahlreiche Motive stimmen überein; nicht wenige Epitheta sind sachlich gleichbedeutend, und sogar manche sprachlichen Wendungen klingen aneinander an. Das mythische Geschehen, in dem Jahwe seine Macht an der Erde, den Bergen und den Fluten beweist, ist kein Proprium der althebräischen Religion.

Schon die Parallelen zu dem königlichen Wettergott der ugaritischen Dichtung sprechen eine deutliche Sprache: Auch der ugaritische Ba'lu erschüttert mit seiner Stimme die Berge[26], schleudert Blitze zur Erde[27], vertreibt seine mythischen Feinde[28] und spendet den Regen[29]; sein Titel „Fürst, Herr der Erde"[30] erinnert an den hebräischen „Herrn der ganzen Erde" (Ps 97,5*)[31]. Allerdings sind in den ugaritischen Epen die Motive des Wettergottes bereits eng mit dem göttlichen Königtum verknüpft[32]. In der althebräischen Kultlyrik wird Jahwe auf der ältesten Ebene hingegen noch nicht ausdrücklich König genannt, obwohl sich einzelne Motive auch hier – wie gezeigt – der Königsvorstellung annähern. Das ursprüngliche Bild Jahwes erscheint im Vergleich zum Mythos des ugaritischen Ba'lu als weniger vielschichtig.

Ein noch deutlicherer Unterschied zur ugaritischen Dichtung ist, dass die althebräische Kultlyrik nur über einen einzigen Gott spricht. Die Texte geben nicht zu erkennen, weshalb. Teils dürften die Gründe in den Gattungen von Hymnus und Preislied liegen, die sich aspekthaft auf den angeredeten Gott beschränken[33]. Daneben ist auf religionsgeschichtliche Entwicklungen in der frühen Eisenzeit und lokale palästinische Eigenheiten zu verweisen: Der Götterhimmel war im palästinischen Hinterland der frühen Eisenzeit offenbar viel karger als in der vielsprachigen spätbronzezeitlichen Handelsmetropole Ugarit. Außerdem wurden in der ersten Hälfte des ersten Jahrtausends im südsyrisch-palästinischen Raum an mehreren Orten einzelne Götter auffallend hervorgehoben; neben Juda und Israel sind monolatrische Ten-

26   CAT 1.4 VII 31f; cf. 1.101:4.
27   CAT 1.4 V 9; 1.101:3f.
28   CAT 1.4 VII 35–41.
29   CAT 1.4 V 6; 1.16 III 5–8
30   CAT 1.3 I 3 u.ö.
31   S.o. A.4.7, S. 95ff.
32   Cf. z.B. CAT 1.4 VII 49–52 (dazu s.o. B.4.4, S. 205ff).
33   Als ugaritisches Beispiel sei das Gebet am Ende von CAT 1.119:26–34 (Übersetzung: DIETRICH/LORETZ, in: TUAT III, 819) genannt, das im Blick auf künftige Belagerungen um den Schutz der Stadt bittet und sich an Ba'lu wendet, ohne einen anderen Gott zu erwähnen.

denzen auch in den ostjordanischen Königreichen anzunehmen[34]. Der Hintergrund war wahrscheinlich die Entstehung von Flächenstaaten, die sich unter der Führung ihres jeweiligen Herrschers in schweren Kämpfen behaupten mussten. Die martialischen Züge, die in den Darstellungen Jahwes hervortreten (Ps 18,8–16*; 29,3–9*; 77,17–20; 97,2–5*), passen in dieses Bild.

Dass sich die Verwandtschaft Jahwes mit anderen Wettergöttern bei weitem nicht auf Ugarit beschränkt, zeigt das Motiv des Kampfes gegen das Meer, das in den vorgestellten Texten in ganz anderer Form begegnet als in der ugaritischen Poesie[35]. Die weite Verbreitung dieses Motivs zeigt schon die Verbindung mit dem Wettergott von Aleppo[36], dessen kürzlich wiederentdeckter Tempel mit seinen zahlreichen Götterbildern beweist, dass bronzezeitliche Traditionen auch in der frühen Eisenzeit weitergelebt haben[37]. Die althebräischen Anspielungen auf den Meereskampf, in denen die Fluten nicht als klar umrissener Gott, sondern als gestaltlose Masse erscheinen (Ps 18,16*; 29,3*; 77,17.20; 93,3–5*[38]), finden Parallelen in akkadischen Epitheta des Wettergottes Adad/Hadad, deren Überlieferung ins erste Jahrtausend hinabreicht[39].

In Texten über Adad finden sich zahlreiche weitere Parallelen zu Motiven des Wettergottes Jahwe. Sie ähneln den Wendungen der althebräischen Poesie teilweise überraschend: Auch Adad lässt seine Stimme in den Wolken ertönen[40], erschüttert die Berge[41], schleudert Blitze und Hagel[42], reitet auf dem Sturm[43], spendet reichlichen Regen[44], lässt die Steppe kreißen[45] und sorgt für Götter[46], Menschen[47] und Vieh[48].

---

34 S.o. A.5.8, S. 128ff.
35 S.o. A.2.6, S. 59ff.
36 S.o. A.2.6, S. 59ff.
37 Cf. GONNELLA/KHAYYATA/KOHLMEYER, Zitadelle, bes. 92–94.
38 Zu 29,10 sowie 24,1f*; 65,8* und 98,7f, s.u. 2., S. 244ff.
39 S.o. A.2.6, S. 59ff.
40 KAR 304 (+) 337, Rs. 16': *ša ina kiṣir urpāti urtaṣṣanu ramīmšu* („dessen Gebrüll in der Wolkenballung ertönt") = SCHWEMER, Wettergottgestalten 713.
41 RIMA III A.0.102.12:6: *ša ina rigmīšu ḫuršāni inuššū isabbuʾā tâmāte* („bei dessen Brüllen die Berge schwanken") = SCHWEMER, aaO 714.
42 IM 95200 I 7–II 1: *ša mel[e]m berqīšu ezzū[t]im aban naspa[nti]m eli māt ni[ku]rtim aggi[š] ušaznanu* („der den Schreckensgl[an]z seiner wütend[e]n Blitze (und) den zerstöreri[sch]en Hagel auf das Fei[nd]esland regnen lässt") = SCHWEMER, aaO 714.
43 Z.B. BiMes 24, 51 Vs. 8: *[r]ākib ūmū* („[der] auf den Stürmen reitet") = SCHWEMER, aaO 712, mit weiteren Belegen.
44 Z.B. BORGER, Asarhaddon 79 AsBbA Vs. 7: *mušaznin zunnī nuḫši* („der reichliche Regengüsse fallen lässt") = SCHWEMER, aaO 710 (mit weiteren Belegen).
45 LKA 53 Vs. 18f, 20f ‖ BMS 20 (+) 49 Rs. 17f ‖ KUB IV 26 Frg. A:10'f: *ša ina (‖ ana) rigmīšu … iḫillū ṣērū* („bei dessen Brüllen … die unbebauten Landstriche kreißen") = SCHWEMER, aaO 714.

Zur Frage nach der Herkunft Jahwes geben die rekonstruierten Reste der althebräischen Kultlyrik keinen Aufschluss. Soviel lässt sich aber sagen: Die Texte enthalten keinerlei Hinweise darauf, dass die Jahweverehrung außerhalb des palästinischen Kulturlandes entstanden ist: Die Gedichte sind nicht von der brüchigen alttestamentlichen Überlieferung beeinflusst, nach der Jahwe aus dem Süden von Palästina kommt (Dtn 33,2; Jdc 5,4; Hab 3,3; Ps 68,8)[49]. Liest man die Theophanietexte für sich, erscheint Jahwe vielmehr als im althebräischen Sprachraum verwurzelte und autochthone Manifestation eines Göttertypus, der in der Levante seit alters beheimatet war[50].

---

46   Z.B. ABOU-ASSAF/BORDREUIL/MILLARD, statue 13; ⁵KAI 309 akk. 3–5: *nādin išqu u nindabê ana ilānī aḫḫēšu* („der die Opferzuteilung und das Brotopfer für die Götter, seine Brüder, gibt") = SCHWEMER, aaO 711, mit weiteren Belegen.

47   Z.B. ABOU-ASSAF/BORDREUIL/MILLARD, aaO 13; ⁵KAI 309 akk. 2f: *nādin rîti u mašqīte ana nišī kal alāni* („der Weide und Tränke für die Leute aller Städte gibt") = SCHWEMER, ebd., mit weiteren Belegen; cf. ABOU-ASSAF/BORDREUIL/MILLARD, aaO 23; ⁵KAI 309 aram. 2f: ונתן רעי ומשקי למת כלן „der Weide und Tränke für alle Länder gibt" = SCHWEMER, aaO 614.

48   K 100 Vs. 13: *nādin teʾûti ana būl ilāni* („der die Verpflegung für das Vieh der Götter gibt") = SCHWEMER, aaO 711.

49   Zur späten Entstehung dieses Motivs cf. PFEIFFER, Kommen 258–260.

50   Die älteste Bezeugung des Namens Jahwe findet sich möglicherweise im Ägypten des 14. Jahrhunderts, ist aber schwer zu deuten: Im großen Säulensaal des Amun-Tempels Amenophis' III. im nubischen Soleb sind auf den Säulen Darstellungen Gefangener mit Namensschildern eingemeißelt, die die Herkunft der Gefangenen nennen. Darunter findet sich die Landschaftsbezeichnung *t3 š3sw jhw* („Land der Schasu-Nomaden von *jhw*"; Nachzeichnung: SCHIFF GIORGINI, Soleb V, Pl. 221). Der darin enthaltene Name *jhw* (*jj-h-w3-[w]*) wird seit langem mit dem althebräischen יהוה in Verbindung gebracht (so bereits GRDSELOFF, Edôm 81f; cf. GIVEON, Bédouins 28; HERRMANN, Gottesname, bes. 81–85; GÖRG, Jahwe 182–186; KNAUF, Midian 46; die Identifikation wurde durch GOEDICKE, Tetragram, bestritten; gegen Goedicke wiederum GÖRG, YHWH 10–13). Allerdings ist *jhw* Toponym (GÖRG, Jahwe) oder ethnische Bezeichnung (WEIPPERT, Edom 292); wie sich das zu dem Gottesnamen verhält, ist unklar (cf. AHLSTRÖM, Israelites 60; PFEIFFER, Kommen 261). GIVEON, Art. Schasu (LÄ V) 533, denkt an eine Kurzform für „Beith Yahweh, eine Stadt, deren Tempel Yahweh gewidmet ist". Eine Liste, die sich in nubischen Tempeln Ramses II. in Amara West (Text: KITCHEN, Inscriptions II/4, 215–217) und Akscha (Text: aaO 211) befindet und deren Ortsnamen offenbar von den Inschriften von Soleb kopiert sind (Synopse: EDEL, Ortsnamenlisten 65–68), enthält einen Abschnitt, der mit *t3 š3sw sʿrr* („Land der Schasu-Nomaden von *sʿrr*") eröffnet wird; *t3 š3sw jhw* begegnet darin als fünftes von insgesamt sechs mit *t3 š3sw* gebildeten Toponymen. Weil *sʿrr* mit dem biblischen Seʿir (שעיר) in Verbindung gebracht wird (so bereits GRDSELOFF, Edôm 79f), wird *jhw* in der Gegend von Edom oder Midian vermutet, was die biblische Tradition der Herkunft Jahwes aus dem Süden (Dtn 33,2; Jdc 5,4f; Hab 3,3; Ps 68,8f) zu bestätigen scheint (cf. jüngst KEEL, Geschichte I, 200). Die Identifikation von *sʿrr* mit Seʿir wird von einigen Forschern freilich bestritten (v.a. ASTOUR, Yahweh 22f; cf. AHLSTRÖM, Israelites 59f; BARTLETT, Edom 79; DE MOOR, Rise 124). Die Nähe zu *sʿrr* muss zudem nicht bedeuten, dass *jhw* in dieselbe Gegend weist: *š3sw*-Nomaden sind in ganz Palästina und Syrien bezeugt (cf. GIVEON, Art. Schasu (LÄ V) 533;

Wann die kunstvollen Hymnen entstanden sind, lässt sich aufgrund von inneren Kriterien kaum entscheiden. Es ist mit einem längeren Entstehungszeitraum zu rechnen. Als Ort dürfte wegen des fortgesetzten kultischen Gebrauchs, der sich in der Literargeschichte niedergeschlagen hat, an den Jerusalemer Tempel zu denken sein[51].

2. Der Wettergott als König

Die Weiterdichtungen der Theophanietexte, die um Jahwes Königsherrschaft kreisen, und die Texte, die dieses Motiv bereits im Grundbestand zeigen, haben den Mythos ausgebaut: Der siegreiche Jahwe der Heerscharen erhebt bei der Rückkehr aus der mythischen Schlacht Anspruch auf die Königswürde (Ps 24,7–10*). Er wird zum König ausgerufen (Ps 93,1–5*; 97,1–7*), kleidet sich in Hoheit und Macht (Ps 93,1; 104,1) und empfängt in seinem Palast Huldigungen durch die Götter (Ps 29,1–10*; cf. 97,7*); der gesamte Kosmos jubelt ihm zu (Ps 98,4–9). Als ewiger König macht er die gezähmte Flut zu seinem Thron (Ps 29,10). Er gewährt in seinem Tempel Audienz, schützt und sättigt Götter und Menschen (Ps 36,7–10*).

Sein Königtum hat kosmische Dimensionen: Der göttliche Thron wird durch Recht und Gerechtigkeit gestützt (Ps 97,2); seine Festigkeit bewahrt den Erdkreis vor der Erschütterung durch die Fluten (Ps 93,1f → 24,2). Die Residenz des göttlichen Großkönigs ist die Stadt auf dem mythischen Gipfel der Erde (Ps 48,2–9*); Jahwe befestigt sie für alle Zeit. Jahwes Huld und Treue, sein Recht und seine Gerechtigkeit gleichen Himmel, Bergen und Urflut (Ps 36,6f*); durch sie herrscht Jahwe über die Erde und ihre Völker (Ps 98,9). Aus der Höhe seines Palastes heraus rettet Jahwe den Beter aus tödlicher Gefahr (Ps 18,4–20*). Er ordnet die Räume und Zeiten des Lebens und belebt durch seinen Atem Mensch und Tier; gleichzeitig wird das Leben von ihm begrenzt: Verhüllt er sein Angesicht, sterben die Wesen (Ps 104,29*).

---

in Soleb wird unmittelbar neben den mit *t3 š3sw* gebildeten Ortsnamen anscheinend das nordpalästinische בית ענת erwähnt (GIVEON, Bédouins 27; EDEL, Ortsnamenlisten 68), in Amara West das in der Karmelregion zu suchende Gintikirmil (EDEL, aaO 78f), das in einem Brief des Abdi-Ḫēpa von Jerusalem (EA 288:26) in Verbindung mit „den Ländern von Šēru (Seʿir)" begegnet (zum geographischen Problem GÖRG, Identität). *jhw* könnte daher auch in Mittel- oder Nordpalästina zu suchen sein (cf. KÖCKERT, Wandlungen 20, Anm. 43; PFEIFFER, Kommen 261).

51   Das gilt auch für die Urgestalt von Ps 29 (V.3–9*), für die wegen der Nähe zum Motivkreis des „kanaanäischen" Baal und wegen der Erwähnung von Libanon und Sirjon (V.6) oft eine Entstehung im Nordreich vorgeschlagen wurde, cf. z.B. JEREMIAS, Königtum 42.

Der Götterhimmel wird gegenüber der ältesten Schicht erweitert: Der König Jahwe hat ein göttliches Heer im Gefolge (Ps 24,10*). Mehrfach ist von den „Göttern" die Rede: Sie huldigen Jahwe (Ps 29,1f*; 97,7*) und bergen sich in seinem Schutz (Ps 36,8). Neben Jahwe wird möglicherweise ein Gott El erwähnt (Ps 36,7; 104,21). Als Widersacher Jahwes treten nicht nur die Fluten in den Blick, sondern auch Tod und Unterwelt (Ps 18,5f).

Die Weiterdichtungen sind ähnlich sorgfältig gestaltet wie die Texte über den Wettergott: Neben Stufenparallelismen (Ps 24,7–10*; 29,1f*; 93,1a) und chiastischen Strukturen (z.B. Ps 18,5f; 104,27–30*) finden sich kunstvolle Reihungen (Ps 48,2f*) und anaphorische Ketten (Ps 98*). Vorherrschend ist die hymnische Diktion: Die Texte proklamieren Jahwes Thronbesteigung (Ps 93*; 97*) und rufen zu seinem Lob auf (Ps 29*; 98*), oder sie reden Jahwe preisend an (Ps 36*; 104*); daneben findet sich die erzählende Diktion des Dankliedes (Ps 18,4–20*) oder der beschwörende Wunsch, dass Jahwes Herrschaft ewig bleiben möge (Ps 48,9*; 104,31). Eine Liturgie mit zwei Sprechern bietet Ps 24,7–10*; sie lässt auf ein entsprechendes Ritual schließen.

Durch die Verbindung der Motive des göttlichen Königs mit den älteren Überlieferungen vom Wettergott erzeugen die Texte ein mehrschichtiges Bild: Eine Ebene zeigt den König Jahwe, der über den Kosmos herrscht; auf der anderen Ebene erscheint derselbe Jahwe als in Urzeit und Gegenwart wirkender Wettergott (Ps 18,4–20*; 29,1–10*; 93,1–5*; 97,1–7*; 104*). Beide Motivkreise haben eine hintergründige und eine vordergründige Seite: Die Wetterphänomene sind im jahreszeitlichen Zyklus erfahrbar, verweisen aber auf dahinter verborgene Geschehnisse, die sich seit einer nicht näher greifbaren Urzeit ereignen. Noch deutlicher ist die wechselseitige Transparenz auf der Ebene des Königsgottes: Sein Tempel repräsentiert den göttlichen Palast; im Hintergrund des Zion steht der mythische Gipfel der Erde. Der Kult ruft die verborgenen Dimensionen in Erinnerung und macht sie erfahrbar.

Der königliche Wettergott Jahwe ist also eine ambivalente Gestalt: Die Erscheinungen des Gewitters zeigen die erschreckende Gewalt des göttlichen Kriegers, auch wenn sie zugleich den nötigen Regen mit sich bringen. Der Tempelkult stellt die heilvolle Seite des göttlichen Wirkens in den Mittelpunkt: Er feiert Jahwes Königtum, das die Ordnung der Welt begründet und erhält[52].

---

52 Hier knüpft die Unheilsprophetie an, wenn sie genau das ins Gegenteil verkehrt, cf. HARTENSTEIN, Unzugänglichkeit 109ff, zur „Gerichtspräsenz Gottes im Heiligtum" nach Jes 6. Entsprechendes gilt für die prophetische Umwertung der Motivik des יום יהוה, die ursprünglich auf die beim Neujahrsfest gefeierte Theophanie des Wettergottes bezogen war. Das lässt sich zuerst in Am 5,18–20 greifen.

Der mythische Hintergrund fällt aber auch hier nicht mit dem erfahrbaren Vordergrund zusammen[53]: Jahwe ist der Souverän, zu dessen hintergründiger Sphäre es keinen Zutritt gibt. Auch als König bleibt er im Wolkendunkel verborgen. Er kann die Audienz im Tempel auch verweigern (Ps 104,29*; cf. bes. Ps 13,2; 30,8).

Dazu kommt die Verschränkung der zeitlichen Ebenen. Jahwes Thronbesteigung ist einerseits ein mythisches Ursprungsgeschehen, wie besonders aus Ps 29,10 zu entnehmen ist: „Jahwe hat sich auf die Flut gesetzt, / und Jahwe setzte sich als König auf ewig." Andererseits zeigen die Liturgie von Ps 24,7–10*, die mit dem Ruf „Jahwe ward König!" eröffneten Lieder Ps 93* und Ps 97*, der hymnische Beginn von Ps 29* sowie der etwas jüngere festliche Hymnus Ps 98*, dass die Thronbesteigung Jahwes alljährlich gefeiert wurde. Der Kult hat auch auf dieser Ebene das urzeitliche Geschehen erfahrbar gemacht: Wenn mit Ps 29,1f* die Götter dazu aufgefordert werden, Jahwe zu huldigen, wird der mythische Hintergrund mit dem gottesdienstlichen Gesang des Psalms gleichzeitig. Dem entspricht, dass zwischen dem ingressiven Aspekt der Thronbesteigung und Jahwes fortdauernder Herrschaft (Ps 93,2; 29,10; 104,31) kein Gegensatz besteht: Jahwe ist ewiger König und besteigt doch jedes Jahr aufs neue seinen Thron[54].

Jahwes Königsherrschaft ist eng mit dem Motivkreis des göttlichen Kriegers verknüpft. Zwar nennen die Texte den siegreichen Kampf des Wettergottes gegen die Fluten nicht ausdrücklich als Voraussetzung dafür, dass dieser Gott das Königtum erhält. Es ist aber anzunehmen, dass zwischen beidem ein enger Zusammenhang besteht: Als „Held der Schlacht" erhebt Jahwe Anspruch auf die Königswürde (24,7–10*); er macht die gezähmten Fluten zu seinem Thron (29,10). Da die Wasser gefährlich bleiben, wie ihr fortdauerndes Tosen zeigt (93,3f; cf. 18,5.17), gürtet sich der König Jahwe mit Macht (93,1; cf. bereits 65,7f*), um sie für alle Zeiten (cf. bereits 93,5b) niederzuhalten.

Die in den Texten erkennbare Erweiterung des Bildes vom Wettergott durch Motive des göttlichen Königtums hat Parallelen: Dass ein jugendlicher Krieger König wird, zeichnet sich für verschiedene Wettergötter ab. Ein derartiger Aufstieg ist schon für den Wettergott von Ḥalab (Aleppo) wahrscheinlich, der bereits im Reich von Yamḫad (18. Jahrhundert) als Gott der herrschenden Dynastie und Oberhaupt des Pantheons erscheint[55]. Auch der hurritische Teššob erscheint als König

---

53   Cf. HARTENSTEIN, Angesicht 286f.
54   Cf. LEVIN, Theologie 134.
55   Cf. SCHWEMER, Wettergottgestalten 211f.

und Haupt des Pantheons; die Mythen schildern, wie der Wechsel verschiedener Göttergenerationen im Königtum des Wettergottes gipfelt[56].

In Ugarit erzählt die mythologische Dichtung, wie der Wettergott Baʿlu mit anderen Göttern um die Königswürde ringt; sein Anspruch kommt am deutlichsten in den Worten zum Ausdruck, die er nach der Vollendung seines Palastes spricht: „Ich bin der einzige, der als König über die Götter herrscht, / der Götter und Menschen fett macht, / der die Mengen der Erde sättigt." (CAT 1.4 VII 50–52[57]) Baʿlus alleinige Königswürde ist eng mit den Gaben verknüpft, die nur er als Wettergott geben kann[58]. Seine Herrschaft bleibt aber trotzdem schwer umkämpft.

Im ersten Jahrtausend erscheint der Wettergott Adad/Hadad in verschiedenen obermesopotamischen und syrischen Städten als Oberhaupt des lokalen Pantheons. Neben Ḥalab ist hier besonders auf Gūzāna (Tall Ḥalaf), Karkemisch und Samʾal (Zincirli) zu verweisen; dasselbe ist für Damaskus zu vermuten. Mehrfach zeigt sich die Verbindung des Wettergottes zur herrschenden Dynastie[59].

Vor diesem Hintergrund legt es sich nahe, nicht nur die ältesten Stücke über Jahwe als Wettergott, sondern auch ihre königstheologischen Überformungen auf politische Vorgänge zurückzuführen: Darauf deutet besonders der hymnische Preis des Zion in Ps 48*, der Entsprechungen zum irdischen Königtum erkennen lässt. Ps 18,4–20* und Ps 104* wurden wahrscheinlich für einen königlichen Beter verfasst. Auf derselben Ebene dürften Gebete des Königs wie Ps 3*; 13*; 18,33ff*; 27A* und 59* liegen. Dass der mythische König Jahwe der Gott des Jerusalemer Königs und seiner Dynastie war, beweist Ps 21*, der sich auf die Thronbesteigung des irdischen Königs bezieht[60]. Die Weiterdichtung der Kultlyrik über den Wettergott durch die Motive des göttlichen Königtums dürfte dem stufenweisen Ausbau und der Festigung der königlichen Macht entsprochen haben. Erneut ist mit einer längeren Entwicklung zu rechnen.

In Einzelzügen ist der Aufstieg Jahwes zum König mit der Übertragung von Sonnenmotivik auf den Wettergott verbunden: Ps 104* lässt den Wettergott schon auf der Ebene der partizipialen Hymnen in Licht gekleidet sein (V.2; cf. V.1*); das Motiv der Belebung durch Jahwes Atem (V.30) stammt aus Ägypten, wo es vor allem zu Amun-Re gehörte[61]. Freilich setzt Ps 104* Jahwe nicht mit der Sonne gleich (cf.

56 Cf. SCHWEMER, aaO 444ff.
57 Zur Ähnlichkeit dieser Stelle mit Ps 36,7b*.8f s.o. B.4.3, S. 205ff.
58 Cf. LORETZ, Einzigkeit 57–60.
59 SCHWEMER, Wettergottgestalten 612–625.
60 S.o. A.5.7, S. 124.
61 S.o. C.6, S. 233f.

V.22)[62]. Ebenfalls vom Sonnengott entlehnt ist wahrscheinlich die Verbindung des göttlichen Königtums mit Recht und Gerechtigkeit, auf denen Jahwes Thron errichtet ist (Ps 97,2a/89,15) und durch die er die Welt regiert (Ps 98,9)[63]. Solare Motive sind auch bei anderen Wettergöttern zu finden[64]: Offenbar war die Sonnenmotivik geeignet, das dynamische Bild der Wettergötter um die für das Königtum wichtigen Aspekte der Beständigkeit und Zuverlässigkeit zu ergänzen[65]. Allerdings zeichnen die vorgestellten Hymnen Jahwe nirgends als Sonnengott: Die Motive des Wettergottes bleiben im Vordergrund. Die Annäherung Jahwes an das Bild der Sonne dürfte in mehreren Phasen geschehen sein[66] und ist in anderen Texten viel deutlicher ausgeprägt[67].

Abschließend ist daran zu erinnern, dass die Texte wegen der Bindung des Königsgottes an den Tempel und die Residenzstadt nur als Reflexe der Staatsreligion gelten können. Die gesamte religiöse Wirklichkeit war viel breiter, als die in den Psalmen enthaltenen Reste der althebräischen Kultlyrik nahelegen. Unmittelbare Rückschlüsse auf Orts- und Familienreligion erlauben die vorgestellten Jahwe-Königs-Hymnen kaum[68].

---

62   S.o. B.6.6, S. 227ff.

63   S.o. A.4.9, S. 99ff; zu Ps 36,10 s.o. B.4.4, S. 207f.

64   Cf. z.B. den ugaritischen PN *yp'b'l* /*Yapa'a-Ba'lu*/ „Ba'lu strahlte auf" (CAT 4.116 Rs. 19'), die akkadischen PN *Ūrī-Addu* (Belege: SCHWEMER, Wettergottgestalten 44, 270), *Šamšī-Addu/Adad* „Meine Sonne ist Addu/Adad" (Belege: aaO 43, 292, 586, 633) oder das Adad-Epitheton [*ša šar*]*ūrūšu unamm*[*arū k*]*ibrāti* „[dessen Str]ahlen die [W]eltgegenden hell mach[en]" (BMS 21+ Vs. 9 = SCHWEMER, aaO 714). Nordsyrische und südostanatolische Stelen aus der ersten Hälfte des ersten Jahrtausends bilden lokale Wettergötter unter der Sonnenscheibe ab und zeigen damit die enge Verbindung von Wettergott und Sonnengott (KEEL, Geschichte I, 277–281, 285f).

65   Cf. KEEL, aaO 286.

66   Cf. KEEL/UEHLINGER, GGG 282–297, 401–406; DIES., Jahwe; KUTTER, *nūr ili* 272ff. KEEL, Geschichte I, 264ff.

67   Zu nennen ist v.a. Ps 57,6.12 („Erhebe dich über die Himmel, <Jahwe>, / über die ganze Erde deine Herrlichkeit!"); der literarische Kern von Ps 19A (V.2f.5a.6aβ.7) zeichnet „Gott" bzw. „El" (אל) als Sonnengott. Weitere solare Motive finden sich im Psalter v.a. in dem Krönungshymnus Ps 72*, der sich an neuassyrische Überlieferungen anlehnen könnte (cf. ARNETH, Sonne 201–205). Außerdem ist an die jüngeren Belege Ps 50,2; 80,2; 84,12; 94,1 sowie Dtn 33,2; Jes 58,10; 60,2; Hab 3,3f; Zeph 3,5; Hos 6,3.5; Mal 3,20 zu erinnern.

68   Wegen der herausgehobenen Stellung des Königtums dürften auch Familien- und Ortsreligion auf den königlichen Jahwe auf dem Zion ausgerichtet gewesen sein und werden kaum im Widerspruch zur Dynastiereligion gestanden haben. Trotzdem war der Horizont ein anderer: Besonders im Blick auf Göttergestalten neben Jahwe ist eine größere Vielfalt anzunehmen, wie Archäologie und Ikonographie nahelegen, cf. z.B. KEEL/UEHLINGER, GGG 149ff, zur Entwicklung in der Eisenzeit II A.

3. Die Gründung der Erde

Die ältesten Stücke über den althebräischen Wettergott enthalten keine Schöpfungsmotivik: Wenn sie Gotteserscheinungen im Gewitter schildern, setzen sie vielmehr das bestehende Weltengebäude voraus (cf. 18,8.16*; 29,3–9*; 77,17–20; 97,2–5*; 104,32). Der Kampf des Wettergottes gegen die Fluten galt aber als notwendig, damit die Welt fortbestehen konnte: Der frühe Hymnus Ps 65,7f* spricht davon, dass der wehrhaft gerüstete Gott die Berge befestigt und die tosenden Meere besänftigt. Daran anknüpfend feiert das Thronbesteigungslied Ps 93* die Festigkeit der Erde, die der Festigkeit von Jahwes Thron entspricht; nach Ps 29,10 hat Jahwe die gezähmte Flut selbst zu seinem Thron gemacht.

Aussagen über die göttliche Befestigung des Kosmos finden sich auch andernorts. Dass die Befestigung des von Bergen umgebenen Erdkreises (תבל) mit einem Wettergott und seinem Thron verbunden wurde, hat aber bislang keine eindeutigen Parallelen. Der Gedanke ist vielleicht eine Eigenheit der althebräischen Gottesvorstellung.

Die hymnische Eigentumsdeklaration, die mit der Liturgie von Ps 24,7–10 verbunden wurde (V.1f*), hat daran angeknüpft und den althebräischen Mythos um einen wichtigen Gedanken erweitert: Sie proklamiert, dass Jahwe die Erde wie ein Bauwerk über den chaotischen Wassern gegründet hat und sie gegen ihren Ansturm befestigt. Diese kosmologische Vorstellung könnte sich mesopotamischen Einflüssen verdanken[69]. Allerdings bewegt sich Ps 24,1f* immer noch im Bild des königlichen Wettergottes. Das zeigt auch der Hymnus Ps 98*, der bereits aus Ps 24,1f* zitiert und gleichzeitig auf die ursprüngliche Vorstellung der Thronbesteigung Jahwes bezogen ist.

4. Vom Wettergott zum Gott des Alten Testaments

Die vorgestellten Psalmen spiegeln in ihrer weiteren Literargeschichte Entwicklungen wider, die wahrscheinlich erst weit nach dem Untergang der judäischen Königsherrschaft begonnen haben: Das Loblied von Ps 104 wurde an die Schöpfungserzählungen von Gen 1f angeglichen; außerdem wurde eine Anspielung auf die Sintflut eingefügt (V.6–9). In alte Königshymnen wurden Passagen eingefügt, die das von Jahwe gegebene Gesetz zum Anlass der rituellen Königsfreude machen (Ps 48,11f → 97,8; cf. 93,5a). Das Mythologem von Jahwes Überwindung der tosenden Fluten wurde mit dem heilsgeschichtlichen

---

69 S.o. B.1.3, S. 154ff.

Schlüsselereignis von Israels Rettung am Schilfmeer gleichgesetzt (Ps 77,14–21). Jahwes Zuwendung zu Israel wurde – wahrscheinlich unter dem Einfluss der deuterojesajanischen Dichtung – mit dem altüberlieferten weltumspannenden Horizont seiner Königsherrschaft verschränkt (Ps 65; 98,1–3). Der mythische Erdengipfel Zion mit dem Palast des Königsgottes wandelte sich zum Wallfahrtsort der jüdischen Diaspora (Ps 48). Das Gottesvolk wurde als Empfänger des Segens in die Psalmen eingetragen (Ps 24,6; 29,11; 65,6). Schließlich konnten die unheimlichen Erscheinungen des Wettergottes auf das endzeitliche Gottesgericht und die Scheidung zwischen Frevlern und Gerechten bezogen werden (Ps 36; 97,10–12; 104,35a; cf. 18,8–16; 48,5–8).

Die verschiedenen Aspekte der heilsgeschichtlichen Theologie, durch die der altvorderorientalische Jahwe zu einem in der Religionsgeschichte einzigartigen Gott wurde, sind von den Bearbeitern eng mit den alten Hymnen verschränkt worden. Dabei trugen sie Sorge dafür, dass diese in ihrem Wortlaut erhalten blieben: Die frühjüdischen Theologen wussten offenbar darum, dass die Texte durch eine unüberschaubar lange Überlieferung geheiligt waren. Wenn sie das Bild Jahwes durch die heilsgeschichtlichen Motive erweiterten und veränderten, waren sie sicherlich der Meinung, dass dieser immer schon der Gott seines erwählten Volkes Israel gewesen war.

Umgekehrt beeinflusste das Motiv des Wettergottes verschiedene jüngere alttestamentliche Traditionen: Schon die frühe Prophetie nimmt mehrfach auf die Gotteserscheinung im Gewitter Bezug[70]; mehrere deuterojesajanische Passagen lehnen sich erkennbar an die hymnische Überlieferung der Königszeit an[71], und die Hiobdichtung lässt im Zusammenhang mit der Frage nach den Ursprüngen des Leids den im Gewitter verborgenen mythischen Kämpfer wieder hervortreten[72].

Der untersuchte Motivkreis zeigt das Nebeneinander von Kontinuität und Diskontinuität, das die Geschichte der alttestamentlichen Überlieferungen insgesamt prägt: Die uralten Worte und Bilder wurden einerseits fast unverändert weitergegeben, andererseits mit einer Fülle neuer Motive angereichert. Die Theologie, die sich hierin abzeichnet, konnte von ihrer konservativen Haltung zum Tradierten leben, weil sie gleichzeitig auf die Notwendigkeit zu seiner Umformung reagiert hat, die sich durch die jeweilige Zeit ergab. Nur so lässt es sich begreifen, dass der altorientalische Wettergott Jahwe mit dem Untergang seiner Welt nicht in Vergessenheit geraten ist.

---

70 Cf. bes. Am 5,18–20; Jes 29,6; 30,30; Mi 1,3f; Nah 1,3–6.
71 Cf. z.B. Jes 42,10–13; 44,23/49,13 (dazu s.o. B.2.1, S. 169ff); zu 43,16 und 51,10 s.o. A.2.5, S. 53ff.
72 Cf. bes. Hi 36f; 38.

Literaturverzeichnis

Abkürzungen nach: SCHWERTNER, S. M., Internationales Abkürzungsverzeichnis für Theologie und Grenzgebiete, IATG², Berlin – New York ²1992; BETZ, H. D. u.a. (Hg.), Religion in Geschichte und Gegenwart, RGG⁴. Handwörterbuch für Theologie und Religionswissenschaft, Tübingen ⁴1998; BORGER, R., Handbuch der Keilschriftliteratur II, Berlin – New York 1975, XI–XXXII.

ABOU-ASSAF, A./BORDREUIL, P./MILLARD, A. R., La statue de Tell Fekherye et son inscription bilingue assyro-araméenne, Etudes Assyriologiques 7, Paris 1982.

ADAM, K.-P., Der Königliche Held. Die Entsprechung von kämpfendem Gott und kämpfendem König in Psalm 18, WMANT 91, Neukirchen-Vluyn 2001.

AHITUV, S., Did God Really Have a Wife?, in: BArR 32/5 (2006), 62–66.

AHLSTRÖM, G., Who were the Israelites?, Winona Lake 1986.

ALBERTZ, R., Religionsgeschichte Israels in alttestamentlicher Zeit, ATD.E 8, Göttingen ²1996.

ALT, A., Gedanken über das Königtum Jahwes, in: DERS., Kleine Schriften zur Geschichte des Volkes Israel, Bd. I, München 1959, 345–357.

–, Die Ursprünge des israelitischen Rechts, in: DERS., Kleine Schriften zur Geschichte des Volkes Israel, Bd. I, München 1959, 278–332.

ANDERSEN, F. I., Habakkuk. A New Translation with Introduction and Commentary, AB 25, Leipzig 2001.

ANDRÉ, G., Art. פָּקַד pāqad̲, in: ThWAT VI, Stuttgart u.a. 1989, 708–723.

ARNETH, M., „Durch Adams Fall ist ganz verderbt ...". Studien zur Entstehung der alttestamentlichen Urgeschichte, FRLANT 217, Göttingen 2006.

–, „Sonne der Gerechtigkeit". Studien zur Solarisierung der Jahwe-Religion im Lichte von Psalm 72, BZAR 1, Wiesbaden 2000.

ASSMANN, J., Ägypten. Theologie und Frömmigkeit einer frühen Hochkultur, Stuttgart u.a. ²1991.

–, Ägyptische Hymnen und Gebete, übersetzt, kommentiert und eingeleitet (ÄHG), OBO, Freiburg – Göttingen ²1999.

–, Ma ꜣat. Gerechtigkeit und Unsterblichkeit im Alten Ägypten, München ²1995.

–, Sonnenhymnen in thebanischen Gräbern. Mit einem Glossar von S. Schoske, Theben 1, Mainz 1983.

ASTOUR, M. C., Yahweh in Egyptian Topographic Lists, in: GÖRG, M./PUSCH, E., Festschrift Elmar Edel, ÄAT 1, Wiesbaden 1979, 17–33.

AUFFRET, P., Hymnes d'Égypte et d'Israël. Études de structures littéraires, OBO 34, Fribourg – Göttingen 1981.

AVISHUR, Y., Studies in Hebrew and Ugaritic psalms, Publications of the Perry Foundation for Biblical Research, Jerusalem 1994.

BAETHGEN, F., Die Psalmen, HK II/2, Göttingen 1892.

BARR, J., Comparative Philology and the Text of the Old Testament, Oxford 1968.

BARTELMUS, R., Einführung in das biblische Hebräisch: ausgehend von der grammatischen und (text-)syntaktischen Interpretation des althebräischen Konsonantentextes des Alten Testaments durch die tiberische Masoreten-Schule des Ben Ascher; mit einem Anhang: Biblisches Aramäisch für Kenner und Könner des biblischen Hebräisch, Zürich 1994.

BARTH, C., Art. חָלַץ ḥālaṣ, in: ThWAT II, Stuttgart u.a. 1977, 1003–1008.

BARTH, J., Wurzeluntersuchungen, Leipzig 1902.

BARTLETT, J. R., Edom and the Edomites, JSOT.S 77, Sheffield 1989.

BATTO, B. F., Art. ZEDEQ צדק, in: ²DDD, Leiden 1999, 929–934.

BAUER, H./LEANDER, P., Historische Grammatik der hebräischen Sprache des Alten Testaments, Bd. I, 1922 (ND 1965).

BAYER, CH. (Hg.), Echnaton, Sonnenhymnen. Ägyptisch / deutsch, Stuttgart 2007.

BECKER, J., Israel deutet seine Psalmen, SBS 18, Stuttgart 1966.

BECKER, U., Das Exoduscredo. Historischer Haftpunkt und Geschichte einer alttestamentlichen Glaubensformel, in: DERS./VAN OORSCHOT (Hg.), Das Alte Testament – ein Geschichtsbuch?! Geschichtsschreibung oder Geschichtsüberlieferung im antiken Israel, Arbeiten zur Bibel und ihrer Geschichte 17, Leipzig 2005, 81–100.

BEGRICH, J., MABBŪL. Eine exegetisch-lexikalische Studie (1928), in: DERS., Gesammelte Studien zum Alten Testament, hg. v. ZIMMERLI, W., ThB 21, München 1964, 39–54.

BERLEJUNG, A., Geschichte und Religionsgeschichte des antiken Israel, in: GERTZ (Hg.), Grundinformation 55–185.

BICKELL, G., Metrices Biblicae. Regulae exemplis illustratae, Oeniponte 1879.

BLACKMAN, A. M., The Psalms in the Light of Egyptian Research, in: SIMPSON, D. C. (Hg.), The Psalmists. Essays on their religious experience and teaching, their social background, and their place in the development of Hebrew Psalmody, London 1926, 177–197.

BOOIJ, T., Psalm 104,13b: „The Earth is Satisfied with the Fruit of Thy Works", in: Bibl 70 (1989), 409–412.

BORDREUIL, P., „A l'ombre d'Elohim". Le thème de l'ombre protectrice dans l'Ancien Orient et ses rapports avec „L'Imago Dei", in: RHPhR 46 (1966), 368–391.

BORGER, R., Beiträge zum Inschriftenwerk Assurbanipals. Die Prismenklassen A, B, C = K, D, E, F, G, H, J und T sowie andere Inschriften. Mit einem Beitrag von A. Fuchs, Wiesbaden 1996.

–, Die Inschriften Asarhaddons Königs von Assyrien, AfO 9, ND Osnabrück 1967.

BOURIANT, U., Deux Jours de fouilles à Tell el-Amarna, Mémoires publiés par les membres de la Mission archéologique française au Caire, Paris, 1884.

BRAULIK, G., Die Ausdrücke für „Gesetz" im Buch Deuteronomium, in: Bibl 51 (1970), 39–66.

BRETTLER, M. Z., God is King. Understanding an Israelite Metaphor, JSOT.S 76, Sheffield 1989.

BRIGGS, C. A., A critical and exegetical Commentary on the Book of Psalms, 2 Bde., ICC, Edinburgh 1906 (ND 1966).

BRUNNER, E., Gerechtigkeit als Fundament des Throns, in: DERS., Das hörende Herz, OBO 80, Friboug 1988, 393–395.

CAVIGNEAUX, A./KREBERNIK, M., Art. Niĝzida und Niĝsisa, in: RLA IX, Berlin – New York 1998–2001, 313.

CHAJES, H. P., Psalm XXIX 9, in: OLZ 5 (1902), 209.

CHEYNE, T. K., The Book of Psalms or the Praises of Israel. A New Translation, with Commentary, New York 1892.

–, The Origin and Religious Contents of the Psalter in the Light of Old Testament Criticism and the History of Religions, London 1891.

CORNELIUS, I./NIEHR, H., Götter und Kulte in Ugarit. Kultur und Religion einer nordsyrischen Königsstadt in der Spätbronzezeit, Mainz 2004.

CROSS, F. M., Yahweh and the God of the Patriarchs, in: HThR 55 (1962), 244–259.

–, Canaanite Myth and Hebrew Epic. Essays in the History of the Religion of Israel, Cambridge MA 1973.

–, /FREEDMAN, D. N., A Royal Song of Thanksgiving, in: JBL 72 (1953), 15–34.

CRÜSEMANN, F., Studien zur Formgeschichte von Hymnus und Danklied in Israel, WMANT 32, Neukirchen-Vluyn 1969.

DAHMEN, U., Psalmen- und Psalterrezeption im Frühjudentum. Rekonstruktion, Textbestand, Struktur und Pragmatik der Psalmenrolle 11QPsᵃ aus Qumran, Studies on the Texts of the Desert of Judah XLIX, Leiden – Boston 2003.

DAHOOD, M., Psalms I–III, AB 16, Garden City NY 1966–1970.

DALMAN, G., Arbeit und Sitte in Palästina, I–VIII, Gütersloh u.a. 1928–2001.

DAY, J., Psalms, OTG, Sheffield 1990.

–, Gods conflict with the dragon and the sea. Echoes of a Canaanite myth in the Old Testament, UCOP 35, Cambridge 1985.

DEISSLER, A., Die Psalmen, Düsseldorf 1964.

–, Zur Datierung und Situierung der „kosmischen Hymnen" Pss 8 19 29, in: GROSS, H./MUSSNER, F. (Hg.), Lex tua veritas, FS H. Junker, Trier 1961, 47–58.

DELITZSCH, F., Die Psalmen, BC IV/1, Leipzig 1867.

DIEHL, J. F./DIESEL, A./WAGNER, A., Von der Grammatik zum Kerygma. Neue grammatische Erkenntnisse und ihre Bedeutung für das Verständnis der Form und des Gehalts von Psalm XXIX, in: VT 49 (1999), 462–486.

DIETRICH, M./LORETZ, O., Das ug. Nomen d(h)rt (?), in: SEL 1 (1984), 85–88.

–, Die Wurzel NŪP, in: UF 22, 67–74.

–, Sieges- und Thronbesteigungslied Baals (KTU 1.101), in: UF 17 (1986), 129–146.

DION, P., YHWH as Storm-god and Sun-god. The Double Legacy of Egypt and Kanaan as reflected in Psalm 104, in: ZAW 103 (1991), 43–71.

DONNER, H., Ugaritismen in der Psalmenforschung, in: ZAW 79 (1967), 322–350.

DRIVER, G. R., Studies in the Vocabulary of the Old Testament II, in: JThS 32 (1931), 250–257.

–, The Resurrection of Marine and Terrestrial Creatures, in: JSSt 7 (1962), 12–22.

DUHM, B., Die Psalmen, KHC XIV, Freiburg i.B. – Leipzig – Tübingen 1899.

–, Die Psalmen, KHK XIV, Tübingen 1922.

–, Das Buch Hiob, KHC XVI, Freiburg i.B. u.a. 1897.

DURAND, J.-M., Le Mythologème du combat entre le dieu de l'orage et la mer en Mésopotamie, in: MARI 7 (1993), 41–61.

DYSERINCK, J., Kritische Scholien bij de vertaling van het Boek der Psalmen, in: ThT 12 (1878), 279–96.

EBELING, E., Art. Aššur, in: RLA I, Berlin – Leipzig 1932, 170–198.

EDEL, E., Die Ortsnamenlisten in den Tempeln von Aksha, Amarah und Soleb im Sudan, in: BN 11 (1980), 63–79.

EISSFELDT, O., Baal Zaphon, Zeus Kasios und der Durchzug der Israeliten durchs Meer, Beiträge zur Religionsgeschichte des Altertums 1, Halle 1932.

EWALD, H., Die Psalmen und die Klagelieder, in: DERS., Die Dichter des Alten Bundes I/2, Göttingen ³1866.

FABRY, H.-J., Mythos „Schilfmeer", in: LANGE, A./LICHTENBERGER, H./RÖMHELD, D., Mythos im Alten Testament und seiner Umwelt, FS H.-P. Müller, BZAW 278, Berlin – New York 1999, 88–106.

–, /VAN MEETEREN, N., Art. תֵּבֵל etc., in: ThWAT VIII, Stuttgart u.a. 1996, 547–554.

FEIGIN, S. I., The Heavenly Sieve, in: JNES 9 (1950), 40–43.

FENTON, T., Hebrew Poetic Structure as a Basis for Dating, in: DAY, J. (Hg.), In Search of Pre-exilic Israel. Proceedings of the Oxford Old Testament Seminar, JSOT.S406, London 2004, 386–409.

FISCHER, G., Jeremia 1–25, HThKAT, Freiburg i.B. 2005.

FISHER, L. R./RUMMEL, S. (Hg.), Ras Shamra Parallels I–III, AnOr 49–51, 1972–1981.

FRAHM, E., Einleitung in die Sanherib-Inschriften, AfO-Beiheft 26, 282–288.

FRANKFORT, H., The Art and Architecture of the Ancient Orient, New Haven – London 1996.

FREEDMAN, D. N./O'CONNOR, Art. יהוה JHWH, in: ThWAT III, Stuttgart u.a. 1982, 533–554.

FUCHS, A., Die Inschriften Sargons II. aus Khorsabad, Göttingen 1993.

GARDINER, A., Egyptian Grammar. Being an Introduction to the Study of Hieroglyphs. Third Edition, Revised, Oxford 1927 (ND 1978).

–, Late-Egyptian Stories, Bibliotheca Aegyptiaca I (1932), ND Brüssel 1973.

GELB, I. J., A New Clay-Nail of Hammurabi, in: JNES 7 (1948), 267–271.

GEORGE, A. R., The Babylonian Gilgamesh Epic. Introduction, Critical Edition and Cuneiform Texts, Oxford 2003.

–, The Day the Earth Divided: a Geological Aetiology in the Babylonian Gilgameš Epic, in: ZA 80 (1990), 214–219.

GERSTENBERGER, E. S., Art. כון kūn ni. feststehen, in: THAT I, Gütersloh 1971, 812–817.

GERTZ, J. (Hg.), Grundinformation Altes Testament, UTB 2745, Göttingen 2006.

GINSBERG, H. L., A Phoenician Hymn in the Psalter, in: ACIO 19 (1935/38), 472–476.

GIRARD, R., Les Psaumes redécouverts. De la structure au sens I–III, Montréal 1996.

GIVEON, R., Art. Schasu, in: LÄ V, Wiesbaden 1984, 533f.

–, Les bédouins Shosou des documents égyptiens, DMOA 18, Leiden 1971.

GOEDICKE, H., The Tetragram in Egyptian?, in: SSEA.J 24 (1997), 24–27.

GÖRG, M., Art. שֵׁב etc., in: ThWAT III, Stuttgart u.a. 1982, 1012–1032.

–, Jahwe: Ein Toponym?, in: DERS., Beiträge zur Zeitgeschichte der Anfänge Israels. Dokumente – Materialien – Notizen, ÄAT 2, Wiesbaden 1989, 180–187.

–, YHWH – ein Toponym? Weitere Perspektiven, in: BN 101 (2000), 10–14.

GONNELLA, J./KHAYYATA, W./KOHLMEYER, K., Die Zitadelle von Aleppo und der Tempel des Wettergottes. Neue Forschungen und Entdeckungen, Münster 2005.

GRAETZ, H., Kritischer Commentar zu den Psalmen nebst Text und Übersetzung I–II, Breslau 1882–1883.

GRÄTZ, S., Der strafende Wettergott. Erwägungen zur Traditionsgeschichte des Adad-Fluches im Alten Orient und im Alten Testament, BBB 114, Bodenheim 1998.

GRAY, J., The Biblical Doctrine of the Reign of God, Edinburgh 1979.

GRDSELOFF, B., Edôm, d'après les sources égyptiennes, in: Revue de l'Histoire Juive en Égypte 1 (1947), 69–99.

GREEN, A. R. W., The Stormgod in the Ancient Near East, BJSt 8, Winona Lake 2003.

GROENDAHL, F., Die Personennamen der Texte aus Ugarit, StP 1, Rom 1967.

GROSS, W., Doppelt besetztes Vorfeld. Syntaktische, pragmatische und übersetzungstechnische Studien zum althebräischen Verbalsatz, BZAW 305, Berlin – New York 2001.

–, Verbform und Funktion. *wayyiqtol* für die Gegenwart? Ein Beitrag zur Syntax poetischer althebräischer Texte, ATS 1, St. Ottilien 1976.

GRUBER, M. I., Aspects of Nonverbal Communication in the Ancient Near East, StP 12/I–II, Rom 1980.

GULDE, S. U., Der Tod als Herrscher in Ugarit und Israel, FAT II/22, Tübingen 2007.

GUNKEL, H., Ausgewählte Psalmen übersetzt und erklärt, Göttingen [4]1917.

–, Die Psalmen, Göttingen [6]1986.

–, Die israelitische Literatur, Stuttgart 1963 (ND aus: Kultur der Gegenwart I/7. Orientalische Literaturen, Leipzig 1925).

–, Genesis. Mit einem Geleitwort von W. Baumgartner, Göttingen [9]1977.

–, /BEGRICH, J., Einleitung in die Psalmen. Die Gattungen der religiösen Lyrik Israels, Göttingen [4]1985.

GZELLA, H., Das Kalb und das Einhorn. Endzeittheophanie und Messianismus in der Septuaginta-Fassung von Ps 29(28), in: ZENGER, E. (Hg.), Der Septuaginta-Psalter. Sprachliche und theologische Aspekte, HBS 32, Freiburg u.a. 2001, 257–290.

HALLO, W. W./YOUNGER, K. L. JR. (Hg.), The Context of Scripture I–III, Leiden u.a. 1997.

HARTENSTEIN, F., Das Angesicht JHWHs. Studien zu seinem höfischen und kultischen Bedeutungshintergrund in den Psalmen und in Exodus 32–34, FAT 55, Tübingen 2008.

–, Die Unzugänglichkeit Gottes im Heiligtum. Jesaja 6 und der Wohnort JHWHs in der Jerusalemer Kulttradition, WMANT 75, Neukirchen-Vluyn 1997.

–, Wettergott – Schöpfergott – Einziger. Kosmologie und Monotheismus in den Psalmen, erscheint in: DERS./RÖSEL, M. (Hg.), JHWH und die Götter der Völker. Symposium zum 80. Geburtstag von Klaus Koch, Neukirchen-Vluyn 2008 (im Druck), 1–16.

–, Wolkendunkel und Himmelsfeste. Zur Genese und Kosmologie der Vorstellung des himmlischen Heiligtums JHWHs, in: JANOWSKI, B./EGO, B. (Hg.), Das biblische Weltbild und seine altorientalischen Kontexte, FAT 32, Tübingen 2001, ND 2004, 125–179.

HERDER, J. G., Vom Geist der Ebräischen Poesie. Eine Anleitung für die Liebhaber derselben und der ältesten Geschichte des menschlichen Geistes, in: DERS., Schriften zum Alten Testament, hg. v. SMEND, R., Werke Bd. 5, Frankfurt 1993, 661–1308.

HERKENNE, H., Das Buch der Psalmen. Übersetzt und erklärt, HSAT V/2, Bonn 1936.

HERRMANN, S., Der alttestamentliche Gottesname, in: DERS., Gesammelte Studien zur Geschichte und Theologie des Alten Testaments, ThB 75, München 1986, 76–88.

HERRMANN, W., Art. El אל, in: [2]DDD, Leiden 1999, 274–280.

HITZIG, F., Die Psalmen. Übersetzt und ausgelegt, Leipzig – Heidelberg 1863–1865.

HONEYMAN, A. M., The Phoenician Inscriptions oft he Cyprus Museum, in: Iraq 6 (1939), 104–108.

HOSSFELD, F.-L./ZENGER, E., Die Psalmen I. Psalm 1–50, NEB 29/I, Würzburg 1993.

–, Psalmen 51–100. Übersetzt und ausgelegt, HThKAT, Freiburg i.B. u.a. [2]2000.

–, The so-called Elohistic Psalter. A new solution for an old problem, in: STRAWN, B. A./BOWEN, N. R. (Hg.), A God so near. Essays in Old Testament Theology, FS P. D. Miller, Winona Lake IN 2003, 35–51.

HROZNY, F., Sumerisch-babylonische Mythen von dem Gotte Ninrag (Ninib), MVAG 8.5, Berlin 1903.

HUMAN, D. J., Psalm 93. Yahweh Robed in Majesty and Mightier than the Great Waters, in: DERS., Psalms and Mythology, Library of Hebrew Bible/Old Testament Studies 462, London 2007, 147–169.

HUPFELD, H., Die Psalmen. Übersetzt und ausgelegt (hg. von E. Riehm), Gotha ²1867.

IRSIGLER, H., Thronbesteigung in Ps 93? Der Textverlauf als Prozeß syntaktischer und semantischer Interpretation, in: GROSS, W./IRSIGLER, H./SEIDL, TH. (Hg.), Text, Methode und Grammatik, FS W. Richter, St. Ottilien 1991, 155–190.

JANOWSKI, B., Auch die Tiere gehören zum Gottesbund – zur biblischen Tierwelt, in: DERS., Die rettende Gerechtigkeit. Beiträge zur Theologie des Alten Testaments 2, Neukirchen-Vluyn 1999, 3–77.

–, Das Königtum Gottes in den Psalmen, in: DERS, Gottes Gegenwart in Israel. Beiträge zur Theologie des Alten Testaments, Neukirchen-Vluyn 1993, 148–213.334f.

–, Keruben und Zion. Thesen zur Entstehung der Zionstradition, in: Gottes Gegenwart in Israel. Beiträge zur Theologie des Alten Testaments, Neukirchen-Vluyn 1993, 247–280, 335f.

–, „Thronbesteigungsfest im Alten Testament". Ein unveröffentlichtes Manuskript S. Mowinckels und sein wissenschaftsgeschichtlicher Kontext, in: DERS., Die rettende Gerechtigkeit. Beiträge zur Theologie des Alten Testaments 2, Neukirchen-Vluyn 1999, 81–91.

–, /WILHELM, G., Texte aus der Umwelt des Alten Testaments (TUAT N.F.), I–III, Gütersloh 2004–2006.

JAROŠ, K., Hundert Inschriften aus Kanaan und Israel. Für den Hebräischunterricht bearbeitet, Fribourg/Schweiz 1982.

JENNI, E., Die hebräischen Präpositionen, Band 1: Die Präposition Beth, Stuttgart u.a. 1992.

–, Die hebräischen Präpositionen, Band 3: Die Präposition Lamed, Stuttgart u.a. 2000.

JEPSEN, A., Art. אָמַן etc., in: ThWAT I, Stuttgart u.a. 1973, 314–348.

JEREMIAS, J., Das Königtum Gottes in den Psalmen. Israels Begegnung mit dem kanaanäischen Mythos in den Jahwe-König-Psalmen, FRLANT 141, Göttingen 1987.

–, Theophanie. Die Geschichte einer alttestamentlichen Gattung, 2. überarbeitete und erweiterte Auflage, WMANT 10, Neukirchen-Vluyn 1977.

JOÜON, P./MURAOKA, T., A Grammar of Biblical Hebrew, I–III, Rom 1991.

KAHL, J., Der Gebrauch morphologischer und phonologischer Stilmittel im Großen Aton-Hymnus, in: GESTERMANN, L./STERNBERG-EL HOTABI (Hg.), Per aspera ad astra, FS W. Schenkel, Kassel 1995, 51–87.

KAISER, O., Die mythische Bedeutung des Meeres in Ägypten, Ugarit und Israel. Zweite überarbeitete und um einen Nachtrag vermehrte Auflage, BZAW 78, Berlin 1962.

–, Der Gott des Alten Testaments. Theologie des Alten Testaments I–III, Göttingen 1993–2003.

KEEL, O., Die Geschichte Jerusalems und die Entstehung des Monotheismus I–II, Orte und Landschaften der Bibel IV, Göttingen 2007.

–, Die Welt der altorientalischen Bildsymbolik und das Alte Testament. Am Beispiel der Psalmen, Göttingen ⁵1996.

–, Jahwe-Visionen und Siegelkunst. Eine neue Deutung der Majestätsschilderungen in Jes 6, Ez 1 und 10 und Sach 4, SBS 84/85, Stuttgart 1977.

–, /KEEL-LEU, H./SCHROER, S., Studien zu den Stempelsiegeln aus Palästina/Israel II, OBO 88, Fribourg/Göttingen 198.

–, /UEHLINGER, C., Göttinnen, Götter und Gottessymbole. Neue Erkenntnisse zur Religionsgeschichte Kanaans und Israels aufgrund bislang unerschlossener ikonographischer Quellen (GGG), QD 134, Freiburg i.B. u.a. ⁵2001.

KITCHEN. K. A., Ramesside Inscriptions II/4, Oxford 1979.

KITTEL, R., Die Psalmen. Übersetzt und erklärt, KAT XIII, Leipzig 1914.

KLINGBEIL, M., Yahweh Fighting from Heaven. God as Warrior and as God of Heaven in the Hebrew Psalter and Ancient Near Eastern Iconography, OBO 169, Friboug – Göttingen 1999.

KLOOS, C., Yhwh's combat with the sea. a Canaanite tradition in the religion of ancient Israel, Amsterdam 1986.

KNAUF, E. A., The Glorious Days of Manasseh, in: GRABBE, L. E. (Hg.), Good Kings and Bad Kings, Library of Hebrew Bible/Old Testament Studies 393, European Seminar in historical methodology, London 2005, 165–188.

–, Midian, ADPV 10, Wiesbaden 1988.

–, Yahwe, in: VT 34 (1984), 467–472.

KNIGGE, C., Überlegungen zum Verhältnis von altägyptischer Hymnik und alttestamentlicher Psalmendichtung. Zum Versuch einer diachronen und interkulturellen Motivgeschichte, in: Protokolle zur Bibel 9 (2000), 93–122.

–, Das Lob der Schöpfung. Die Entwicklung ägyptischer Sonnen- und Schöpfungshymnen nach dem Neuen Reich, OBO 219, Göttingen 2006.

KOCH, K., Art. כון kûn etc., in: ThWAT IV, Stuttgart u.a. 1982, 95–107.

–, Ḥazzi-Ṣafōn-Kasion. Die Geschichte eines Berges und seiner Gottheiten, in: DERS., Der Gott Israels und die Götter des Orients. Religionsgeschichtliche Studien II. Zum 80. Geburtstag von Klaus Koch hg. von HARTENSTEIN, F./RÖSEL, M., FRLANT 216, Göttingen 2007, 119–170.

–, Ṣädäq und Maʿat. Konnektive Gerechtigkeit in Israel und Ägypten? in: DERS., Der Gott Israels und die Götter des Orients. Religionsgeschichtliche Studien II. Zum 80. Geburtstag von Klaus Koch hg. von HARTENSTEIN, F./RÖSEL, M., Göttingen, 210–240.

–, Tempeleinlaßliturgien und Dekaloge, in: DERS., Spuren des hebräischen Denkens. Beiträge zur alttestamentlichen Theologie. Gesammelte Aufsätze 1, hg. v. JANOWSKI, B./KRAUSE, M., Neukirchen-Vluyn 1991, 169–183.

–, Vom Mythos zum Monotheismus im alten Israel, in: DERS., Der Gott Israels und die Götter des Orients. Religionsgeschichtliche Studien II. Zum 80. Geburtstag von Klaus Koch hg. von HARTENSTEIN, F./RÖSEL, M., FRLANT 216, Göttingen 2007, 321–356.

KÖCKERT, M., Literargeschichtliche und religionsgeschichtliche Beobachtungen zu Ps 104, in: KRATZ, R. G. u.a. (Hg.), Schriftauslegung in der Schrift, FS O. H. Steck, BZAW 300, Berlin 2000, 259–280.

–, Die Theophanie des Wettergottes Jahwe in Psalm 18, in: RICHTER, TH./PRECHEL, D./KLINGER, J. (Hg.), Kulturgeschichten. Altorientalische Studien, FS V. Haas, Saarbrücken 2001, 209–226.

–, Wandlungen Gottes im antiken Israel, in: BThZ 22 (2005), 3–36.

KÖRTING, C., Der Schall des Schofar. Israels Feste im Herbst, BZAW 285, Berlin – New York 1999.

–,   Zion in den Psalmen, FAT 48, Tübingen 2006.

KORNFELD, W., Art. קדש, in: ThWAT VI, Stuttgart u. a. 1989, 1177–1183.

KRATZ, R. G., Der Mythos vom Königtum Gottes in Kanaan und Israel, in: ZThK 100 (2003), 147–162.

–,   Reste hebräischen Heidentums am Beispiel der Psalmen, NAWG 2004, I/2, Göttingen 2004, 27–65.

KRAUS, H.-J., Psalmen, BK XV, Neukirchen-Vluyn ⁶1989.

KRINETZKI, L., Zur Poetik und Exegese von Ps 48, in: BZ 4 (1960), 70–97.

KRÜGER, T., „Kosmo-theologie" zwischen Mythos und Erfahrung. Psalm 104 im Horizont altorientalischer und alttestamentlicher „Schöpfungs"-Konzepte, in: DERS., Kritische Weisheit. Studien zur weisheitlichen Traditionskritik im Alten Testament, Zürich 1997, 91–120.

KUTTER, J., nūr ilī. Die Sonnengottheiten in den nordwestsemitischen Religionen von der Spätbronzezeit bis zur vorrömischen Zeit, AOAT 346, Münster 2008.

LAMBERT, W. G./PARKER, S. B. (Hg.), Enuma Eliš. The Babylonian Epic of Creation. The Cuneiform Text, Oxford 1966.

LANG, B. (Hg.), Der einzige Gott. Die Geburt des biblischen Monotheismus, mit Beiträgen von Bernhard Lang, Marton Smith und Hermann Vorländer, München 1981.

–,   Jahwe, der biblische Gott. Ein Portrait, München 2002.

LAYARD, A. H., Inscriptions in the Cuneiform Character, from Assyrian Monuments, London 1851.

LEMAIRE, A., Déesses et dieux de Syrie-Palestine d'apres les inscriptions (c. 1000–500 av. n. e.), in: DIETRICH, W./KLOPFENSTEIN, M. A. (Hg.), Ein Gott allein? JHWH-Verehrung und biblischer Monotheismus im Kontext der israelitischen und altorientalischen Religionsgeschichte, OBO 139, Freiburg Schweiz – Göttingen 1993, 127–158.

LEMCHE, N. P., The Development of Israelite Religion in the Light of Recent Studies on the Early History of Israel, in: EMERTON, J. A. (Hg.), Congress Volume, Leuven 1989, VT.S 43, Leiden 1991, 97–115.

LEUENBERGER, M., Konzeptionen des Königtums Gottes im Psalter. Untersuchungen zu Komposition und Redaktion der theokratischen Bücher IV–V im Psalter, AThANT 83, Zürich 2004.

LEVIN, C., Altes Testament und Rechtfertigung, in: DERS., Fortschreibungen 9–22.

–,   Das Alte Testament auf dem Weg zu seiner Theologie, in: ZThK 105 (2008), 125–145.

–,   Das Gebetbuch der Gerechten, in: DERS., Fortschreibungen 291–313.

–,   Der Jahwist, FRLANT 157, Göttingen 1993.

–,   Der Sturz der Königin Atalja. Ein Kapitel zur Geschichte Judas im 9. Jahrhundert v. Chr., SBS 105, Stuttgart 1982.

–,   Fortschreibungen. Gesammelte Studien zum Alten Testament, BZAW 316, Berlin – New York 2003.

–,   Ps 36,6–10: Ortho-doxie durch Versabgrenzung, in: Gabe zur Verabschiedung von Pater Heinz Schulte SJ als Spiritual des Herzoglichen Georgianums am 23. Juli 2000, Privatdruck München 2000, 48–56.

–,   The Poor in the Old Testament: Some Observations, in: DERS., Fortschreibungen 322–338.

LIPIŃSKI, E., La royauté de Yahwé dans la poésie et la culte de l'ancien Israël, Brüssel 1965.

LIVERANI, M., La preistoria dell'epiteto „Yahweh ṣĕbāʾōt", in: AION 17 (1967), 331–334.

LIVINGSTONE, A., Mystical and Mythological Explanatory Works of Assyrian and Babylonian Scholars, Oxford 1986.

LOHFINK, N., Das Böse im Herzen und Gottes Gerechtigkeit in der weiten Welt. Gedanken zu Psalm 36, in: IMHOF, P. (Hg.), Gottes Nähe. Religiöse Erfahrung in Mystik und Offenbarung, FS J. Sudbrack, Würzburg 1990, 327–341.

LORETZ, O., Des Gottes Einzigkeit. Ein altorientalisches Argumentationsmodell zum „Schma Jisrael", Darmstadt 1997.

–, KTU 1.101:1–3a und 1.2 IV 10 als Parallelen zu Ps 29,10, in: ZAW 99 (1987), 415–421.

–, Die Psalmen. Beitrag der Ugarit-Texte zum Verständnis von Kolometrie und Textologie der Psalmen, I–II, AOAT 207/1–2, Neukirchen-Vluyn 1979.

–, Psalm 29. Kanaanäische El- und Baaltraditionen in jüdischer Sicht, UBL 2, Soest 1984.

–, Ugarit-Texte und Thronbesteigungspsalmen. Die Metamorphose des Regenspenders Baal-Jahwe (Ps 24,7–10; 29; 47; 93; 95–100 sowie Ps 77,17–20; 114). Erweiterte Neuauflage von „Psalm 29. Kanaanäische El- und Baaltraditionen in jüdischer Sicht" (UBL 2.1984), UBL 7, Münster 1988.

–, Ugarit und die Bibel. Kanaanäische Götter und Religion im Alten Testament, Darmstadt 1990.

–, /KOTTSIEPER, I., Colometry in Ugaritic and Biblical Poetry. Introduction, Illustrations and Topical Bibliography, UBL 5, Altenberge u.a. 1987.

LOWTH, R., De sacra poesi hebraeorum praelectiones. Academiae oxonii habitae etc. cum notis et epimetris I. D. Michaelis suis animadversionibus adiectis, ed. ROSENMÜLLER, E. F. C., Leipzig 1815.

LUTHER, M., Biblia. das ist/ die gantze Heilige Schrifft Deudsch, Wittemberg 1534.

LYON, D. G., Keilschrifttexte Sargon's Königs von Assyrien 722–705 v. Chr. Nach dem Original neu herausgegeben, umschrieben, übersetzt und erklärt, Leipzig 1883 (ND 1977).

MACHOLZ, C., Psalm 29 und 1. Könige 19. Jahwes und Baals Theophanie, in: ALBERTZ, R. u.a. (Hg.), Werden und Wirken des Alten Testaments, FS C. Westermann, Göttingen – Neukirchen-Vluyn 1980, 325–333.

MARTTILA, M., Collective Reinterpretation in the Psalms. A Study of the Redaction History of the Psalter, FAT II/13, Tübingen 2006.

LE MAT, L. A. F., Textual Criticism and Exegesis of Psalm XXXVI. A Contribution to the Study of the Hebrew Book of Psalms, Studia Theologica Rheno-Traiectina III, Utrecht 1957.

MAUL, S., Der Sieg über die Mächte des Bösen. Götterkampf, Triumphrituale und Torarchitektur in Assyrien, in: HÖLSCHER, T. (Hg.), Gegenwelten zu den Kulturen Griechenlands und Roms in der Antike, Leipzig 2000, 19–46.

–, ,Herzberuhigungsklagen'. Die sumerisch-akkadischen Eršaḫunga-Gebete, Wiesbaden 1988.

MAYER, W., Untersuchungen zur Formensprache der babylonischen „Gebetsbeschwörungen", StP.sm 5, Rom 1976. (UFBG)

MAYER-OPIFICIUS, R., Die geflügelte Sonne. Himmels- und Regendarstellungen im alten Vorderasien, in: UF 16 (1984), 189–236.

MCKANE, W., Proverbs. A New Appoach, Old Testament Library, London 1970.

MEEK, T. J., Cuneiform Bilingual Hymns, Prayers and Penitential Psalms, BA 10, Leipzig 1913.

METTINGER, T. N. D., Art. YAHWEH ZEBAOTH, in: ²DDD, Leiden 1999, 920–924.

–, The Elusive Essence. YHWH, El and Baal and the Distinctiveness of Israelite Faith, in: BLUM, E. (Hg.), Die Hebräische Bibel und ihre zweifache Nachgeschichte, FS R. Rendtorff, Neukirchen-Vluyn 1990, 393–417.

METZGER, M., Eigentumsdeklaration und Schöpfungsaussage, in: DERS., Schöpfung, Thron und Heiligtum. Beiträge zur Theologie des Alten Testaments, hg. von ZWICKEL, W., BThS 57, Neukirchen-Vluyn 2003, 75–94.

–, „Thron der Herrlichkeit". Ein Beitrag zur Interpretation von Jeremia 17,12f., in: DERS., Schöpfung, Thron und Heiligtum. Beiträge zur Theologie des Alten Testaments, hg. v. ZWICKEL, W., BThS 57, Neukirchen-Vluyn 2003, 152–187.

MEYER, R., Hebräische Grammatik. Mit einem bibliographischen Nachwort von U. Rüterswörden, I–III, Berlin – New York 1992.

MICHEL, D., Tempora und Satzstellung in den Psalmen, AET 1, Bonn 1960.

–, Studien zu den sogenannten Thronbesteigungspsalmen (1956), in: DERS., Studien zur Überlieferungsgeschichte alttestamentlicher Texte, ThB 93, Gütersloh 1997, 125–153.

MILLER, P. JR., The Divine Warrior, HSM 5, Cambridge MA 1973.

MITTMANN, Komposition und Redaktion von Psalm XXIX, in: VT 28 (1978), 172–194.

MÖLLER, G., Hieratische Papyrus aus den kgl. Museen zu Berlin II, Berlin 1905.

DE MOOR, J. C., An Anthology of Religious Texts from Ugarit (ARTU), NISABA 16, Leiden u.a. 1987.

–, The Rise of Yahwism. The Roots of Israelite Monotheism, Revised and Enlarged Edition, BEThL XCI, Leuven 1997.

MOSIS, R., Art. יָסַד jāsad etc., in: ThWAT III, Stuttgart u.a. 1981, 668–682.

–, Reden und Schweigen. Psalm 77 und das Geschäft der Theologie, in: TThZ 108 (1999), 85–107.

–, „Ströme erheben, Jahwe, ihr Tosen …". Beobachtungen zu Ps 93, in: REITERER, F. V. (Hg.), Ein Gott, eine Offenbarung. Beiträge zur biblischen Exegese, Theologie und Spiritualität, FS N. Füglister, Würzburg 1991, 223–255.

MOWINCKEL, S., Psalmenstudien I–VI, Oslo 1921–1924, ND Amsterdam 1961.

–, Real and Apparent Tricola in Hebrew Psalm Poetry, Oslo 1957.

–, Rez. zu D. Michel, Tempora und Satzstellung in den Psalmen, in: ThLZ 87 (1962), 32–39.

–, The Psalms in Israel's Worship I–II, Oxford 1962.

–, „Thronbesteigungsfest im Alten Testament", s. JANOWSKI.

MÜLLER, H.-P., „Jhwh gebe seinem Volke Kraft". Zum Hintergrund der alttestamentlichen Geschichtsreligion, in: ZThK 98 (2001), 265–281.

–, Mythos als Elementarform religiöser Rede im Alten Orient und im Alten Testament, in: DERS., Glauben, Denken und Hoffen. Alttestamentliche Botschaften in den Auseinandersetzungen unserer Zeit, ATM 1, Münster 1998, 213–229.

–, Religion als Teil der Natur des Menschen, in: ARG 5 (2003), 227–242.

NAVEH, J., Hebrew Graffiti from the First Temple Period, in: IEJ 51 (2001), 194–207.

NIEHR, H., Art. ZAPHON צפן, in: ²DDD, Leiden 1999, 927–929.

–, Baʿalšamem. Studien zu Herkunft, Geschichte und Rezeptionsgeschichte eines phönizischen Gottes, Studia Phoenicia XVII, Leuven 2003.

–, Der höchste Gott. Alttestamentlicher JHWH-Glaube im Kontext syrisch-kanaanäischer Religion des 1. Jahrtausends v. Chr., BZAW 190, Berlin – New York 1990.

–, Die Wohnsitze des Gottes El nach den Mythen aus Ugarit. Ein Beitrag zu ihrer Lokalisierung, in: JANOWSKI, B./EGO, B. (Hg.), Das biblische Weltbild und seine altorientalischen Kontexte, FAT 32, Tübingen 2001, ND 2004, 325–360.

–, Herrschen und Richten. Die Wurzel špt im Alten Orient und im Alten Testament, FzB 54, Würzburg 1986.

–, JHWH in der Rolle des Baalšamem, in: DIETRICH, W./KLOPFENSTEIN, M. A. (Hg.), Ein Gott allein? JHWH-Verehrung und biblischer Monotheismus im Kontext der israelitischen und altorientalischen Religionsgeschichte, OBO 139, Göttingen 1994, 307–326.

–, The Rise of YHWH in Judahite and Israelite Religion. Methodological and Religio-Historical Aspects, in: EDELMAN, D. V. (Hg.), The Triumph of Elohim. From Yahwisms to Judaisms, CBET 13, Kampen 1995, 45–73.

NISSINEN, M., City as lofty as heaven. Arbela and other cities in Neo-Assyrian prophecy, in: GRABBE, L. L. (Hg.), Every city shall be forsaken. Urbanism and prophecy in ancient Israel and the Near East, JSOT.S 330, Sheffield 2001.

–, Prophets and Prophecy in the Ancient Near East, with contributions by C. L. Seow and R. K. Ritner, SBL.WAW 12, Leiden – Boston 2003.

NÕMMIK, U., Die Gerechtigkeitsbearbeitungen in den Psalmen. Eine Hypothese von Christoph Levin formgeschichtlich und kolometrisch überprüft, in: UF 31 (1999), 454–535.

NOTH, M., Geschichte Israels, Göttingen ⁷1969.

–, Gott, König, Volk im Alten Testament. Eine methodologische Auseinandersetzung mit einer gegenwärtigen Forschungsrichtung, in: DERS., Gesammelte Studien zum Alten Testament, ThB 6, München 1957, 188–229.

–, Die israelitischen Personennamen im Rahmen der gemeinsemitischen Namengebung (IPN), Stuttgart ²1928 (ND Hildesheim – New York 1980).

–, Das System der zwölf Stämme Israels, Stuttgart 1930 (ND Darmstadt 1966).

NOUGAYROL, J., Le Palais Royal d'Ugarit III. Textes accadiens et hourrites des Archives Est, Ouest et Centrales, avec des études de G. Boyer et E. Laroche, Mission Ras Shamra VI, Paris 1955.

O'CONNOR, M., Hebrew Verse Structure, Winona Lake IN 1980.

OEMING, M., Das Buch der Psalmen. Psalm 1–41, NSK.AT 13/1, Stuttgart 2000.

DEL OLMO LETE, G./SANMARTÍN, J., A Dictionary of the Ugaritic Language in the Alphabetic Tradition (DULA), HdO 67, I–II, Leiden – Boston ²2004.

OLSHAUSEN, J., Die Psalmen, KeH 14, Leipzig 1853.

OTTO, A., Das Oberhaupt des westsemitischen Pantheons ohne Abbild? Überlegungen zur Darstellung des Gottes Dagan, in: ZA 96 (2006), 242–268.

OTTO, E., Art. Feste/Feiern II. Altes Testament, in: ⁴RGG 3, Tübingen 2000, 87–89.

–, Art. Feste und Feiertage II. Altes Testament, in: TRE XI, Berlin – New York 1983, 96–106.

–, Art. צִיּוֹן, etc., in: ThWAT VI, Stuttgart u.a. 1989, 994–1028.

–, Art. שֶׁבַע etc., in: ThWAT VII, Stuttgart u.a. 1993, 1000–1027.

–, Art. שַׁעַר etc., in: ThWAT VIII, Stuttgart u.a. 1995, 358–403.

–,   Krieg und Frieden in der Hebräischen Bibel und im Alten Orient. Aspekte für eine
      Friedensordnung der Moderne, Theologie und Frieden 18, Stuttgart u.a. 1999.
–,   Kultus und Ethos in Jerusalemer Theologie. Ein Beitrag zur theologischen Begrün-
      dung der Ethik im Alten Testament, in: ZAW 98 (1986), 161–179.
–,   Mythos und Geschichte im Alten Testament. Zur Diskussion einer neueren Arbeit
      von Jörg Jeremias, in: BN 42 (1988), 93–102.
–,   Theologische Ethik des Alten Testaments, ThW 3,2, Stuttgart u.a. 1994.
–,   /SCHRAMM, T., Fest und Freude, Stuttgart 1977.

PARDEE, D., Les textes para-mythologiques, Ras Shamra – Ougarit IV, Paris 1988.
–,   On Psalm 29. Structure and Meaning, in: FLINT, P. W./MILLER, P. D. JR. (Hg.), The
      Book of Psalms. Composition and Reception, VT.S 99, Leiden 2005, 153–183.
–,   The Poetic Structure of Psalm 93, in: SEL 5 (1988), 163–170.
PERLITT, L., Die Propheten Nahum, Habakuk, Zephanja, ATD 25,1, Göttingen 2004.
PETERSEN, C., Mythos im Alten Testament. Bestimmung des Mythosbegriffs und Unter-
      suchung der mythischen Elemente in den Psalmen, BZAW 157, Berlin – New York
      1982.
PFEIFFER, H., Jahwes Kommen von Süden. Jdc 5; Hab 3; Dtn 33 und Ps 68 in ihrem litera-
      tur- und theologiegeschichtlichen Umfeld, FRLANT 211, Göttingen 2005.
PODELLA, T., Das Lichtkleid Jahwes. Untersuchungen zur Gestalthaftigkeit Gottes im
      Alten Testament und seiner altorientalischen Umwelt, FAT 15, Tübingen 1996.
–,   Der "Chaoskampfmythos" im Alten Testament. Eine Problemanzeige, in: Dietrich,
      M./Loretz, O. (Hg.), Mesopotamica – Ugaritica – Biblica. FS K. Bergerhof, AOAT 232,
      Kevelaer 1993, 283–329.
PONGRATZ-LEISTEN, B., Ina šulmi īrub. Die kulttopographische und ideologische Pro-
      grammatik der akītu-Prozession in Babylonien und Assyrien im 1. Jahrtausend
      v.Chr, BaF 16, Mainz 1994.
PREUSS, H. D., Art. Neujahrsfest II. Altes Testament, in: TRE XXIV, Berlin – New York
      1994, 320f.
PRITCHARD, J. B., The Ancient Near East in Pictures Relating to the Old Testament, Prin-
      ceton 1954.

VON RAD, G., Theologie des Alten Testaments I. Die Theologie der Geschichtlichen Über-
      lieferungen Israels, München ⁸1982.
RADNER, K., Assyrische ṭuppi adê als Vorbild für Deuteronomium 28,20–44?, in: WITTE,
      M./SCHMID, K./PRECHEL, D./GERTZ, J. CHR. (Hg.), Die deuteronomistischen Ge-
      schichtswerke. Redaktions- und religionsgeschichtliche Perspektiven zur „Deutero-
      nomismus"-Diskussion in Tora und Vorderen Propheten, BZAW 365, Berlin – New
      York 2006, 351–378.
RANKE, H., Art. Aegypten IV. Aegyptens Einfluß auf Israel, in: RGG I, Tübingen 1909,
      207f.
RENZ, J./RÖLLIG, W., Handbuch der althebräischen Epigraphik (HAE) I–III, Darmstadt
      1995–2003.
RIBICHINI, S./XELLA, P., Problemi di onomastica ugaritica. Il caso dei teofori, in SEL 8
      (1991), 149–170.
RIDDERBOS, N. H., Die Psalmen. Stilistische Verfahren und Aufbau. Mit besonderer
      Berücksichtigung von Ps 1–41, BZAW 117, Berlin – New York 1972.

ROBERTS, J. J. M., Mowinckel's Enthronement Festival. A Review, in: FLINT, P. W./MILLER, P. D. JR. (Hg.), The Book of Psalms. Composition and Reception, VT.S 99, Leiden 2005, 97–115.

RÖSEL, C., Die messianische Redaktion des Psalters. Studien zur Entstehung und Theologie der Sammlung Psalm 2–89, CThM.BW 19, Stuttgart 1999.

SANDMAN, M., Texts from the time of Akhenaten, Bruxelles 1938.

SANDERS, J. A., The Psalms Scroll of Qumrân Cave 11 (11QPsᵃ), DJD IV, Oxford 1965.

SAUR, M., Die Königspsalmen. Studien zur Entstehung und Theologie, BZAW 340, Berlin – New York 2004.

SCHARBERT, J., Das historische Umfeld von Psalm 48, in: REITERER, F. V. (Hg.), Ein Gott – eine Offenbarung, FS N. Füglister, Würzburg 1991, 291–306.

SCHEIL, V., Mémoires de la Délégation en Perse IV, Paris 1902.

SCHIFF-GIORGINI, M., Soleb V. Le temple, bas-reliefs et inscriptions, Kairo 1998.

SCHIPPER, B. U., Israel und Ägypten in der Königszeit. Die kulturellen Kontakte von Salomo bis zum Fall Jerusalems, OBO 170, Freiburg Schweiz – Göttingen 1999.

SCHMID, H. H., Gerechtigkeit als Weltordnung. Hintergrund und Geschichte des alttestamentlichen Gerechtigkeitsbegriffs, BHTh 40, Tübingen 1968.

SCHMID, K., Buchgestalten des Jeremiabuches. Untersuchungen zur Redaktions- und Rezeptionsgeschichte von Jer 30–33 im Kontext des Buches, WMANT 72, Neukirchen-Vluyn 1996.

–, Hintere Propheten (Nebiim), in: GERTZ, J.-CH. (Hg.), Grundinformation Altes Testament, Göttingen 2006, 303–401.

SCHMIDT, H., Die Psalmen, HAT I/15, Tübingen 1934.

SCHMIDT, W. H., Art. Mythos III. Alttestamentlich, in: TRE XXIII, Berlin – New York 1994, 625–644.

–, Königtum Gottes in Ugarit und Israel. Zur Herkunft der Königsprädikation Jahwes. Zweite neu bearbeitete Auflage, BZAW 80, Berlin 1966.

–, Mythos im Alten Testament, in: EvTh 27 (1967), 237–254.

SCHMITT, R., Bildhafte Herrschaftsrepräsentation im eisenzeitlichen Israel, AOAT 283, Münster 2001.

SCHMUTTERMAYR, G., Psalm 18 und 2 Samuel 22. Studien zu einem Doppeltext. Probleme der Textkritik und Übersetzung und das Psalterium Pianum, StANT 25, München 1971.

SCHOLLMEYER, P. A., Der Ischtarhymnus K 41 nebst seinen Duplikaten, MVAG 13/4, Leipzig 1908.

SCHREINER, J., Sion – Jerusalem, Jahwes Königssitz. Theologie der Heiligen Stadt im Alten Testament, StANT 7, München 1963.

SCHROER, S., Psalm 65 – Zeugnis eines integrativen JHWH-Glaubens?, in: UF 22 (1990), 285–301.

SCHWEMER, D., Die Wettergottgestalten Mesopotamiens und Nordsyriens im Zeitalter der Keilschriftkulturen. Materialien und Studien nach den schriftlichen Quellen, Wiesbaden 2001.

SEGERT, S., Poetry and Arithmetic. Psalms 29 and 137, in: LANGE, A./LICHTENBERGER, H./RÖMHELD, D. (Hg.), Mythos im Alten Testament und seiner Umwelt, FS H.-P. Müller, BZAW 278, Berlin – New York 1999, 165–181.

SEIDL, T., „... Mit der Urflut hast du die Erde bedeckt wie mit einem Kleid". Zur syntaktischen Bewertung der Textzeugen von Ps 104,6a, in: BN 25 (1984) 42–48.

SEREMAK, J., Psalm 24 als Text zwischen den Texten, ÖBS 26, Frankfurt a. M. 2004.

SEUX, M.-J., Épithèt royales Akkadiennes et Sumériennes, Paris 1967.

SEYBOLD, K., Psalm 29. Redaktion und Rezeption, in: DERS., Studien zur Psalmenausle-
gung, Stuttgart 1998, 85–111.

–,   Die Psalmen. Eine Einführung, Stuttgart u.a. ²1991.

–,   Die Psalmen, HAT I/15, Tübingen 1996.

–,   Poetik der Psalmen, Poetologische Studien zum Alten Testament 1, Stuttgart 2003.

SIMIAN-YOFRE, H., Art. עוד etc., in: ThWAT V, Stuttgart u.a. 1986, 1107–1128.

–,   La teodicea del Deuteroisaías, in: Bibl 62 (1981), 55–72.

SMELIK, K. A. D., Historische Dokumente aus dem alten Israel, Göttingen 1987.

SMEND, R., Lehrbuch der alttestamentlichen Religionsgeschichte, Freiburg i. B. – Leipzig
1893.

SMEND, R., Das alte Israel im Alten Testament, in: DERS., Bibel und Wissenschaft. Historische Aufsätze, Tübingen 2004, 1–14.

–,   Licht vom Norden: Mowinckel und Deutschland, in: DERS., Bibel und Wissenschaft.
Historische Aufsätze, Tübingen 2004, 159–173.

–,   Jahwekrieg und Stämmebund. Erwägungen zur ältesten Geschichte Israels, in:
DERS., Zur ältesten Geschichte Israels. Gesammelte Studien 2, München 1987, 116–
199.

–,   Über die Epochen der Bibelkritik, in: DERS., Bibel und Wissenschaft. Historische
Aufsätze, Tübingen 2004, 29–50.

SMITH, G., Chaldean account of the deluge, London 1872.

–,   The Chaldean Account of Genesis, London 1876.

SMITH, M. S., The Early History of God. Yahweh and the Other Deities in Ancient Israel,
San Francisco 1991.

–,   The Memoirs of God. History, Memory, and the Experience of the Divine in Ancient
Israel, Minneapolis 2004.

–,   The Origins of Biblical Monotheism. Israel's Polytheistic Background and the Ugaritic Texts, Oxford – New York 2001.

–,   The Rituals and Myths of the Feast of the Goodly Gods of KTU/CAT 1.23. Royal
Constructions of Opposition, Intersection, Integration, and Domination, Atlanta
2006.

–,   The Ugaritic Baal cycle. 1. Introduction with text, translation and commentary of
KTU 1.1–1.2, VT.S 55, Leiden u.a. 1994.

SPERLING, S. D., Art. BELIAL בליעל, in: ²DDD, Leiden 1999, 169–171.

SPIECKERMANN, H., Heilsgegenwart. Eine Theologie der Psalmen, FRLANT 148, Göttingen 1989.

STAMM., J. J., Die akkadische Namengebung, MVAG 44, Leipzig 1939.

STECK, O. H., Der Abschluß der Prophetie im Alten Testament. Ein Versuch zur Frage der
Vorgeschichte des Kanons, BThSt 17, Neukirchen-Vluyn 1999.

–,   Der Wein unter den Schöpfungsgaben. Überlegungen zu Psalm 104, in: DERS., Wahr-
nehmungen Gottes im Alten Testament. Gesammelte Studien, ThB 70, München
1982, 240–261.

STENMANS, P., Art. מַבּוּל mabbûl, in: ThWAT IV, Stuttgart u.a. 1984, 633–638.

STEVE, M.-J./GASCHE, H./DE MEYER, L., La Susiane au deuxième millénaire: à propos d'une
interprétation des fouilles de Suse, in: IrAnt 15 (1980), 49–154, I–XV.

STOL, M., Letters form Yale, AbB IX, Leiden 1981.

STOLZ, F., Einführung in den biblischen Monotheismus, Darmstadt 1996.

SÜSSENBACH, C., Der elohistische Psalter. Untersuchungen zu Komposition und Theologie von Ps 42–83, FAT II/7, Tübingen 2005.

TADMOR, H., The Inscriptions of Tiglath-Pileser III King of Assyria. Critical Edition, with Introductions, Translations and Commentary, Jerusalem 1994.

TALLQVIST, K. L., Akkadische Götterepitheta. Mit einem Götterverzeichnis und einer Liste der prädikativen Elemente der sumerischen Götternamen, StOr VII, Helsinki 1938.

TATE, M. E., Psalms 51–100, WBC 20, Dallas TX 1990.

TIMM, S., Moab zwischen den Mächten. Studien zu historischen Denkmälern und Texten, ÄAT 17, Wiesbaden 1989.

VAN DER TOORN, K., Art. YAHWEH, in: ²DDD, Leiden 1999, 910–919.

–, /BECKING, B./VAN DER HORST, P. W. (Hg.), Dictionary of Deities and Demons in the Bible, Second Edition, extensively revised (²DDD), Leiden u.a. 1999.

TOURNAY, R., El Salmo 29. Estructura y interpretación, in: CiTo 106 (1979), 733–753.

–, Rez. zu: D. A. Robertson. Linguistic Evidence in Dating Early Hebrew Poetry (1972), in: RB 81 (1974), 463–564.

TROPPER, J., Kleines Wörterbuch des Ugaritischen, ELO 4, Wiesbaden 2008.

–, Ugaritische Grammatik (UG), AOAT 273, Münster 2000.

TSUMURA, D. T., „The Deluge" (mabbûl) in Psalm 29:10, in: UF 20 (1988), 351–355.

UEHLINGER, CHR., Leviathan und die Schiffe in Ps 104,25–26(*), in: Bibl 71 (1990), 499–526.

VEIJOLA, T., Das dritte Gebot (Namensverbot) im Lichte einer ägyptischen Parallele, in: ZAW 103 (1991), 1–17.

–, Die ewige Dynastie. David und die Entstehung seiner Dynastie nach der deuteronomistischen Darstellung, AASF 193, Helsinki 1975.

VERA CHAMAZA, G. W., Die Omnipotenz Aššurs. Entwicklungen der Aššur-Theologie unter den Sargoniden Sargon II., Sanherib und Asarhaddon, AOAT 295, Münster 2002.

VIROLLEAUD, C., Les Nouveaux Textes Mythologiques et Liturgiques de ras Shamra (XXIVᵉ Campagne), 1961), in: UGARITICA V (1968), 545–595.

VOGT, E., Der Aufbau von Ps 29, in: Bibl 41 (1960), 17–24.

WAGNER, A., Zum Textproblem von Ps 29,9. Überlegungen zum Plural der Nomina collectiva und der Pflanzennamen im biblischen Hebräisch und ihrer Bedeutung für das Verständnis von Ps 29,9, in: ZAH 10 (1997), 177–197.

WAGNER, M., Die lexikalischen und grammatikalischen Aramaismen im alttestamentlichen Hebräisch, BZAW 96, Berlin 1966.

WALTKE, B. K./O'CONNOR, M., An Introduction to Biblical Hebrew Syntax, Winona Lake 1990.

WANKE, G., Die Zionstheologie der Korachiten in ihrem traditionsgeschichtlichem Zusammenhang, BZAW 97, Berlin 1966.

WARMUTH, G., Art. נָקָה nāqāh etc., in: ThWAT V, Stuttgart u.a. 591–602.

WASCHKE., E.-J., Art. תְּהוֹם tᵉhôm, in: ThWAT VIII, Stuttgart u.a. 1996, 563–571.

WATSON, R., Chaos Uncreated. A Reassessment of the Theme of „Chaos" in the Hebrew Bible, BZAW 341, Berlin – New York 2005.

WATSON, W. G. E., Art. FIRE אֵשׁ, in: ²DDD, Leiden 1999, 331f.

–, Classical Hebrew Poetry. A Guide to its Techiques, JSOT.S 26, Sheffield 1984.

WEBER, B., Psalm 77 und sein Umfeld, BBB 103, Weinheim 1995.

VON WEIHER, E., Spätbabylonische Texte aus Uruk III, ADFU 12, Berlin 1988.

WEINFELD, M., Instructions for Temple Visitors in the Bible and in Ancient Egypt, in: GROLL, S. I. (Hg.), Egyptological Studies, Scripta Hierosolymitana XXVIII, Jerusalem 1984, 224–250.

WEIPPERT, M., Art. Edom und Israel, in: TRE 9, Berlin – New York 1982, 291–299.

–,   Art. Jahwe, in: RLA 5, Berlin – New York 1976–80, 246–253 (= Jahwe, in: DERS., Jahwe und die anderen Götter, FAT 18, Tübingen 1997, 35–44).

–,   Synkretismus und Monotheismus, in: DERS., aaO, 1–24.

WEISER, A., Die Psalmen, ATD 14/15, Göttingen ⁹1979.

WELLHAUSEN, J., Prolegomena zur Geschichte Israels, Berlin ⁶1905.

–,   The Book of Psalms. Critical Edition of the Hebrew Text. Printed in Colors with Notes, Leipzig – Baltimore – London 1895.

–,   Israelitische und jüdische Geschichte, Berlin ⁷1914.

WESTENDORF, W., Art. Atem, in: LÄ I, Wiesbaden 1975, 517f.

WESTERMANN, C., Art. כבד etc., in: THAT I, Gütersloh 1971, 794–812.

–,   Lob und Klage in den Psalmen, Göttingen 1977.

DE WETTE, W. M. L., Commentar über die Psalmen nebst beigefügter Übersetzung, Heidelberg ⁵1856.

WILCKE, C., Das Recht: Grundlage des sozialen und politischen Diskurses im Alten Orient, in: DERS. (Hg.), Das geistige Erfassen der Welt im Alten Orient. Sprache, Religion, Kultur und Gesellschaft, Wiesbaden 2007, 209–244.

WILHELM, G., Der mittelassyrische Brief eines Verwalters an seinen Herrn, in: PONGRATZ-LEISTEN/KÜHNE, H./XELLA, P. (Hg.), Ana šadî Labnāni lū allik. Beiträge zu altorientalischen und mittelmeerischen Kulturen, FS W. Röllig, AOAT 247, Kevelaer – Neukirchen-Vluyn 1997, 431–434.

WORSCHECH, U., Der Gott Kemosch. Versuch einer Charakterisierung, in: UF 24 (1992), 393–401.

WÜNSCHE, A. (Hg.), Midrasch Tehillim, Trier 1892 (ND Hildesheim 1967).

WYATT, N., Arms and the King. The earliest allusions to the Chaoskampf motif and their implications for the interpretation of the Ugaritic and biblical traditions, in: DIETRICH, M./KOTTSIEPER, I. (Hg.), „Und Mose schrieb dieses Lied auf". Studien zum Alten Testament und zum Alten Orient, FS O. Loretz, AOAT 250, Münster 1998, 833–882.

ZENGER, E., Psalm 29 als hymnische Konstituierung einer Gegenwelt, in: KIESOW, K./MEURER, TH. (Hg.), Textarbeit. Studien zu Texten und ihrer Rezeption aus dem Alten Testament und der Umwelt Israels. FS P. Weimar, AOAT 294, Münster 2002, 569–83.

–,   Theophanien des Königsgottes JHWH. Transformationen von Psalm 29 in den Teilkompositionen Ps 28–30 und Ps 93–100, in: FLINT, P. W./MILLER, P. D. JR. (Hg.), The Book of Psalms. Composition and Reception, VT.S 99, Leiden 2005, 407–442.

–,   Das Weltenkönigtum des Gottes Israels (Ps 90–106), in: LOHFINK, N./ZENGER, E., Der Gott Israels und die Völker. Untersuchungen zum Jesajabuch und zu den Psalmen, SBS 154, Stuttgart 1994.

ZWICKEL, W., Einführung in die biblische Landes- und Altertumskunde, Darmstadt 2002.

Stellenregister

Kursive Seitenzahlen verweisen auf Einträge in den Fußnoten.

7,23	35	20,4	150
8,7	61	24,2	84
8,18	116		
9,27	171	*Judicum*	
10,17	50		
11,3	138	1,15	123
11,14	232	2,15	40
12,15	150	2,21	47
16,18	101, 150	3,9	210
17,8	165	3,20ff	224
24,5	165	4,15	35
27,15	90	5	2, 6, 14
28,12	232	5,3	235
28,20ff	15	5,4f	7, 13, 14, 239, 243
28,37	190	5,5	97
28,49	33	5,31	89
29,19	31	6,12	153
31,17f	232	6,14	116
32,2	123, 243	7,21	174
32,8	122, 129	8,18	195
32,15	23	8,28	151
32,20	232	9,7	72
32,22	29, 178	9,9	206
33	6, 10, 14	9,9.13	204
33,2	13, 14, 78, 192, 248	9,13	228
33,13	209	9,15	116
33,15	97, 178, 209	9,19	99
33,16	177	9,35.40.44	150
33,21	208	9,51	124
33,26	55, 223	10,9	40
33,29	58	10,13	47
		11,1	153
Josua		11,7	40
		11,34	150, 175
1,8	46	15,14	174
2,19	165	16,5ff	116
3,11.13	98	16,18	171
6,20	174	17,3f	90
6,26	157	18,14.17f.20.30f	90
7,12	47	18,16f	150
8,29	150		
9,10	117	*I Samuel*	
10,10	35		
10,11	34	1,11	171
11,5	187	1,14	206
12,4	117	2,7	140
13,12.31	117	2,8	155
14,4	231	2,9	89
14,10	82	2,10	106, 177
14,11	116	4,4	33
18,4	123	4,5	174

4,8	*73*	22,7	*18*
4,20	*188*	22,12	*18, 20,* **23,** *24*
5,9.11	*35*	22,13	*24*
7,10	*177*	22,14	*25, 114, 177*
9,1	*153*	22,16	*19, 26*
10,4	*123*	22,17	*61*
10,24	*174*	24,14	*40*
11,4	*72*		
11,11	*35*	*I Regum*	
11,15	*99*		
12,18	*55*	1,6	*195*
13,6	*40*	1,11	*77*
14,20	*35*	1,18	*78*
14,41	*123*	1,40	*99*
16,12.18	*195*	1,41	*174*
16,14f	*39*	1,41.45	*199*
16,18	*153*	2,3	*67*
17,20.52	*174*	2,7	*205*
17,28	*118*	2,45	*82*
17,33	*153*	3,13	*124*
17,52	*150*	5,1	*153*
18,6	150, 175	5,31	*157, 158*
21,3	*78*	6,37	*157, 158*
27,8	*84*	8,12	*32*
28,8	*80*	8,12f	*33*
28,15	*40*	8,13.39.43.49	*100, 218*
30,6	*40*	10,9	*100, 208*
		10,10	*123*
II Samuel		10,22	*185*
		11,28	*153*
1,26	*40*	12,27	*165*
3,8	*205*	15,1.7f	*63*
6	150	15,9f	*77*
6,2	*33*	16,16	*199*
7,10	*35*	16,34	*157*
7,16	*82*	17,7	*225*
8,15	*100, 208*	18,41–45	*115*
10,2	*205*	20	*120*
10,8	*150*	20,11	*81*
11,1	*39*	20,27	*113*
11,15	*123*	20,28	*97*
11,23	*150*	22	*120*
14,4	*210*	22,10	*150*
15,10	*174*	22,19	*129, 153*
15,12	*77*		
15,34	*82*	*II Regum*	
16,20	*123*		
19,1	*224*	1,2	*224*
20,22	*35*	2,11	*55, 118, 142, 225*
22	*19, 25*	3	*120*
22,2	*20*	3,21	*81*

32,13	61	4,18	19
32,15	177		
32,23	196	Amos	
33,14.16.19	208		
34,12	32, 95	2,3	179
34,25	112	3,4	229
34,26	232	4,13	58, 222
38,6.15	196	5,7.24	208
38,12f	231	5,8	58, 222, 229
38,22	34	5,15	89
39,2	196	5,18–20	24, 245, 250
39,10	112	6,8	166, 177
39,23f.29	232	7,2	225
40,11.13.40	150	7,4	209
40,18.38	150	7,8	47
42,13	165	8,2	47
43,2	61	9,5f	159, 222, 224
44,11.17	150	9,13	141
45,9	208		
46,3	150	Obadja	
47,1–12	136		
		Ob	54
Hosea		16	195
1,6	47	Jona	
2,11	232		
2,21	100	1,4	196
4,11	206	2,4	144, 156
5,15	164	2,6	209
6,3.5	248	2,8	46
7,7	179	3,5	80
9,1	99	4,2	47
9,5	36		
12,11	188	Micha	
13,10	179		
		1,2	177
Joel		1,3	58
		1,3f	250
1,7	112	1,4	97, 178, 239
1,19f	118	1,12	150
1,20	19	3,4	232
2,1	195	4,2	165
2,2	24, 32, 95	4,5	190
2,5	55	4,8	138
2,10	30	4,9	184, 186
2,13	47	4,13	98
2,21	99	5,3	124
2,21.23	99, 192	6,2	35
2,22	118	7,12	138
3,1	138	7,13	228
4,17	195		

13,15	232	5,12	*19*
14,4	*116*	8,7	*61*
14,14	232		
14,27	*39, 207*	*Kohelet*	
14,28	*124*		
15,13	*228*	3,11	*232*
15,23	*232*	5,7	*186f*
15,30	*228*	8,10	*165*
15,33	*124*	9,14	*198*
16,12	*100*	10,19	*228*
16,15	*207, 232*		
16,22	*207*	*Threni*	
17,5	*41*		
18,10	*124*	1,19	*233*
18,19	*199*	1,20	*40*
18,20	*232*	2,3	*192*
20,3	*124*	2,6	*24*
20,13	*232*	2,9	*117*
20,28	*100, 205*	2,10	*127*
21,3	*208*	2,13	*188*
23,24f	*192*	2,15	*196*
23,25	*99*	3,19f	*171*
24,5	*116*	3,31	*47*
24,17	*99, 192*	4,12	*150*
24,22	*41*	4,20	*233*
24,32	*188*	5,1	*171*
25,2	*124*	5,20	*74*
25,5	*100*		
25,16	*232*	*Daniel*	
25,23	*228*		
27,9.11	*228*	4,9.11.18	*220*
27,10	*41*	8,11	*100, 218*
27,23	*188*	9,4	*50, 89*
29,14	*100*	9,16.20	*195*
29,29	*116*	11,20	*116*
30,8	*166*	12,3	*190*
30,16	*228*		
31,4	*70*	*Esra*	
		2,43	*113*
Ruth		2,68	*100, 218*
		3,6	*158*
2,1	*153*	3,10–12	*157*
2,7	*82*	3,12	*158*
		7,19	*155*
Canticum		9,8	*165*
1,4	*99, 192*		
1,5	*223*	*Nehemia*	
1,9	*188*		
1,10	*67*	1,5	*50, 89*
2,7	*119*	1,8	*171*

Alter Orient

Ugaritische Texte

CAT 1.1–1.6 *129*
CAT 1.1f 31, *60*
CAT 1.1 II 21–24 *121*
CAT 1.1 IV 24f *84*
CAT 1.2 IV 8 *96*
CAT 1.2 IV 8f 69
CAT 1.2 IV 10 74
CAT 1.2 IV 14f *156*
CAT 1.2 IV 91 *224*
CAT 1.3f 196
CAT 1.3 IV 21f *176*
CAT 1.3 I 3 *98, 155, 241*
CAT 1.3 III 12 *176*
CAT 1.3 III 29 *197*
CAT 1.3 III 30f *197*
CAT 1.3 III 40 *144*
CAT 1.3 III 45f *224f*
CAT 1.3 IV 25–27 *56*
CAT 1.3 V 32–34 128
CAT 1.4 158
CAT 1.4 I 40 *35*
CAT 1.4 II 11 *129*
CAT 1.4 III 6–9 *158*
CAT 1.4 III 14 *122*
CAT 1.4 IV 43–46 128
CAT 1.4 V 6 *241*
CAT 1.4 V 6–9 55
CAT 1.4 V 7 *224*
CAT 1.4 V 9 *241*
CAT 1.4 V 41ff *224*
CAT 1.4 V 50ff *158*
CAT 1.4 V 58–VI 15 *226*
CAT 1.4 V 68–71 *114*
CAT 1.4 VI 1–40 *158*
CAT 1.4 VI 18–21 *117*
CAT 1.4 VI 36–38 *158, 224*
CAT 1.4 VII 15–28 *226*
CAT 1.4 VII 19 *96*
CAT 1.4 VII 29 *55*
CAT 1.4 VII 28–42 *116*
CAT 1.4 VII 29–37 *29f, 114, 226*
CAT 1.4 VII 31f *241*
CAT 1.4 VII 31–41 *226*
CAT 1.4 VII 35–41 *241*
CAT 1.4 VII 42 *127*
CAT 1.4 VII 49–52 *129, 206, 228, 241*
CAT 1.5 I 1–3 *220*
CAT 1.5 I 1–4 *121*
CAT 1.5 I 17 *119*

CAT 1.5 I 27–30 *220*
CAT 1.5 V 7 *96*
CAT 1.5 V 18–22 *117*
CAT 1.6 I 2–4 *121*
CAT 1.6 I 15–18 *197*
CAT 1.6 I 58 *127*
CAT 1.6 III 10–13 *121*
CAT 1.6 V 3 *72*
CAT 1.6 VI *197*
CAT 1.10 III 13 *127*
CAT 1.10 III 19ff *117*
CAT 1.12 I 9–11 *121*
CAT 1.12 II 58–61 *121*
CAT 1.13:19f *176*
CAT 1.14 III 51 *124*
CAT 1.15 II 21–25 *70*
CAT 1.16 I 6f *197*
CAT 1.16 I 7f *197*
CAT 1.16 II 45f *197*
CAT 1.16 III 1–10 *141*
CAT 1.16 III 1ff *152*
CAT 1.16 III 5–8 *241*
CAT 1.16 III 7ff *225*
CAT 1.16 III 13 *225*
CAT 1.17 VI, 12 *35*
CAT 1.19 II 13ff *225*
CAT 1.19 III 31 *197*
CAT 1.23 *129*
CAT 1.23:65 118f
CAT 1.39 Vs. 13 *61*
CAT 1.40:25 *122*
CAT 1.40:33 *129*
CAT 1.41 *228*
CAT 1.46 Vs. 6 *61*
CAT 1.47 Rs. 30 *61*
CAT 1.91:15 *153*
CAT 1.92:28 *152*
CAT 1.100:71f *149*
CAT 1.100:9 *197*
CAT 1.101:1–3 85
CAT 1.101:1f *209*
CAT 1.101:1–9 *197*
CAT 1.101:3f *114, 241*
CAT 1.101:4 *241*
CAT 1.102 Vs. 3 *61*
CAT 1.107:34.37.44 *96*
CAT 1.108:1 *84*
CAT 1.108:2f *117*
CAT 1.114 *129*
CAT 1.118 Rs. 29 *61*
CAT 1.119:26–34 *241*

Autorenregister

Scharbert, J. *183, 186*
Scheil, V. *3*
Schiff Giorgini, M. *243*
Schipper, B. U. *234*
Schmid, H. H. *101, 179*
Schmid, K. *183*
Schmidt, H. *22, 23, 24, 27, 78, 124*
Schmidt, W. H. *7, 39, 57, 62, 77, 78, 79, 122, 125, 128, 237*
Schmitt, R. *123, 175*
Schmuttermayr, G. *19, 23, 24*
Schollmeyer, P. A. *96*
Schramm, T. *36, 188*
Schreiner, J. *183*
Schroer, S. *100, 133, 135, 140, 141, 143, 205*
Schwemer, D. *15, 30, 32, 34, 56, 58, 59, 60, 61, 62, 96, 101, 119, 127, 129, 130, 141, 143, 144, 145, , 161, 178, 198, 206, 207, 223, 224, 225, 226, 227, 242, 243, 246, 247, 248*
Segert, S. *113, 117*
Seidl, T. *211*
Seremak, J. *156*
Seux, M.-J. *198*
Seybold, K. *21, 22, 25, 43, 45, 46, 64, 66, 70, 72, 86, 87, 88, 90, 103, 109, 113, 114, 123, 127, 135, 137, 140, 148, 170, 175, 188, 202, 203*
Simian-Yofre, H. *58, 67*
Smelik, K. A. D. *176*
Smend, R. *3*
Smend, R. *2, 3, 5, 7,* 153
Smith, G. *3*
Smith, M. *13, 14, 118, 119, 129, 157*
Sperling, S. D. *39*
Spieckermann, H. *11, 12, 41, 64, 73, 76, 103, 105, 107, 108, 109, 110, 111, 116, 117, 119, 122, 127, 148, 150, 155, 157, 158, 162, 163, 164, 165, 166, 185, 188, 189, 190, 193, 198, 199, 211, 215, 216, 217, 218, 219, 220, 221, 228, 229, 231, 233*
Stamm, J. J. *50*
Steck, O. H. *86, 214*
Stenmans, P. *126*
Steve, M.-J. *198*
Stol, M. *161*
Stolz, F. *49, 129*
Süssenbach, C. *45*

Tadmor, H. *141*
Tallqvist, K. L. *80, 195, 227*
Tate, M. E. *64, 136*
Timm, S. *101*
van der Toorn, K. *14,* 129
Tournay, R. *103, 111*
Tropper, J. *23, 29, 30, 35, 55, 77, 85, 111, 121, 124, 157*
Tsumura, D. T. *126*

Uehlinger, C. *14, 15, 33, 34, 63, 119, 205, 211, 220, 229, 238, 248*

Vatke, W. *2*
Veijola, T. *20, 164,* 166
Vera Chamaza, G. W. *161*
Virolleaud, C. *101*
Vogt, E. *111*

Wagner, A. *103, 110, 112, 122*
Wagner, M. *220*
Waltke, B. K. *18*
Wanke, G. *186, 187, 189, 198, 199*
Warmuth, G. *165*
Waschke, E.-J. *58*
Watson, R. *43, 57, 69, 168, 177*
Watson, W. G. E. *225*
Weber, B. *43, 44, 45, 47, 54*
von Weiher, E. *141*
Weinfeld, M. *165*
Weippert, M. *13, 122, 243*
Weiser, A. *188*
Wellhausen, J. *2, 3, 13, 36, 111, 215*
Westendorf, W. *233*
Westermann, C. *105, 124*
de Wette, W. M. L. *90*
Wilcke, C. *101*
Wilhelm, G. *141*
Worschech, U. *130*
Wünsche, A. *23, 187*
Wyatt, N. *59, 60*
Xella, P. *61*

Zenger, E. *16, 64, 67, 86, 88, 90, 91, 99, 100, 103, 104, 108, 109, 110, 115, 125, 126, 127, 168, 181, 185, 186, 187, 189, 190, 191, 198, 214, 216, 219*
Zwickel, W.

—